《基督教要义》（*Institutes of the Christian Religion*）
约翰·加尔文（John Calvin）著 钱曜诚等译
© 2007年加尔文出版社
中文简体字版经授权在中国大陆出版发行

基督教经典译丛

何光沪 主编
副主编 章雪富 孙毅 游冠辉

Institutes of the Christian Religion

基督教要义

[法] 约翰·加尔文 著
钱曜诚等 译 孙毅 游冠辉 修订

中 册

Simplified Chinese Copyright ⓒ 2010 by SDX Joint Publishing Company All Rights Reserved.

本作品中文简体版权由生活·读书·新知三联书店所有。未经许可，不得翻印。

图书在版编目（CIP）数据

基督教要义 /（法）加尔文著；钱曜诚等译 . —北京：生活·读书·新知三联书店，2010. 3 （2025.7 重印）

（基督教经典译丛）

ISBN 978 - 7 - 108 - 03370 - 3

Ⅰ . ①基⋯　Ⅱ . ①加⋯②钱⋯　Ⅲ . ①基督教 - 教义 - 研究　Ⅳ . ①B972

中国版本图书馆 CIP 数据核字（2009）第 218465 号

目　录

（中）

第三卷　领受基督之恩的方式：这恩典带来什么益处及果效

第一章　圣经记载关于基督的事是借圣灵隐秘的运行使我们获益 ………… **523**

第二章　信心的定义和特点 ………………………………………………… **529**

第三章　借着信心重生：悔改 ……………………………………………… **580**

第四章　经院神学家们对悔改的谬论与纯正的福音截然不同；

　　　　论认罪和补赎 …………………………………………………… **610**

第五章　他们在补赎上添加赎罪券和炼狱 ………………………………… **658**

第六章　基督徒的生活；首先，圣经如何劝我们这样行 ………………… **673**

第七章　基督徒生活的总结：自我否定 …………………………………… **679**

第八章　背十字架，自我否定的一部分 …………………………………… **692**

第九章　默想永世 …………………………………………………………… **703**

第十章　信徒应当如何使用今世和其中的福分 …………………………… **711**

第十一章　因信称义的定义与内容 ………………………………………… **718**

第十二章　我们必须思想神的审判台，使我们能确信神对

　　　　　我们白白的称义 ………………………………………………… **748**

第十三章　关于白白称义有两件值得我们留意的事 ……………………… **757**

第十四章	称义的起始和不间断的过程	764
第十五章	以自己的功德自夸，毁坏我们因称义所应归给神的称赞，也破坏我们蒙救恩的确据	784
第十六章	反驳天主教徒对这教义的毁谤	794
第十七章	律法上的应许和福音彼此合一	800
第十八章	人将得奖赏并不能证明人是因行律法称义	820
第十九章	基督徒的自由	834
第二十章	祷告是信心主要的运用，也是我们天天领受神恩赐的方式	851
第二十一章	永恒的拣选：神预定一些人得救，另一些人灭亡	924
第二十二章	圣经对于拣选教义的证明	937
第二十三章	反驳这教义常遭到的错误指控	954
第二十四章	神的呼召证明他的拣选；恶人注定灭亡是罪有应得	972
第二十五章	最后的复活	997

第三卷　领受基督之恩的方式：
　　　　这恩典带来什么益处
　　　　及果效

ᵉ第一章　圣经记载关于基督的事是借圣灵隐秘的运行使我们获益

1. 圣灵使我们与基督联合

ᵉ⁽ᵃ⁾我们现在要讨论另一个问题：我们如何领受父神赏赐他独生子的恩赐呢？因为神并没有为了基督个人的益处而将这些赐给他，而是要他使贫乏之人成为富足。首先，我们必须明白，只要我们仍与基督无关、与他隔绝，那么基督为了人类的救恩所遭受、所行的一切，对我们就没有任何益处。因此，为了与我们分享父所赐给他的，他必须成为人并与人同住。因此，他被称为"我们的元首"（弗4：15），以及"在许多弟兄中作长子"（罗8：29）。圣经也说我们被接在基督里（罗11：17），并且"已披戴基督了"（加3：27），因就如以上所说，直到我们与基督成为一体，否则他所拥有的一切都与我们无关。的确，我们以信心获得这一切。然而，既然不是每一个人都接受福音所提供与基督的交通，因此我们要竭力考察圣灵隐秘的力量，因我们借此力量开始享受基督和他一切的祝福。

我在前面讨论过圣灵永恒的神性和本质。①现在我们明白这一点就当

---

① I. 13. 14-15.

满足：基督"借着水和血而来"，就如圣灵所见证的（约一5：6—7），免得我们错失神借基督所赏赐的救恩。就如圣经记载：在天上做见证的有三位——父、道、圣灵——同样，在地上也有三位：水、血、圣灵（约一5：7—8）。在此重复"圣灵的见证"并非没有道理，我们感受到这见证就如印记刻在我们心上，印证基督的洁净和献祭。彼得也因同样的缘故说：信徒是"被拣选，借着圣灵得成圣洁，以致顺服耶稣基督，又蒙他血所洒的人"（彼前1：2 p.）。他借此解释圣灵隐秘地浇灌、洁净我们的灵魂，免得基督所流的宝血落空。保罗在谈到洁净和称义时也说："你们奉主耶稣基督的名，并借着我们神的灵"（林前6：11）被洁净和称义。总之，基督借圣灵有效地使我们与他自己联合。我们在上一卷所教导关于基督的膏抹也与此有关。②

2. 神如何并为何将圣灵赏赐给基督*

e(a) 然而，为了对这非常值得考察的问题有更清楚的认识，我们必须牢记神将圣灵赐给基督有特殊的目的：使我们与世界分别，并召集我们有得永远基业的指望。圣灵之所以被称为"成圣的灵"（帖后2：13；彼前1：2；罗1：4），是因他不但借着人和其他活物身上都有的普遍力量赐予我们生命并滋养我们，也因他是我们属天生命的根。因此，众先知对基督国度极高称赞：当基督的国度降临时，圣灵将更丰盛地浇灌教会。《约珥书》中的这处经文最引人注目："以后，我要将我的灵浇灌凡有血气的。"（珥2：28 p.）虽然先知似乎将圣灵的恩赐局限于先知的职分，但这预言表示：在神赏赐圣灵时，必将使那些从前贫困和对天国之道完全无知的人成为他的门徒。

再者，父神因他儿子的缘故将圣灵赏赐我们，并将圣灵一切的丰盛赐给子，让子随己意分配。因而圣灵有时被称为"神的灵"，也有时被称

---

② II. 15. 2.

为"子的灵"。③保罗说:"如果神的灵住在你们心里,你们就不属肉体,乃属圣灵了。人若没有基督的灵,就不是属基督的。"(罗8:9,参阅 Vg.)神如此激励人盼望完全的更新,因"那叫基督耶稣从死里复活的,也必借着住在你们心里的圣灵,使你们必死的身体又活过来"(罗8:11 p.)。一方面将颂赞归与父神,因他是这些恩赐的创造者,另一方面又说恩赐来自基督,这并没有冲突,因神将这些恩赐交付基督,透过圣灵赏赐他的百姓。因此,基督呼召一切干渴之人到他那里去喝(约7:37)。保罗也教导神将圣灵赏赐给各人,"都是照基督所量给各人的恩赐"(弗4:7)。我们也应当晓得,他被称为"基督的灵",不但是因神永恒的道与父神和圣灵彼此的联合,也是因他中保的职分。若基督没有这圣灵的大能,他到我们这里来便是枉然的。在这层意义上,他被称为"末后的亚当",也就是神所差遣"叫人活的灵"(林前15:45)。神的儿子将这独特的生命赐给自己的百姓,④使他们与他合而为一。保罗在此将这生命与恶人所共有的自然生命做对比。同样地,他为信徒求"基督的恩典和神的慈爱",同时也求"圣灵的感动"(林后13:14),因为若没有圣灵,无人能尝到神父亲般的慈爱或基督的恩惠,就如他以下所说的:"所赐给我们的圣灵将神的爱浇灌在我们心里。"(罗5:5,参阅 Vg.)

3. 圣经对圣灵的称呼

e(a) 在此列举圣经对圣灵的称呼有很大的帮助,因我们探讨的是救

---

③ 参阅加尔文对《约翰福音》1:13 的解释:"信心源自重生",而后有"生命的更新和圣灵的其他恩赐"。加尔文不像一些现代的神学家区分神的灵和圣灵。参阅 N. Ferré, *The Christian Understanding of God*, pp. 250 f.; N. Bulgakov, *Le Paraclet*, pp. 145 ff. G. S。Hendry 说在新约圣经中,圣灵的意思"绝对是基督的灵":*The Holy Spirit in Christian Theology*, p. 26;参阅 pp. 44 ff., 119。范迪桑 (H. P. Van Dusen) 说保罗将"圣灵"、"基督的灵"、"神的灵"这些词以同样的意义交替使用,也说圣灵主要的事工是"叫人变成基督的形状":*Spirit, Son, and Father*, pp. 66 f.。

④ "*Singularem quam suis vitam inspirat filius Dei.*" 拉丁文的 "*suis*" 法文译作 "*à ses fidèles.*" 卡迪耶 (Cadier) 解释加尔文不但用 *fidèles* 翻译拉丁文的 *fideles* 和 *pii*,他有时也用之译 *sui*,这代名词指的是属基督的人,有时用更强的词"神的选民"(*electi*)。Cadier, *Institution* 3.2, note 2。

恩的起源和对我们的更新。首先，他被称为"儿子的灵"，因他向我们见证神白白的恩典，神借此恩典在他的爱子里悦纳我们，为要做我们的父，使我们得以坦然无惧地来到他面前。他也赏赐我们祷告的言语，使我们毫无畏惧地呼叫："阿爸，父！"（罗8：15；加4：6）

同样，他也被称为"我们得基业的凭据"（林后1：22；参阅弗1：14），因他从天上将生命赐给我们这在地上做客旅，甚至被世人视为死人的人，使我们确信我们的救恩在神永恒的看顾下是稳妥的。他也因赐给人义而被称为"生命"（罗8：10）。

^{e(b)}圣灵以他隐秘的浇灌使我们丰盛地结义果。因此，他常被称为"水"，就如在《以赛亚书》中所说：^b"你们一切干渴的都当就近水来"（赛55：1），以及"我要将水浇灌口渴的人，将河浇灌干旱之地"（赛44：3）。^{e(b)}我们在上面所引用的基督的话⑤与此相似："人若渴了，可以到我这里来喝。"（约7：37）他有时也因他洁净的能力被称为水，就如在《以西结书》中，神应许"他将用清水"洁净他的百姓，使他们脱离一切的污秽（结36：25）。有时他也被称为"油"和"恩膏"（约一2：20、27），因他将恩典的泉源浇灌在人身上，使他们获得生命的活力。

^{b(a)}另一方面，^b他也恰当地被称为"火"，因他不断炼净我们的恶欲，并以神的爱⑥燃烧我们的心，使我们热切地侍奉神（路3：16）。

^e简言之，他也被称为"泉源"（约4：14），因为天上一切的丰盛都是从他那里浇灌给我们；他也被称为"神的膀臂"（徒11：21），因神借圣灵发挥他的大能。^b神以圣灵的大能赏赐我们他自己的生命，使我们不

---

⑤ 上文的第二节。

⑥ "Corda nostra incendit amore Dei et studio pietatis."加尔文在他的徽章上以伸出来的手捧着一颗火热的心，以此当作他的座右铭："Cor meum quasi immolatum tibi offero, Domine."参阅路德在他的 Preface to Romans（1522）序言中说，信心"使心火热"（cor inflammat），且约翰·卫斯理在他1738年5月24日的日记中也记载着相同的经验："当我阅读路德的《罗马书》序言……的时候，我的心异常地火热。"难以计数的文章来自神秘主义者，有部分来自阿奎那，他们的表达与加尔文在此所用的语言相似。然而这种相似之例，通常只留于口语，而无实质上的意义。譬如说彼得里（R. C. Petry）在论 Incendium amoris of Richard Rolle（d. 1349）引述了504个例子（LCL XIII. 210-213）。

再靠自己行事，而是被圣灵的运行和感动所统治。由此可见，我们一切的良善都是圣灵恩典的果子，在圣灵之外，我们的才能不过是心灵的黑暗和邪恶（参阅加 5：19—21）。

^{e(b)} 如前面明确的解释，若非我们的心体贴圣灵的事，基督就与我们无关，因我们只从远处冷漠地观望他——事实上就是远离他。⑦我们也知道基督做谁的"元首"（弗 4：15）就祝福谁，做谁的长兄就祝福谁（罗 8：29），谁"披戴基督"（加 3：27）他就祝福谁。唯独这联合能确保，救主基督的到来对于我们不是徒然的。通过神圣的婚姻，我们成为他骨中的骨、肉中的肉（弗 5：30），从而与他合一，这婚姻也是为了同样的目标。然而，基督唯独借圣灵使我们与他联合，我们也借同一位圣灵的恩典和大能成为基督的肢体，使基督统治我们，并使我们拥有他。

4. 信心是圣灵的工作

°然而，信心是圣灵主要的事工。因此，常用来描述圣灵的大能和运行的术语都与信心有关，因唯有借着信心，圣灵才能带领我们进入福音的光明中，正如约翰的教导：神赏赐信基督之人做他儿女的特权，这等人不是从血气生的，乃是从神生的（约 1：12—13）。使徒在此将神与人的血气互相对照，为了证明信心是神超自然的恩赐，使那些从前不信之人以信心接受基督。基督的回答也与此相似："这不是属血肉的指示你的，乃是我在天上的父指示的。"（太 16：17）我所略提的这些事情在前面已被充分讨论过。⑧保罗也说：以弗所信徒"受了所应许的圣灵为印记"（弗 1：13）。保罗教导说：圣灵是人心的教师，使我们明白救恩的应许，免得我们听却听不见。同样地，当保罗说帖撒罗尼迦信徒"因信真道，又被圣灵感动，成为圣洁"，被神拣选时（帖后 2：13），他在向我们

---

⑦ 以上的第一节。
⑧ II. 2. 18-21，论人类理性的局限。

强调信心唯一的源头就是圣灵。约翰更清楚地解释道:"我们所以知道神住在我们里面,是因他所赐给我们的圣灵"(约一3:24),以及"神将他的灵赐给我们,从此就知道我们是住在他里面,他也住在我们里面"(约一4:13)。因此,基督应许他的门徒:"真理的圣灵,乃世人不能接受的"(约14:17),使他们能领受天上的智慧。且基督交付圣灵这职分,为了提醒信徒他亲口教导的真理。因为除非使人醒悟的灵(伯20:3)打开人的心眼,否则赐光给瞎子是徒然的。^b因此,他被恰当地称为打开天国宝藏的钥匙(参阅启3:7),且他的光照成为我们的悟性。^{e(b)} 保罗之所以高举圣灵的职事(林后3:6),是因为除非基督——我们内心的师傅,⑨借他的灵吸引父所赐给他的人归向他(参阅约6:44,12:32,17:6),否则一切人的教导都是徒然的。我们说过神完美的救恩都在基督里,所以,基督为了使我们领受这救恩,就"用圣灵与火给我们施洗"(路3:16),使我们拥有信福音的真光,并重生我们成为新造的人(林后5:17),又将我们献给神,洗净我们一切世俗的污秽,做神圣洁的殿(林前3:16—17,6:19;林后6:16;弗2:21)。

---

⑨ 类似论及圣灵的用法先前已使用过。加尔文的心里常存着基督是唯一的老师的想法。在《马太福音》17:5的注释里,他说"你们要听他!"就是要教会回想起基督是独一无二的老师,"*ad unicum doctorem Christum.*"参阅 Comm. John 15:14;"*Ordinatus est ecclesiae magister et doctor unicus*",在 Comm. John 15:20,20:30;*Sermons on Daniel* xlvi (on Dan. 12:5-7), CR 42.150。也有相似的用法;基督是道、是导师、是老师的观念是由亚历山大的克莱门在他的 Ὁ Παιδαγωγός 中提出来的。

ᵉ第二章　信心的定义和特点

信心的对象是基督（1）

1. ᵉ我们若对信心（faith）下定义，①使读者明白信心的力量和性质，就会比较容易明白这一切的教导。

ᵉ⁽ᵃ⁾我们若在此回想前面的解释是有帮助的。②首先，神颁布律法作为我们的行为准则，我们若犯了任何一条，这律法所宣告的永死这样可怕的刑罚必临到我们。ᵃ其次，完全遵守律法不只是困难，甚至是超乎我们的能力，所以，我们若只倚靠自己，ᵉ⁽ᵃ⁾并因此以为我们配得什么，我们就没有任何盼望，反而将被神遗弃，并伏在永死的刑罚之下。最后，前面已解释过，唯一能救我们脱离这悲惨灾祸的途径是：我们救赎主基督的降临，因天父出于他无限的慈爱和怜悯，喜悦以基督的膀臂救助我们，ᵇ⁽ᵃ⁾只要我们以坚定的信心接受这怜悯，并借着不摇动的盼望倚靠这怜悯。

但现在我们应当考察ᵉ⁽ᵇ⁾那使人得神儿子名分并拥有天国之信心的

---

① 加尔文在下面的第七节中开始对信心下定义。
② II. 8. 3.

性质如何，ᵇ因我们确知没有任何逻辑或人的说服力能成就这大事。我们也必须更虚心、详细地考察信心的真正性质，因现今已有许多人误入歧途。事实上，大多数人听到信心一词时，对这个词的理解只停留在接受福音历史中的事实。③ᵉ⁽ᵇ⁾ 其实，当经院学派讨论信心时，他们只说神是信心的对象，并借一些虚妄的臆测误导人（就如我们以上说过的），④而没有引领悲惨的人达到信心正确的目标。既然神"住在人不能靠近的光里"（提前6：16），我们就需要基督做我们的中保。因此，基督称自己为"世界的光"（约8：12），也称自己为"道路、真理、生命"，因为若不借着基督，没有人能到"生命的源泉"（诗36：9）——父神那里去（约14：6），也唯有子和子所愿意指示的人才能认识父（路10：22），保罗因而夸耀唯有基督才是值得认识的（林前2：2）。保罗在《使徒行传》第二十章中叙述他讲道的主题是"信基督"（徒20：21）。在另一处经文中他引用基督的话说："我差你到外邦人那里去，要叫他们……得蒙赦罪，和一切成圣的人同得基业。"（徒26：17—18）保罗也向我们见证，在基督的身上我们得见神的荣耀，或得知神荣耀的光显在基督的面上（林后4：6）。

的确，信心只仰望一位神，然而也必须加上，"认识你所差来的耶稣基督"（约17：3）。若基督的荣光没有照耀我们，神便永远向我们隐藏。⑤因这缘故，父神将他喜悦启示的一切交付他的独生子，使基督借赏赐父的祝福，彰显父荣耀的本体（参阅来1：3）。ᵇ前面说过，⑥我们必须被圣

---

③ 梅兰希顿在他 *Loci communes*，1521 的 "On Justification and Faith" 中指控经院神学家的主张：人只要相信历史上有关传福音的事件，就无须圣灵在他心里运行。(Ed. H. Engelland, in the series *Melanchthons Werke in Auswahl*, ed. R. Stupperich, 2. 1. 99; tr. C. L. Hill [from Th. Kolde's 1910 edition], *The Loci Communes of Philip Melanchthon*, p. 185.)

④ I. 2. 2，I. 10. 1；II. 6. 4.

⑤ 参阅 IV. 8. 5。加尔文经常教导我们在基督之外不可能认识神。他在第二卷第六章第二节中说基督——我们的中保，也是旧约中"敬虔先祖们"的信心对象。参阅 E. A. Dowey, *The Knowledge of God in Calvin's Theology*, p. 164；W. Niesel, *The Theology of Calvin*, p. 33。

⑥ III. 1. 4.

灵吸引才会寻求基督；同样地，我们也要强调，唯有在基督这形象上我们才能寻见那看不见的父神。ᵈ奥古斯丁对这个问题的论述很到位：在讨论信心的对象时，他教导我们必须晓得我们的目的，以及达到这目的的途径。他立刻接着教导，唯一正确并抵挡一切谬论的途径，就是那位既是神又是人的基督，因他是神，他就是我们前进的目标；他的人性则是引领我们达到目的的途径，两者都在基督里。⑦ᵉ保罗在劝人信靠神时，并无意推翻他对信心的教导，即信心唯有在基督里才坚稳。彼得最为清楚地解释这难题，他说：我们借着基督相信神（彼前1：21）。

信心包含知识；经院神学家们以"默从的信心"抹杀了信心纯正的教义（2—5）

2. 信心建立在知识上，而不是在假敬虔的无知之上

ᵇ这邪恶就如其他无数的邪恶一样，要归在经院神学家们身上，ᵉ因他们用帕子蒙住基督。但除非我们直接仰望基督，否则我们必将在没有尽头的迷宫中徘徊。

ᵇ他们不只削弱信心的力量，也以他们模糊的定义几乎毁灭了信心，甚至捏造了"默从的信心"（implicit faith）这术语。他们利用这术语掩饰自己极大的无知，又可怕地误导可怜、悲惨的人们。⑧ᵇ我们应当坦白地指出事实的真相，这术语不但掩盖了真信心，甚至完全毁坏了真信心。难道全然无知的人只要顺服教会，就算是有信心吗？信心乃建立在知识上，而不是建立在无知上。而且这知识不但是对神的认识，也是对他旨意的认识。人不会因接受教会的教条，或因将寻求和认识神的责任交给

---

⑦ Augustine, *City of God* XI. 2 (MPL 41. 318; tr. NPNF 2. 227).

⑧ Lombard, *Sentences* III. 25. 1-4 (MPL 192. 809f.); Aquinas, *Summa Theol.* II IIae. 2. 5-8. 阿奎那教导默从的信心只是警告头脑简单的人借着智慧人相信，然而这信心"局限于智慧人相信真道的时候"(art. 6) (tr. 150 11. 250 f.)。参阅 III. 2. 5，加尔文在那里指着《约翰福音》4：53 和《使徒行传》8：27, 31 接受默从的信心的观念。也请参阅 Augustine, *The Usefulness of Belief* 11. 25-13. 29 (MPL 42. 82-86; tr. LCC VI. 311-315); Bonaventura, *Commentary on the Sentences* (*In libros sententiarum*) III. 25：1. qu. 3 (*Opera omnia* III. 582 ff.)。

教会而得救。救恩反而是知道唯有基督才能使我们与慈悲的父和好（林后5：18—19），并知道神使基督成为我们的公义、圣洁以及生命，我们是借这知识而不是借放下我们的感觉才得以进天国。当保罗说"人心里相信，就可以称义；口里承认，就可以得救"（罗10：10，参阅 Vg.）时，他的意思是：人盲目地相信他所不明白，或甚至不去考察的事是不够的。反之，他要求我们要具体地认识那使人称义之神的良善。

3. 天主教"默从的"信心的教义根本是错误的

ᵇ其实，我并不否认——所有的人都被无知所困——多数的事情向我们是隐藏的，直到我们脱去肉体，我们才能接近神。在这些事上，我们最好不要靠自己做最后的决定，而要接受教会的教导。然而，我们若因此将所谓谦卑的无知称为"信心"，这是极其荒谬的！因信心在乎认识神和基督（约17：3），并不在乎敬畏教会。他们利用这"默从的信心"给自己建造庞大的迷宫。任何的教导——只要是出于"教会"的权柄——有时甚至是最可怕的谬误，无知之人也会毫不分辨地将之奉为圣言。这种无知的天真虽然将他们带到毁灭的边缘，他们却仍为其辩护。只要"这是教会的信条"，就可以让他们相信任何事情。⑨如此，他们幻想他们在谬误中拥有真理，在黑暗中拥有光明，在无知中拥有真知识。

然而，我们无须多费时间反驳他们，我们只要劝读者将这些教条与我们的互相对照，真理本身就足以驳倒他们一切的谬误。ᶜ他们从不问信心是否被重重的无知包裹，⑩反而视真信徒为麻木之人，甚至以这无知为傲，只要他们将自己所不明白的事交付教会的权柄和判断力。仿佛圣

---

⑨ Ockham 在 *De sacramento altaris* 第一章中说："我唯独相信天主教会明确信仰的一切，我不相信其他任何教导，无论是明确陈述的还是隐含的。"(The *De sacramento altaris of William of Ockham*, edited and translated by T. B. Birch, I. 164 f.) 参阅 Biel, *Epythoma pariter et collectorium circa quatuor sententiarum libros* (1510) Ⅲ. 25. qu. unica, note 2。

⑩ *"Implicita"*，加尔文在这里用的是双关语。

经不是常常教导：知识对于信心是不可或缺的！

4. 甚至就连真信心也总是被谬误和疑惑所困扰

ᵉ我们当然承认，只要我们仍在世上寄居，默从的信心是的确存在的，不但因许多的事情仍向我们隐藏，也因被谬误的密云所笼罩，我们便无法明白万事。对于最敬虔的信徒而言，最有智慧的道路就是以安静、谦卑的心前行。⑪所以，保罗劝勉信徒：若有人在任何的问题上不同意其他人，就当等候神的指示（腓3∶15）。经验告诉我们，若不脱去肉体，我们的长进必然与所愿的相去甚远。而且，我们在每日研读圣经时，都会遇到许多不明白的经文，这都证明我们的无知。神以这缰绳约束我们，并照他自己的美意分给各人不同的信心程度（罗12∶3），甚至连最有智慧的教师也需要不断学习。

在基督的使徒获得完全的光照之前，他们就是这默从的信心极好的例子。我们在圣经上看到，他们连在学最初级的知识上也极为吃力，也在最小的事上动摇，虽然时常在主身边聆听他的教训，却仍成长缓慢。当他们被妇女告知时，他们奔向坟墓，主的复活对他们而言仍如梦幻（路24∶11—12；参阅约20∶8）。既然基督先前亲自见证他们的信心，所以若说他们毫无信心是错误的。事实上，若非他们相信基督将从死里复活，他们一切的热忱早已令他们放弃了。妇女们也不是出于迷信，以香料膏她们所不期望复活的死人。尽管她们相信他所说的，因她们知道他是信实的，然而，无知仍占据她们的心灵，就如黑暗蒙住她们的信心，从而使她们面对基督的复活时，仍惊讶得难以相信。圣经也记载：直到基督复活成为事实，她们才相信基督的教训是真实的。这并不是说她们从那时才开始相信，而是从前埋在她们心中的信心种子在那时

---

⑪ 勒林的文森特（Vincent of Lérins）在他的 *Commonitorium* I. 23. 28 f. 中主张"信心的长进，而不是它的改变……个人和全教会都要世世代代大大增加信心和在信心上长进"，且要同时保守"同样的教义"。（MPL 50. 667 f.；tr. 150 IX. 69；参阅 p. 31.）参阅Ⅲ. 2. 19。

带着新生的活力生长出来！埋在她们内心的是默从的，但这却是真实的信心，这都是因为她们敬畏地接受基督为她们唯一的教师，并在接受他的教训之后，确信他是她们救恩的根源。最后，她们也相信基督是从天而来，他能借着父的恩典将她们聚集到他那里。在这事上最明显的证据是——所有人的不信总是掺杂着信心。

5. "默从的信心"是真信心的先决条件

°我们也可以将那只是预备人相信的信心称为默从的信心。福音书叙述有不少人尽管只是看见基督所行的神迹奇事而被吸引相信，但却相信基督是那被应许的弥赛亚，虽然他们从来没有听过福音的教训。这种敬畏的态度使他甘心乐意顺从基督，而被称为"信心"，然而它不过是信心的起始。那相信基督治愈他儿子之应许的大臣⑫（约4∶50），在回到家时再次相信（约4∶53），因他先接受基督亲口说的话为圣言，之后服从基督的权柄并接受他的教训。然而，我们必须知道，在前段经文中，如此愿受教导表示某种信心，而到了下一段经文中，就被称为基督的门徒。同样，约翰举撒玛利亚人为例，因他们深信一位妇女的见证便迫切地奔向基督，但在听到基督的话时，就对那妇人说："现在我们信，不是因为你的话，是我们亲自听见了，知道这真是救世主。"（约4∶42）这些例子使我们清楚地知道，连那些未曾领受最初信心却愿意留意基督的话的人，也被称为"信徒"，这并不是在真实的意义上，而是因神出于他的慈爱喜悦尊荣这敬虔的情感，而称之为信心。然而，这愿受教导的心与无知本身截然不同，那些怠惰之人沉溺于这种无知之中，却以天主教徒所捏造的"默从的信心"为满足。既然保罗严厉地斥责那些"常常学习，终久不能明白真道"（提后3∶7）的人，那么那些故意喜爱完全无知的人更当被严厉斥责！

---

⑫ "*Aulicus*" instead of Vg. "*regulus*", John 4∶49.

信心与真道的关系和信心简要的定义（6—7）

6. 信心建立在神的真道上

ᵇ若接受父神所赐的基督，即ᵉ⁽ᵇ⁾穿戴他的福音，这就是真认识基督。就如神命定基督做我们信心的对象，同样地，除非福音先引领我们，否则我们无法被引到基督的正道上。且福音向我们开启神丰盛恩典的宝藏，但若这宝藏是隐藏的，基督对我们就没有益处。ᵉ因此，保罗以这段话证明信心与教导是密不可分的："你们学了基督，却不是这样。如果你们听过他的道，领了他的教，学了他的真理。"（弗4∶20—21 p.）但当我将信心局限于福音的范围之内时，我并不是否认信心的根基是建造在摩西和众先知所传的教训上，而是因福音更完整地彰显基督。保罗称福音为"真道的话语"（参阅提前4∶6），因此，保罗在另一处经文中说：当因信得救的道理被彰显时，律法就被废去了（罗10∶4；参阅加3∶25）。保罗所指的福音是指基督既新又与众不同的教导，在他成为我们的教师后，他借此教导更清楚地彰显父神的怜悯，也更明确地教导救恩之道。

然而，我们若按照顺序先讲一般的教导再谈具体的教导，就会更易于明白。ᵉ⁽ᵇ⁾首先，我们必须提醒自己，信心和真道之间有永不可分的关系。而且，我们不能分开这两者，就如我们不能将太阳的光线和太阳分开一样。ᵉ因此，神在《以赛亚书》中宣告："侧耳而听，就必得活。"（赛55∶3）约翰也在以下这句话中指出信心同样的泉源："但记这些事，要叫你们信耶稣是基督。"（约20∶31）先知为了劝百姓相信神，说道："唯愿你们今天听他的话。"（诗95∶7；94∶8，Vg.）"听"在圣经上一般是指"信"。简言之，神在《以赛亚书》中以这标记将他的儿女与外邦人分开并非毫无道理，他必教训他的儿女（赛54∶13；参阅约6∶45），使他们向他学习（参阅约6∶45）。因为若神想毫无分别地赏赐福分给所有的人，那么他为何只将他的话赏赐给少数人呢？与此相似的是福音书通常将"信徒"和"门徒"当作同义词来使用。路加在《使徒行传》中尤其喜爱这样的用法。事实上，他在《使徒行传》9：36中，甚至用这称呼指妇女（徒6：1—2、7, 9：1、10、19、25—26、38, 11：26、29, 13：52, 14：20、28, 15：10，以及16—21章）。ᵉ⁽ᵇ/ᵃ⁾因此，只要信心稍微偏离它所当奋进的目标，它就失去了自己的本质，ᵇ⁽ᵃ⁾反倒成为轻信和思想中模糊不清的谬论。神的真道也是支持和维持信心的根基，若偏离真道，信心必垮掉。ᵇ所以，若夺走神的道，信心将荡然无存。

我们在此并不是在讨论传扬生发信心的真道是否需要人的参与，我们将在别处探讨这一点。⑬我们在此说的是，神的真道本身无论是用何方式传给我们，都像一面明镜，信心从中看见神。那么，无论神在这事工上是使用人的帮助，还是唯独凭他自己的大能，他总是透过他的真道，向他想要吸引的人彰显他自己。ᵉ因这缘故，保罗将信心定义为人对福音的顺服（罗1：5），并在《腓立比书》中赞美信心（腓1：3—5；参阅帖前2：13）。ᵇ⁽ᵃ⁾信心不只是知道神的存在，更包括知道神对我们的旨意如何。⑭ᵇ因我们在乎的不只是神本身是谁，而更在意他向我们所存的旨意。

因此，我们把信心看作是：从他真道中认识神对我们的旨意。ᵇ⁽ᵃ⁾因而，这信心的根基乃是要先确信神的道是真理。只要人心里仍怀疑神的道是真理，他必定会质疑这道的权威，或根本不相信这道。事实上，就算相信神是信实的（参阅罗3：3）、不能说谎的（参阅多1：2）仍然不够，除非同时毫无疑惑地确信神口里所出的一切话都是神圣和不可违背的真理。⑮

7. 神在基督里施恩的应许产生信心

然而，既然不是圣经的每一个字都在人心里产生信心，我们必须查考信心在神的真道上所仰望的是什么。神对亚当所说的是："你必定

---

⑬ IV. 1. 5.
⑭ 参阅 I. 2. 2；I. 10. 2，注释6。
⑮ 参阅 Luther, *Enchiridion piarum precationum* (Werke WA X. 2. 389).

死。"（创2∶17）神对该隐所说的是："你兄弟的血有声音从地里向我哀告。"（创4∶10）这些话不但无法在人心里产生信心，反而只能叫人的信心动摇。同时，我们并不否认当神说话时，不管是在何时，或说什么，或如何说，信心都接受神的话。然而，我们在此所讨论的是信心在神的真道上能找到的依靠是什么。⑯若我们的良心只感觉到神的震怒和报应，它怎能不恐惧战兢呢？如果它惧怕神，又怎能不逃避他呢？然而，信心当寻求神，而不是逃避他。

到目前为止我们尚未对信心下一个完整的定义。人若只知道关于神旨意的一些事情，并不能被称为有信心，但人若以神的慈爱和怜悯代替神的旨意——ᶜ因为知道神的旨意常使人感到忧伤和恐惧——ᵇ这样算是有信心吗？这样至少更接近信心的本质，因人发现救恩出于神时才开始被吸引寻求他。当神宣告他在乎和关心我们时，我们就更相信救恩出于他。因此，我们需要恩典的应许，因这见证父神是慈悲的，也因恩典是我们亲近神唯一的途径，而且是人心唯一的依靠。

ᶜ同样地，《诗篇》常将怜悯和真理放在一起，就如它们是密不可分的（诗89∶14、24，92∶2，98∶3，100∶5，108∶4，115∶1，等等），因为即使我们知道神是真理，但除非我们同时也知道神出于怜悯吸引我们归向他，否则这知识对我们毫无帮助。而且若神的怜悯不是随着他的真道而来，我们也无能接受这怜悯："我已陈明你的信实和你的救恩。我在大会中未曾隐瞒你的慈爱和诚实……愿你的慈爱和诚实常常保佑我！"（诗40∶10—11，Comm.）以及"你的慈爱上及诸天，你的信实达到穹苍"（诗36∶5，Comm.）；"凡遵守他的约和他法度的人，耶和华都以慈爱和诚实待他"（诗25∶10，Comm.）；"因为他向我们大施慈爱，耶和华的诚实存到永远"（诗117∶2，116∶2，Vg.，参阅Comm.）。"我要为你的慈爱和诚实称赞你的名"（诗138∶2）。我就不再列举先知书中同样

---

⑯ 参阅II.2.15，注释58。

的见证，即神的应许表明他是仁慈和信实的。除非神向我们亲自见证他的慈爱，并预先呼召我们，使我们对他的旨意笃信不疑，否则我们断言神会向我们大施慈爱未免太轻率。然而，我们已经知道神爱人唯一的凭据是基督，若无基督，我们只会看到神对人的恨恶和震怒。

^b除非我们对神良善的认识使我们倚靠这良善，否则我们就不会看重这认识。并且，心存疑惑的认识仍是不够的，因疑惑和认识是互相矛盾的。然而人心既然盲目和黑暗，就不能参透神的旨意，而且人心也因此摇摆不定，即使参透神的旨意也不会倚靠它！因此，神必须光照并坚固我们，使我们确信他的真道。所以，信心正确的定义就是：它是神对我们施慈爱的稳固、确定的知识，这知识建立在神在基督里白白赏赐我们之应许的真实性上，且这应许是圣灵向我们启示并印在我们心中的。

对"信心"这个词各种错误的观念（8—13）

8. "形成"和"未形成"的信心

^e在我们接着讨论之前，我们有必要略微解释一些可能拦阻读者的障碍。首先，我们必须反驳^{e(b)}经院神学家们对形成和未形成之信心所做的毫无价值的区分。⑰^e他们幻想有些人不敬畏神，也无敬虔之心，却相信得救所必需的知识。仿佛圣灵光照我们赐我们信心，不是我们得儿子名分的见证！他们任意妄为地将某种不敬畏神的确信^{e(b)}称为"信心"，虽然这与整本圣经的教导相悖。^b我们无须再与他们争论信心的定义，我们只要解释圣经对信心性质的教导，因这将使我们确知他们只是在愚昧地喧嚷而非为信心下定义。

^{e(b)}我已讨论过他们一部分的问题⑱，以后我将在适当的时候插入其他部分。我现在只要证明没有比他们的谬论更荒唐的就够了。他们教导

---

⑰ Lombard, *Sentences* III. 23. 4 f. (MPL 192. 805f.); Aquinas, *Summa Theol.* II. IIae. 4. 3, 4 (tr. LCC XI. 268 f.).

⑱ 上面的第二节。

信心只是赞同，任何藐视神的人都可以领受圣经上的应许。[19]然而，他们应当先查考人是否靠自己的努力获得信心，或是否圣灵透过信心对人儿子的名分做见证。他们一直幼稚地问，由一种外加的因素所产生的信心是否还是原有的信心，抑或所产生的信心是一种新的现象。从这幼稚的询问中我们可以明显看出，他们从未想过信心是圣灵赏赐人独特的恩赐，因为信心的开端已包含使人亲近神的复和。若他们深思保罗的这句话，"人心里相信，就可以称义"（罗10：10），他们就会停止捏造这种冷漠的信心。

只要我们有以下这一条理由，就足以反驳他们：相信本身——就如我以上所略提且之后会更详细复述的——更多在于人心而不是头脑，在于性情而不是悟性。[20][b]因此，信心被称为"信服真道"（罗1：5），而这是最蒙神悦纳的顺服。这是理所当然的，因对神而言，没有比他的真理更宝贵的了。根据施洗约翰的见证，信徒印证神的真道就如在上面签字一样（约3：33）。既然我们对这件事毫无疑问，因此用一句话就可充分证明："形成"的信心就是赞同加上敬虔的性情，这是愚昧的说法，[21]因为就连赞同也是根基于敬虔的性情——至少是圣经所启示的赞同！

然而，我们还有比以上更有说服力的证据。[a]既然信心接受父神所赐给我们的基督（参阅约6：29），即父神赏赐基督不[b(a)]只是为了使人称义、罪得赦免、得平安，而且使人成圣（参阅林前1：30），并做生命之水的源头（参阅约7：38；参阅4：14）。无疑地，没有人能真正认识他却不同时领受圣灵的成圣。[b]若有人要求更清楚的解释，那就是：信心倚靠对基督的认识。而且人若没有圣灵的成圣，就不可能认识基督。由此可见，信心绝不能与敬虔的性情分开。

---

[19] Augustine, *Predestination of the Saints* 2.5 (MPL 44.963；tr. NPNF V.499 f.)；Lombard, *Sentences* III. 23.5 (MPL 192.805 f.)；Bonaventura, *Commentary on the Sentences* III. 23，art. 3. qu. 4，5. (*Opera omnia* IV. 505-511)；Aquinas, *Summa Theol.* II IIae. 4.4 (tr. LGG XI. 269 f.).

[20] 加尔文教导对神的认识主要在乎人的心而不是在乎他的思想。参阅 I. 5.9，注释29；III. 2.33，36。

[21] 参阅下面的第十节。

9. 《哥林多前书》13∶2—对于"形成"和"未形成"信心之间不同的证据

ᵃ他们习惯使用保罗的这段话,我"若有全备的信,叫我能够移山,却没有爱,我就算不得什么"(林前13∶2 p.)。由于他们从信心中除掉爱而扭曲信心。他们却没有考虑保罗在这段经文中所说的是怎样的"信心"。㉒保罗在前一章中讨论圣灵不同的恩赐,包括各种方言、异能和预言(林前12∶4—10),并劝勉哥林多信徒"要切切地求那更大的恩赐",好使教会的整个身体更大获益。之后,他又说他将"最妙的道指示我们"(林前12∶31),这一切的恩赐,不论他们本身有多奇妙,若不能为爱服务就算不得什么。因圣灵赏赐这些恩赐乃为造就教会,若不造就教会就不是恩赐。为了证明这一点,保罗详细地复述他从前所列举的那些恩赐,只是以不同的称呼来形容。而且保罗使用"异能"和"信心"形容同样的恩赐,即行神迹的能力。所以,这种异能或信心是神特殊的恩赐,而且连恶人也都可能拥有和滥用,就如说方言、预言和其他的恩赐一样。怪不得恩赐能与爱分开!ᵇ这些人的全部谬论在于,虽然圣经提到"信心"时有不同的含义,㉓但他们却不留意,反而坚称信心这个词只有一种含义。另一处他们所利用来支持他们谬论的是《雅各书》中的经文(雅2∶21),我们将在别处讨论。

ᵇ⁽ᵃ⁾虽然我们承认为了教导的缘故有不同种类的信心;然而,在希望指出不敬虔之人对神存在什么样的认识的同时,我们仍要认定并宣告根据圣经的教导,在敬虔人当中,只有一种信心。当然大部分的人都相信神的存在,也认可福音的历史以及圣经其他部分的教导。这种信心与我们通常相信别人叙述已发生过的事或亲眼所看到的事是一样的。ᵇ此外,也有人相信圣经是无法反驳的圣言,他们不完全忽略神的命令,并在某

㉒ 参阅 Augustine, *On Baptism* 1.9.12 (MPL 43.116; tr. NPNF 4.417)。

㉓ "πολύσομον",参见 III.17.11 中对《雅各书》2∶21 的讨论。

种程度上被神的警告和应许所感动。这类人也被称为是有信心的人，只因为他们没有公开地亵渎、否认、藐视神的道，而拥有某种表面上的顺服，然而，这是对信心的误用。㉔

10. 他们所谓"未形成"的信心只是一种对信心的幻想

ᵃ这种对信心的幻想根本不值一提，且不配被称为信心，ᵇ我们稍后将证明这种幻想与真实信心之间的差距有多大，我们现在只要简要指出两者之间的差别。圣经记载：连西门也相信了（徒8：13），不久却又显露了他的不信（徒8：18）。我们对于圣经说他信了这句话的解释与某些人不同。他们说：他谎称相信，心里却是不信。我的解释是：他当时被福音的威严所慑服，便表示出某种信心，并承认基督为生命和救恩的主，以至甘愿做他的门徒。另外，《路加福音》记载有些人暂时相信福音（路8：13），然而他们心中真道的种子在结果之前被挤住了，或在扎根之前就枯死了（路8：6—7）。

我们并不怀疑这类人因尝到真道的甘甜而受吸引，就热切地接受圣经，也开始察觉圣经属神的大能，如此他们以假冒的信心自欺欺人。他们使自己相信对圣经的敬畏就是敬虔本身，因他们以为对圣经公开的批判或藐视才算不敬虔。不论这是怎样的相信，都没有在人心里扎根，虽然它有时看来似乎已扎根，但它却不是有生命的根。人心有许多虚妄和诡诈的隐身处，也充满狡诈的虚伪，甚至常常自欺。ᵇ⁽ᵃ⁾然而，那些以这种虚幻的信心为傲的人当明白，他们在这方面并不比魔鬼强！如西门一类的人的确远不如魔鬼，因他们愚昧地聆听并且明白一些甚至连魔鬼都战兢的事（雅2：19）；《路加福音》中的一类人在这方面也如魔鬼，即不论他们刚开始对圣经有什么感受，但至终却成为他们的恐惧和惊惶。

㉔ "Per καταχρησιν".

11. 被遗弃之人也有"信心"吗？

我知道说被遗弃之人也有信心对某些人来说是难以接受的，因保罗宣称信心是神拣选的结果（参阅帖前1：4—5）。然而，这难题是易于澄清的。因虽然唯有神所预定得救的人才蒙信心真光的照耀，且能真实地感受到福音的力量，然而，我们的经验告诉我们，被遗弃的人有时也几乎与选民有同样的感觉，甚至他们自己也觉得他们与选民没有什么差别（参阅徒13：48）。所以，使徒说他们尝过天恩的滋味并不荒谬（来6：4—6），并且，基督也说他们有暂时的信心（路8：13）。这并不表示他们确实感受到圣灵恩典的大能和信心的真光，而是神为了定他们的罪而使他们更无可推诿，于是在某种程度上感动他们，使他们尝到他的良善，却没有领受使人得儿子名分的圣灵。㉕

若有人反驳说：如此，信徒对儿子的名分并不比这些非信徒拥有更大的确据。我的解释是：虽然神的选民和拥有暂时信心的人有极大的相似性，然而，唯有选民拥有保罗所称赞的确信，以至他们能大声呼喊："阿爸，父！"（加4：6；参阅罗8：15）所以，既然神唯独以不朽坏的种子重生他的选民（彼前1：23），使得撒在他们心中的生命种子永不枯萎，所以，神便在他们心中印证他收养的恩赐，使这恩赐坚定不移。

但这并不表示圣灵不在被遗弃之人的心中有所运行。同时，圣经劝信徒当仔细和谦卑地省察自己，免得肉体的自信潜入，取代信心的确信。此外，被遗弃之人唯一所领受的只是对恩典的含混意识，所以，他们所抓住的是幻影而不是信心确实的本体。因为圣灵唯独在选民身上印证赦罪之恩，使他们以这特殊的信心确信自己的罪已得赦免。然而，若

㉕ 加尔文在《基督教要义》中多处采用保罗关于神"收养"人做他的儿女的观念（罗8：15、23，罗9：4，加4：5，弗1：5，参阅约1：12）；他对这教义主要的教导为：II.6.1，II.7.15，II.11.9，II.12.2，III.1.3，III.2.22，III.11.6，III.14.18，III.17.6，III.18.2，III.20.36f.，III.21.7，III.22.1，4。

说被遗弃之人相信神怜悯他们，这是对的，因他们领受与神和好的赏赐，虽然那赏赐是含混和不清晰的。这并不是说他们有与神的儿女相同的信心或重生，而是说他们在伪饰下看上去如此，其实只在信心的开始处与后者有相同之处。我也不否认神光照他们，并使他们在头脑中认得他的恩典，然而，神给他们的光照与他对他选民的光照截然不同，所以，他们并没有获得这恩典所带给信徒的全备的果效。他并没有怜悯他们到将他们从死亡中救出并收养他们的程度，而只是暂时向他们显示他的怜悯。他唯独视他的选民配领受信心活泼的根源，使他们坚忍到底（太24：13）。我们如此答复他们的反驳，即若神真正向人彰显他的怜悯，这怜悯必是永恒的。因为没有什么能拦阻神决定光照一些人，使他们暂时意识到他的恩典，之后又使这意识消失。

12. 真假信心

ᵉ再者，虽然信心是关于神对我们慈爱的知识和对其真实性的确信，然而某些人也感受到神的爱，虽然这感受与信心相似，却与之截然不同，而且至终消失。这意识虽然与信心极为接近，却是大为不同的。我承认神的旨意是不改变的，且他的真理永远前后一致。然而，我否认被遗弃之人能参透神唯独赏赐选民之隐秘的启示。因此，我否认他们明白神那不改变的旨意，或坚信这旨意的真实性，因他们的感受是稍纵即逝的。他们就如浅植的树无法生根，几年后它或许会开花和长叶，甚至结果，然而，一段时间后就会枯萎死亡。总之，就如亚当因他的悖逆失去神的形象，同样地，神以他恩典的光辉照耀恶人，之后却又挪去这照耀也不足为奇。也没有什么能拦阻他赏赐一些人少许有关福音的知识，却赏赐其他人对福音深刻的认识。同时我们应当明白，神的选民无论信心多贫乏或软弱，他们但由于有圣灵做他们得儿子名分的确实凭据和印证（弗1：14；参阅林后1：22），刻在他们心上的印记决不会被抹去，但在恶人身上的光照却会渐渐消失。神没有赏赐生命给撒在他们心中的种子,使这种子如同在选民心中永不朽坏,然而,我们不可因此认为是圣灵的问题。

此外,根据圣经的教导和我们的经验,恶人有时因意识到神的恩典而受感动,同时在他们心中也激发彼此相爱的欲望。因此,扫罗的心中也暂时兴起爱神之敬虔的冲动。他视神为他的父亲,且神的良善在某方面吸引他(撒上9—11章)。但因被遗弃之人心中并不确信神父亲般的爱,所以他们就不会如神的儿女回报他的爱,而是活得像雇工一样。父神将爱的圣灵单单赐给基督,为要叫他将之赏赐给他的肢体。显然,保罗的这话唯独指选民,"所赐给我们的圣灵将神的爱浇灌在我们心里"(罗5:5,参阅Vg.),这爱产生以上所提到的信心,使圣徒求告神(参阅加4:6)。㉖

从另一方面来看,神虽然不会停止爱他的儿女,却以奇妙的方式向他们发怒,并不是因他有意恨恶他们,而是要他们感到他的烈怒而惧怕,为要使他们从肉体的骄傲中谦卑下来,除去他们的懒惰,并驱使他们悔改。如此,他们同时感受到神因他们的罪向他们发怒和怜悯他们,他们因此毫不虚假地求神收回他的烈怒,却同时坦然无惧地投靠神。事实上,以上的证据表明,某些没有真信心的人并没有伪装有信心,而是被某种热切的冲动所驱使,下意识地自以为有信心。无疑地,懒惰充满他们的心,使他们不能够正确地省察自己。很可能在《约翰福音》中基督所拒绝交托自己的就是这类人,虽然他们相信基督。"因为他知道万人……也知道人心里所存的"(约2:24—25)。若不是许多人从这一般的信心中堕落了(我称之为"一般",乃是因暂时的信心与永活的信心有极大的相似性),基督绝不会对他的门徒说:"你们若常常遵守我的道,就真是我的门徒,你们必晓得真理,真理必叫你们得以自由。"(约8:31—

㉖ 显然这里的"以上"大概指的是这一段的头几句话。也请参阅下面的第十五节,和III. 20. 11, 12, 28。

32）他所谈论的对象是那些已接受过他教导的人。基督也劝他们在信心中长进，免得因自己的懒惰熄灭神赐给他们的亮光。因此，保罗说唯有神的选民才有信心（多1：1），意即有许多人因没有生根就从信心中坠落。基督在《马太福音》中也有同样的教导："凡栽种的物，若不是我天父栽种的，必要拔出来。"（太15：13）

另有一些人则无耻地辱骂神和他人，就更显露他们的假冒为善，雅各严厉地斥责这种人。他们诡诈地宣称自己有信心，却是亵渎信心（雅2：14—26）。若非有许多人大胆宣称拥有他们所没有的信心，而欺哄他人甚至自欺，保罗不会要求神的儿女存"无伪的信心"（提前1：5）。因此，保罗将无亏的良心比作藏有信心的宝库。因为有许多人从无亏的良心中坠落，"就在真道上如同船破坏了一般"（提前1：19；参阅3：9）。

13. "信心"在圣经中不同的含义

[e]我们必须明白"信心"这个词的含义是笼统的。有时信心的意思只是敬虔之纯正教义，[27]就如我们刚才所引用的经文，在同一封书信中，保罗劝执事"要存清洁的良心，固守真道的奥秘"（提前3：9），也有同样的意思。同样地，他还在另一处教导说：必有人离弃真道（提前4：1）。他也说提摩太向来"在真道的话语上得了教育"（提前4：6）。并且，他还说有许多人因"世俗的虚谈和那敌真道、似是而非的学问"而离弃真道（提前6：20—21；参阅提后2：16)，他在另一处称这些人为"在真道上是可背弃的"（提后3：8）。再者，他也吩咐提多劝他们在真道上纯全无瑕（多2：2，1：13），保罗使用"纯全无瑕"一词仅表示纯正的道理，他如此劝他们是因人善变的心常常败坏神的真道。也就是说，因在信心所倚靠的基督里"藏着所积蓄的一切智慧知识"（西2：3），所以，信心

---

[27] "Sana pietatis doctrina". 参阅英译本导言，pp. li f.。

包括一切属天的教义，也与这教义密不可分。

另一方面，信心有时被局限于某一特定的对象，就如马太记载：基督称那些将瘫子从屋顶缒下的人有信心（太9：2）。且基督也说他在以色列中没有遇见过如百夫长那么大的信心（太8：10）。然而，百夫长很可能只在乎他的儿子得医治（约4：47及以下），且这盼望占据他的心，但既然他满足于基督简单的答复和安慰，并不要求基督亲自到他家里，所以基督大大称赞他的信心。

先前[23]我们解释过，保罗将"信心"视为行神迹的恩赐，而且某些未曾被圣灵重生或不热心敬拜神的人也有这恩赐。而在另一处经文中，保罗则说信心是使信徒在真道上被坚固的教导。当他说信心将逐渐消失时（林前13：10；参阅罗4：14），是指教会教导的事工，即今世用来坚固信徒。这些表达方式显然是一种类比。圣经有时将"信心"这个词用在伪装或谎称有信心之人身上，这种"误用"不会比将"敬畏神"这个词用在邪恶败坏的敬拜上听起来更刺耳。譬如，圣经也记载在撒玛利亚和以色列邻近的外邦人敬畏假神和以色列的神（王下17：24—41），表示他们将天、地混为一谈。

然而，我们现在要考虑的是：使神的儿女与非信徒分别开来、使我们求告神为父、使我们出死入生，并使基督永恒的救恩和生命住在我们心中的信心是什么样的信心呢？我相信以上我已清楚、简要地解释过信心的力量和性质。

详细解释第七节中对信心的定义：信心与知识的关系（14—15）

14. 信心是更高层次的知识

[b]现在我们要详细解释信心的定义。在我们详细解释之后，我们对信

---

[23] III. 2. 9.

心定义的疑惑将一扫而空。当我们将信心称为"知识"时，我们并不是指人凭着感官所获得的那种知识。因信心远超过感官，甚至人的心智必须在高过或超越自身之时才能获得信心。即使人在获得信心之后，也不能完全明白。然而人确信他不完全明白的，这现象就证明信心的知识超过人凭己力所能参透。因此，保罗精彩地描述信心"能明白基督的爱是何等长阔高深；并知道这爱是过于人所能测度的"（弗3∶18—19）。他的意思是我们凭信心所领会的在各方面是无限的，且这种知识远超过任何其他的知识。神"向他的圣徒显明"他旨意的奥秘，"就是历世历代所隐藏的奥秘"（西1∶26；参阅2∶2）。所以，信心常被称为"认知"（recognition）[29]（参阅弗1∶17，4∶13；西1∶9，3∶10；提前2∶4；多1∶1；门6；彼后2∶21）是极有道理的，而使徒约翰却称它为"知识"[30]，因他宣称信徒知道自己是神的儿女（约一3∶2），且这种知道并非来自理智上的证据，而是来自神真道的说服力。保罗的话也证明这一点："我们……晓得我们住在身内，便与主相离。因我们行事为人是凭着信心，不是凭着眼见。"（林后5∶6—7）保罗的这番话表明我们凭着信心所知道的是现今不存在和眼不能见的，我们以此推断信心的知识在乎确据而不在乎属世的辨别力。

15. 信心包括确据[*]

[b]我们要加上"明白和确定"来表达信心是坚定不移的确据。信心不是某种充满疑惑和善变的观点，也不是某种模糊和混乱的概念，它要求完全的确定，就如人所亲自经历的那样。因不信在人心里根深蒂固，我们是如此地倾向于不信任，甚至我们如果不是经历挣扎，就难以说服自己像众信徒一样口里承认神是信实的，尤其当我们受试探而动摇时，特

---

[29] "*Agnitio*". 参阅 I.1，注释1。
[30] "*Scientia*".

别显出我们心里的罪。因此，圣灵以高贵的称号将权威归给神的道并非毫无理由，圣灵想借此医治人的疑惑，使我们满心相信神的应许。大卫说："耶和华的言语是纯净的言语，如同银子在泥炉中炼过七次。"（诗12：6，参阅 Comm. 和诗 11：7，Vg.）还有，"耶和华的话是炼净的。凡投靠他的，他便作他们的盾牌。"（诗 18：30，参阅 Comm.）所罗门几乎以同样的话语肯定这真理："神的言语句句都是炼净的。"（箴 30：5）既然《诗篇》119 篇几乎整篇都证明这一点，我们就无须再列举其他经文来证明。的确，每当神劝我们相信他的话时，他是间接地责备我们的不信，神唯一的目的是要从我们心中根除邪恶的疑惑。

^b 也有不少信徒因误解神的怜悯而几乎不能从中得到任何安慰。当他们怀疑神的怜悯时，就被焦虑占据。他们以为自己确信神的怜悯，实际上却是将神的怜悯局限于狭窄的范围内。他们在其他信徒面前承认神的怜悯是伟大丰盛的并浇灌在多人身上，也是为众信徒所预备的，但他们却怀疑这怜悯是否会临到自己身上。他们这种半途而废的相信不但没有使自己从中获得安慰，反而使自己的心充满疑惑和不安。然而，圣经总是描述信心为人心里的确据。㉛这信心使人冲破疑惑而将神的良善向人明白显明出来（西 2：2；帖前 1：5；参阅来 6：11，10：22），除非我们感受并经历到这怜悯的甘甜，否则我们对此就不可能有确信。㉜因此，保罗从信心中获得确信，并从确信中获得勇气。㉝"我们因信耶稣，就在他里面放胆无惧，笃信不疑地来到神面前。"（弗 3：12 p.，Vg.）保罗这段话显然表明真信心使我们能坦然无惧地站在神面前。这种勇气只来自确信神的慈爱和救恩。^b 因此，我们常用"信心"来代表确信是非常正确的。

㉛ "πληροφορίας".

㉜ "Fiduciam".

㉝ "Audaciam".

确信与惧怕的对照（16—28）

16. 确信

ᵇ关于信心，最关键的是：我们不该将神怜悯的应许只应用在别人身上，而是从内心接受它们，使之成为自己的。如此，就产生保罗在另一处所称为"平安"的确信（罗5∶1），虽然保罗的意思可能是这确信带给人平安。这样的确信使人的良心在神的审判台前安稳，因为若没有这确信，人的良心必定惊慌，且几乎崩溃，或暂时因忘记神和自己而沉睡。这沉睡的确是暂时的，因它不会长久享受这可悲的健忘，神的审判将不断浮现在他脑海中，并强烈地震撼他。总之，我们唯有确信神是慈悲良善的父，并按他的慷慨应许万事，才是真正的信徒。因这人依赖神恩待他的应许，就毫不怀疑地持守对救恩的盼望。这就是使徒以下的教导："我们若将可夸的盼望和胆量坚持到底。"（来3∶7，参阅Vg.）因此，使徒深信唯有出于确信而夸耀天国基业的人，才能在主里有美好的盼望；唯有那因依靠救恩的确据而胜过恶者和死亡的人才是信徒。保罗伟大的结论教导我们这真理："我深信无论是死，是生，是天使，是掌权的，是有能的，是现在的事，是将来的事，是高处的，是低处的，是别的受造之物，都不能叫我们与神的爱隔绝；这爱是在我们的主耶稣基督里的。"（罗8∶38—39 p.）保罗在另一处也说：除非我们知道神呼召我们并赏赐我们永恒基业的盼望，否则我们就没有真正被光照（弗1∶18）。保罗所有的教导都表明，除非我们从神的良善中获得确据，否则我们就不会确实明白他的良善。

17. 与诱惑争战中的信心

ᵇ然而，或许有人会说："信徒们的经历却非如此。他们虽然确信神对他们的恩典，却仍心里不安地受试探，也不断地被可怕的恐惧所摇动。所搅扰他们的试探是如此强烈，以致似乎与确据极不相称。"为了证实以上所教导的教义，我们必须先解决这难题。虽然我们教导信心应当是坚定不移的，然而，我们想象不到任何不被疑惑或焦虑所攻击的确信。另一方面，信徒也一直不断地在与自己的不信争战。我们以上所教导的，并不是说信徒无亏的良心不会受任何争战的搅扰。然而，我们仍要说：无论信徒遭受怎样的患难，他们都必不致丧失神的怜悯所赐给他们的确据。

°圣经中所记载的信心没有比大卫的更辉煌或值得效法的，特别当我们查考他一生中信心的历程。然而，他常以无数的叹息宣告他心里的不安。我们只需列举几个他叹息的例子即可。当他责备自己内心受搅扰时，不就是在对自己的不信发怒吗？他说："我的心哪，你为何忧闷？为何在我里面烦躁？应当仰望神。"（诗42：5、11，43：5）的确，这深深的忧郁是他不信的明证，就如大卫以为神已离弃了他。大卫甚至在另一处更清楚地告白："至于我，我曾急促地说：'我从你眼前被隔绝。'"（诗31：22，参阅 Comm.）在另一处经文中，他也在焦虑和痛苦的困惑中与自己争辩，他甚至开始怀疑神的属性："难道神忘记开恩，难道主要永远丢弃我吗？"（诗77：9、7；参阅 Comm.）他接着说的这句话更为明显："我便说：'这是我的懦弱，但我要追念至高者显出右手之年代。'"（参阅诗77：10）在绝望中，他责备自己是该死的，不但承认自己内心的疑惑，也仿佛他在这场争战中仆倒了，感到自己无路可走，他以为神已离弃了他，并用从前扶持他的膀臂丢弃了他。因此，他不得不劝自己的心归向神的安息（诗116：7），因他已亲历过在暴风大浪中颠沛流离。

然而，奇妙的是在如此众多的攻击中，信心仍扶助敬虔之人的心，并使他得胜如发旺的棕树（参阅诗92：12，Vg.），因他在各种逆境中仍然得胜。所以，即使当大卫似乎即将崩溃而自责时，却仍没有停止仰望神。人若与自己的软弱争战，在极度忧虑中仍寻求信心，就近乎完全得胜。以下的经文使我们明白这一点："要等候耶和华！当壮胆，坚固你的心。我再说：要等候耶和华！"（诗27：14，参阅 Comm.）这经文显露大卫胆怯的心，他所重复的话也证明他常经忧患。但同时，他不只因这些软弱恼怒自己，也极力想要克服它们。

我们若将大卫和亚哈斯公平地比较，那么他们之间的不同是明显的。神差派以赛亚去安慰在忧虑中假冒为善的王，以赛亚对他说："你要谨慎安静，不要害怕，也不要心里胆怯。"（赛7：4）亚哈斯的反应如何呢？圣经先是说王的心跳动，好像林中树叶被风吹动一样（赛7：2）。他虽然听见神的应许，却仍然战兢。这是不信的工价和惩罚：因不凭借信心开启神的应许之门，就惧怕到转离神。另一方面，信徒虽然被诱惑击打并几乎被击垮，却仍然得胜，虽然不无艰辛和困苦。他们因深知自己的软弱，所以就与先知一同祷告说："求你叫真理的话总不离开我口。"（诗119：43，参阅 Comm. 和诗118：43，Vg.）这经文教导我们：信徒有时无法提醒自己神的真理，就如信心已丧失了一般，然而他们却不至于失败或背弃神，而是在争战中坚忍到底。他们借祷告刺激自己的惰性，免得放纵自己而变得冷淡。

18. 信徒心中的争战

ᵇ为了明白这一点，我们有必要再讨论以上关于肉体和灵魂的区分。[34]肉体和灵魂在这一点上的差别是显然的。敬虔的人感到内心的争战，他一方面因体会到神的良善而快乐，另一方面却因意识到自己的灾难而痛苦、忧伤；他一方面依靠福音的应许，另一方面却在自己罪孽的确证下战兢；一方面因盼望得生命而欢喜，另一方面则因面对死亡而颤抖。这些挣扎都是因信心不足而产生，因为在今生我们还不完全，无法全然摆脱自己的不信，完全充满信心。信徒之所以有这些争战，是因仍在人肉体中的不信兴起，攻击圣灵在人心里所运行的信心。

然而，既然在信徒心中的确据混有疑惑，难道我们不应当说：信心

---

[34] II. 1. 9；II. 2. 27；II. 3. 1.

不是关于神对我们旨意之确实清楚的知识，而是对这旨意模糊混乱的知识吗？当然不是。因我们即使被各种争战搅扰，却不至于全然丧失信心。或即使我们四处受不信的围困，却不至于因此陷入不信的深渊。我们若受击打，也不会被打倒。因这争战的结局总是：信心至终必胜过围攻它的仇敌。

19. 软弱的信心也是真信心

[b]综上所述，只要圣灵在我们心中运行些微的信心，我们就会开始相信神以平安和恩典待我们。我们虽然只从远处望见神，却已清楚到确信这是真实的。而后我们越往前进，㉟照着我们所应当的持续地稳步向前，就越接近神，且越能清楚地看见神而认识神。由此可见，虽然当人心一开始受光照认识神时，被重重的无知包裹，但之后这无知逐渐地被驱散。然而，虽然人对某些事情无知，或只是模糊地看见他所知道的，但这些不会拦阻他清楚地明白神对他的旨意，因他所知道的是真道基要的部分。这就如被关在地牢里的人，只能透过狭窄的窗缝看见微弱的光线，而无法看到整个太阳。然而，他的眼目却不断地仰望这不灭的光，并从中受益。同样地，人因肉体的限制，即使黑暗在四面围绕我们，即使神的怜悯如微弱的光照耀我们，就足以使我们获得确据。

20. 软弱和刚强的信心

[b]保罗在不同的经文中清楚地教导这一点。因当他教导"我们现在所知道的有限，先知所讲的也有限"（林前13：9、12），以及"如今仿佛对着镜子观看，模糊不清"（林前13：12），他的意思是我们在今生只领受到神智慧微小的部分。[e]上面的经文不仅教导，若信徒仍在肉体的重担下

㉟ 参阅 II. 2. 22-25；III. 2. 4，注释 11。特林克豪斯（C. Trinkhaus）引用这段话之后说："对柏拉图而言，人因无知而犯罪；然而对加尔文而言，人因犯罪而无知"；"Renaissance Problems in Calvin's Theology", *Studies in the Renaissance* III, ed. W. Peery, p. 61。

叹息，他的信心便不完全，也是教导，因信心的不完全，信徒必须不断地学习。他也暗示我们极其有限的能力无法测透无限的神。保罗宣告这也是整个教会的光景，每一位信徒的无知都拦阻他如他渴望的那样亲近神。

b 但在另一处经文中，保罗也证明连最微小的信心都会让信徒品尝到确据。他宣告信徒借着信心敞着脸得以看见主的荣光，就变成主的形状（林后3：18）。保罗暗示在如此浓厚的无知中，信徒的心仍有许多疑惑和恐惧，这是人与生俱来不信的倾向。此外，还有无数不同的引诱不断猛烈地攻击我们。尤其当我们的良心在许多罪恶的重担下，有时叹息、有时埋怨、有时自责，甚至有时公开地违背神。不论是患难还是我们的良心向我们彰显神的愤怒，不信都从此找到攻击信心的武器。而且这些武器都有同样的目的：借着使我们认为神反对并恨恶我们，就不盼望从神那里得帮助并惧怕神，就如他是我们的死对头。

21. 神的道是信心的盾牌

b 为了抵挡这一切的攻击，信心会以神的道武装和坚固自己。当任何试探攻击我们时——仿佛暗示神不喜悦我们因而是我们的仇敌——信心就回答：虽然神使我们遭难，却也向我们发怜悯，因他是出于爱而非愤怒管教我们。当我们想到神报应一切的罪孽时，信心提醒我们：只要罪人投靠神的怜悯，神必赦免一切的罪孽。如此，敬虔之人无论遭受何种患难或引诱，至终都会胜过一切困难，不容任何仇敌夺去他对神怜悯的确据。一切攻击他的仇敌反而增加这确据。一个关于这一点的证据是，当圣徒似乎遭受神的报应时，他们仍向神来抱怨；当神似乎掩耳不听他们时，他们仍求告他。他们若不期待从神那里获得安慰，那么求告他有何用处呢？事实上，他们若不相信神早已预备救助他们，他们就连想也不会想求告他。当基督责备使徒的小信时，他们埋怨自己快要灭亡，却仍呼求他的帮助（太8：25—26）。基督虽然责备他们的小信，他并没有不认他们为他的门徒或将他们视为非信徒，反而劝他们离弃那些罪。所以，我们在此要复习以上的教导：信心永不会从敬虔之人的心中被根除，反而会深深地在其中扎根。不论信心看起来有多摇摆不定，其光却永不至于熄灭。ᶜ这比方证明神的真道是永不朽坏的种子，总是结圣洁的果子并永不枯萎。ᵇ使圣徒绝望的最大的缘由莫过于在患难中开始以为神将毁灭他们。然而，约伯宣告：即使神杀他，他也不会停止仰望神（伯13∶15）。ᶜ总而言之，不信绝不能在信徒心中做王，只能从外面攻击。这不信和它的武器必不至于杀害信徒的性命，仅是搅扰他们，或顶多伤害他们，其伤害也必得医治。因此，保罗教导说：信心是信徒的盾牌（弗6∶16）。当这盾牌抵挡不信武器的攻击时，它或完全击败它们，或至少削弱它们的力量，以致它们无法毁灭我们。所以当信心动摇时，就如壮士被长矛攻击而退后几步；当信心受伤时，就如战士的盾牌被长矛划裂，却没有被刺透。因敬虔之人总必兴起与大卫一同说："我虽然行过死荫的幽谷，也不怕遭害，因为你与我同在。"（诗22∶4，Vg.；诗23∶4，EV）在死荫的幽谷中行走的确是可怕的，而且无论是多刚强的信徒也必惊惧。但因他们深信神与他们同在、保守他们，所以这对神的确信就立刻胜过恐惧。就如奥古斯丁所说，不论魔鬼的诡计有多阴险，只要它不占据信心所居之处，就必被赶出。㊱ᵉ这就告诉我们，信徒从每一次的战争中安然归回，并且领受新的力量，预备好立即再投入战场。这也见证使徒约翰的话是真的："使你们胜了世界的就是你们的信心。"（约一5∶4 p.）他也肯定我们的信心不仅会在一场或几场战争中获胜，而且即使受到千万次的攻击，至终将胜过整个世界。

22. 神所喜悦的恐惧

ᵇ有另一种"恐惧战兢"（腓2∶12），它非但没有削弱信心的确据，

㊱ Augustine, *John's Gospel* 52.9（论约12∶31）（MPL 35.1772；tr. NPNF VII. 289）。

反而使之更为坚固。当信徒将神向恶人所发的烈怒视为对他们的警告时，就特别谨慎，免得以同样的罪激怒神；或在思想自己的悲惨境况时，学习全然依靠神，因为他们知道，离开神，他们便像风一样飘摇不定、转瞬即逝。保罗借描述神对古时以色列人的惩罚，使哥林多信徒惊恐，免得他们犯同样的罪（林前10：12）。他这样做并没有削弱他们的信心，反而使他们脱去肉体的懒惰，因懒惰于信心有害。虽然他以犹太人的堕落为例劝勉道，"自己以为站得稳的，需要谨慎，免得跌倒"（林前10：12 p.；罗11：20），他不愿我们因缺乏信心而动摇。他反而想除去我们的傲慢和自信，也使外邦信徒知道神弃绝犹太人而避免自夸自大。ᶜ然而，在这段经文中他所劝勉的不只是信徒，也包括那些只在乎外表的假冒为善之人；他的劝勉也不是针对个人，而是在比较外邦人和犹太人。他表明神拒绝犹太人是因他们不信和忘恩负义，所以遭到神公义的审判，他也接着劝勉外邦信徒不要自高自大而丧失神后来转给他们的儿子名分的恩典。就如在犹太人被弃绝的事上，仍存留一些人没有从儿子名分的恩约中堕落，同样地，一些没有真信心的外邦人也许会兴起，因这教导而自傲，并滥用神的慷慨而自取灭亡。然而，即使我们将这经文唯独应用在选民身上，也不会使他们丧胆。因为保罗在此是想勒住圣徒有时任意妄为的罪，免得他们骄傲地放纵自己。他并不是想以恐惧使人灰心，使人不能全然确信神的怜悯。

23. "恐惧战兢"

ᵇ当保罗教导我们应当"恐惧战兢作成我们得救的工夫"（腓2：12）时，他只是在吩咐我们要习惯尊荣神的大能，并同时谦卑自己。因为没有比怀疑自己并因嗅到灭亡的气息带来的焦虑更能使信徒全然信靠神。这就是先知这句话的意思："至于我，我必凭你丰盛的慈爱进入你的居所；我必存敬畏你的心向你的圣殿下拜。"（诗5：7 p.）先知在此恰切地表明：依靠神怜悯的坦然无惧的信心，与当我们来到威严之神面前，因自己的污秽而感到惧怕的心，并无冲突。所罗门王也同样实实在在地宣告心存畏惧的人有福，因为刚硬的心使人落入邪恶（箴28∶14）。然而，他所指的是使我们更为谨慎的畏惧，并不是那折磨我们并使人跌倒的畏惧，因为受搅扰的心在神那里得宁静，沮丧的心在神那里被举起，绝望的心因信靠神而重新得力。

换言之，信徒因畏惧神而同时拥有确实的安慰，只要他们省察自己的虚妄并同时默想神的真道。或许有人会问，畏惧和信心如何同时居住在同一个人的心里呢？事实上，这就如懒惰和担忧同时居住在人心里一样。虽然恶人力求避免痛苦，免得对神的畏惧搅扰他们，然而，神的审判仍重压在他们身上，使他们不能随心所欲。所以，神常以谦卑磨炼他的百姓，使他们在英勇作战时仍能以自制的缰绳勒住自己。这经文的上下文清楚地表明，恐惧战兢的心是神所喜悦的，因为神借此赏赐他的百姓立志行善的能力，使他们毫无畏惧地成就他的美意（腓2∶12—13）。先知的这句话与此含义相同："以色列人必以敬畏的心归向耶和华，领受他的恩惠。"（何3∶5）因敬虔不但使人敬畏神，而且神甘甜的恩典也使对自己感到绝望的人畏惧和仰慕神，以至投靠神并谦卑地伏在神的权柄之下。

24. 信心坚不可摧的确据建立在基督与我们的联合之上

ᶜ然而，我们并不因此接受那些半天主教暗中开始提出的极为有害的哲学，因他们无法为经院神学家所传授的疑惑辩护，就诉诸另一种虚谎：有某种与不信混杂的确信。他们承认人若仰望基督，人的盼望就有充分的根据。但既然人总是不配得神在基督里所提供的一切福分，当人的目光转向自己的不配时就会出现怀疑和犹豫。简言之，他们教导说，人的良心会时而盼望、时而畏惧。他们对盼望和畏惧的教导是：人越有盼望就越不畏惧，人越畏惧就越不能盼望。撒旦一旦发现它从前习惯用来摧毁信心、确据的公开诡计失效，就尝试采用更阴险的手段。然而，有时会屈服于绝望的信心是怎样的信心呢？他们说：若你仰望基督，就有确实的救恩；若你倚靠自己，就必定灭亡。所以，不信和盼望轮流占据人心，仿佛我们应当将基督视为站在远处而不是居住在我们心里！然而，我们在基督里盼望救恩并不是从远处望见他，而是因他使我们嫁接在他身体上，使我们不但在他一切的恩惠上有分，而且拥有基督自己。因此，我要用他们的论点反驳他们：你若倚靠自己就必灭亡。既然神已经将基督和他一切的福分赐给你并成为你的，使你成为基督的肢体，与他合而为一，那么他的义就遮盖你一切的罪，他的救恩使你脱离灭亡，他以他的配得替你代求，免得你的不配被神看到。我们的确不应当将基督与自己分开或将自己与基督分开。我们反而应当紧抓住基督所成就与我们的相交。所以保罗教导我们："基督若在你们心里，身体就因罪而死，心灵却因义而活。"（罗 8：10 p.）若根据这些人的无稽之谈，保罗应当这样说："在基督里面的确有生命，然而既因你是罪人，就仍伏在死亡和神的咒诅之下。"但保罗并非如此说，他所教导的是：在基督里的救恩已经吞灭了我们自己所应得的沉沦。而且为了证明这一点，他所采用的教导和我以上的相同：基督并不在我们之外，而是居住在我们心中。他不但以某种无法分离的团契与我们相连，也以这奇妙的相交使我们一天比一天更与他成为一体，直到他完全与我们合而为一。°然而，我并不是在否定以上的教导：㊲我们的信心有时受搅扰，因这软弱的信心处处受到猛烈的攻击，因此在诱惑的幽暗中，信心之光几乎熄灭，但无论如何，信心绝不至于停止迫切地寻求神。

25. 明谷的伯尔纳对信心两方面的教导

°明谷的伯尔纳在关于献堂的第五篇讲道中明确地讨论了这个问题，他的教导也与我相同："当我省察自己的灵魂时——我靠神的恩典有时这

㊲ 参阅 II. 1. 1；III. 2. 17。

样做——我发现我的灵魂似乎有两个互相敌对的方面。我若考虑我的灵魂本身，我所能说关于这灵魂最真实的话是：它纯属虚无。"（诗72：22，Vg.）我无须列举我灵魂的每一项罪恶，因为它是被罪压制、被黑暗笼罩、做宴乐的奴仆、充满各样的私欲、常受各种引诱、充满迷惑、倾向犯各样的罪，总之，充满了羞辱和混乱。的确，若我们一切的义行在真理之光的审察下就如"污秽的衣服"（赛64：6，Vg.），更何况我们的不义呢？"你里头的光若黑暗了，那黑暗是何等大呢！"（太6：23）无疑地……"人好像一口气"（诗143：4，Vg.；诗144：4，EV），人纯属虚无。然而，神所抬举的人为何被视为虚无呢？神所钟爱的人怎会是虚无呢？

"弟兄们，我们当壮胆。即使我们看自己是虚无，也许'发慈悲的父'仍爱我们（林后1：3）。噢，可悲之人的父！你怎能眷顾我们呢？因为'你的财宝在哪里，你的心也在那里'（太6：21）。既然我们是虚无的，我们又怎会是你的财宝呢？'万民在他面前好像虚无，被你看为不及虚无，乃为虚空。'（赛40：17 p.）在你面前的确如此，在你心里却非如此；在你真理的审判之下的确如此，在你信实的计划之下却非如此。你确实是'使无变为有的神'（罗4：17）。我们的确是无，因为你所呼召的是无；同时，我们也是有，因为我们受你的呼召。虽然我们本身是无，然而你却将我们视为有，就如使徒所说：'不在乎人的行为，乃在乎召人的主。'（罗9：11）保罗也接着说人的不义和神的呼召之间的关系是奇妙的。当然，彼此连接的事物不会互相毁坏！"

伯尔纳在他的结论中更明确地说："我们若从这两方面殷勤地省察自己——一方面我们是虚无，另一方面我们被神尊荣……我深信我们大大地夸耀是合适的，也有极好的根据，因我们所夸的不是自己而是主（林后10：17）。"我们若如此思想：他若定下旨意要救赎我们，我们必要得救（参阅耶17：14），因此我们就能放胆。

"攀上更高的瞭望塔后，我们当寻求神的城、神的殿、神的居所，以及神的新娘。我并非忘记我原是怎样的人,却以敬畏的心说:'我们唯有在神的心中才存在;唯有在神尊荣我们时,我们才存在,并不是因为我们是可尊荣的。'"㊳

26. 敬畏和尊荣神

ᵇ"敬畏耶和华"——众圣徒的见证——圣经有时称之为"智慧的开端"(诗111:10;箴1:7),有时则称之为智慧本身(箴15:33;伯28:28),敬畏神的原因有两重,虽然对神的敬畏只有一种。因为神本应配得父亲和主人般的敬畏,所以,一切想真诚敬拜他的人都会做他顺服的儿子和忠心的仆人。主借先知的口称献与神对父一般的顺服为"尊敬",而称献与神对主一般的服侍为"敬畏"。他说:"儿子尊敬父亲,仆人敬畏主人;我既为父亲,尊敬我的在哪里呢?我既为主人,敬畏我的在哪里呢?"(玛1:6)他虽然对它们做区分,却将它们联系在一起。所以,让尊敬和敬畏所组成的某种崇敬成为我们对耶和华的敬畏。如此,同一个人拥有这两种性情就不足为怪了!只要我们思想神对我们是怎样的父亲,㊴即使没有地狱,我们也有足够的理由惧怕得罪他远胜过惧怕死亡。再者,我们也都倾向于毫无顾忌地放纵肉体犯罪。为了采取一切手段治死这肉体,我们必须牢牢记住:掌管我们的主憎恶一切罪孽,而且一切过邪恶生活激怒神的人,必不能逃脱神的报应。

27. 孩童般和奴仆般的敬畏

ᵇ使徒约翰也说:"爱里没有惧怕;爱既完全,就把惧怕除去,因为惧怕里含着刑罚。"(约一4:18)这并不与我们上面所教导的相冲突,因他所说的是那出于不信的惧怕,与信徒的畏惧大不相同。因为恶人怕神并

㊳ Bernard of Clairvaux, *In dedicatione ecclesiae*, sermon 5 (MPL 183. 531-534; tr. *St. Bernard's Sermons for the Seasons*, by a priest of Mount Melleray II. 419-426).

㊴ 参阅 I. 2. 2;I. 10. 1;II. 6. 4。

非怕得罪神，只要能免受惩罚；他们怕神是因他们确知神有报应他们的力量，所以在察觉到神的怒气时颤抖。他们之所以如此惧怕神的烈怒，是因为他们确知神的烈怒近在咫尺，随时会临到他们。然而，就如我以上所说，信徒们怕得罪神更胜过怕受惩罚，不像非信徒惧怕神的报应随时临到他们。神报应的威胁反而使他们更谨慎，免得得罪神。这就是保罗对信徒的教导："不要被人虚浮的话欺哄，因这些事，神的愤怒必临到那悖逆之子。"⑩（弗5：6，Vg.；西3：6）他并没有以神的愤怒威胁信徒，而是劝信徒思想神因恶人的罪将向恶人发怒，免得信徒激怒神。ᵉ其实恶人很少理会威胁，当神从天上如雷声般威胁他们时，他们迟钝、刚硬的心仍然顽梗不化。然而，神的手一旦击打他们，他们就不得不惧怕他。人们一般称之为"奴仆般的惧怕"，并将之与神儿女甘心乐意的畏惧做对比。另一些人微妙地引入一种中间的惧怕，因为奴仆般受制的惧怕有时征服人心，使人产生对神正确的敬畏。⑪

28. 信心使我们确信的不是属世的兴旺，而是神的恩惠*

ᵇ信心仰望神的慈爱，使人获得救恩和永生。因为若神恩待我们，我们就一无所缺，同样地，若他使我们确信他对我们的爱，我们就会深信神对我们的救恩。先知说："使你的脸发光，我们便要得救。"（诗80：3 p.；参阅诗79：4，Vg.）圣经立定这原则作为我们救恩的总纲，即基督废去了神对我们所有的敌意，并接我们到恩典中（弗2：14）。这就表示当神与我们和好时，没有什么能拦阻万事相互效力，使我们得益处。所以，当信心领会神的爱时，就拥有今世和来生的应许（提前4：8），以及对所有福分的确据，这是圣经所启示的一切福分。信心并不相信长寿、尊荣或

---

⑩ "In filios diffidentiae"；So Vg., 弗5：6。
⑪ Augustine, *John's Gospel* 85.3（MPL 35.1849；tr. NPNF Ⅶ.352）；*Epistle of John* 9.4（MPL 35.2047 f.，tr. NPNF Ⅶ.515）；Lombard, *Sentences* Ⅲ.34.5-8（MPL 192.825 f.）；Aquinas, *Summa Theol.* Ⅱ Ⅱae.19.2, 8.

财富，因神并没有预定每一位信徒在今生都领受这一切的福分。信心反而满足于这应许：不管我们今生的遭遇有多艰难，神必不撇弃我们。信心主要的确据反而在乎神的话所应许我们来世的盼望。然而，不管神所爱的人在世上遭受怎样的痛苦和患难，这一切都无法拦阻他的慈爱成为他们最大的喜乐。所以，福气本身就在乎神的恩典，因神从这源头赏赐我们一切的福分。而且当圣经告诉我们神将赐我们永远的救恩或任何福分时，同时也是在教导我们神的爱。因此，大卫歌颂神的慈爱说：这慈爱在敬虔之人的心中比生命更甘甜且更可切慕（诗63：3）。

e 简言之，即使万事都照我们的心意成就，但若我们不知道神是爱还是恨我们，那我们的幸福也是咒诅，因而是悲惨的。但若神以父亲般的爱仰脸光照我们，那连我们的痛苦也是祝福，因神将使它们成为我们得救恩的帮助。因此保罗列举各式各样的逆境，却夸耀这一切都无法使我们与神的爱隔绝（罗8：35、39），并总是以神的恩典作为他祷告的起头，因一切的兴旺从此而来；同样地，大卫王也说道，在一切搅扰我们的恐惧中，神与我们同在："我虽然行过死荫的幽谷，也不怕遭害，因为你与我同在。"（诗22：4，Vg.；诗23：4，EV）但我们总是心怀二意，除非我们满足于神的恩典并从中寻求平安，且深信《诗篇》的这段话："以耶和华为神的，那国是有福的！他所拣选为自己产业的，那民是有福的！"（诗33：12，参阅 Comm.）

信心的根基就是神在他的话语中白白应许赐给我们在基督里的恩典（29—32）

29. 神的应许就是信心的支柱

b 神白白赐给我们的应许就是信心的根基，因信心建立在这应许之上。信心确信神在万事上都是信实的，不论是他吩咐或禁止的，也不论是他应许或警告的。同时，信心也以顺服的心接受神的诫命，不做他所禁止的，留意他的警告。但无论如何，信心始于应许，并倚靠应许，以及在这应许上坚忍到底。因信心在神里面寻求生命，这生命在神的诫命或神惩罚人的警告中无法找到，只能在怜悯的应许中找到，并且是白白应许的。因为任何条件性的应许若使我们再次倚靠自己的功德，就不能应许我们生命，除非这生命已经在我们里面。所以，我们若深盼拥有不摇动的信心，就必须将信心建立在神救恩的应许上，因为这应许乃是神看见我们的悲惨，甘心乐意白白赏赐给我们的，而不是因我们的功德。所以保罗这样对福音做见证：福音是信（主）的道（罗10∶8）。他将福音、律法的诫命和神的应许做区分，因唯有神用来叫世人与自己和好的慷慨福音才能坚固信心（参阅林后5∶19—20）。这就是为何保罗常常教导我们信心与福音之间有密切的关系。他教导神交托他传福音的事工是使人"信服真道"（罗1∶5），也教导福音是"神的大能，要救一切相信的……因为神的义正在这福音上显明出来；这义是本于信，以致于信"（罗1∶16—17）。这并不奇怪！既然福音是那使人与神和好的职分（林后5∶18），那就没有什么比福音更能充分证明神对我们的慈爱，而且这也是信心所寻求的知识。㊷

因此，当我们说信心必须建立在神白白的应许上时，我们并不是在否认信徒从各方面接受和把握神的话语，我们所说的只是信心正确的目标是神怜悯人的应许。就如信徒一方面相信神是一切恶行的审判官和报应者，另一方面也默想神的慈爱，因圣经描述神本为善（参阅诗86∶5，Comm.）、"有怜悯"（参阅诗103∶8，Comm.；诗102∶8，Vg.）、"不轻易发怒，且有丰盛的慈爱"（参阅诗103∶8，Comm.）、"善待万民"（诗144∶9，Vg.）、"他的慈悲覆庇他一切所造的"（参阅诗145∶9，Comm.）。

㊷ "*Cuius agnitionem fides requirit.*" 参阅安瑟伦（Anselm），*Proslogion*, Preface（MPL 158；tr. LCC X. 70, and the literature cited by E. R. Fairweather, *ibid.*, pp. 65 ff.）。

30. 为何信心唯独倚靠恩典的应许

ᵈ我也不想浪费时间驳斥皮修斯（Pighius）和与他同是犬类的狂吠。他们攻击我以上对信心所下的狭窄定义，仿佛信心可被咬碎而使各人手持一片。㊸我承认，就如我以上所说，神的真道就如他们所说是信心一般的对象，不管他借此警告我们或赏赐我们蒙恩的盼望。因此，使徒说挪亚出于信心就惧怕世界毁灭这未见之事（来11∶7）。既然挪亚惧怕即将来临之神的审判是出于信心，这就证明信心的定义也包括相信神的警告。这是正确的！但那些毁谤我们的人不公义地指控我们否认信心包括相信神一切的话语。其实我们只是特别强调这两点：其一，除非人深信神所赏赐的白白应许，否则他的信心必不能坚定；其二，除非信心将我们与基督联合，否则这信心无法使我们与神和好。这两点都值得我们留意。我们所寻求的是那区分神的儿女与恶人、信徒与非信徒的信心。若有人相信神一切的吩咐和警告都是公义的，我们是否就据此称他为信徒呢？断乎不可！唯有依靠神怜悯的信心才是真信心。那么我们讨论信心的目的是什么呢？难道不就是为了使我们明白何为救恩之道吗？然而，除非信心使我们嫁接在基督身上，否则我们凭什么称它为使人蒙救恩的信心呢？因此，在我对信心下定义时，强调信心特殊的对象以区分信徒和非信徒，是很合理的。总之，恶毒的人若在这教义上斥责我们，也就是在斥责保罗，因他正当地称信心为"信（主）的道"（罗10∶8）。

31. 真道对信心的重要性

ᵉ如此，我们就再次推断出前面所解释过的结论㊹：信心需要真道，就如果实需要树的活根。因为根据大卫的见证，唯有认识主名的人才能

㊸ 阿尔伯特·皮修斯（Albert Pighius），乌得勒支（Utrecht）的副主教，攻击了加尔文在《基督教要义》中（1539年版本，第四章）对信心的定义。他说加尔文的定义"模糊""混乱"，也倾向于给人"虚假的确据"：*Controversiarum praecipuarum... explicatio*（1542），ch. 2, fo. 58a-60a。

㊹ 上面的第六节。

在神里面有盼望（诗9：10）。然而，这认识并非出于任何人的幻想，乃是出于神亲自对他慈爱的见证。先知在另一处经文中证实说："耶和华啊，愿你照你的话，使你的救恩临到我身上。"（诗119：41）又说："求你救我，因我寻求了你的训词。"（诗119：42、40、94）我们在此必须先讨论信心与真道的关系，然后再留意信心所产生的结果，即救恩。

但同时我们也不否认神的大能，因为除非信心依靠神的大能，否则就不可能将神所应得的尊荣归给他。当保罗说亚伯拉罕相信那应许他后裔蒙福之神的大能时，似乎是说亚伯拉罕的信心只是简单和普遍的（罗4：21）。同样地，他在另一处这样形容他自己："我知道我所信的是谁，也深信他能保全我所交付他的，直到那日。"（提后1：12）人只要考虑有多少关于神大能的疑惑趁虚潜入自己心中，就会充分理解，那些将神的大能所应得的称赞归给他之人的信心是大的。我们都会承认神能做他一切所喜悦的事，然而，当最小的试探击倒我们，使我们恐惧不知所措时，这就表明我们怀疑神的大能，宁可相信撒旦的恐吓，也不相信神的应许。这就是为何当以赛亚想要说服神的百姓确信他们的救恩时，恢宏地描述神无限的大能（赛40：25及以下，常见于40—45章）。当以赛亚开始述及关于赦罪和与神和好的盼望时，似乎又转换话题，谈论一些与主题无关的长篇大论，谈到神何等奇妙地掌管天地和整个大自然。其实，他所谈的与主题密切相关。因除非我们相信神成就万事的大能，否则我们就听不进神的真道，甚至会轻看它。

保罗所谈论的是神有效的大能，因为敬虔——就如我们以上所说⑮——总是在需要的时候支取神的大能，且也特别留意神用来见证他父亲职分的作为。这也是为何圣经时常提到救赎的原因之一，就是要教导以色列人，为我们的救恩创始成终的神将永远保守这救恩。大卫以自己的经历提醒我们，神分别赏赐各人的福分，是为要使人继续坚定地信靠

---

⑮ I. 16. 3.

他。事实上，在看上去神似乎离弃我们的时候，我们必须提醒自己神从前的带领，使他从前赏赐的福分更新我们，正如《诗篇》所说："我追想古时之日，思想你的一切作为。"（诗143：5；诗142：5，Vg.）又说："我要提说耶和华所行的……记念你古时的奇事。"（诗77：11，Comm.）

但因我们一切在神真道之外所领悟关于神大能和作为的事都将如烟消散，所以，我们有极好的理由宣称：除非神以他恩典的见证光照人心，否则人必不能有信心。

然而，我们也许可以在此提出：当如何看待撒拉和利百加的信心？这两位妇人似乎有炽热的信心，却越过了真道的范围。撒拉，因迫切地渴慕神所应许她的儿子，就将她的婢女交给她丈夫（创26：2，5）。不可否认，她在多方面犯了罪，但我现在所谈的是她因热忱而拒绝接受真道范围的限制。然而，我们确信她的渴慕是出于信心。利百加确信神拣选她儿子雅各的圣言，却以卑劣的手段为她的儿子获得这福分（创27：9）。她欺哄了她的丈夫——神恩典的证人和使者。她强迫她的儿子说谎，她以各种手段和诡计败坏了神的真道。总之，她因轻看神的应许就尽力毁坏它（创27章）。

她的这行为虽然是罪，也应受谴责，却并非是完全缺乏信心。为了追求这根本不会带给她世俗利益，反而使她遭遇极大困苦和危险之事，她必须先克服许多障碍。同样地，我们也不会视先祖以撒为完全没有信心的人，虽然他领受了同样祝福他小儿子的圣言，却仍偏爱他的长子以扫。这些例子教导：罪恶确实常潜入人的信心，然而真信心总能胜过这些罪。就如利百加的罪并没有使神的祝福落空，同时，这罪也没有夺去她的信心，因这信心在她心中做王，也是她接受神应许的源头和起因。利百加的光景证明，当人稍微放纵自己的情欲时，人心有多容易偏离神。然而，即使人的罪和软弱减损信心，却无法使之消灭。同时，人的罪和软弱警告我们要警醒并聆听神的声音；也教导我们，信心若非受真道的支持，就不能长存。若神没有以他隐秘的缰绳保守撒拉、以撒、利百加顺服真道，就必迷失在歧途中。

32. 基督应验了神对信心的应许

ᵇ再者，我们说神一切的应许都包含在基督里，并非毫无根据，因为保罗说福音本身就是认识基督（参阅罗1∶17），也教导说"神的应许不论有多少，在基督都是是的"（林后1∶20 p.）。这事实的缘由是显然的；因神若应许任何事，他也借此显明他的慈爱，这就证明了神一切的应许都见证他的爱。这也与另一个事实毫无冲突，即神不断和极大地祝福恶人，都是为了带给他们更重的审判。因他们既不思想也不承认，这一切临到他们的福分是出于神的手；或即使他们承认，他们也绝不会在内心默想神的良善。因此，向他们述说神的怜悯就如向禽兽述说一般，因他们与禽兽一样，领受神丰盛的赏赐却不领悟。的确，他们习惯于拒绝神向他们宣告的应许，而因此使自己得到更严厉的报应。因为虽然神应许的果效只在应许将信心运行在人心里时才表现出来，但人的不信和忘恩负义仍不能抹杀这些应许的力量和真实性。所以，既然主借他的应许不仅呼召人领受他丰盛的仁慈，也劝人思考这丰盛，同时向人彰显他的爱；那么，话说回来，神任何的应许都证明他对人的爱。

然而，无可辩驳的是神在基督之外不爱任何人。[46]"这是我的爱子"（太3∶17，17∶5 p.），ᵉ表示父的爱居住在他身上，且爱从他那里浇灌到我们身上，正如保罗所说："恩典是他在爱子里所赐给我们的。"（弗1∶6 p.）ᵇ因此，在基督亲自为我们代求时，神的爱必定临到我们身上。所以使徒在一处经文中称他为"我们的和睦"（弗2∶14）；又在另一处经文中，保罗说基督使我们与神联合，使神以父亲的爱信实地待我们（参阅罗8∶3及以下）。因此，当神赏赐我们任何的应许时，我们就应当仰望基督。保罗也教导说，神一切的应许都在基督里得以确立和应验（罗15∶8）。

---

[46] 加尔文常常以不同的表达方式如此叙述。特别参阅 Comm. John 3∶16。

ᵉ圣经上的一些事例看起来似乎与此不符。譬如：当叙利亚人乃缦求问先知敬拜神正确的方法时，他很可能没有被教导有关中保的预言，然而，圣经仍称赞他的敬虔（王下5：1—14；路4：27）。哥尼流，一位外邦人并罗马人，几乎不可能领会连犹太人都不十分明白的事，而且根本不明白其中一些。然而，圣经记载他的施舍和祷告仍蒙神悦纳（徒10：31），而且先知的反应也表明乃缦的献祭蒙神悦纳（王下5：17—19），两者唯有借信心才能被神悦纳。同样的道理也能用在腓力所遇见的太监身上，除非他先有神赏赐的信心，否则他不可能费时费钱又艰苦跋涉，为要去敬拜神（徒8：27）。然而，当腓力被问及时，他表现出对中保的无知（徒8：31）。我也承认这两人的信心从某方面来说是默从的，因为他们不知道基督的位格，也不知道父所交付基督的权柄和职分。同时，我们确定他们至少被教导过一些使他浅尝基督的原则，否则那太监不可能从遥远的地方急于去耶路撒冷敬拜未识之神，而且哥尼流在接受犹太人的信仰后不久，必定很快就熟悉真道最基本的教义。就乃缦而论，既然以利沙详细地教导他，所以若说乃缦对最基本的教义陌生便是荒谬的。因此，尽管他们对基督的认识很模糊，但若说他们完全不认识基督是难以置信的，因他们献上律法所吩咐的祭，而且这些献祭所预表的就是基督，与外邦人所献虚妄的祭有别。

圣灵在信徒心中启示真道（33—37）

33. 圣灵使神的真道有效地产生信心

ᵇ只要没有心盲和悖逆的拦阻，单单真道外在的证明就足以产生信心。然而，我们的心喜爱虚妄，以至无法深信神的真道，而且我们的心迟钝，所以无法看见神真理的光。因此，若无圣灵的光照，神的真道就无能为力。这也证明信心超越人的理解，若圣灵只光照人的心智而没有以大能坚固和扶持人的心，仍是不够的。在这事上，许多经院神学家完全误入歧途。他们认为信心只是理解上的接受，而没有包括心中的确据。㊼信心在这两方面都是神独特的恩赐，神洁净人的心智（mind），想使他能理解真理，也使他的心灵（heart）在这真理上得以坚固。ᶜ因圣灵不但赏赐信心，也逐渐增加人的信心，直到最后引领我们进入天国。保罗说："从前所交托你的善道，你要靠着那住在我们里面的圣灵牢牢地守着。"（提后1：14 p.）所以，保罗为何教导我们因听信福音受了圣灵（加3：2），这不难解释。若神只有一种圣灵的恩赐，那么保罗称圣灵为信心的果子就是荒谬的，因他是信心的根源和起因。但既然保罗宣告神用来装备教会和使之完全的恩赐是借着信心逐渐地增加而成就的，那就难怪他说是信心预备我们的心接受这些恩赐！ᵇ这在人看来的确十分矛盾，因圣经告诉我们，除非神赏赐人信心，人就无法信基督（约6：65）。这部分是因为，他们没有想到天上的智慧是何等隐秘和深奥，或没有考虑到人对于领会神奥秘的事有多迟钝；部分是因为，他们不明白坚定不移是信心的重要方面。

34. 唯有圣灵才能引领我们到基督那里

ᵇ但就如保罗所教导："除了在人里头的灵，谁知道人的事？像这样，除了神的灵，也没有人知道神的事。"（林前2：11）既然人在今世眼所能见的事上尚且不相信神的真理，那么人如何能坚定地信靠神所应许那些眼不能见和头脑不能明白的事呢(参阅林前2：9)？但在属灵的事上，人的理解力完全无能为力，因为明白属灵之事的第一步就是弃绝自己的理解力。而人的理解力就如脸上的帕子，拦阻他明白神唯独向婴孩"显出来"的奥秘（太11：25；路10：21）。因为这是属血肉的无法指示的事（太16：17）；"然而，属血气的人不领会神圣灵的事"，神的真理对他而言反而是"愚拙……因为这些事惟有属灵的人才能看透"（林前

㊼ 参阅 I. 5. 9；III. 2. 1，8，36；Augustine, *Predestination of the Saints* 2. 5（MPL 44. 963；tr. NPNF V. 499）；Cadier, *Institution* III. 56, note 1。

2∶14，参阅 Vg.）。所以，圣灵的扶持是必需的，甚至需要他的大能才能成就这事。因为没有人知道主的心，也没有人做过他的谋士（罗 11∶34 p.）。然而，圣灵"参透万事，就是神深奥的事也参透了"（林前 2∶10）。圣灵使我们"知道基督的心"（林前 2∶16）。基督说，"若不是差我来的父吸引人，就没有能到我这里来的"（约 6∶44）；"凡听见父之教训又学习的，就到我这里来"（约 6∶45）；"除了神所差遣的那位之外，从来没有人看见神"（约 1∶18，5∶37，经文合并）。所以，既然没有圣灵的吸引我们无法到基督那里，这就证明圣灵的吸引使人在心智和心灵上超越他从前的理解力。因人在圣灵的光照下，就有某种更新且敏锐的观察力，使他能思考天上的奥秘，即那从前使他瞎眼的荣光。人的理解力因受圣灵的光照，终于能真正领悟属神的事，因他从前的愚钝使他无法领悟。因此，基督虽然清楚地向他的两位门徒解释天国的奥秘（路 24∶27），他们却仍不明白，直到"他开他们的心窍，使他们能明白圣经"（路 24∶45）。即使是基督亲自教导使徒，他仍需要差派真道的灵将他们已听过的教义浇灌在他们心里（约 16∶13）。的确，神的道就如太阳，照耀一切听见的人，但在心盲之人身上却毫无果效。我们所有的人在这方面生来是瞎眼的，因此，神的道无法渗入我们的心，除非圣灵做内心的教师照耀我们，使神的道能进入我们的心。

35. 没有圣灵，人不能信神

°我们在前面讨论人与生俱来的败坏时，已详细证明人是多么不能相信神。⁴⁸所以在此我不会重提旧话。只要我们知道保罗称信心为"信心的灵"（林后 4∶13）就够了，因信心乃圣灵所赐，而非我们本有的。保罗求神在帖撒罗尼迦信徒身上用大能成就他们所羡慕的一切良善和一切信心的工夫（帖后 1∶11，参阅 Vg.）。保罗在此称信心为"神的工作"，没

---

⁴⁸ II. 2. 18-25.

有用特别的形容词描述这工作，反而恰当地称信心为神所喜悦的。㊾如此，他不但否认人能凭自己生发信心，也进一步说明信心是神大能的表现。在哥林多书信中，保罗陈述信心并不倚靠人的智慧，而是建立在圣灵的大能之上（林前2：4—5）。他所指的的确是眼所能见的神迹，但既然心盲的恶人无法看见这些神迹，所以他所指的也包括圣灵的内在印记（弗1：13；10：30）。而且神在赏赐这荣耀的恩赐上，为了更丰盛地彰显自己的慷慨，就没有将之赏赐给所有的人，而是只将之赏赐给他所喜悦的人。我们在前面用圣经证明过这一点，奥古斯丁忠实地解释这些经文说："我们的救主为了教导我们信心是神的恩赐而非出于人的功劳，说'若不是差我来的父吸引人，就没有能到我这里来的'（约6：44 p.），而且这是'蒙我父的恩赐'（约6：65 p.）。然而，奇怪的是，两个人听到真理，一个人藐视，另一个人则重生！藐视的要担当自己的罪；重生的人不可将功劳归与自己。"奥古斯丁在另一处论述道："为何神将重生之恩赐给这人而不赐给那人呢？我不以为耻地说：'这是十字架的奥秘。'我们一切所能做的都出于神深不可测的判断，我知道我现在所能行的，却不知道我为何能如此行，我只知道这一点：一切都出于神。但为何这人重生，那人却没有？这对我来说太深奥，是十字架奥秘的深渊。我只能惊叹这奥秘，却无法以辩论陈明。"㊿综上所述，当基督借着圣灵的大能光照我们并赐给我们信心时，同时也将我们连接在他身上，使我们获得各式各样的益处。

36. 信心是内在的

ᵇ在人的心智接受真理后，信心将之浇灌到人心里去。神的道若只漂浮在人的脑海里，就不是以信心领受真理，因为信心使真理在心里扎根，使

㊾ "*Motu*".
㊿ Augustine, *Sermons* 131, 2, 3；165. 5（MPL 38. 730, 905；tr. LF *Sermons* II. 586 f., 839 f.）.

人能抵挡仇敌一切的诡计和诱惑。若圣灵的光照等于人心智真正的理解，那么使真理在心里扎根就更彰显圣灵的大能，因为人心里的不信比心智的盲目更严重。(51)而且赏赐人心确据比赐人知识更难。因此圣灵将他说服人相信的应许印在人心中，使这些应许坚固人。保罗说："你们信了基督，既然信他，就受了所应许的圣灵为印记。"（弗 1：13—14，Comm.）可见保罗教导信徒的心受圣灵为印记，也因这缘故称他为"所应许的灵"，因他使我们确信福音。同样地，他也在致哥林多的信中说："那……膏我们的就是神。他又用印印了我们，并赐圣灵在我们心里作凭据。"（林后 1：21—22，KJV）当保罗在另一处谈到信徒的确信和坦然无惧的盼望时，也说这一切都是建立在圣灵的凭据之上（林后 5：5）。

37. 疑惑无法消灭信心

[e]我没有忘记我在前面所教导的，(52)因我们的经验再三提醒我们，信心常受各种疑惑的搅扰，所以敬虔之人的心很少有平静的时候，至少不常享安宁。然而，不管受何种攻击，他们要么逃离试探的旋涡，要么在试探中站立住。事实上，这确据本身造就和保守信心，只要我们坚信《诗篇》的这段话："神是我们的避难所，是我们的力量，是我们在患难中随时的帮助。"（诗 46：2—3，参阅 Comm.）《诗篇》另一处也称赞信徒们这甜美的安稳："我躺下睡觉，我醒着，耶和华都保佑我。"（诗 3：5）的确，大卫并不总是处于安宁和喜乐的光景中，然而，他越照神所赐给他的信心经历神的恩典，就越放胆藐视能搅扰他心中平安的一切。因这缘故，当圣经劝我们要有信心时，同时也吩咐我们要安静。以赛亚说："你们得力在乎平静安稳。"（赛 30：15，Vg.）大卫说："你当默然倚靠耶和华，耐性等候他。"（诗 37：7，Comm.）与这些经文相似的是使徒

---

(51) 参阅 I. 5. 9；III. 2. 8，33；III. 6. 4。

(52) 上面的第十七节。

在《希伯来书》中的这句话："你们必须忍耐。"（来 10：36）

反驳经院神学家们对此的异议（38—40）

38. 经院神学家关于信心确据的谬论*

[b]由此可见，经院神学家们的教导有多危险。他们教导说，我们只能通过道德臆测来辨认神的恩典，即根据我们认为自己配得恩典。(53)其实，我们若要根据自己的行为判断神如何待我们，我承认，我们根本无从根据臆测判断。但既然信心抓住神单纯和白白的应许，就没有疑惑的余地。我们若以为人过圣洁的日子就能因此蒙神悦纳，请问，这会产生怎样的确信呢？但因我将在更恰当的时候讨论这些问题，(54)所以我现在不再讨论，特别是大家都知道，臆测或疑惑与信心是最有冲突的。

有些经院神学家邪恶地强解他们经常引用的《传道书》中的经文："他配得爱或是恨，人不能知道。"（传 9：1，Vg.）我略而不谈武加大译本对这经文错误的翻译，我只要说连孩童都能明白所罗门在此的教导，即人若想根据现今世俗的光景判断神所爱或所恨的是谁，他在此事上一切的劳力都是枉然的，因为"凡临到众人的事都是一样……献祭的与不献祭的，也是一样"（传 9：2，参阅 Vg.）。(55)这也说明，人得到神各样赐福，凡事顺利，并不总是证明神爱他；人遭患难困苦，也不总是表明神恨他。这就充分证明人心的愚妄，因他完全不明白他最需要明白的事。就如所罗门以上所记载的那样，我们无法辨别人与动物之间的灵有何不同，因似乎看来这个怎样死，那个也怎样死（传 3：19）。若有人以此推断我们相信人灵魂的不死完

---

(53) 这是波那文图拉（Bonaventura）的教导：*Commentary on the Sentences* Ⅳ. 20. 1. dubium 1（*Opera theologica selecta* 4. 514）。他引用奥古斯丁的话支持他的立场，*Sermons* 393（MPL39. 1713）。参阅 Aquinas, *Summa Theol.* Ⅰ Ⅱae. 112. 5 "Whether a Man Can Know that He Has Grace"（人能知道他拥有恩典吗?）(tr. LCC Ⅺ. 180 ff.)。

(54) Ⅲ. 15.

(55) 波那文图拉和阿奎那，参阅注释 53；De Castro, *Adversus omnes haereses* Ⅶ（1543，fo. 133）。武加大译本作："*Nescit homo utrum amore an odio dignus est.*" 见翻译大不相同的 RSV。

全是臆测，难道我们不应当视他为癫狂的人吗？若因为我们无法根据肉眼所见现在的光景明白神的旨意，所以否定可以确知神的恩典，岂不是癫狂吗？

39. 基督徒以圣灵的内住为乐*

[b]然而，我们的论敌说我们若宣称确知神的旨意，这是轻率的。如果他们的意思是指，我们宣称自己能靠极有限的理解力明白神测不透的计划，那么我也会完全同意他们的说法。然而，既然我们的意思与保罗一样："我们所领受的，并不是世上的灵，乃是从神来的灵，叫我们能知道神开恩赐给我们的事"（林前 2：12），那么他们若向我们吼叫岂不是冒犯圣灵吗？若指控圣灵的启示是虚假或模糊不清乃极严重的亵渎，那么我们宣扬这启示的确实性，难道是犯罪吗？

然而，他们同时也厉声指控我们胆敢夸耀拥有基督的灵。谁能相信想要做世人师傅的人竟如此愚蠢，在基督教最基本的教义上被绊倒？事实上，若非他们的作品作证，我也难以相信。保罗宣告："凡被神的灵引导的，都是神的儿子。"（罗 8：14）但这些人相信，神的儿女被自己的灵所引领，神的灵并没有住在他们里面。保罗教导：圣灵使信徒能称神为"父"，而且唯有神的灵才能"与我们的心同证我们是神的儿女"（罗 8：16）。即使这些人没有拦阻我们求告神，但是他们的教导却夺去引导人求告神的圣灵。保罗否认那些不受圣灵引领的人是基督的仆人（参阅罗 8：9），这些人捏造了一种不需要基督之灵的基督教。然而保罗说，除非我们感受到圣灵居住在心中，否则我们就没有复活的盼望（罗 8：11），但这些人却捏造了一种没有圣灵感动的盼望。

他们或许会说，他们并不否认圣灵应当住在人心里，但谦卑之人不会自信自己有圣灵。(56)那么，当保罗劝哥林多信徒要自己省察有没有信

---

(56) 参阅 Cochlaeus, *Philippicae in apologiam Philippi Melanchthon*（1534）Ⅲ. 42；J. Latomus, *De fide et operibus*（*Opera adversus haereses* [1550]. fo. 141 b. f.）；A. Pighius, *Controversiarum praecipuarum... explicatio*, fo. 50b ff.，皮修斯在此攻击马丁 · 路德对 *fiducia*（确信）的教导。

心，为要证明自己是否拥有基督时，他是什么意思？他的意思是，除非人知道基督居住在他心里，否则他就是被遗弃的人（林后13：5）。使徒约翰说："我们所以知道神住在我们里面，是因他所赐给我们的圣灵。"（约一3：24，4：13）所以，若我们希望在圣灵的运行之外被称为神的仆人，难道这不就是怀疑基督的应许吗？因基督宣告把他的圣灵浇灌在他一切百姓的身上（赛44：3；参阅珥2：28）。若我们将信心与圣灵分开，这不就是使圣灵担忧吗？因信心是圣灵所赐的。既然确信自己有圣灵是敬虔的起始，那么指控夸耀圣灵的同在的基督徒骄傲，是极为可悲的心盲，因若不夸耀圣灵的同在，基督教就不存在！其实，他们恰恰证明了基督的话："就是真理的圣灵，乃世人不能接受的。因为不见他，也不认识他；你们却认识他，因他常与你们同在，也要在你们里面。"（约14：17）

40. 对信徒是否坚忍到底的疑惑

[b]他们不只从一个立场攻击信徒的确据，也从另一个立场攻击。他们说，即使人能因被称义确信自己是蒙恩的人，也无法确信自己是否将坚忍到底。[57]若我们现在能判断自己是蒙恩的人，但却不知道我们明日将如何，难道这是救恩的确据吗？然而，保罗所说的并非如此："因为我深信无论是死，是生，是天使，是掌权的，是有能的，是现在的事，是将来的事，是高处的，是低处的，是别的受造之物，都不能叫我们与神的爱隔绝；这爱是在我们的主基督耶稣里的。"（罗8：38—39 p.）他们企图以肤浅的借口回避这事实，胡说保罗的确据是来自神对他特殊的启示。[58]然而，这处经文却不容他们回避，因保罗在这经文中所谈论的是众信徒出于信心所共有的福分，而不是唯独他个人的经历。然而，同一位使徒

---

[57] Latomus, op. cit., loc. cit.

[58] Aquinas, *Summa Theol.* I IIae. 112. 5 (tr. LCC XI. 181).

在另一处经文中提到信徒的软弱和动摇时也警戒我们："自己以为站得稳的，需要谨慎，免得跌倒。"（林前 10：12 p.）这是真实的，然而这样的警戒并不使我们迷惑，反而使我们学习服在神大能的手下，正如彼得所解释的（彼前 5：6）。

如此看来，若只将确信局限于信徒一生中的某个时候去仰望来世的永生，这是荒谬的！既然信徒出于圣灵的光照并借信心确信来世的永福，而将这一切归于神的恩典，这样的夸耀不是傲慢，反之，若任何人耻于承认他来世的福分，就是忘恩负义，因他所见证的是他邪恶地压制神的良善，而非他的谦卑或顺服。

信心与盼望和爱彼此间的关系（41—43）

41.《希伯来书》11：1 对信心的教导

[b]神的应许是信心唯一正确的根基，也是对信心的性质最明确的描述。因此，若夺去应许，信心将立刻被摧毁或消失。我们对信心的定义来自信心与神应许密切的关系。[b(a)] 并且，我们的定义与使徒的定义（或他对信心的描述）并无分别。他教导说："信就是所望之事的实底，是未见之事的确据。"（来 11：1，参阅 Vg.）他在此用的 hypostasis（实底）一词表示敬虔之人所依靠的某种支柱，[a]就如在说信心等于确实和安全地握有神所应许我们的一切，[d]除非有人宁可将 hypostasis 理解为确信。(59)我并不反对如此理解，虽然我所接受的是信徒们更为普遍接受的定义。[a]另一方面，保罗也有意指出，甚至到末日，当案卷展开时（但 7：10），关于救恩(60)a的事也是我们的感官无法测透的，何况在今世，我们拥有这些属灵之事唯一的方式就是超越一切感官的限制并仰望来世。所以他接着说，拥有属灵之事的确据是我们所盼望的，因此是眼不能见的。就如保罗

(59) *"Nisi quis ὑπόστασιν pro fiducia accipere malit."*

(60)a VG 1560.

所说："只是所见的盼望不是盼望，谁还盼望他所见的呢？"（罗 8：24 p.）当他称信心为"确据"[c(a)]，或根据奥古斯丁的翻译，[61]称作"确信现今尚没有的事"[在希腊文中"确信"一词是 έλεγχος（来 11：1）]时，[a]他的意思是，信心是未曾显明之事的证据，对于未曾看见之事的看见，对于模糊之事的明白，对于现今所没有的拥有，对于隐藏之事的领悟。神的奥秘——特别是关于我们救恩的奥秘，这些事情的本质是人无法测透的，或从另一个角度来看，人无法理解它们的性质。我们只能从神的话语中领悟这些事情，而且，我们应当确信神话语的真实性，甚至视神一切所说的为已发生或已应验。

（信心和爱）

[b]然而，人如何能尝到神良善的滋味，而不同时想要热切地回报神对他的爱呢？的确，只要人知道神所预备给一切敬畏他之人的丰盛的喜乐，就必定大为感动，而且在受感动之后，这喜乐充满他的心并有效地吸引他。因此，邪恶败坏的人从未经历过感激神的情感，即那使我们享受神隐藏的宝藏并引领我们到神国度之至圣所的情感，因神的国不容不圣洁之人进入而使之玷污。

经院神学家的教导，[b(a)]即爱先于信心和盼望，[62]不过是痴人说梦，因为是信心先在人心里产生爱。[63e]伯尔纳说得更为确切："我相信良心的见证，就是保罗所说敬虔之人所夸耀的（林后 1：12），包含三件事情。首先，人必须相信在神的怜悯之外无法得赦免。其次，除非神赏赐，否

---

[61] Augustine, *John's Gospel* 129, 1; 45. 2 (MPL 35. 1837, 1872; tr. NPNF VII. 342, 369); *On the Merits and Remission of Sins* II. 31. 50 (MPL 44. 181; tr. NPNF V. 43).

[62] Lombard, *Sentences* III. 23. 9; 25. 5 (MPL 192. 807, 811). Bonaventura, *Commentary on the Sentences* III. 36. 6 (*Opera selecta* III. 813).

[63] 参阅 Luther, *On Christian Liberty* (1520); "*Fluit ex fide charitas*" (Werke WA VII. 66; tr. *Works of Martin Luther* 2. 338); Melanchthon, *Loci communes* (1521), ed. H. Engelland, *Melanthons Werke in Auswahl* II. 1. 114 (tr. C. L. Hill, *The Loci Communes of Philip Melanchthon*, p. 204)。

则人无法行善。最后，人无法靠自己的功德配得永生，除非这功德也是神所赏赐的。"随后他还说，这些仍不够，它们只是信心的起始，因为当我们相信唯有神才能赦罪时，我们必须同时相信，除非我们确信圣灵见证他已为我们预备救恩，否则我们的罪就仍未被赦免；而且，我们也必须相信，既然神赦罪、赏赐功德，并奖赏人，我们就不可在这起点上驻足不前。[64]b 我们将在恰当的地方详细讨论这些事和与此相关的事情，[65]我们现在只要讨论何为信心就够了。

42. 信心和盼望是密不可分的

[b(a)] 然而，若有这活泼的信心，就必有永恒救恩的盼望，因它们是密不可分的；或更清楚地说，这信心产生盼望。若这盼望被夺去，无论我们如何高谈阔论自己的信心，这信心根本就不存在。因为，若信心就如以上所说，[66]是确信神的真理——这真理不会说谎，也不会欺哄我们或落空——那么，那些已领会这确信的人丝毫不会怀疑神的应许将应验，因他们深信神的应许不会落空。简言之，盼望就是等候信心所相信的神的应许应验。因此，信心相信神是信实的，盼望等候神的真理显明；信心相信神是我们的父，盼望期待神必将永远显明他是我们的父；信心相信神已将永生赐给我们，盼望则期望这永生必将显明；信心是盼望所依靠的根基，盼望则滋养和扶持信心。就如唯有相信神应许的人才会盼望神的赏赐，同样地，信心的软弱必须被耐心的盼望和期待扶持和滋养，免得衰残消失。b 所以，保罗说我们的救恩在乎盼望（罗 8∶24）。[b(a)] 当盼望安静地等候神时，这盼望同时约束信心，免得信心因过于急躁而跌倒。盼望使信心刚强，免得它对神的应许动摇，或开始怀疑这些应许的

---

[64] Bernard, *On the Feast of the Annunciation of the Blessed Virgin* 1.1, 3 (MPL 183.383 f.; tr. *St. Bernard's Sermons for the Seasons*, by a priest of Mount Melleray III.137).
[65] III.18.8.
[66] III.2.6.

真实性。ᵇ盼望更新信心，免得信心变得疲乏无力。盼望扶持信心到底，免得信心半途而废，或甚至在开始就跌倒。简言之，因盼望不断地更新信心，使信心获得坚忍到底的力量。

而且，只要我们考虑那些接受神真道之人受到众多诱惑的击打，我们就更能明白盼望的扶持对于坚固信心在多方面来说是必需的。首先，神有时借延迟他的应许，使我们等候比我们所期待更长的时间。先知在此描述盼望的功用："虽然迟延，还要等候。"（哈 2：3 p.）神有时不但容许我们信心软弱，甚至公开地向我们发怒，在这种情况下，盼望成为我们极大的帮助，使我们如另一位先知所说："等候那掩面不顾雅各家的耶和华。"（赛 8：17）也正如彼得所说（彼后 3：3），好讥诮的人也要兴起质问道："主要降临的应许在哪里呢？因为从列祖睡了以来，万物与起初创造的时候仍是一样。"（彼后 3：4，Vg.）的确，肉体和世界也同样在我们耳边私语，所以我们必须以忍耐的盼望扶持我们的信心并默想永恒，视千年如同一日（诗 90：4；彼后 3：8）。

43. 信心和盼望有同样的根基：神的怜悯

ᵇ因"信心"和"盼望"有如此密切的关系，圣经有时交替使用这两个词。当彼得教导神的大能借信心保守我们直到蒙救恩时（彼前 1：5 p.），他所说的信心与盼望的含义相似。这并非不合理，因我们以上教导过，盼望就是信心的扶持和力量。

有时在同一书信中，它们紧密地联系在一起："你们的信心和盼望都在于神"（彼前 1：21）。而在《腓立比书》中，保罗教导等候由盼望而生，借着耐心的等候，我们压制自己的私欲，直到神所预定的时间来临（腓 1：20）。《希伯来书》11 章的教导能帮助我们更清楚明白这教义，我已引用过其中的经文（11：1）。⁶⁷保罗在另一处经文中虽然不是专

---

⑥⑦ 加尔文写的是"第十章"，但他引用的经文是《希伯来书》11：1，参阅上面的第四十一节。

指这事，但含义却相同："我们靠着圣灵，凭着信心，等候所盼望的义。"（加5∶5）这就是因为我们相信福音关于神白白的爱的见证，而盼望神显明如今仍隐藏的应许。

　　ᵇ显然，彼得·伦巴德说盼望有两个根基（神的恩典和人的功德）是极为愚昧的。⑱因为盼望与信心最终的目标是一致的。而且，我们在前面已清楚解释信心唯一所仰望的是神的怜悯，⑲且盼望也当专心仰赖这怜悯。然而，伦巴德如此说的缘由或许值得一提："你若敢在功德之外盼望什么，这不应当被称为'盼望'而当被称为'放肆'。"⑳亲爱的读者们，我们厌恶这些禽兽难道不是正当的吗？因为他们教导：相信神是信实的就是轻率和任意妄为。虽然神喜悦我们等候出于他良善的一切福分，他们却说依靠这良善是任意妄为。伦巴德的确是大师，难怪会在充满争辩的疯人学院中发现众多这类的学生！㉑但就我而论，当神的话语吩咐我们罪人要盼望救恩时，我们就应当乐意相信这真理，也当唯独依靠神的怜悯，而弃绝自己的功德，坦然无惧地等候这救恩。ᵉ如此，那说"照着你们的信给你们成全了"的那位必不会欺哄我们（太9∶29）。

---

⑱ Lombard, *Sentences* Ⅲ. 26. 1（MPL 192. 811）.
⑲ Ⅲ. 2. 7.
⑳ Lombard, *Sentences*, loc. cit.
㉑ 参阅波那文图拉对这观点的批评，*Commentary on the Sentences* Ⅲ. 26. 1. qu. 4（*Opera selecta* Ⅲ. 571）。

ᵉ第三章　借着信心重生:悔改①

悔改是信心的结果：讨论某些关于这教义的谬论（1—4）

1. 悔改是信心的结果

ᵉ虽然我们以上教导过信心怎样得着基督，我们也借这信心享受基督所赐给我们的福分，然而，除非我们进一步解释信心在我们身上所产生的结果，否则仍不完全。圣经教导我们，福音的总纲在于悔改和赦罪，不是没有理由的（路24：47；徒5：31）。那么任何对信心的讨论若忽略这两者，就是虚空和残缺不全，对我们也毫无用处。悔改和赦罪——就是新生命和与神白白和好——都是基督赐给我们的，且两者也都是借信心领受，因此，按道理和教导的次序，我都需要讨论这两个术语。ᵉ⁽ᵇ⁾首先，我们当下要讨论的是信心与悔改之间的关系。②ᵉ因为若我

---

① 加尔文和他中世纪的前辈神学家们都用 *Poenitentia* 一词代表悔改和补赎礼这两个术语。加尔文在第三卷第四章第五节及第四卷第十九章，第十四节至第十七节中讨论教会的补赎礼；他在第四卷第十二章中讨论教会的纪律。这章讨论悔改与信心之间的关系。加尔文在第九章中将悔改和重生相提并论。

② 加尔文在这里的教导表示他和布塞一样看重悔改。参阅布塞的 *In sacra quatuor Evangelia enarrationes*（edition of Geneva, 1543, fo. 97b）。加尔文告诉我们：他惊讶于他居然在讨论称义之前，先讨论悔改的目的，主要是借着证明唯独因信称义与成圣彼此的关系强调因信称义的重要性。尼塞尔说这预先阻止了天主教对他的攻击，但也表示它也产生了更积极的神学影响；*The Theology of Calvin*, p.130。

们正确地了解这关系，就更能清楚地明白人如何唯独借着信心和赦免称义，同时，圣洁的生活又与神白白称人为义不可分离，e(b) 我们应当毫无争议地相信，悔改不但是随着信心而来，也是信心所产生的。③b 既然福音宣讲带给人罪得赦免，e(b) 好让罪人因脱离撒旦的权势、罪的轭，以及恶行的捆绑，就被迁到神的国里，所以，b 的确没有人能领受福音的恩典，而不离弃从前邪恶的生活，走上正直的道路，竭尽全力地操练向神悔改。然而，有一些人以为悔改先于信心④，而不是来自于信心或是信心所结的果子。这种人从未经历到悔改的力量，b 他们的论据也很不充分。

2. 悔改建立在信心所领受的福音根基上

b 他们说：基督和施洗约翰在他们的传道中先劝人悔改⑤，之后才宣告神的国近了（太 3∶2，4∶17）。这是主吩咐使徒们所要传讲的信息，而且，根据路加的记载，这也是保罗传讲的次序（徒 20∶21）。我们的论敌迷信地抓住字面上的次序，却忽略了这些字句整体的含义。因为虽然主基督和施洗约翰传讲说"天国近了，你们应当悔改"（太 3∶2），难道他们会不晓得人之所以悔改是出于恩典本身和救恩的应许吗？所以，这话的意思等于在说："既然神的国近了，你们就当悔改。"因为在马太的叙述中，约翰也是如此传道，教导说以赛亚的预言在他身上应验了："在旷野有人声喊着说：预备主的道，修直他的路！"（太3∶3；赛40∶3）先知以赛亚的预言是以安慰和福音作为开场

---

③ 信心先于悔改也是悔改的起因，这是改革宗信仰的教义。加尔文在他的《〈约翰福音〉注释》（1∶13）和别处与其他的神学家强调这次序。参阅Ⅲ.2.1，注释3。Melanchthon, *Loci communes* (1521), ed. Engelland, *Melanchthon's Werke in Auswahl* II.1∶112-114, 149 f., tr. C. H. Hill, *The Loci Communes of Philip Melanchthon*, pp. 202 ff., 249 f.
④ 参阅第二节最后的几句话以及路德的 *Ninety-five Theses* (1517) 1: "Christus... omnem vitam fidelium poenitentiam esse voluit" (*Werke* WA 1. 233); Augsburg Confession, art. 12。
⑤ "Ad resipiscentiam". 参阅下面的第五节。加尔文在那里将 *resipiscere*（醒悟过来）与《马太福音》3∶2的 *poenitentiam agere* 这两个动词相提并论（参阅布塞，下面的注释15）。

白(赛40:1—2)。当我们说悔改来自信心时，我们的意思并不是说信心需要一段时间才能生出悔改，我们的意思反而是，除非人知道自己是属神的，否则他不可能认真地向神悔改。然而，除非人先明白神的恩典，否则他就不会深信他属于神。随后我将更清楚地讨论这些问题。^e或许有些人被误导，因他们看见许多人在认识或品尝到恩典之前，良心先感到不安而被迫顺服神。这类最初的惧怕被某些神学家视为美德之一，因他们认为这是真顺服的一部分。⑥然而，我们在此讨论的并不是基督如何吸引人归向他，或如何预备人追求敬虔。我在此的意思是基督领受圣灵，并将圣灵赐给他的肢体；除非圣灵在人心中做王，否则人没有正直。其次，根据《诗篇》的这句话，"但在你有赦免之恩，要叫人敬畏你"(诗130:4，Comm.)，除非人相信神先前对他的愤怒已平息，否则他不会敬畏神。没有人会甘心乐意地约束自己顺服律法，除非他深信神喜悦他的顺服。神对我们的宽容和赦罪，证明他父亲般的爱。何西阿的劝诫也证明这一点："来吧，我们归向耶和华！他撕裂我们，也必医治；他打伤我们，也必缠裹。"(何6:1，参阅Vg.)神加上赦罪的盼望来激励人，免得人沉醉于他们的罪孽。但某些人疯狂地教导，罪人当从悔改开始，也吩咐初入教的人在某些日子行补赎礼，并在这些日子结束之后，才能接受他们蒙福音的恩典。我所指的是许多重洗派，尤其是那些自视属灵的人⑦^e和他们的同党——耶稣会士(Jesuits)⑧，还有与之同类的渣滓。^b显然，这肤浅的教导所结的果子是，他们将基督徒一生都当进行的悔改只局限在几天之内。

---

⑥ Aquinas, *Summa Theol.* II IIae. 19. 2, 8. 阿奎那在此讨论"最初的惧怕"与"儿女""奴隶""属世"的惧怕彼此间的关系；tr. LCC XI. 311 ff., 321 f.。

⑦ 参阅 CR VII. 56, and Zwingli, *Opera*, ed. M. Schuler and J. Schulthess, III. 388 (tr. *Selected Works of Huldreich Zwingli*, ed. S. M. Jackson, p. 178)。

⑧ Loyola, *Spiritual Exercises*, sections on penance, e.g., First Week, sec. 82, on exterior and interior penance (*The Spiritual Exercises of St. Ignatius*; tr. L. J. Puhl, p. 370).

3. 治死罪和得慰藉

ᵇ然而，古时ᵃ某些对补赎礼熟悉的人就单纯、真诚地按照圣经教导说，补赎礼包含两个部分——治死罪和得慰藉。⑨他们将治死罪解释为，因意识到自己的罪和神的审判而产生灵魂的忧伤和惧怕。因当人开始真正认识罪时，他就在那时开始真正地厌恶罪。他从心底对自己不满，承认自己是可悲和失丧的人，并渴望重新做人。此外，当他对神的审判有任何知觉时（因意识到神的审判必伴有对自己的不满），他受击打以至于崩溃，他因羞愧沮丧而颤抖，他心灰意冷，至终绝望。这是悔改的第一步，通常被称为"痛悔"。他们视"慰藉"为信心所产生的安慰。也就是说，当一个人深深地知罪、畏惧神，并仰望神的良善——神在基督里的怜悯、恩典和救恩——他就会重新振奋并获得勇气，就如出死入生那般。ᵉ他们所说的这一切，只要我们正确地解释，就能明确表达悔改的含义，只是当他们将"慰藉"解释为人心在受搅扰和惧怕平息之后的快乐，⑩这我并不赞同。"慰藉"的含义反而是，渴慕过圣洁和忠心服侍神的日子，而且这渴慕来自于重生，就如人向自己死，为了要开始向神而活。

4. 在律法和福音之下的悔改

ᵃ另外有些人因看到这个词在圣经上不同的含义便提出了两种悔改。为了分辨这两者，他们称其中一种为"律法之下的悔改"。借着这悔改，罪人因被深深的知罪刺痛并惧怕受神烈怒的击打，而在这困境中无法自拔；他们称另一种悔改为"福音之下的悔改"。在这悔改之中，罪人也一样痛苦地受击打，但却胜过它并投靠基督作为他惧怕时的安慰和痛苦时

---

⑨ 梅兰希顿在他的 *Loci communes* (1521) 中使用这两个术语 (ed. Engelland, op. cit., p. 149; tr. Hill, op. cit., pp. 249 f.)。参阅 *Apology of the Augsburg Confession* XII. 26 (*Bekenntnisschriften der Evangelisch-Lutherischen Kirche*), p. 257, note 2。

⑩ 加尔文在这里对"快乐"(*laetitia*) 的使用与布塞的教导相似，*In sacra quatuor Evangelia enarrationes*: "Certe longe plus mellis quam fellis, laetitiae quam tristitiae obtinens" (1543 edition, fo. 33b)。

的避难所，作为医治他伤口的良药。⑪他们以该隐（创4：13）、扫罗（撒上15：30）和犹大（太27：4）作为"律法之下悔改"的例子。然而，圣经对这三人悔改的记载是：他们承认自己罪的严重性，并惧怕神的愤怒，但既然他们只将神视为报应者和审判官，这种想法就占据了他们的心。如此，他们的悔改只是某种引他们进入地狱的通道。他们在今生已走上这道，并已开始承受神的威严所发的烈怒。⑫我们在那些被犯罪的毒钩刺痛后，醒悟信靠神的怜悯并被更新，而至终归向主的人身上看到"福音之下的悔改"。当希西家王得知他即将死亡时，他战栗不已，但他流泪祈祷，并因仰望神的良善就重新获得信心（王下20：2；赛38：2）。当尼尼微人听到他们即将被灭的警告时，便惊慌不安，但他们披麻蒙灰祷告，期望神转离他的烈怒并赦免他们（拿3：5、9）。大卫承认他在数点百姓的事上犯了大罪，但他求告神说："耶和华啊，求你除掉仆人的罪孽。"（撒下24：10）当拿单斥责大卫时，大卫承认自己犯了奸淫罪，并仆倒在神面前，等候赦免（撒下12：13、16）。那些因听彼得讲道而感到扎心的人也有同样悔改的表现，他们因信靠神的良善，接着说："弟兄们，我们当怎样行？"（徒2：37）彼得自己也有同样的悔改，他的确痛哭（太26：75；路22：62），但他没有停止仰望神。⑬

悔改的定义：解释悔改的要素、治死肉体及圣灵所赐的新生（5—9）

5. 悔改的定义

ᵃ虽然以上所说都符合圣经的教导，然而"悔改"一词，据我查考圣经，含义却非如此。因他们将信心包括在悔改之下，与保罗在《使

---

⑪ 布塞以同样的方式分辨律法之下和福音之下的悔改（*op. cit.*, *loc. cit.*）。梅兰希顿与加尔文同样用扫罗和犹大的比方解释悔改。他说："犹大与彼得的懊悔唯一的差别是彼得的懊悔包括信心在内。"参阅 *Apology of the Augsburg Confession* XII. 8（*Bekenntnisschriften der Evangelisch — Lutherischen Kirche*，p. 254，参阅 p. 258，*Concordia Triglotta*，pp. 254 f.）。

⑫ Melanchthom，*Apology*，*loc. cit.* 参阅 Calvin，Comm. Acts 2：37-38。

⑬ Melanchthom，*Apology*，*loc. cit.*，citing Saul, Judas, and Peter；Bucer，*op. cit.*，*loc. cit.*，引用浪子的故事和《使徒行传》2：37。

徒行传》中所说的有冲突："又对犹太人和希腊人证明当向神悔改，信靠我主耶稣基督。"（徒 20：21）保罗在此处经文中将悔改和信心视为两回事。那么，难道真悔改能在信心之外存在吗？绝不可能。然而，尽管它们是分不开的，我们仍要对它们加以区分。就如信心与盼望密不可分，但信心和盼望却不相同；同样地，虽然悔改和信心是紧密相关的，但我们也不可将它们混为一谈。

[b]其实，我也知道"悔改"包括人归向神的整个过程，而且信心是归信的主要部分，然而，我们将在恰当的时候更详细地解释这一点。在希伯来文中，"悔改"的原意是归信或[e]回转；[b]希腊文的原意则是改变心思或意图。悔改本身对应这两种词源含义，即离弃自己并归向神，离开从前的意念，穿上新的意念。[b(a)] 所以在我看来，我们可以这样对悔改下定义：悔改就是我们的生命真正地归向神，这归向出于对神纯洁、真诚的畏惧；[14]悔改也包括治死自己的肉体和旧人，以及圣灵重生的工作。

[a]我们必须如此理解所有旧约先知和新约使徒关于悔改的劝诫。他们对他们的听众[b(a)]唯一的要求是：要因自己的罪感到懊悔，并因惧怕神的审判就俯伏在他们所冒犯之神的面前，并以真正悔改的心归向真道。所以这些词以同样的意义被交替使用："当归向神"、"当悔改"[15]（太 3：2）。[e]圣经记载，那些从前放纵私欲、不理会神的人，当他们开始顺服他的真道（撒上 7：2—3），并愿意听从他们元首一切的吩咐时，就是"一心归顺耶和华"。[b(a)]当约翰和保罗吩咐说要"行事与悔改的心相称"（路 3：8；徒 26：20；参阅罗 6：4）时，他们就是在劝人过悔改的生活——行事为人与此相称。

---

[14] 加尔文在他的 Comm. Psalms 序言中很有意思地指出：虽然他的归信不是在年幼时发生的，却仍然是"突发的"（参阅 LCC 23.52.）。他在此用"归信"这个词描述悔改。加尔文将悔改视为一辈子的事。

[15] 参阅 Bucer, *op. cit.*, 1536 edition, p. 85；1543 edition, fo. 33b。

6. 悔改是归向神

ᵇ然而，在我们继续讨论之前，更清楚地解释我们所下的定义是有帮助的，我们当从三方面查考悔改。首先，当我们将之称为"生命归向神"时，我们指的不只是外在行为的转变，也包括灵魂本身的转变。只有当人脱去原来的本性，他才能结出与重生相称的善果。旧约中的先知在有意表达这种转变时，劝他所吩咐要悔改的人为自己"作一个新心"（结18：31）。当摩西教导以色列人如何悔改、归向耶和华时，也常常吩咐他们当"尽心"和"尽性"（申6：5，10：12，30：2、6、10），其他先知也经常重复这种用法（耶24：7）。ᵉ当摩西将之称为"心里的割礼"时，表示悔改包括内心的情感（申10：16，30：6）。ᵇ然而，没有一处经文比《耶利米书》第四章更清楚地揭示悔改的含义："要开垦你们的荒地，不要撒种在荆棘中。犹太人和耶路撒冷的居民哪，你们当自行割礼归耶和华，将心里的污秽除掉。"（耶4：1、3—4）他在此宣告，除非以色列百姓先除掉内心的邪恶，否则追求行义也无济于事。耶利米为了使以色列百姓一心回转，ᵉ他警告他们将要面对的是神自己，⑯且心怀二意对他们毫无益处，因神恨恶心怀二意的人（参阅雅1：8）。ᵇ因此，以赛亚也嘲讽假冒为善之人的愚昧，因他们在仪式上积极寻求外在的悔改，却不愿减轻压在穷人身上的重担（赛58：6）。他在这经文中也精彩地描述了无伪的悔改包括怎样的行为。

7. 畏惧神能产生悔改吗？

ᵇ其次，我们要解释我们以上所说的悔改来自对神真诚的畏惧。在罪人开始悔改之前，他必定先想到神的审判而醒悟。当人深深地感受到，总有一天神必定登上他的审判台，要求人对自己一切的言行交账，这可悲之人内心就不再有片刻的宁静或喘息的机会，而将不断设法在神审判

---

⑯ *"Monet cum Deo esse negotium."* 参阅 Introduction, pp. li ff.; Ⅲ. 3. 16; Ⅲ. 7. 2; Ⅲ. 20. 29; Ⅳ. 11. 2。

台前站立得住。因此,圣经时常在劝人悔改时,同时也提到神的审判,就如耶利米的预言:"恐怕我的愤怒因你们的恶行发作,如火着起,甚至无人能以熄灭!"(耶4:4 p.)保罗对雅典人说:"世人蒙昧无知的时候,神并不鉴察,如今却吩咐各处的人都要悔改。因为他已经定了日子,要借着他所设立的人按公义审判天下。"(徒17:30—31,参阅 Vg.)此外还有许多其他的经文。

圣经有时用人从前所受的刑罚来宣告神是审判官,为要提醒罪人,除非他们趁早悔改,否则必将遭受更重的刑罚。《申命记》第二十九章中有一个例子(申29:19及以下)。既然归正始于对犯罪的恐惧和恨恶,所以,保罗称"依着神的意思忧愁"为悔改的起因(林后7:10,参阅Vg.)。当我们不但恨恶受惩罚也憎恶罪恶本身,因知道罪恶不讨神喜悦时,保罗称此为"依着神的意思忧愁",这并不奇怪!除非我们深深地被刺痛,否则我们必不会离弃肉体的懒惰。事实上,这样的刺痛并不足以制伏我们的迟钝和愚昧,除非神用他的杖更沉重地击打我们,因人心顽梗必须用大锤击打。我们与生俱来的败坏迫使神严厉地威吓我们,因神若温和地吸引那些沉睡之人是徒然的。我无须过多列举圣经上关于这教导的经文。另外还有一个原因能说明为何畏惧神是悔改的开端。因即使人拥有一切的美德,但若不是用来敬拜神,即使受世人称赞,神却视之为可憎恶的,因为行义的主要目的是要将尊荣和神所应得的一切归给他,但我们若不顺从神的治理,就是邪恶地窃取他所应得的荣耀。

8. 治死罪和得新生是组成悔改的两个部分

ᵇ最后,我们要解释以上所说悔改包含两个方面:治死肉体和得圣灵所赐的新生。众先知都明确地陈述过这一点——尽管是间接和朴实的,并屈就世俗之人的理解力——他们说当离恶行善(诗36:8、3、27,经文合并,Vg.),以及"你们要洗濯、自洁,从我眼前除掉你们的恶行;要止住作恶，学习行善，寻求公平，解救受欺压的"（赛1：16—17，参阅 Vg.，等）。当先知吩咐人离弃罪恶时，他们要求的是弃绝整个肉体，因肉体充满邪恶和败坏。然而，脱去旧人并离弃自己与生俱来的性情是非常艰难的事。而且，除非我们离弃自己所有的一切，否则我们没有根据认为自己已完全弃绝了肉体。既然一切属血气的性情与神为仇（参阅罗8：7），所以我们顺服神律法的第一步乃是要否定自己的本性。之后，先知们以悔改所产生的果实描述重生，即公义、公平和怜悯。然而，除非人的心智和心灵先拥有公义、公平和怜悯的性情，否则尽这些本分仍是不够的。这性情来自圣灵，使我们的灵魂成为圣洁，赏赐我们新的思想和情感，如此，我们才能正当地被称为新造的人。既然我们生来就远离神，所以，除非先自我否定，否则我们就永不可能趋向善。因此，圣经时常吩咐我们要脱去旧人，弃绝世界和肉体，离弃我们一切的恶欲，并将心志改换一新（弗4：22—23）。事实上，"治死"这个词本身提醒我们离弃以前的本性是何等艰难的事。因为"治死"一词暗示我们不是敬畏神的人，而且除非圣灵的刀剑猛烈地击杀我们，使我们成为虚无，否则我们就不会敬畏神和学习敬虔。就如神宣告，我们生来的本性必须被治死，我们才能被称为他的儿女！

9. 在基督里重生！

b(a) 治死罪和得新生都是因我们与基督里有分而临到我们，因我们若真在他的死上有分，"我们的旧人和他同钉十字架，使罪身灭绝"（罗6：6 p.），我们与生俱来的败坏将不再做王；b 若我们在基督的复活上有分，这复活将使我们一举一动有新生的样式，与神自己的义相称。简言之，我将悔改解释为重生，因重生唯一的目的乃是要人重新获得神的形象，这形象因亚当的堕落而被扭曲并几乎被毁坏。⑰因而使徒教导说：

---

⑰ 参阅上面的注释1。加尔文在这里教导重生是神更新他在人身上已被败坏的形象。他在1539年的版本中扩充了这段，为了强调灵魂与肉体的争战，以及在 OS IV. 63 里强调属血气的人与重生之人的不同点。参阅 W. Niesel, *The Theology of Calvin*, pp. 128 f.。

"我们众人既然敞着脸得以看见主的荣光，好像从镜子里返照，就变成主的形状，荣上加荣，如同从主的灵变成的。"（林后3：18）在另一处他又说："又要将你们的心志改换一新，并且穿上新人，这新人是照着神的形象造的，有真理的仁义和圣洁"（弗4：23—24，Vg.）；"穿上了新人，这新人在知识上渐渐更新，正如造他主的形象"（西3：10，参阅 Vg.）。因此，我们借这重生靠基督的恩重新获得神的义，就是我们在亚当里所丧失的义。神喜悦以这方式完全更新一切他所拣选得永远基业的人。ᶜ并且这更新不是一时一日或一年所发生的，而是神通过持续不断甚至有时缓慢的过程除掉他选民身上一切的败坏，洗净他们的罪，将他们分别为圣，使他们做他的圣殿，使他们意念更新成为真圣洁，使他们一生一世向神悔改，并使他们知道这场战争唯有在他们离开世界后才得以结束。这就更显明那污秽、好争辩、背道的史塔菲路斯（Staphylus）心里的败坏，因他胡诌说，当我根据保罗的话解释神的形象（林后4：4）为"真理的仁义和圣洁"（参阅弗4：24）⑱时，我是在将天上的荣耀与今生的光景混为一谈。就好像当我们对某事下定义时，不需要寻求它的完整和完全。我在此并不是否定基督徒对成长的需要，而是说，人越接近神的形象，神的形象就越在人身上被照耀出来。为了使信徒达到这目标，神吩咐他们一生过悔改的生活。

信徒经历成圣，今生却不能达到无罪的完美地步（10—15）

10. 信徒仍是罪人

ᶜ如此看来，神的儿女借着重生就从罪恶的权势下得释放。然而，这释放并不表示他们不再受肉体的引诱。他们会在心里继续经历与罪争

---

⑱ 施塔菲路斯（Frederick Staphylus，1512-1564）曾是维滕贝格的学生。他之后攻击信义宗主义（Lutheranism）和梅兰希顿——他从前的教授（1553）。他也写了一部作品批评宗教改革，*Theologiae Martini Lutheri trimembris epitome*（1558）。加尔文在这里引用的话来自这部作品。这部作品是施塔菲路斯作品集中的一册：*In causa religionis sparsim editi libri, in unum volumen digesti*（Ingolstadt, 1613），Part II, col. 35。

战,不仅使他们经受磨炼,也使他们更确知自己的软弱。所有较明智的作者都赞同,重生之人仍有罪的余烬⑲在他们里面燃烧,并不断产生引诱信徒犯罪的私欲。他们也承认圣徒仍然受情欲的捆绑,甚至有时被情欲、贪婪、野心或其他的罪引诱。我们也无须过于费时查考古时的神学家对此的看法,我们只需要留意奥古斯丁的观点,因他忠实殷勤地搜集了所有古时神学家们的观点。⑳所以,读者们能从他那里明白得知古时神学家们对此问题的看法。

然而,我和奥古斯丁对此观点有所不同。他相信只要信徒仍在世上,就会被无节制的欲望㉑捆绑,以致无力从中摆脱。但他不敢称此为"罪",而只使用"软弱"这个词来称呼它。他教导说,只有当人赞同之或将之行出时,也就是说,当人的意志屈从这强烈的倾向时,它才成为罪。我反而主张,当人被任何反对神律法的欲望抓住时,这就是罪。事实上,我们将那在人心里产生欲望的堕落称为"罪",因此我们教导:直到圣徒脱去这必死的身体,他们仍旧会犯罪,因在他们的肉体中常有那与公义争战的私欲。甚至奥古斯丁自己有时也将之称为罪!他说:"保罗称那属肉体产生一切罪恶的欲望为'罪'。就圣徒而论,这罪在世上不再统治他们,到了天堂就完全被除灭了。"他的这番话承认,信徒们受制于肉体的欲望就是犯罪。

---

⑲ "*fomes*"一词的原意是"引火物"或"点燃木头",然而武加大译本《创世记》37:8 的翻译、德尔图良、奥古斯丁以及其他的教父用这个词表达犯罪的诱惑。在经院神学中,这是众所周知的术语,意思是人在这一辈子无法完全抵挡或根除的罪性。Lombard, *Sentences* II. 30 : 7 f.; II. 22. 1 (MPL 192. 722, 726 f.); Aquinas, *Summa Theol.* IIae. 74. 3, reply to obj. 2.

⑳ Augustine, *Against Two Letters of the Pelagians* IV. 10. 27; IV. 11 : 31 (MPL 44. 629-632, 634-636; tr. NPNF 5. 429, 432 f.); *Against Julian the Pelagian* I. 1. 3; II. 3. 5-5. 14; II. 8. 23; II. 9. 32 (MPL 44. 642, 673-675, 688 ff., 695 f.; tr. FC 35. 56 f., 59 ff., 68 ff., 82-92)。巴特和尼塞尔列出了加尔文所说奥古斯丁在这主题上所引用之早期教父的话。参阅 Cadier, *Institution* III. 77, note 4。

㉑ "*Concupiscentiis.*" 参阅 Augustine, *John's Gospel* 41. 8, 10 (MPL 35. 1698; tr. NPNF VII. 232 f.); *On the Merits and Remission of Sins* II. 7. 9 (MPL 44-156, tr. NPNF V. 47 f.); *Against Julian* II. 1. 3; II. 5. 12 (MPL 44. 673, 682, tr. FC 35. 57, 70f.); *Against Two Letters of the Pelagians* 3. 2. 5 (MPL 44. 590f.; tr. NPNF V. 404)。这段下面的引文来自奥古斯丁的 *Sermons* 155. 1 (MPL 38. 841; tr. LF *Sermons* II. 747 f.)。

11. 在信徒身上，罪丧失了它的统治权，但却仍居住在他们身上

ᶜ圣经记载神洁净他教会一切的罪，他借着洗礼应许教会得释放之恩，并使之在选民身上应验（弗5：26—27）。这话所指的是罪责（guilt of sin），而不是罪本身（substance of sin）。神落实这一点是借着重生他自己的百姓，使罪不再在他们身上做王，因为圣灵赏赐他们征服罪恶的力量，使他们在争战中得胜。然而，罪只是停止做王，却没有离开他们。因此我们说，旧人和基督同钉十字架（罗6：6），而且罪的律（参阅罗8：2）在神儿女们身上被废去了，却仍有一些残迹，这罪的残迹不再统治他们，而是要使他们因意识到自己的软弱而谦卑。我们也承认，罪的残迹并非只是算在他们身上，仿佛它们不存在一样；而是神出于他的怜悯如此行，让圣徒虽然仍是罪人并服在神的审判之下，神却救他们脱离这罪责。要证实这观点并不困难，因这是圣经明确的教导。难道有比保罗在《罗马书》第七章中的教导更清楚的见证吗？首先，保罗在那里描述重生之人的经验（罗7：6）。我们在以上已证明过这一点，[22]并且奥古斯丁也以无懈可击的推论证明了这一点。[23]我略过不提保罗使用"恶"和"罪"这两个词的事。虽然我们的论敌对这两个词吹毛求疵，但谁会否认反对神的律法是邪恶的？谁会否认拦阻人行义是罪呢？总之，谁不会承认属灵的悲惨包含罪责？然而，这一切都是保罗在经文中对罪的描述。

此外，旧约中的律法也能帮助我们了解这一点，因神的律法吩咐我们"尽心、尽性、尽意、尽力爱神"（申6：5；太22：37）。既然我们的整个灵魂都应当充满对神的爱，我们确信，只要在人心里有丝毫引诱他偏离爱神转向虚妄的倾向，他就没有遵守这诫命。这该如何解释呢？情

---

[22] II. 2. 2. 27.
[23] Augustine, *John's Gospel* 41. 11 (MPL 35. 1698；tr. NPNF Ⅶ. 234)；*Sermons* 154. 1 (MPL 38. 833 f.；tr. LF *Sermons* Ⅱ. 735)；*Against Julian* Ⅲ. 26. 61 f. (MPL 44. 733 f.；tr. FC 35. 160 ff.). 参阅 IV. 15. 12，注释20。

感突发的驱使、感官的感受、心智的思想，难道这一切不是灵魂的机能吗？既然这些机能容许虚妄和罪恶，难道不就证明人缺乏对神的爱吗？因此，人若不承认一切属肉体的私欲是罪，不承认私欲的疾病是罪的源头，而称其为罪的诱因，㉔就是在否认违背律法是罪。

12. 何谓"与生俱来的败坏"

ᶜ也许对一些人而言，这种观点是荒谬的：人与生俱来的一切欲望都完全被神定罪，尽管它们是造物主神亲自赏赐的。㉕我的答复是，我们所定罪的并不是神造人时赐给人的欲望，因为抹杀它们等于抹杀人性本身，而是那些放肆、不受约束、抵挡神的冲动。人一切的机能因本性的堕落都已受损，甚至他一切的行为都受混乱㉖和不节制的影响，因为这些欲望与缺乏节制分不开。因此，我们认为这些欲望都是邪恶的。简言之，我们教导说，人一切的欲望都是邪恶的，也因此都是罪，这并不是因为它们是与生俱来的，而是因为它们不在神所指定的范围之内。此外，我们说人的欲望超过神的范围，是因为没有任何纯洁或真诚的欲望能出于败坏、污秽的本性。虽然这教导表面上似乎与奥古斯丁的大为不同，实际上却并非如此。他是因过于惧怕帕拉纠主义者对他的羞辱，所以有时避免使用"罪"这个词。然而当他写道，罪的律仍在圣徒身上，只是罪责已被免除时，就清楚地证明他的观点与我们的并非不一致。㉗

13. 奥古斯丁见证信徒仍有罪ᶜ

我们也要引用他其余的陈述，为要澄清他的立场。在《驳朱利安》

㉔ "*Quem fomitem appellant.*" 参阅上文的注释 19。
㉕ 参阅 J. Fisher, *Assertionis Lutheranae confutatio* (1523), p. 150。
㉖ "ἀταξία"。
㉗ Augustine, *Against Two Letters of the Pelagians* I. 13. 27; III. 3. 5 (MPL 44. 563, 590f.; tr. NPNF V. 385 f., 404). 也请参阅他的 *On the Merits and Remission of Sins* I. 39. 70 (MPL 44. 150 f.; tr. NPNF V. 43); *Against Julian* II. 1. 3; II. 4. 8; II. 5. 12; VI. 19. 61 (MPL 44. 673, 678 f., 682, 860; tr. FC 35. 57, 65 f., 70f., 372)。

(*Against Julian*)的第二卷中，他说："罪的律一方面因属灵的重生而被免除，另一方面仍存在于圣徒的肉体之中。罪的律被免除乃是因神在重生信徒时免除了罪责，但它仍留在人身上，因它激动与信徒作战的私欲。"他还说："所以，罪的律也在伟大的使徒保罗身上，虽然这罪在受洗时得赦免，却仍在他身上。"又说："安波罗修将罪的律称为'罪孽'（iniquity），他认为罪责虽在受洗时被免除，但罪本身却被存留下来，因情欲与圣灵相争是罪孽（加5：17）。"他还说："罪在它从前所辖制我们的罪责上已失效，虽然是死的，但在人入土归天前，它仍旧搅扰我们。"第五卷中对此的论述更为明确："心盲同时是罪、罪的刑罚和罪的起因。它是罪，因它使人不信神；它是罪的刑罚，因神用它来惩罚骄傲的人；它是罪的起因，因盲目的心导致人犯罪。同样地，肉体的私欲，因与良善的圣灵为敌，也同时是罪、罪的刑罚和罪的起因。它是罪，因私欲本身不顺服圣灵的统治；它是罪的刑罚，因它是不顺从神所应得的报应；它是罪的起因，因悖逆和传染产生罪。"㉘他在此毫不含糊地称之为罪，因为他在此已反驳了帕拉纠的异端，并证实了纯正的教义，就不再畏惧人的毁谤。同样地，他在《约翰福音》注释中，根据他的理解无可辩驳地论述道：你的肉体若顺服罪的律，你就当听从使徒的吩咐，"不要容罪在你们必死的身上作王，使你们顺从身子的私欲"（罗6：12）。他并没有说"不要容它存在"，乃说"不要容它作王"。只要你活着，罪就必活在你的肢体内，但你至少可夺去它的王权，不再听从它的驱使。那些宣称私欲不是罪的人经常引用雅各的这句话支持他们的观点："私欲既怀了胎就生出罪来。"（雅1：15）㉙然而，我们能毫不费力地驳倒这一点。因为，除非雅各指的是恶行或本罪，否则连恶念我们都不可称为罪。但既然他称可耻和邪恶的行为是"私欲所怀的胎"，并以"罪"这个词称呼它们，所

㉘ Ambrose, *On Isaac or the Soul* 8.65（MPL 14.553；CSEL 32.688）；Augustine, *Against Julian* Ⅱ. 9.32；Ⅴ.3.8（MPL 44.696, 787；tr. FC 35.95, 247 ff.）.

㉙ Augustine, *John's Gospel* 41.12（MPL 35.1698；tr. NPNF Ⅶ.234）. 参阅上文的注释25。

以，私欲就是神所咒诅的恶事。

14. 反驳圣徒完全无罪的幻想

ᵇ当今某些重洗派臆想出某种疯狂的无度取代了圣灵的重生。他们宣称，神的儿女们因已恢复无罪的光景，就无须治死肉体的私欲，只要随从圣灵的引领，在他的带领下就永不会迷失。若不是他们公开狂傲地喧嚷这教义，我们会认为人心如此疯狂，简直不可思议。那些决心将神的真理变为虚谎的人，因他们大胆地亵渎，当受可怕的刑罚。难道人不需要在诚实或虚谎、义或不义、良善或邪恶、美德与恶行之间做选择吗？他们说："诸如此类的选择都来自旧亚当的咒诅，而基督已救我们脱离了这咒诅。"如此，淫乱和贞洁、诚实和虚谎、公平的交易和勒索就无两样。重洗派说："当除掉虚妄的畏惧，圣灵绝不至吩咐你作恶，只要你坦然无惧地将自己交付在他的引领之下。"[30]难道人不应当对这可怕的教导感到震惊吗？然而，对于那些被疯狂的情欲蒙蔽和丧失理智的人而言，这是极受欢迎的神学。

但请问他们为我们捏造的是怎样的基督呢？他们所妄论的又是怎样的圣灵呢？我们所相信的基督和他的圣灵是一致的，就是众先知所教导和福音所宣告的，而且这位基督并没有教导我们论敌的那一套。圣经所启示的圣灵并不支持人谋杀、淫乱、酗酒、骄傲、纷争、贪婪，或欺哄；他反而使人结出爱、谦卑、冷静、温和、平安、节制和真理的果子。圣灵并不轻率，叫人不分辨是非，冲动行事，而是赐人智慧和悟性，正确地辨明义与不义。圣灵必不会激发人放荡淫乱，他反而使人辨别合法与非法，教导人节制和仁爱。我们何必再多费力气反驳这禽兽般的疯狂呢？就基督徒而论，神的灵并不是他们自己所幻想或别人所捏造的异象，他

---

[30] 参阅加尔文对昆丁派（Quintinists）重生这教义之异端的描述。昆丁派是放纵派中较极端的一些人：*Contre la secte des Libertins* 18 (CR VII. 200 ff.)。

们反而从圣经上迫切地寻求关于圣灵的知识。圣经教导两件关于圣灵的事：第一，神为了使我们成圣赐下圣灵，洁净我们的污秽，使我们顺服神的义。然而，我们若不约束这些人要我们放纵的私欲，就无法顺服神的义。第二，虽然圣灵成圣的工作洁净我们，但因我们仍在肉身之内，仍受许多罪恶和自己软弱的攻击。所以，既然人是如此地远离完全，就必须坚定不移地奋进，天天与纠缠我们的罪恶争战。因此，我们必须脱去自己的懒惰和草率，并保持警醒，免得不知不觉地被肉体的诡计所征服。难道我们自信自己比使徒保罗更长进？他尚且仍被撒旦的使者搅扰（林后12：7），神的能力因此"在人的软弱上显得完全"（林后12：9）。我们在保罗身上也清楚地看见肉体和灵魂真实的争战（参阅罗7：6及以下）。

15. 《哥林多后书》7：11中对悔改的教导

°保罗在对悔改的描述中列举出七个起因、结果或部分是有理由的。这七个起因是殷勤、自诉、自恨、恐惧、想念、热心、责罚（林后7：11）。我不敢断定它们是起因还是结果，不应当被以为奇怪，因为这两种说法都有根据。我们也能称它们为伴随悔改的情感，然而，即使我们将这些问题放在一边，也仍能明白保罗的含义，因此我们只要简洁地解释这经文。

保罗说"依着神的意思忧愁，就生出懊悔来"（林后7：10），从此就生出何等的殷勤。若有人因得罪神而深感对自己不满，他同时被驱使更加警醒，免得自己落入魔鬼的陷阱，从而偏离圣灵的引领，或受骗觉得安稳。

接下来是"自诉"，这并不表示罪人为了逃脱神的审判或否认他得罪神或为自己的罪找借口；反而指的是罪人寻求洁净，所以他求告神的赦免，而不是自以为义。就如听话的儿女承认自己的罪，恳求父母的饶恕，并为了得赦免就尽力证明他们并没有对父母不敬。简言之，他们自诉并不是为了证明自己的正直和无辜，而只是为了得赦免。接下来是"自责",就是罪人在内心叹息、责怪自己,并对自己愤恨,承认自己的邪恶和对神的忘恩负义。

"惧怕"在此意思是,我们同时考虑到自己所应得的,和神对罪人严厉可怕的愤怒。如此,我们内心必定极为不安,这不安教导我们谦卑,并使我们更为警醒。若我们前面所提到的殷勤是出于这惧怕,可见这两者关系之密切。

我深信保罗用"想念"表明努力地尽自己的本分和乐意顺服,这是知罪尤其应当产生的刺激。这也与"热心"有关,因它表示我们受到这些刺激心里会产生热情。他自问我犯了怎样的罪?若神没有发怜悯,我将会得到何等的报应?

最后是"责罚"。因我们对自己越严厉,就越详细地省察自己的罪,我们因此越盼望神恩待和怜悯我们,除此之外并无他法。人因惧怕神的审判而战兢,就在心里自我责罚。真敬虔之人都经历过以下的责罚,即羞耻、迷惑、呻吟、自恨,以及其他出于深深知罪的情感。然而,我们也必须学习自我节制,免得忧愁吞灭我们,因当人感到惧怕时,常常落入绝望之中。而且撒旦的诡计之一是,使人在深深地惧怕神时,越来越落入忧郁的旋涡中而无法自拔。惧怕若止于谦卑且不致失去赦罪的盼望,便不为过。然而,根据保罗的盼咐,罪人应当时时谨慎,免得他的忧虑变为失望,他的惧怕成为重担,至终灰心丧气(来12:3)。因为在这情况下,我们会离开那借悔改呼召我们归向他自己的神。伯尔纳对此的劝勉极有帮助:"对罪的忧伤是必要的,只要它不是持续不断的。我劝你们在深感自己的恶行时,当伫足默想那来自神祝福的大平安。我们应当将蜂蜜与这茵陈混合,它有益的苦味当与甘甜调和用来医治我们。当你默想自己的卑微时,当同时默想神的良善。"㉛

㉛ Bernard, *Sermons on the Song of Songs* 11. 2 (MPL 183. 824 f.; tr. Eales, *Life and Works of St. Bernard* IV. 55).

悔改的果子：圣洁的生活、认罪和罪得赦免；
一生都需要悔改（16—20）

16. 外在和内在的悔改

ᵇ我们现在更能明白悔改果实的性质：对神敬虔的本分、对人的爱，以及一生圣洁与单纯。ᶜ简要地说，人越认真地以神律法的标准鉴察自己的生活，就会越真实地表现出悔改之果。所以，圣灵在激励我们悔改时，常常以逐条的律法提醒我们，也提醒我们第二块石版要求人所当尽的本分。又有时圣灵先斥责人心的污秽，之后教导人何为真实悔改的果子。稍后，我即将向读者们描述如何过悔改的信徒生活。㉜先知们有时讥笑那些企图以仪式平息神愤怒的愚昧人，有时直接教导：外在正直的行为不能证明真悔改，因为神鉴察人心。但我在此不打算引用先知的见证，因为任何对圣经有一般了解的人不需要别人教导他这点，即为了讨神喜悦，人必须从心里悔改。㉝《约珥书》中这节经文能极大地帮助我们明白圣经在这方面的教导："你们要撕裂心肠，不撕裂衣服。"（珥2：13）《雅各书》中也简洁地表达出这两方面的劝勉："有罪的人哪，要洁净你们的手；心怀二意的人哪，要清洁你们的心。"（雅4：8）雅各先提及外在的方面，之后指出真悔改的原则，即人必须洁净内心的污秽，好在内心建立敬拜神的祭坛。

ᶜ此外，我们在私下当采用一些外在的方式，或虚己或驯服自己的肉体，之后借这些行为公开地见证自己的悔改（林后7：11）。而且这些行为来自于保罗所说的"责罚"（林后7：11）。这些是忧伤之灵的特征：懊悔、呻吟、流泪，逃避一切浮华夸耀、抛弃一切宴乐。那深感肉体的悖逆是何等邪恶的人会设法治死肉体。而且，那认真考虑过违背神律法是

㉜ III. 6-10.
㉝ 参阅上文的第六节，注释16。

何等大罪的人，除非他谦卑归荣耀给神，否则他就不得平静。

古时的神学家在讨论悔改所结的果子时，常常提到这种责罚的方式。㉞虽然他们没有教导这些方式本身能产生悔改——我请读者们在此原谅我提出自己的观点——我个人认为他们过于看重这种责罚的方式。若任何人理智地思考这一点，我深信他也必同意我的观点，即他们在两方面过于看重这些方式。当他们极力地劝勉和过于夸大肉体责罚的功效时，就使得百姓更热心地接受这些方式，但他们也因此模糊了更为重要的真悔改。其次，他们过于严厉的惩戒与神要教会表现出的温柔极不相称。我们将在后面讨论这一点。㉟

17. 我们不应当认为外在的补赎礼能证明真悔改

[b]有些人当看到圣经记载人在流泪、禁食、炉灰之中懊悔时，[特别在《约珥书》中（珥2∶12）]，就认为悔改主要由禁食和流泪构成。㊱我们必须消除他们的这误解。《约珥书》所说的一心归向神、撕裂心肠而不撕裂衣服，才是真诚的悔改。流泪和禁食并非悔改永远或必然结果，而是特殊情况下的表现。约珥因预言犹太人即将面临极大的灾祸，就劝他们要平息神的愤怒，不但要悔改，还要表现自己的悲恸。就如一位被指控有罪的人，常留着长须、蓬头、穿麻衣，只为了感动法官施怜悯；同样地，当犹太人被传唤到神的审判台前时，求告神在他们悲惨的光景中怜悯他们是应当的。披麻蒙灰也许是当时悔改恰当的表现，而现在当神似乎要降灾祸给我们时，我们流泪、禁食也是悔改恰当的表现。当神使我们面临任何危害时，他就在宣告他的报应即将临到我们身上。所以，先知劝百姓流泪、禁食是应当的，就是劝他们显出有罪之人的忧伤，因

㉞ 加尔文在这里的"*vetusti scriptores*"也许是指教父和一些中世纪补赎礼手册（*libri poenitentiales*）的作者。这些手册教导的自我处罚方式有时相当严厉。参阅 J. T. McNeill and H. M. Gamer, *Medieval Handbooks of Penance*, pp. 5, 30 ff. 142 ff., 258 ff., 348。

㉟ IV. 12. 8-13.

㊱ Jerome, *Commentary on Joel* 2∶12 (MPL 25. 967).

为先知先前才说到他们的恶行即将受审。

同样地，现今教会的牧师当看到神即将降祸时也应当呼吁信徒，劝他们趁早禁食、哭泣，只要——这是我的重点——他们总是更迫切地劝他们当"撕裂心肠，不撕裂衣服"（珥2：13）。无疑地，禁食并非总是与悔改紧密相连，却是为灾祸之时而设。因此，当基督教导使徒在他升天后需要哀恸禁食时，也在教导哀恸和禁食的关系（太9：15）。我所指的是公开的禁食，因为敬虔之人应当一生过节制谨守的日子，好叫他们在世的生活宛若某种不断禁食。在我论到教会的纪律时，㊲我将再详细讨论。

18. 在神和人面前认罪

ᵉ然而，我要在此补充：若我们用"悔改"这个词表示外在的认罪，就偏离了以上所教导的悔改真义。因悔改与其说是归向神，不如说是认罪和求神免除自己的审判和定罪。所以"披麻蒙灰悔改"（太11：21；路10：13）只在表示，当神因我们的大罪向我们发怒时我们的自恨。这种认罪的确是公开的，因察觉神必临到我们的审判而在天使和世人面前定自己的罪。当保罗责备那些纵容己罪之人的懒惰时，说："我们若是先分辨自己，就不至于受审。"（林前11：31）虽然我们无须常常在人面前悔改，然而，私下向神认罪是真悔改不可少的。因我们若期待神赦免我们所纵容和掩饰的罪，是极不理智的。

我们不但应当天天承认我们所犯的罪，更需要认我们的大罪，借此回想我们所犯过几乎已被我们遗忘的大罪。在这方面大卫是很好的榜样，当他对他最近所犯的大罪感到羞愧时，他追溯、省察自己直到胎儿时期，并承认他在那时就是败坏污秽的（诗51：3—5）。他这样做并不是在为自己辩护，就如许多人隐藏在众人中，将自己的罪推卸给他人想逃

㊲ IV.12.14-21.

脱刑罚。大卫并非如此，他明确承认自己的大罪，也承认从出生开始他就不断地犯罪。大卫在另一处也省察自己从前所犯的罪，甚至求神怜悯他幼年的罪愆（诗25∶7）。若我们在罪的重担下呻吟，为自己的恶行痛哭并寻求神的赦免，这就证明神已使我们醒悟。

此外，我们也应当分辨，神吩咐我们常常当行的悔改，不同于那些已羞辱地跌倒，或放荡地陷入大罪，或悖逆不服神之轭的人幡然悔悟的悔改。圣经所劝人的悔改常常是指某种出死入生的悔改。而且当其提到一些已经"悔改"的人时，意思是他们已从偶像崇拜或一样可怕的大罪中归向神。因此，保罗说他为那些"犯罪、行污秽、奸淫、邪荡的事不肯悔改"之人忧愁（林后12∶21 p.）。我们应当留意这两者之间的区别，免得当我们听到神只是有效地呼召少数人悔改时，就变得不在意，而误以为神并不那么在乎我们治死肉体。因为那些不断搅扰我们的私欲和我们所再三犯的罪都不允许我们在治死肉体上松懈。因此，那些陷入魔鬼致命的陷阱、离弃对神的敬畏之人所当行的特殊悔改，并不能废去信徒因自己败坏的肉体一生在神面前所当行的日常悔改。

19. 悔改和赦罪密切的关系

ᵇ既然——这是显而易见的——ᵇ⁽ᵃ⁾整个福音都包含在悔改和赦罪这两个术语中，不就证明神白白地称他的选民为义，为了同时借圣灵的成圣使他们过圣洁的生活?ᵃ神所差遣在基督前面预备道路的使者施洗约翰（太11∶10）宣告："天国近了，你们应当悔改。"（太3∶2；太4∶17，Vg.）他呼召他们悔改，同时也表明他吩咐他们承认自己是罪人，[38]以及一切的行为在神面前都要被定罪，好使他们一心切慕治死肉体和圣灵的重生。他借着宣告神的国，呼召他们信主，因他所教导即将降临的神的国在乎罪得赦免、救恩、生命，以及神在基督里所赏赐我们的一切。因

---

[38] Bucer, *In sacra quatuor Evangelia enarrationes* (1536 edition, pp. 35, 85, 259).

此其他福音书的作者也记载:"约翰来了……传悔改的洗礼,使罪得赦。"(可 1:4;路 3:3)难道这不就是吩咐那些担当罪恶重担之人应当归向主,并盼望自己的罪得赦和蒙救恩吗?基督自己在开始传道时也这样教导:"神的国近了!你们当悔改,信福音。"(可 1:15 p.)首先,他宣告神已借他打开怜悯之宝库的门,然后他吩咐人悔改,最后劝人信靠神的应许。因此,当基督说"基督必受害,第三日从死里复活,并且人要奉他的名传悔改、赦罪的道"(路 24:26、46—47)时,就在告诉我们福音的总纲。在基督复活之后,使徒这样传讲:"神……将基督高举……将悔改的心和赦罪的恩赐给以色列人。"(徒 5:30—31)当人借着福音的教导发现他们一切的思想、情感和行为、努力都是败坏和邪恶的,这才是奉基督的名所传的悔改。因此,若他们想要进天国就必须先重生。当人们被教导神使基督成为我们的智慧、公义、圣洁和[b(a)]救赎(林前 1:30),并借基督的名使我们能在神面前被白白称义,这就是传罪得赦免。[b]这两种恩典都是凭信心领受的,就如我在以上所证明的那般。[39]然而,既然信心正确的对象是神的良善,而且罪借此得以赦免,我就有必要将悔改和赦罪仔细地做区分。

20. 悔改在何种意义上是得赦免的先决条件

[a]恨恶罪就是悔改的开始,并使我们先认识基督,因基督唯独将自己启示给贫穷、可悲、呻吟、劳苦担重担、饥渴以及在忧伤困苦中衰残的罪人[b(a)](赛 61:1—3;太 11:5、28;路 4:18)。所以,我们若想常在基督里,就必须努力地追求悔改,一生专心悔改,直到离开这世界。[b]因基督来是要召罪人,但是要召他们悔改(参阅太 9:13)。他奉差遣祝福不配的人,也是要他们离弃自己的恶行(徒 3:26;参阅 5:31)。圣经充分地证明这一点。因此,当神赐人赦罪之恩时,他经常同时要求他们悔

---

[39] III. 3. 1.

改,表明他的怜悯是领人悔改的。神说,"你们当守公平、行公义,因我的救恩临近"(赛56:1 p.),又说,"必有一位救赎主来到锡安、雅各族中转离过犯的人那里"(赛59:20);"当趁耶和华可寻找的时候寻找他,相近的时候求告他。恶人当离弃自己的道路,不义的人当除掉自己的意念,归向耶和华,耶和华就必怜恤他"(赛55:6—7 p.);"所以你们当悔改归正,使你们的罪得以涂抹"(徒3:19)。然而,我们必须留意,神设立这先决条件并不是说我们的悔改是我们得赦免的根据,而是因为神定意怜悯人是为了使人悔改,就向人指明蒙恩的条件。因此,只要我们仍被囚在肉身之中,就必须不断地与自己败坏本性的污秽争战,甚至与我们与生俱来的性情争战。柏拉图曾说过:哲学家的生命在于默想死亡,[40]ᵃ 但我们可以更真实地说,基督徒的生活在于不断努力治死肉体,直到肉体被完全治死,并且神的灵在我们心中做王为止。所以,我认为那已学会对自己不满的人算是在敬虔上有很大的长进,但也不可因这不满就驻足不前,反而要借此投靠神并渴慕他,使自己与基督的生和死连接后,能留意一生悔改。显然,真正恨恶罪恶的人必定如此行。因为,除非人先热爱义,否则就不会恨恶罪。[41]ᵃ 这论点不但容易理解,也最符合圣经真理。

不悔改或不得赦免的罪 (21—25)

21. 悔改是神白白的恩赐

ᵉ再者,我相信以上的教导已明确地证明悔改是神特殊的恩赐,所以无须长篇大论再对之加以解释。因此,教会赞美神的这恩赐,甚至对神

---

[40] Plato, *Apology of Socrates* 29 A, B; 41 C, D; *Phaedo* 64 A, B; 67 A-E; 81 A (LCL Plato 1. 106 f., 142 ff., 222 f., 232-235, 280 ff.).

[41] "*Nisi prius iustitiae amore captus.*" 参阅 Luther, Letter to J. Staupitz, May 30, 1518: "*Quod penitentia vera non est, nisi quae ab amore iustitiae et Dei incipit*" (*Werke* WA 1. 525; O. Scheel, *Dokumente zu Luthers Entwicklung*, 2d ed., p. 10; tr. *Works of Martin Luther* I. 40); Luther, *Sermon on Repentance* (*Werke* WA I. 320).

"赐恩给外邦人,叫他们悔改得生命"(徒 11∶18;参阅林后 7∶10)感到惊奇。保罗也劝提摩太对非信徒宽容和温和:"或者神给他们悔改的心……叫他们可以醒悟,脱离魔鬼的网罗。"(提后 2∶25—26)事实上,神宣告他喜悦万人归信,也劝众人归信,然而归信的果效完全在于使人重生的圣灵。因为创造人比给人披上更完美的本性容易。所以,在重生的整个过程中,我们被称为"神的工作,在基督耶稣里造成的,为要叫我们行善,就是神所预备叫我们行的"(弗 2∶10,参阅 Vg.),不是没有理由。神以重生的灵救活他所愿拯救脱离死亡的人。这并不是说悔改是救恩的起因,而是说悔改与信心和神的怜悯是密不可分的,就如以赛亚的见证,"必有一位救赎主来到锡安、雅各族中转离过犯的人那里"(赛 59∶20)。

这是不容改变的事实:谁真诚敬畏神,谁就是圣灵已动工拯救的人。所以,在《以赛亚书》中,虽然信徒们埋怨并后悔神离弃了他们,然而,其实神使人心刚硬,这才是人被遗弃的某种记号(赛 63∶17)。当使徒说被遗弃之人没有得救的盼望时,他的理由是"不能叫他们重新懊悔了"(来 6∶4—6 p.)。显然,当神重生一切他不喜悦灭亡的人时,同时也向他们彰显父亲般的爱,并以和蔼面容的光辉吸引他们归向自己。另一方面,神使那些罪不得赦免且被遗弃之人刚硬,并向他们发怒。

使徒以这种报应警告大胆背道的人,因他们抛弃了对福音的信心,取笑神,藐视他的恩典,亵渎和践踏了基督的血(来 10∶29),甚至竭尽所能将基督重新钉在十字架上(来 6∶6)。使徒在这里的意思并非如某些刻薄之人所说,认为一切故意犯罪的人都没有得救的盼望。[42]相反,他的意思是,背道是无可推诿的,所以神如此严厉地报应亵渎、藐视他的人

---

[42] 参阅 I Clement 2.3. 加尔文认为这是重洗派的观点:*Brief Instruction Against the Anabaptists* (CR Ⅶ.73 f.)。参阅 the Anabaptist articles of Schleitheim, quoted and answered by Zwingli (Zwingli, *Opera*, ed. M. Schuler and J. Schulthess, Ⅲ.390; tr. S. M. Jackson, *Selected Works of Huldreich Zwingli*, pp. 180 f.; tr. J. G. Wenger from the German text, "The Schleitheim Confession of Faith", *Mennonite Quarterly Review* XIX [1945], 248)。参阅Ⅳ.16.1,注释 2。

并不足为怪。ᵇ使徒教导:"论到那些已经蒙了光照、尝过天恩的滋味,又于圣灵有份,并尝过神善道的滋味,觉悟来世权能的人,若是离弃道理,就不能叫他们从新懊悔了。因为他们把神的儿子重钉十字架,明明地羞辱他"。(来6:4—6) 又教导:"因为我们得知真道以后,若故意犯罪,赎罪的祭就再没有了。"(来10:26)

这两处经文也被古时诺瓦替安派(Novatianists)利用来支持他们的异端邪说。历史上某些敬虔之人由于误解这些经文过于严厉的警告,而拒绝相信《希伯来书》是圣经的一部分,㊸虽然这些书信在各方面都表现出使徒的精神。但既然我们在与接受《希伯来书》属于圣经的人争辩,所以要证明上述经文并不支持他们的谬论是轻而易举的。首先,使徒必定是同意主所教导的,主说:"人一切的罪和亵渎的话都可得赦免,惟独亵渎圣灵,总不得赦免……今世、来世总不得赦免。"(太12:31—32;可3:28—29;路12:10) ᵉ⁽ᵇ⁾ 除非我们认为《希伯来书》的作者反对基督对赦罪的教导,否则我们就得相信使徒也接受基督的教导。由此可见,只有一种不得赦免的罪,因这罪出于人的癫狂而非软弱,且清楚证明他是被鬼附的人。

22. 不得赦免的罪

ᵇ然而,为了解决这问题,我们应当考察这永不得赦免之罪的性质。奥古斯丁曾将之定义为至死顽梗不化、不信神的赦免;㊹然而,这定义与基督所说的不完全一致(太12:31—32)。因为要么这话是徒然的,要么

㊸ 与德尔图良同时代的孟他努派教徒(Montanists)和之后的诺瓦替安派都用《希伯来书》6:4-6 支持他们不允许背道的人行补赎礼的教条,这也是为什么《希伯来书》后来才被包括在圣经正典之内的原因之一,如同布雷西亚的菲拉斯托(Filaster of Brescia [d. ca. 397]) 在 *De heresibus* 61 (margin 89), MPL 12.1202 里所说的。参阅 J. Moffatt, *International Critical Commentary: Hebrews*, pp. 18, 20. 当德尔图良成为孟他努派教徒后,他对这处经文的解释也是背道的人对悔改无能为力,因此不应该被准许行补赎礼。

㊹ Augustine, *Unfinished Exposition of the Epistle to the Romans* 22 (MPL 35.2104); *Letters* 185.11. 49 (MPL 33.814; tr. FC 12.188 f.).

人在一生中可能犯下这罪。而按照奥古斯丁的定义，人除非至死顽梗不化，非否不会犯这罪。也有人说亵渎圣灵就是嫉妒神赐给弟兄的恩典的人。㊺但我不知道他们如此说的根据何在。

然而，我们应当对这个词下一正确的定义。这定义若有可靠的证据支持，就可轻易推翻其他一切定义。所以，我说当人在神真理的光照下，无法以无知做借口，却恶意地抵挡这真理，这是在亵渎圣灵，这抵挡本身就足以构成亵渎圣灵罪。因为基督为了解释他所说的话又接着说："凡说话干犯人子的，还可得赦免；惟独说话干犯圣灵的，不得赦免。"（太 12：32、31，Vg.；参阅路 12：10；可 3：29）马太以"干犯圣灵"代替"亵渎圣灵"。㊻

可是，人怎能亵渎人子而不同时亵渎圣灵呢？人有可能因无知而无意识地攻击神的真理，或因无知而咒骂基督，但若神向他们启示真理，他们就不会故意抹杀这真理，也不会在知道基督是神的受膏者后攻击他。这类人所冒犯的是父和子。同样地，如今有不少人极恶毒地咒骂福音的教导，但若他们确知这是福音，就会立即全心尊崇这福音。

但那些虽然确知他们所抵挡和辱骂的就是神的真道，却仍旧攻击的人，就是圣经所谓亵渎圣灵的人，因他们所抵挡的是圣灵的光照。当时的一些犹太人就是如此，他们虽然无法反驳圣灵借司提反所说的话，却仍旧极力攻击（徒 6：10）。无疑地，当中有许多人是受对律法热忱的驱使而攻击，然而，也有其他人是因恶意的亵渎与神作对，也就是攻击他们确知是出于神的教义。

主所斥责的法利赛人也是如此。他们为了削弱圣灵的大能而以"别

㊺ Augustine, *Sermon on the Mount* I. 22. 73 (MPL 34. 1266；tr. NPNF Ⅵ. 30 f.)；Bede, *Exposition of Matthew's Gospel* II. 12 (MPL 92. 63).

㊻ "Ponit Spiritum blasphemiae" (VG, "esprit de blaspheme")，这与弗罗本（Froben）和巴塞尔 1538 年版本对《马太福音》1：31 的翻译一致。希腊文是 τοῦ πνεύματος βλασφημία 字面的翻译是"对圣灵的亵渎"。

西卜"这称呼毁谤基督（太9∶34；12∶24）。人竟敢故意辱骂神的名，这就是亵渎圣灵。当保罗宣称他蒙怜悯，是因他所做的是在不信、不明白的时候做的，就暗示这一点（提前1∶13），否则他就不能蒙神的恩惠。保罗之所以得赦免，是因他的不信乃出于无知，因此，若明知而不信就是不得赦免的罪。

23. 如何解释"不能重新懊悔"

^(e(b)) 你若留意就会明白，使徒说的并不是人一两次的悖逆，而是指被遗弃之人以悖逆的本性弃绝救恩。^(c)难怪约翰在他的书信中宣告，从选民中出去的人是不得神赦免的（约一2∶19）！^(b)因他所谈论的对象是那些自以为在离弃基督教后仍能再归回的人。约翰为了反驳他们极为有害的谬论，就说那些明知真道却故意拒绝的人不可能重归真道。然而，弃绝真道的人并不是那些过放荡不节制生活违背神话语的人，而是那些故意弃绝神完整教导的人。所以，诺瓦替安派的谬误在于对"离弃"和"犯罪"这两个词的解释（来6∶6，10∶26）。他们将"离弃"解释为：人在受了神律法的教导——不可偷盗和淫乱后，仍不离弃偷盗或淫乱。㊼然而我的解释是：圣经在这里指的是人的整个生命与神的话语相悖，^d并不是指人某次的跌倒，而是指人完全地离弃神、彻底地背道。^b因此当他论到那些蒙光照、尝过天恩的滋味，又与圣灵有分并尝过神善道的滋味和觉悟来世权能的人（来6∶4—5）时，他的意思是：那些故意扑灭圣灵光照、在尝过天恩的滋味后又将之吐出、拒绝圣灵的成圣，且践踏神的道和来世权能的人。为了进一步解释何谓故意的亵渎，使徒在另一处经文中又明确地加上"故意的"㊽这个词来描述。当他说人在得知真道以后，若故意犯罪，赎罪的祭就再

㊼ 在诺瓦替安争论文献中没有找到这种用法，然而西普里安指控诺瓦替安将背道与亵渎圣灵的罪相提并论（MPL 35. 2304）。参阅 O. D. Watkins, *A History of Penance* 1. 17, 132-221。
㊽ "*Voluntarie.*"

也没有了（来 10∶26）时，他并不是在否认基督的献祭不断地除掉众圣徒的罪孽。因为几乎整卷书信在解释基督祭司的职分时，都有力地宣告这真理。但他教导说：当人弃绝基督这献祭时，就再也没有别的献祭了。而且，当人明确否决福音的真理时，就是弃绝基督的献祭。

24. 不得赦免的人也是无法悔改的人 *

ᵇ对于某些人而言，人若求告神的怜悯并投靠他为避难所，却仍不蒙赦罪，这似乎与神的怜悯有冲突。这是容易答复的，因《希伯来书》的作者并非说，人若归向神，他的罪就不得赦免，他反而否定这种人会悔改，因为神根据他公义的审判，将因他们的忘恩负义以永远的瞎眼报应他们。他后来用以扫的例子来解释这一点，也与我们的教导毫无冲突。以扫虽然流泪号哭切求挽回长子的名分，却是徒然（来 12∶16—17）。先知的警告也同样真实："他们呼求我，我也不听！"（亚 7∶13）因他们的呼求并不表示真归信或求告神，只是表示不敬虔之人在逆境中的担忧，迫使他们开始在乎他们从前所漠不关心的，即他们一切的益处都倚靠神的帮助，然而与其说他们求告这帮助，不如说他们在呻吟这帮助已离弃了他们。先知所说的"呼求"（亚 7∶13），以及使徒所说的"号哭"（来 12∶17），只是表示恶人在绝望中经历到可怕的折磨。ᶜ以上的事实值得我们留意，否则神就背乎自己，因他借先知的口宣告他必怜悯一切悔改的罪人（结 18∶21—22）。就如我以上所说的，⁴⁹显然地，除非人先蒙恩，否则他的心不会改变，而且，神所赏赐一切求告他之人的应许必不落空。但被遗弃之人明知他必须求告神使他脱离他的逆境，却在神亲近他时逃离，所以，即使他们号哭、呼求，我们也不能将这盲目的呼求称为"归信"或"祷告"。

---

⁴⁹ 上文的第二十一节。

25. 虚假和真实的悔改

ᵉ既然使徒否认虚假的悔改能平息神的愤怒,那么也许有人会问,为何亚哈王蒙赦免且逃脱神对他的审判呢?因为他晚年时的行为似乎证明他只是因害怕而求告神(王上21:28—29)。他的确披上麻衣,将灰扬在身上,且睡卧在地上(王上21:27),并且,圣经也记载他在神面前降卑,但他的心却仍旧顽梗并充满恶毒,即使撕裂衣服也毫无用处,然而,神的确转意怜悯他。

我的答复是:假冒为善的人有时暂时得释放,然而神的烈怒仍在他们身上,而且,这怜悯并不是因为他们,而是以之为例教导众人。虽然神减轻了对亚哈的惩罚,这对他有何益处呢?只不过使他在世上没有感受到神的烈怒罢了。因此,神的咒诅虽然是看不见的,却仍在他的家中,至终他也灭亡了。

以扫的情形也是如此,他虽然被神拒绝,但他的哭泣却使他获得了暂时的福分(创27:40)。然而根据神的圣言,属灵的产业只能临到两兄弟之一。所以,神拒绝以扫而拣选雅各,就证明以扫被排斥在神的怜悯之外。以扫所获得的只是肉体上的安慰——领受天上的甘露、地上的肥土(创27:28)。㊿

以上的教导应当作为我们众人的借鉴,使我们努力寻求真诚的悔改,因为,我们若真心悔改归向他,神必然赦免我们,因他甚至怜悯那些不配的、对自己不满的人。以上的例子也教导我们,一切硬着颈项、心里刚硬、顽梗不化的人,现在不理会和藐视神的警告,将来神可怕的审判必临到他们。神也常常向以色列人伸手,使他们脱离灾难,尽管他们的呼求是虚假的,他们的心是诡诈弯曲的(参阅诗78:36—37)。尽管神在《诗篇》中埋怨他们立刻又重蹈覆辙(57节),然而,神以这样的温

㊿ 加尔文根据七十士译本和武加大译本(正如他 Comm. Gen. 27:38、39 的解释),将《创世记》27 章中以扫的祝福与雅各的祝福做了交换。然而,参阅《希伯来书》11:20。

柔喜悦使他们真诚地归信或叫他们无可推诿。但神暂时不施行审判，不一定表示神就永远不施行审判，他反而在后来更严厉和加倍地审判他们，为了证明他何等厌恶他们的虚伪。然而就如我以上所说，神却同时表示他乐意赦罪，为了鼓励敬虔之人修正自己的人生，并更严厉地定那些用脚踢刺之人的罪。

^e 第四章　经院神学家们对悔改的谬论与
　　　　纯正的福音截然不同；论认罪
　　　　和补赎

根据圣经，检视经院神学家对认罪和痛悔的教导（1—6）

1. 经院神学家对补赎礼的教导

^a 我现在要开始讨论经院神学家对于悔改的教导。我将尽量简短地叙述，不打算详细反驳所有的谬论，否则这本书就永无完成之日。他们著述众多的书讨论这简单明了的问题，只要你稍微步入他们的泥沼，就难以自拔。

首先，他们对悔改的解释充分证明他们从未明白悔改的教义。因为他们引用一些古时神学家的陈腔滥调，根本不能表达悔改的含义。例如，悔改是为从前所犯的罪哭泣，且之后不再犯这些让人哭泣的罪；也是为从前的恶行号哭，且之后不再有这些让人号哭的恶行；或是某种懊悔性的报应，这报应是对自己后悔所犯之罪的惩罚；或者是：悔改是对自己所犯的罪或所屈服的引诱感到悲伤痛苦。①

---

① 参阅 Gregory the Great, *Homilies on the Gospels* II. hom. 14. 15 (MPL 76. 1256); Columbanus, *Penitential* [ca. 600] A. 1 (MPL 80. 223; tr. J. T. McNeill, *Medieval Handbooks of Penance*, p. 250); 托名安波罗修, *Sermons* 25. 1 (MPL 17. 655); Lombard, *Sentences* IV. 14. 1 (MPL 192. 869); 托名奥古斯丁, *De vera et falsa poenitentia* 8. 22 (MPL 40. 1120). 最后这部作品约 1100 年出版，一直到 1495 年，天主教的神学家仍将之视为奥古斯丁的作品，然而 Trithemius of Spannheim (ca. 1495) 宣称它不是奥古斯丁写的。《基督教要义》对这作品的引用（除了四处在 1536 年的版本中）都在这一章里面。参阅 III. 4. 39，注释 83；Smits 1. 184, 190。

第四章 经院神学家们对悔改的谬论与纯正的福音截然不同;论认罪和补赎 611

即使古时神学家所说的没有错（虽然反驳他们是轻而易举的），然而他们所说的却非悔改的真定义，而只是在劝已悔改的人不要再落入神已救他们脱离的罪。ᵇ但若经院神学家坚持将这类的论述视为悔改的定义，那么其他论述同样可以被视为悔改的定义。其中之一便是克里索斯托的论述："悔改是某种医治罪恶的药剂、从天降下的恩赐、奇妙的大能，胜过一切法律的恩典。"②

ᶜ此外，后来经院哲学者对悔改的解释比古代教父更不准确。因他们顽固地强调悔改在乎外在的行为，从他们汗牛充栋的著作你能看到的只有以下的内容：一切都是某种严厉的磨炼，一方面用来驯服肉体，另一方面用来管教和惩罚人的罪。然而，他们却明显地对真正改变人生命的内心的更新只字不提。ᵇ他们当中有些人确实谈论到人的痛悔和背道，但他们却以许多的疑惑折磨人，并使人陷入忧虑的旋涡。然而，虽然他们深深地伤害人心，却企图以表面的仪式医治人一切的苦楚。

ᵃ在他们下这狡猾的定义后，他们将悔改细分为三部分——内心的痛悔、口中的认罪、行为上的补赎。③这种分类不会比他们的定义更合乎逻辑，虽然他们希望显得一辈子都在对此演绎推论。假设某一个人由

---

② Chrysostom, *Homilies on Repentance*, hom. 7. 1 (MPG 49. 338). 将补赎礼视为医治罪恶的药是早期的教父以及中世纪补赎礼手册普遍的观点。参阅 A. Harnack, *Medizinisches aus der ältesten Kirchengeschichte* (Texte und Untersuchungen zur Geschichte der altchristlichen Literatur VIII [1892]), pp. 137 ff.; McNeill and Gamer, *Medieval Handbooks of Penance*, pp. 44 f., 182; McNeill, *A History of the Cure of Souls*, pp. 44 f., 114, 119, 134, 179, 315。加尔文的 *Ecclesiastical Ordinances* (1541) 吩咐"在补赎礼中不可严厉到伤害自己，因为补赎礼本身不过是某种药剂"(CR x 1. 30; tr. LCC XXII. 71)。

③ 许多中世纪的神学书籍都正式地讨论"补赎礼的三个部分"——痛悔、认罪、补赎，譬如伦巴德的 *Sentences* IV. 16 : 1 (MPL 192. 877)、*Decretum* of Gratian II. 1. 40 (Friedberg I. 1168)。这对补赎礼的解释也受 *Opera* 的支持 (edited by Erasmus, 1530, II. 347; 1547 edition, V. 904)。人们错以为这作品是克里索斯托写的。参阅 Melanchthon, *Loci communes* (1521), section "*vis peccati et fructus*" (ed. Engelland, *op. cit.*, p. 35; tr. Hill, *op. cit.*, p. 103; both editors have useful notes on attrition, the prelude to contrition)。加尔文在这里所说"巨著"也许包括 *summae confessorum*; see A. M. Walz, *Compendium historiae ordinis praedicatorum*, p. 145。路德多次攻击补赎礼的这三个部分：参阅 Werke WA VI. 610; VII. 112。Fisher 在他的 *Assertionis Lutheranae confutatio* (1523), pp. 156-178 中为补赎礼详细地辩护。

他们的定义推断，这是辩论家常用的推论方法：任何人能为从前所犯的罪哭泣，且之后不再犯这些让人哭泣的罪；也为从前的恶行号哭，且之后不再有这些让人号哭的恶行；也能因他所后悔犯的罪自我惩罚，尽管没有以口认罪。如此，他们要如何为他们的分类辩解呢？因若他真心地忏悔却没有以口认罪，这就是不认罪的悔改。但若他们说这分类只是指补赎礼，或是指完美的悔改，上述并不被包括在他们的定义中，如此，他们就没有指控我的把柄，他们应当责怪自己没有对悔改下更精确的定义。所以，在我与人辩论时，我将对方所辩论的和他先前所下的定义相对照，以定义作为整个的基础，难道是愚昧的吗？

就算这是师父们的特权。现在我们要依序详查他们对悔改的分类。我故意不谈他们一本正经地当作奥秘传讲的琐事，因我若要一一讨论他们自以为在老练、精妙地争辩的问题，实在太费力了。显然，当他们讨论那些感动、刺激和困扰他们的问题时，是在唠叨自己所不知道的事。譬如为某一个罪悔改，却仍顽梗地犯其他的罪，是否讨神的喜悦？或神对人的惩罚是否能赎罪？或人是否能为大罪重复悔改，虽然他们污秽、邪恶地说，人每日所行的补赎礼只是为可以被赦免的罪。同样地，他们根据哲罗姆的一句话荒谬地自我折磨，即悔改是"人在船难后所抓住的第二块木板"。④这表明他们尚未从他们愚蠢的迷惑中醒悟，更没有感受到他们众罪的千分之一。

---

④ 奥古斯丁讨论过信徒当天天为可赦之罪悔改，参阅 Augustine, *Enchiridion* 19.71 (MPL 40.265; tr. LCC Ⅶ.381); Caesarius of Arles (d. 542) in MPL 39.2220; and Columbanus, *Regula coenobialis*, ed. O. Seebass in *Zeitschrift für Kirchengeschichte* XV (1895), 366-386, sec. 1 (tr. McNeill and Gamer, *op. cit.*, p. 258); Aquinas, *Summa Theol*. Ⅲ.87.1。路德说："补赎礼是船难之后的第二块木板"，这句话是"哲罗姆极危险的话"(*Babylonish Captivity*, section on Baptism, *Werke* WA Ⅵ; tr. *Works of Martin Luther* Ⅱ.119, 202)。见哲罗姆, *Letters* 84.6; 130.9 (MPL 21.748, 1115; tr. NPNF 2 ser. Ⅵ.178, 266)。参阅 Lombard, *Sentences* Ⅳ.14.1 (MPL 192.869; tr. LCC X.348)。特兰托公会议赞成哲罗姆的这句话，session 6, ch. 14. Schaff, *Creeds* Ⅱ.105。

2. 经院神学家的补赎教义折磨人的良心

ᵃ我希望读者能了解这不是在辩论驴子的影子，⑤因为我们所辩论的是最主要的问题：罪得赦免。他们不但说悔改包括三个条件——内心的痛悔、口中的认罪、行为上的补赎，也说这些条件对于蒙赦罪是必需的。在信仰上我们当明确知道的是，人最主要是以何种理由、根据什么原则、在何种条件下、有多简单或艰难，才能蒙赦罪！除非我们确知这些，否则我们的良心必不得安息，不能与神和好，没有确据和安全感，反而不断地战兢、动摇、翻腾、受折磨和搅扰，恨恶神并逃避他的面。

然而，若人的赦罪得靠他们编造的这些条件，那就没有比人更悲惨的了。他们将痛悔视为蒙赦免的第一步，而且他们要求人要有相当程度的痛悔，才是适当和完全的痛悔。⑥然而，他们却没有同时教导人如何确信他的痛悔是适当和完全的。

ᵉ我承认我们应当谨慎，严厉地劝各位为自己的罪哀哭，因此激励自己越来越痛恨自己的罪。因这就是那"以致得救没有后悔的懊悔"（林后7：10）。然而，当他们要求人的哀痛与他们所犯之罪的大小相称，以为必须如此才能带给他们赦罪的确信时，ᵃ这就让悲惨的良心遭受更严酷的折磨。而且，因为他们不明白自己欠神的债，所以也不能确信他们已付清自己所欠的账。若他们说我们必须尽己所能，那么，我们就又回到同样的问题上——人如何确信他已经尽己所能为自己的罪哀痛呢？所以，人的良心经过长久的挣扎之后，仍旧无法获得平安。因此，为了使自己的良心平静，他们强迫自己忧伤并挤出眼泪，为要达到某种痛悔的目的。

---

⑤ *"De asini umbra rixam esse"*. 有名的伊索寓言故事之一（ca. 570 B.C.），有一个关于出租驴的驴主人。主人说租驴的人争论他是否还有权利在驴的影子底下睡午觉。之后"在驴的影子上争吵"变成了希腊作者常用的成语。伊拉斯谟（*Adagia* [1523] 1.3.52）说这成语是狄摩西尼（Demosthenes）编造的，参阅 Plutarch, *Lives of the Orators* (*Moralia* 848 A, B) 以及 LCL Plutarch, *Moralia* X. 434 f.。

⑥ Biel, *Epythoma pariter et collectorium circa quatuor sententiarum Libros* IV. 9. 关于懊悔与蒙赦罪之间的关系，参阅 C. R. Meyer, *The Thomistic Concept of Justifying Contrition*, pp. 60 f., 190 ff. 参阅II. 2.4，注释15；III. 4.17，注释36。

3. 不是依靠罪人的痛悔,而是仰望主的怜悯[*]

[a]但他们若说我毫无根据地指控他们,那就请他们找出一位不是在他们痛悔的教义下绝望,或以伪装的忧伤来面对神审判的人。我们在上文也说过,若不悔改,罪必不得赦,因唯有那些因知罪而痛悔的人才会真诚求告神的怜悯。但我们也说过,悔改并不是赦罪的起因,我们也弃绝了一切他们所要求人自我折磨的赦罪方式。我们也教导过,罪人不能倚靠自己的忏悔或流泪,而是要定睛仰望神的怜悯。[⑦]我们的教导只是提醒人,当基督被差遣传好信息给谦卑的人、医好伤心的人、报告被掳的得释放或被囚的出监牢,及安慰一切悲哀的人时(赛61:1;路4:18,经文合并),就是在呼召"劳苦担重担的人"(太11:28)。这就将法利赛人弃绝在外,由于他们以自己的义为满足,就不承认自己是贫穷的人;这也将亵慢的人弃绝在外,他们因对神的愤怒完全无知,就不为自己的罪寻求医治,因这类人不劳苦、不担重担、不伤心,也不是被掳或被囚的人。教导人能因适当和完全的痛悔得赦免是一回事,但劝人渴慕神的怜悯(为了使他通过面对自己的悲惨、动摇、疲乏和捆绑,发现他在哪里可以得到饱足、安息和自由)则是另一回事,因为后者教导:人在自己的卑微中将荣耀归给神。

4. 不吩咐人认罪:反驳经院神学家对麻风病人得洁净之比喻意义的解释[*]

[a]关于认罪这教义,教会法律师和经院神学家总是激烈地争论不休。后者主张认罪是圣经的吩咐;前者则宣称认罪是来自教会的法规。[⑧]

在这场争论中,经院神学家们的可耻是显然的,因为他们所引用的

---

⑦ III. 3. 20. 参阅 Melanchthon, *Loci communes*, ed. Engelland, *op. cit.*, pp. 92, 96, 119; tr. Hill, pp. 117, 181 f., 211。

⑧ 黎雅(H. C. Lea)在他的 *History of Confession and Indulgences* 1. 168 ff. 中提出许多不同于中世纪圣经学者和神学家对告解的立场。Lombard, in *Sentences* IV. 17. 1-4 (MPL 192. 880 ff.),不同意格拉提安(Gratian)在他的 *Decretum* II. 1. 30-37 (Friedberg I. 1165-1167) 中的立场。

一切经文都是为了自己的企图而强解的。然而，当他们发现他们借这手段仍不能得逞时，那些希望被看待成有学问的人就回避说：认罪就其内容而言是出于神的律法，就其认罪的形式而言则出于实在法。然而，在教会法律师中，一些最愚昧和吹毛求疵的人也说圣经吩咐认罪，因神曾对亚当说："亚当，你在哪里？"（创 3：9）他们说抗议⑨也有圣经根据，因为亚当的回答似乎就是在提出抗议："你所赐给我的女人……"（创 3：12）然而，不管是圣经的吩咐还是教会的法规，认罪的形式都来自民事法。接下来我们要看他们如何证明认罪——不管是形式还是非形式的——是圣经的命令。

他们说主吩咐麻风病人去祭司那里（太 8：4；可 1：44；路 5：14，17：14），然而，难道主是叫他们去认罪吗？谁听说过利未支派的祭司奉差遣是为了听人认罪呢（申 17：8—9）？因此，他们以寓意解释来回避这问题：摩西的律法吩咐祭司分辨麻风病的轻重（利 14：2—3），而罪就是属灵的麻风病，所以祭司也负责判别罪的轻重。

在我答复这问题之前，我要顺便先问另一个问题，即若这经文实际上是比喻祭司是人属灵上麻风病的判定者，那么祭司为何假装明白肉体上的麻风病呢？如此推论岂不是在嘲笑圣经！律法将判定麻风病的轻重交付利未支派的祭司，我们也当将之运用在自己身上；罪是属灵上的麻风病，所以我们也当判定人的罪！

我的答复是："祭司的职任既已更改，律法也必须更改。"（来 7：12）一切旧约祭司的职任已交付基督，也在他身上得应验和完成了。因此，祭司职任的一切权柄和尊荣也就归给基督了。既然他们那么喜爱寓意解释，那么何妨视基督为唯一的祭司，且万事的审断都当在乎基督审判的宝座。他们若这样说，我将乐意赞同，然而，他们的解释将民事法算在

---

⑨ "*Exceptionem item, quia responderit Adam quasi excipiens.*" 加尔文用了法律上的术语：*exceptio* 在法庭中是指正式的申辩或异议。

旧约的仪式中，是极不恰当的。

那么，究竟基督为何吩咐麻风病人去祭司那里呢？其实是为了避免祭司指控基督违反律法，因律法吩咐痊愈的麻风病人当给祭司察看，并借献祭赎罪。基督劝痊愈的麻风病人遵守律法的吩咐。他说："你们去把身体给祭司察看"（路 17：14），"献上摩西所吩咐的礼物，对众人作证据"（太 8：4 p.）。的确，这神迹要当作说服祭司的证据。祭司本来宣告他们得麻风病，如今宣告他们已得医治。难道他们不是因此不得不见证基督的神迹吗？基督允许他们察看他的神迹。他们无法否认这事实，但因他们仍企图回避，所以让他们察看也是要对他们做见证。基督也在另一处说："这天国的福音要传遍天下，对万民作见证。"（太 24：14 p.）又说："你们要为我的缘故被送到诸侯君王面前，对他们……作见证。"（太 10：18）这是为了使他们在审判之日更无可推诿。但若他们更愿意认可克里索斯托，他也教导基督这样吩咐他们是为了犹太人的缘故，免得他们指控他是不守律法的人。⑩ᵉ然而，在如此清楚的事上，我们不需要寻求任何人的支持，因基督自己宣告他将施行律法的权柄交给祭司。他们自称自己是敌对基督福音的人，若不塞住他们的口，他们将不断公开地攻击福音。所以，天主教的神甫若想保留这职分，他们就必须公开站在那些必须被塞住口才不会咒诅基督之人的一边。因为基督真正的仆人与此毫不相干。

5. 错误运用基督解开拉撒路的神迹*

ᵃ他们的第二个论证也出于对比喻意义的解释，仿佛比喻对确认任何教义具有极为重要的意义似的！但除非我能给予一个更合理的解释，否则我不会相信比喻能帮助我们更明白教义。他们说基督吩咐门徒解开已

---

⑩ Chrysostom, *Homilies on the Canaanite Woman*, hom. 9 (MPG 52. 456 f.).

复活的拉撒路并叫他走（约 11∶44）。⑪首先，这是错误的，因圣经并没有说主这样吩咐他的门徒。更大的可能是他说这话的对象乃是犹太人（他们的在场更无疑地证实基督的神迹，也更彰显基督的大能），因基督只以他的声音而不是以手摸那死人叫他复活。我也相信基督为了除掉犹太人一切邪恶的疑惑，吩咐他们挪开石头，闻到尸体的恶臭，亲眼看到死亡的明证，看到拉撒路唯独借基督话语的大能从死里复活，并首先触摸活生生的拉撒路，ª这也是克里索斯托的看法。⑫

ᵇ然而，假设我们将这话视为是对门徒说的，那么我们的论敌会如何为自己辩解呢？难道他们要说主将释放的权柄交给门徒吗？我们若说神喜悦借这话教导基督的门徒，难道这不是更合理之寓意的解释吗？解开拉撒路表示神释放他所重生的基督门徒，免得他们记念神不再记念的罪，或免得他们说神所赦免的罪人将会灭亡，或因神已赦免的罪责备他们，或严厉地惩罚神所怜悯和赦免的人！ᵉ的确，我们审判官的榜样最能激励我们赦免自己的邻舍，因他警告他必不怜悯那些苛刻和残忍的人。ª因此，就任凭我们的论敌去兜售他们的寓意吧！

6. 合乎圣经的认罪*

ª当他们误以为可以用圣经清楚的见证支持自己的立场时，我们就更近距离地与他们作战。他们说那些到约翰那里受洗的人都向约翰认自己的罪（太 3∶6），而且雅各也吩咐我们"要彼此认罪"（雅 5∶16）。⑬

那些去受洗的人认自己的罪并不奇怪！因就如我们以上引用过："约翰……传悔改的洗礼。"（可 1∶4）他用水施洗并领人悔改。那么，除了那些承认自己是罪人的人，他还要为谁施洗呢？洗礼是赦罪的象征，所以约

---

⑪ Pseudo-Augustine, *De vera et falsa poenitentia* X. 25 (MPL 40.1122); Gratian, *Decretum* II.1.88 (Friedberg 1.1188).

⑫ Pseudo-Chrysostom, *Contra Judaeos, Gentiles et haereticos* (MPG 48.1078).

⑬ 许多中世纪的神学家都用这两处经文为告解辩护。

翰只为那些承认自己为罪人的人施洗。所以，他们认罪是为了受洗。

雅各以极好的理由吩咐我们"彼此认罪"（雅5∶16）。若他们留意紧接着的陈述，就会明白这经文并不支持他们的立场。他说："你们要彼此认罪，互相代求。"（雅5∶16）他将彼此认罪和彼此代祷联系在一起。若我们只能向神甫认罪，那我们也就只能为他们祷告。若我们从雅各的话推论只有神甫才能认罪，不也一样合理吗？事实上，在他要求我们互相认罪时，他是针对被允许听人认罪之人而说的，原文ἀλλήλοις，意思是"彼此""轮流""交替"。根据雅各的教导，[b]唯有那被允许聆听他人认罪的人才被允许向他人认罪。既然他们说唯有神甫才有聆听认罪的资格，那我们也必须说唯有神甫才有认罪的资格。

[a]我们无须理会这一类的废话！我们要相信使徒保罗简单明了的教导：我们应当互相坦诚并表露自己的罪，互相劝勉、互相宽容、互相安慰，而在我们得知弟兄的软弱时，就当为他代祷。那么，既然我们在这经文中深信神的怜悯，他们为何仍用这经文攻击我们呢？但唯有先承认自己悲惨的人才会相信神的怜悯。事实上，一切在神、天使、教会，甚至众人面前，不承认自己为罪人的人都是被咒诅的。因神已把众人"都圈在罪里"（加3∶22），"好塞住各人的口"（罗3∶19），叫普世的人都服在神的审判之下（参阅罗3∶20；林前1∶29）。但唯有神显为公义（参阅罗3∶10）、当被高举。

向神甫告解是晚期才有的现象（7—8）

7. 古代教会没有被迫认罪

[a]我很诧异我们的论敌居然无耻地宣称，他们所说的认罪是出于神的吩咐。当然我们承认这认罪的方式是古老的，但我们也能轻易地证明认罪本来是自由的。事实上，连他们自己的记录都证明，在教皇英诺森三世（Innocent Ⅲ）之前，[c]并没有吩咐人认罪的教会法规。若他们有比这吩咐人认罪更古老的法规，他们必定会紧抓住它，而不会只满足于拉特兰

会议（Lateran Council）的决定，使自己成为孩童的笑柄。他们在别的事情上也毫不犹豫地捏造虚假的规条，并宣称这是最古老会议的决定，为了利用人对古代的尊敬，欺哄单纯的人。然而在这教义上，他们竟然没有想到用这种方法欺哄人。因此，根据他们自己的记载，从教皇英诺森三世设下这陷阱和下令必须被迫认罪至今仍不足三百年。⑭

然而撇开时间不谈，单单那些粗鲁的用词就使那规条丧失权威性！这些良善的教父命令所有的男女⑮一年一次在自己的神甫面前认罪。一些爱开玩笑的人幽默地说，这规条只是指阴阳人（希腊神祇之一，男人、女人的双关语）说的，并不是指男人或女人。然而，更荒谬的是他们的信徒不知道"自己的神甫"所指的是谁。⑯

无论这些与教皇同流合污的人如何胡诌，我们仍然坚持这强迫人逐条认己罪的规条绝不是基督所设立的。事实上，在基督复活的一千二百年之后才有这规条。在敬虔和纯正教义消失之后，许多有名无实的牧者任意捏造了这专制的规条。

ᵃ此外，历史和许多古代的作者都明确地见证，这规条是教会的主教所制定用来管理教会的体制，并不是基督或众使徒所设立的。我只要提出其中一个见证就足以清楚地证明这一点。索宗曼（Sozomen）记载，西

---

⑭ 这是指法国的教皇约 850 年写的伪造教令。参阅 P. Hinschius, *Decretales Pseudo-Isidorianae et Capitula Angilramni*；E. H. Davenport, *The Forged Decretals*；J. Haller, *Nikolaus I und Pseudoisidor*；P. Fournier and G. Le Bras, *Histoire des collections canoniques en Occident depuis les fausses décrétales jusqu'au décret de Gratien* I. 196 f. (arguing for origin in Brittany); W. Ullmann, *The Growth of Papal Government in the Middle Ages*, pp. 167-189。

⑮ 第四次拉特兰公会议（1215）canon 21. Text in Mansi XXII. 1007 ff.；Hefele-Leclercq V. 1350。加尔文用"男女"开玩笑表示他对中世纪知识分子的幽默很熟悉。参阅黎雅在 *op. cit.*, I. 230 引用瓦尔的威廉（William of Ware）（ca. 1300）的话："神学家们对于 *omnis utriusque sexus* 一词既沉闷又滑稽的解释，并非完全意味着雌雄同体。这词要从分配的意义上来理解，而非从联合的意义上来理解。"大约在1379年理查德·汉斯雷（Richard Hemslay）在泰恩河畔的纽卡斯尔（Newcastle on Tyne）讲道时以开玩笑的心态提到这法规而被传唤到罗马去为他的悖逆做解释。之后得了一个绰号叫"Friar Richard"（两种性别的修道士）。参阅 W. A. Pantin, *The English Church in the Fourteenth Century*, pp. 164 f.。

⑯ "*Proprius sacerdos.*"法规吩咐各人当向"自己的神甫"告解。在审判权不清楚的地方，这法规引起激烈的争论，特别当修道士开始告解之后。

方教会格外殷勤地遵守众主教们所制定的这规条,特别是罗马的教会。这就证明它并不是众教会普遍的做法。此外,他说当时的教会专门指定一位长老担任这职分,这就彻底驳倒天主教徒错误的论述,即基督将天国的钥匙交给众神甫担任这职分,其实,当时这并不是众神甫共有的职分,而是主教所任命的一位神甫才有这独特的职分。ᵉ这就是直到如今在一些天主教堂里被称为"宗教裁判官"的那位,他负责察究教徒严重的罪行,并对之施罚,用以警戒教会。ᵃ他接着说这也是君士坦丁堡的习俗,直到某位妇女假借认罪之名与聆听认罪的一位执事发生淫乱为止。因这罪恶,那教会的主教涅克塔里乌(Nectarius)——一位以正直和博学闻名的人——从此废除了认罪的仪式。⑰在此,那些驴子当竖起耳朵!若听人认罪是神的规条,那么,涅克塔里乌为何竟敢废掉和根除它呢?难道他们要控告涅克塔里乌这位众教父所共认的神圣洁的仆人为异端和分裂教会吗?若他们真的如此指控他,他们同时也必须咒诅君士坦丁堡的教会,因为根据索宗曼的记载,这教会认罪的仪式不只是暂时被终止,据他所知,也是完全被废弃了。事实上,若他们前后一致,他们不但要指控君士坦丁堡教会,也必须指控所有的东方教会,因他们没有遵守教皇下令所有基督徒都不可违抗的规条。

8. 克里索斯托没有命令人认罪*

ᵇ克里索斯托是君士坦丁堡的主教,在他的许多论述中证实认罪的仪式已被废去,因此他们竟然否定认罪的仪式已被废除,实在令人惊讶!他说:"坦承你的罪,就得以洗净它们。你若羞于向人陈明你所犯的罪,那么就当天天向自己的灵魂认罪。我并不命令你向你的弟兄认罪,因他或许会斥责你。但你要在医治你众罪之神的面前认罪。当在床上认罪,

---

⑰ Sozomen, *Ecclesiastical History* 7. 16 [ed. R. Hussey (Oxford, 1860), II. 724 ff.]; Cassiodorus, Tripartite History IX. 85 (MPL 69. 1151; tr. NPNF 2 ser. II. 386 f.). 苏格拉底对这事件的解释在某些细节上不同, *Ecclesiastical History* V. 19. 参阅 McNeill, *A History of the Cure of Souls*, p. 98。

使你的良心天天承认它的过犯。"又说:"其实我们无须在证人的面前认罪,而是要在心里省察自己的罪。不是让人见证你的认罪,只要神自己看到你认罪。"也说:"我并不劝你在弟兄面前上台认罪,我也不强迫你向人揭露你自己的罪。要将自己的良心带到神面前,在他那里赤露敞开,当将自己罪的伤口给那最优秀的医生基督看,并向他寻求医治。给那位不斥责且最温柔治病的神看。"又说:"你不要告诉任何人,免得他斥责你,也免得他将其公之于众。你反而要将你罪的伤口给主看,因他是仁慈关心你的医生。"之后,他说出神的立场:"我并不强迫你在众目睽睽之下认罪,你要暗地里向我陈明你的罪,只有我能医治你的伤痛。"[18]难道说克里索斯托以上诸如此类的论述,是轻率之言,试图将人的良心从神律法的约束下释放出来吗?断乎不是,他断不敢要求人遵守据他所知神从未吩咐的规条。

圣经对私下和公开认罪的教导 (9—13)

9. 在神面前认罪

[a]为了使整个问题更清楚明了,首先我们要忠实地叙述圣经所教导的认罪为何。之后,我们也将揭发他们的捏造,不是所有的,因他们的捏造如同汪洋的水,只是那些他们用来向神甫私下认罪的捏造。

[e(a)]在此我羞于提到古时的翻译者常常将"赞美"译作"坦白"[诗7:18, 9:2, 94 (95,希伯来圣经):2, 99 (100,希伯来圣经):4, 117 (118,希伯来圣经):1,均为 Vg.],[19]这是连对神学最无知的平信徒都知道的事。然而,我们仍然要揭露他们的胆大妄为,因他们将圣经所

---

[18] 这里所引用的四句话在加尔文的时代被认为是克里索斯托的话,甚至也被包括在伊拉斯谟所编辑的 Opera 这作品里 (1530)。第一句出自于 Homily 2 on Ps. 50, sec. 5, MPG 55. 580 ff. 中被列为伪作。第二句出自于 Sermon on Penance and Confession, 1530 edition, V. 512 (1547 edition, V. 906), MPG. 没有收录。其他两句是克里索斯托所作,出自 Incomprehensible Nature of God, Against the Anomeans, hom. 5. 7 (MPG 48. 746); Discourses on Lazarus 4. 4 (MPG 48. 1012)。

[19] 在《诗篇》7:17,希伯来文的单字 אוֹדֶה (字根是 ידה,"大声颂赞"的意思) 在七十士译本中被翻译成 ἐξομολογησάμενοι;在武加大译本中被译成 confieri (告解)。参阅诗 9:1,诗 42:4。

归给神的赞美滥用在他们专制的规条上。为了证明认罪能使人心欢乐，他们滥用《诗篇》的这经文："用欢呼称赞（confession）的声音。"（诗42∶4；诗41∶5，Vg.）若这样的强解是正确的，那我们就可以任意从圣经的经文捏造出任何的教义。既然他们变得这么无耻，我就当提醒敬虔的读者，神公义的报应已任凭他们，好叫众信徒更憎恶他们胆大妄为的行为。然而，只要我们乐意信靠圣经单纯的教导，我们就不必担心任何人能以这样的谬论欺哄我们。

圣经之所以只教导我们一种认罪的方式：既然是神自己赦罪，不记念罪，并除去我们的罪，所以我们只当向他认罪，为要蒙赦免。神是我们的医生，所以我们唯独将伤口给他看。既然我们所伤害和得罪的是神，我们就应当向他求和好；既然是神鉴察人心，知道人一切的心思意念（参阅来4∶12）[20]，我们就当趁早在他面前自我告白；既然呼召罪人的也是神自己，因此我们不要迟延地到神那里。大卫说："我向你陈明我的罪，不隐瞒我的恶。我说：'我要向耶和华承认我的过犯。'你就赦免我的罪恶。"（诗32∶5；诗31∶5，Vg.）大卫自己在另一处的认罪也与此相似："神啊，求你按你的慈爱怜恤我！"（诗51∶1，50∶3，Vg.）但以理也这样认罪："我们犯罪作孽，行恶叛逆，偏离你的诫命典章。"（但9∶5）圣经另外也有其他常见的认罪方式，若都收集起来几乎成为另一大本书。使徒约翰说："我们若认自己的罪，神是信实的……必要赦免我们的罪。"（约一1∶9，参阅Vg.）所以，我们应当向谁认罪呢？当然是向神自己，只要我们以忧伤、谦卑的心跪在他面前，只要我们在神面前真心地自责和定自己的罪，求神因他的良善和怜悯饶恕我们。

10. 在人面前认罪

ᵃ只要任何人在神面前心怀这样的认罪，无疑地，当他需要在人面前

---

[20] "Cognitor，"这个词组中（来4∶1）武加大译本含"discretor"。

宣扬神的怜悯时，他的口也会有同样的认罪。而且不只是一次向一个人低声坦承他心里的罪，而是经常公开地在世人面前无伪地叙述自己的羞耻和神的伟大与尊荣。在大卫受拿单指责良心不安时，他在神和人面前如此认罪："我得罪耶和华了。"（撒下 12：13）换言之，他不再找借口，也不想避免众人将他视为罪人，或避免将企图向神隐瞒的事公之于众。所以，为了荣耀神或使自己降卑，若是需要，我们不但要私下向神认罪，也当乐意在人面前认罪。因此，主命令古时的以色列人，在祭司读经之后，百姓当在殿里公开地认罪（参阅利 16：21）。神预见这样做对他们是必需的，为了使个人正确地估量自己。并且，在教会和世人面前承认自己可憎，站在彰显神的良善和怜悯的角度来看是应当的。

11. 一般的认罪

ᶜ在教会里这样的认罪应当是寻常的，而且在百姓都犯某种罪时，就当采用这种特殊的认罪方式。尼希米记载百姓在以斯拉和尼希米的引领下，采用后一种认罪方式（尼 1：7，9：1—2）。ᶜ因以色列众百姓共同的悖逆所遭受的刑罚包括：长期的流放、圣城和圣殿的被毁，以及信仰的瓦解。除非他们先自责，否则不能明白神释放他们的恩惠有多大。ᶜ即使在某一个教会中有几位无罪的信徒，这也不妨碍他们集体公开地认罪，因若他们是软弱、生病的身体上的肢体，就不会以自己的正直夸口。事实上，他们不可能不沾染其中的罪，并承受部分的罪责。ᶜ因此，每一次因瘟疫、战争、饥荒或任何其他的灾难受苦时，我们必须知道我们的本分是哀痛、禁食，以及其他知罪的表现，但最不容我们忽视的乃是认罪，因这是尽其他本分的根基。

除了一般认罪是神亲口吩咐我们的之外，任何理智的人只要考虑一般认罪的益处，就不会轻视它。因在每一次圣洁的聚会中，我们就如站在神和天使面前，难道承认自己的不配不就是我们一切行为的根基吗？然而，或许你会说，我们每一次的祷告中都在承认自己的不配，因当我们求神赦免时，我们就在认罪。我同意，但只要你考虑我们人有多大意、迟钝和懒惰，我想你也会同意基督徒是极需要公开认罪的。虽然神给以色列人公开认罪的仪式是律法教导的一部分，[21]然而，这仪式的原则在某种程度上仍旧与我们有关。[c (b)] 事实上，在管理良好的教会中，我们看到这习惯所产生的极好结果：每逢主日，牧师以他自己和会众的名义用祷文认罪，以此指出众人的邪恶，恳求神的赦免。[22 c] 总之，认罪是开启祷告之门的钥匙，不论是个人私下的认罪还是众人公开的认罪。

12. 医治灵魂的私下认罪

[a]此外，圣经教导两种私下认罪的方式：一种是为自己，雅各吩咐我们应当彼此认罪，指的就是这种（雅5：16）。他的意思是，当我们互相倾诉自己的软弱时，我们就借互相劝告和安慰彼此帮助。另一种则是为邻舍，我们若因自己的罪伤害了他，我们就有责任平息他，叫他与我们和好。[b]在第一种认罪的方式之下，既然雅各没有明确地陈述我们当向谁卸下自己的重担，我们就有自由去选择教会最适当的人坦承自己的罪。但我们最好选择牧师，因他是最有资格聆听我们认罪的人。我说他们比其他人更合适，是因神呼召他们做牧师就是要他们亲口教诲我们，治死和纠正我们的罪，并借赦罪的确据使我们得安慰（太16：19；18：18；约20：23）。[c]虽然彼此的劝勉和责备是神交给众信徒的，但也是特别交付牧师的。因此，虽然我们都应当互相安慰和力求使对方确信神的怜悯，但我们也当晓得，神设立牧师就是要尽这本分，使我们确信自己蒙赦罪，圣经甚至说：牧师亲自赦罪和释放人的灵魂。当你得知神亲自交付他们这职任时，你当相信这是为了使你

---

[21] "Paedagogia."

[22] 加尔文在他的斯特拉斯堡（1539）和日内瓦（1542）的礼拜仪式中，使用布塞所设计的认罪形式。CR 6. 173ff.; tr. B. Thompson, "Reformed Liturgies in Translation 3. Calvin"; *Bulletin of the Theological Seminary of the Evangelical and Reformed Church* XXVIII（1957），52 f., 参阅 W. D. Maxwell, *Outline of Christian Worship*, pp. 112-119。

获益。㉓

ᵇ所以，每一位信徒都当牢记，若他个人被罪疚感所烦扰，甚至若无外在的帮助就无法解脱时，他有责任不轻看神自己所提供给他得释放的方式，即为了从困境中解脱出来，他应当向自己的牧师私下认罪；为了获得安慰，他应当向牧师恳求私下的帮助，因神吩咐牧师公开和私下借着福音的教导，安慰他自己的百姓。然而，他也总是应当留意这原则：神若没有明确地吩咐什么，牧师就不可使人的良心负重轭。因此，认罪应当是自由的。我们不可要求所有的人如此行，而是只要求那些自己知道需要的人。对那些照自己的需要认罪的人，也不可以任何规则强迫他们或以任何手段诱使他们承认自己一切的罪，而是要遵照他们自己的意见，使他们能获得完全的安慰。忠心的牧师若想避免在教会专制和除掉会众的迷信，就应当将自由留给教会，并保守这自由及为这自由勇敢地辩护。

13. 为了与弟兄或教会和好的认罪

ᵃ基督在《马太福音》中谈到另一种认罪方式："你在祭坛上献礼物的时候，若想起弟兄向你怀怨，就把礼物留在坛前，先去同弟兄和好，然后来献礼物。"（太5：23—24）我们当承认得罪弟兄的罪，并请求他的原谅，如此，我们之间被破坏的爱就得以恢复。

ᶜ这种认罪方式也是我们冒犯整个教会时所当采用的。既然基督说：除非采用神所吩咐的方式与弟兄和好，否则就不能参加圣洁的仪式，所以当人以邪恶的行为冒犯整个教会时，就更应当借认罪与教会和好，㉔就像哥林多信徒顺从教会的纪律时，就重新与教会和好（林后2：6）。

西普里安告诉我们，这也是早期教会认罪的方式，他说："他们在某

㉓ 加尔文在这里表示他相信牧师在认罪和赦罪上有非常高的权威，他同时也相信他们的权威服在圣经的权威之下。参阅 J. -D. Benoit, *Calvin, directeur d'âmes*, pp. 245 f.；McNeill, *A History of the Cure of Souls*, pp. 197, 209。

㉔ 加尔文的 *Ecclesiastical Ordinances*（1541）教导：得罪教会的人当顺从教会的纪律程序，重新与教会和好（CR X. 1. 29 f.；tr. LCC XXII. 70 f.）。

个时期行补赎礼,之后认罪,接着主教和牧师按手,使他们与教会和好。"㉕除此之外,ᵃ圣经没有记载任何其他认罪的方式,ᶜ并且,我们也不可以新的锁链捆绑人的良心,因为这是基督所严厉禁止的。

某些教会习惯在领圣餐前,带所有的羊来到牧人面前认所该认的罪,我并不反对这样的习惯,我反而衷心希望各处的教会都如此行,因这么做能使良心担重担的人大大受益,并且这也是牧师责备那些当受责备之人的恰当时候,但在这习惯中,牧师当避免专制,信徒当避免迷信!

天国钥匙之赦罪的权柄（14—15）

14. 天国钥匙之赦罪权柄的性质和价值

ᶜ天国的钥匙与这三种认罪方式有密切的关系:一、整个教会严肃地承认自己的过犯并求神赦免。二、个人因某种大罪得罪教会而公开悔改。三、个人因烦扰的良心寻求牧师而向他认自己的罪。ᶜ然而,消除这三种罪的方式是不同的,因为虽然消除罪同样使人的良心获得平安,但最主要的是要消除彼此的敌意,使众信徒互相联络,保守合而为一的心（参阅弗4:3）。

但我们也应留意我以上所论认罪带来的益处,即采用以上所说的认罪方式使信徒更乐意认罪。当整个教会站在神面前并完全投靠神的怜悯时,有那位使人与神和好之基督的使者——牧师在场,并宣告我们的罪已得赦免,这就是我们极大的安慰（参阅林后5:20）。当牧师公正、有序并敬畏地执行这职分时,天国钥匙的作用便得到了应有的称赞。同样地,当一个人曾因自己的罪使自己与教会隔绝,而后蒙赦免并与弟兄姊妹重新联合,这就成为他极大的安慰,因为他知道基督所描述为"你们赦免谁的罪,谁的罪就赦免了"的人赦免了他（约20:23;太18:18,合并经文),而且,当个人因他们的软弱需要特别的帮助时,个人罪得赦免具有

㉕ Cyprian, *Letters* 16.2 (CSEL 3.2.518; tr. ANF [letter 9.2] 4.290).

同样的效力和益处。因为,往往当信徒听到神给全教会的一般应许时,仍会怀疑这是否与自己有关,自己的罪是否已得赦免,而感到心里不安。但若他向牧师告白自己的罪,并从牧师口中听到福音针对他的信息:"放心吧!你的罪赦了"(太9:2 p.),他就会放心并脱离从前所折磨他的忧虑。

当我们讨论天国的钥匙时,我们总要谨慎,免得我们幻想某种在传讲福音之外的权柄。e(c) 在我讨论教会的治理时,我将更为详尽地解释这一点。那时我们将会明白,基督所交付教会任何捆绑或释放的权柄都是来自于圣经。[26] 在行使钥匙的权柄时更是如此,因为钥匙的整个权柄都在乎神所设立的人或公开或私下将福音之恩印在信徒心中,而这唯有借着传道才能办到。

15. 天主教对认罪的解释

a天主教的神学家们说什么呢?他们下令所有的男女,一到懂事的年龄,都应当向自己的神甫诚恳地承认他们一切的罪(一年至少一次),否则他们的罪不得赦免。若他们在有机会时没有诚恳地如此行,天国之门就不再向他们敞开。天主教的神学家宣称神甫拥有天国的钥匙,有权柄捆绑和释放罪人,因基督的话必不落空:"你所捆绑的……"(太18:18)[27]

然而,他们自己在这问题上也莫衷一是。有的人说实质上只有一把钥匙——捆绑和释放——而且为了善用钥匙,知识是必需的,但知识不能代替钥匙。[28] 又有人因担忧这会使神甫私自滥用权柄,就说有两把钥匙:辨别和权能。也有人因发现这样可以约束神甫的败坏,就又捏造了其他的钥匙:辨别的权柄,用于作出判决;执行判决的权能;他们又加上知识作为顾问。

然而,他们不敢将捆绑和释放只解释为赦免和涂抹罪,因他们晓得

---

[26] IV. 11, 12.
[27] 参阅上文的第七节。伦巴德印证了加尔文在这里所表达的观点:*Sentences* IV. 17. 2, 4; IV. 18. 1 (MPL 192. 881, 883, 885)。这段有多处让人想起奥古斯丁的教导;参阅 Smits II. 39。
[28] 哈勒的亚历山大(Alexander of Hales)认为加尔文在这里所说的话是错的,*Summa theologiae* IV. qu. 79, memb. 3. art. 1。

神借先知宣告："惟有我是耶和华，除我以外没有救主……惟有我为自己的缘故涂抹你的过犯。"（赛43：11，25 p.）但他们却说神甫有权决定捆绑或释放谁，并宣布谁的罪得赦免或不得赦免；有权决定听人认罪时赦免人还是不赦免人，审判人时施行绝罚还是接纳他领圣餐。㉙

最后，或许神甫自己也知道钥匙的问题未曾解决，因人们总是能反对说神甫经常不公义地捆绑或释放人，而这些人在天堂里必不会被捆绑或释放。但神甫最后的庇护是，理解基督所交付的天国钥匙有个限定：它必须是公义的判决，就是按照受捆绑或被释放之人实际所应得的，基督才会接受。㉚那么，他们说钥匙是基督自己交付给所有的神甫并借着主教在按立神甫时赐给他们的，然而只有那些在职的神甫才能有效地使用这些钥匙，至于被革除教籍和已停职的神甫，虽然手中仍握有这些钥匙，却是生锈和失效的。这样说的人似乎还比那些随己意打造新钥匙的人更理智，因那些人竟然教导教会的宝藏唯有用这些新钥匙才能打开。我们将会在后面讨论这些问题。㉛

反驳天主教认罪和赎罪的谬论以及有害的仪式（16—25）

16. 数算一切的罪是不可能的

ᵃ我要简单地分别答复他们的论点。我目前不谈他们是否有权利以他

㉙ Lombard, *Sentences* IV. 18. 4, 6, 7, 8；IV. 19. 1 （MPL 192. 886-889）.

㉚ 教会的宝藏（*thesaurus ecclesiae*）的教义是哈勒的亚历山大所提出的（*Summa theologiae* IV. qu. 83, memb. 1. art. 1；memb. 3. art. 5），阿奎那和其他后来的人对之有所修正。当时的哲学家们对这教义与审判权（钥匙的权柄）彼此的关系有各种不同的观点。克莱门六世（Clement VI）在他的法规 *Unigenitus* （1343）（Friedberg II. 1304；tr. Bettenson, *Documents of the Christian Church*, pp. 259 f.; J. F. Clarkson, *et al.*, *The Church Teaches*, p. 31）中对此教义做了简明的定义。它被描述成用之不竭，因它来自基督白白流的血以及神的母亲和众选民的功劳。参阅 Bonaventura, *Commentary on the Sentences* IV. 20. part 2. art. 1. qu. 3, 4 （*Opera omnia* IV. 521-525）；Lea, *op. cit.*, I, ch. 7；I. 506；R. Seeberg. *History of Doctrines*；tr. C. E. Hay, II. 139. 我们也许应该指出亚历山大出生的前几百年，补赎礼手册普遍地教导补赎中代替的功劳（McNeill and Gamer, *Medieval Handbooks of Penance*, p. 48, and index, *s. v.* "composition"）。从1517年开始路德对此教义进行抨击，他的论敌则对此激烈地辩护；参阅 Fisher, *Assertionis Lutheranae confutatio* （1523），ch. 18 （pp. 298-313）.

㉛ III. 5. 2.

们的规条捆绑信徒的灵魂,我将在合适的时候讨论。㉜然而,我们完全不能接受的是,他们制定规条要求人在神甫面前详述一切的罪,并说,除非人真诚认罪,否则罪就不得赦免;他们也夸大地说,人若忽略在神甫面前认罪,就无法进入天堂。

我们需要详述一切的罪吗? 我相信大卫王对认罪有正确的认识,他说:"谁能知道自己的错失呢? 愿你赦免我隐而未现的过错。"(诗 19:12 p.) 也说:"我的罪孽高过我的头,如同重担叫我担当不起。"(诗 38:4;参阅诗 37:5,Vg.) 他清楚地知道我们的罪有多深、多广,知道罪这怪物有几个头、尾巴有多长。所以,他并没有给这些罪分类。反而从他恶行的深处向神呼求:我被罪所湮没,被其埋葬,几乎窒息,"阴间的绳索缠绕我"(诗 18:6;参阅诗 17:6,Vg.),我陷在深深的淤泥中(诗 69:2—3,15—16),求主的膀臂拯救我这软弱、濒临死亡之人。既然连大卫都无法数算自己的罪,谁还敢以为他能数点自己的罪呢?

17. 要求人详述一切的罪是对人无止境的折磨

ᵃ对于那些对神只有某种程度认识的人而言,这残忍的要求极无情地撕裂他们的灵魂。㉝首先,他们根据经院神学家的公式数算罪,将罪分为树、树干、树枝以及树叶。之后衡量罪的性质、大小以及犯罪时的情况。然而,在他们更详细地分类后,却发现罪如天空、海洋㉞般无边无际。他们分得越细,罪变得越多,最后如同大山,长久下来也无法脱

㉜ IV. 10.

㉝ "*Carnificina*". 路德、梅兰希顿和加尔文常常反对告解的旧习,因为它折磨人的良心。特别参阅 Luther's *Explanations of the Ninety-five Theses*, 7th thesis (*Werke* WA 1. 542 f.; tr. *Luther's Works*, American Edition, ed. H. Grimm; general ed., H. T. Lehmann, 31. 100, 103); McNeill, *A History of the Cure of Souls*, pp. 166 f.。

㉞ "*Caelum undique et undique Pontus*"; Vergil, *Aeneid* Ⅲ. 193 (LCL Virgil 1. 360). 要进一步了解天主教如何详细地给罪恶分类,请参阅 McNeill and Gamer, op. cit., pp. 19 f., 341 f. 也请参阅 Pseudo-Augustine, *De vera et falsa poenitentia* 14. 29 (MPL 40. 1122)。

身,至终处于两难之间,㉟充满绝望。

这些残忍的刽子手为了治疗他们带给人的伤口,又编造出一些医治方式,宣称说人人都当尽力除掉自己的罪。㊱然而,这只会增加无能为力之人的担忧,造成更大的折磨:"我花的时间不够"、"我没有认真地认罪"、"我因疏忽而没有完全数算自己的罪,这是无可推诿的"!

神甫也会不断地编造其他的药剂想减轻这样的痛苦。他们说若为自己的疏忽而悔改,只要不是完全的疏忽,神必赦免。然而这一切都无法医治人的创伤,不但没有减轻人的罪,反而就如掺有蜂蜜的毒液,在人察觉之前就已渗入人心。所以这可怕的声音常常回响于他们的耳畔:"当认你一切的罪。"而这恐惧在神真实的安慰之外无法消除。

ᵉ请读者们思量,是否能数算出自己一整年每日所犯的罪。因经验告诉我们,即使我们在晚间只省察当日的罪,我们的记忆仍是模糊不清的,因为我们的罪各式各样难以计数的!我指的不是那些迟钝、愚昧的假冒为善者,在他们数算当日所犯的三四个大罪后,就误以为自己尽到了本分。我指的是那些真敬拜神的人,他们察觉到自己罪孽的深重和众多,加上约翰的这句话:"我们的心若责备我们,神比我们的心大。"(约一3:20)因此他们在那无所不知的审判官面前战兢。

18. 要求人数清一切罪的恶果

ᵃ而且,这些混有致命毒物的恭维并没有使百姓相信如此就能讨神喜悦或使自己的良心安宁。相反地,结果就如水手在大海中暂时抛锚,休息片刻,或如筋疲力尽的旅客在路边歇息。我并不想费力证明这一点,这是各人心里都能见证的。

我要解释这是怎样的要求。首先,数清一切的罪是不可能的,这只

㉟ 普洛蒂(Plautus)极为贴切地描述人在无能为力的光景之下:"*Nunc ego inter sacrum saxumque sto, nec quid faciam scio.*" *The Captives* 617 (LCL Plautus I. 522 f.)。

㊱ 参阅 III. 4. 2,注释 6;Alexander of Hales, *Summa theologiae* IV. qu. 69. memb. 8。

会击垮、咒诅、迷惑人,并使人绝望而至终沉沦。其次,它也剥夺罪人真知罪的机会,使他们成为假冒为善的人,并导致人对神和自己无知。事实上,因致力于数算罪的类别,就忽略了内心隐秘的过犯和污秽,那些特别能使人发现自己完全悲惨的光景。认罪的一个确实原则,乃是认识到并坦承自己的罪如同深渊且超乎自己的悟性。税吏照这原则认罪:"神啊,开恩可怜我这个罪人!"(路18:13)这就如他说:"我是罪恶滔天的罪魁,我完全是个罪人,我的心无法想象,我的舌头无法诉说,求神无限的怜悯吞吃我这如同深渊的罪。"

你或许会问:难道我们不需要认每一个罪吗?难道神所悦纳的认罪只在乎这简单的几个字:"我是个罪人"吗?不是的,我们反而应当在神面前尽量认我们所有的罪,不仅仅以一句话认自己为罪人,而是要从内心真诚地承认,深感自己的罪又多又重,不但承认自己是不洁的,也要承认自己是完全污秽的;不但承认自己是债务人,也要承认自己无法清偿所欠的债务;不但承认自己是病人,也要承认自己是无药可救的。然而,当罪人如此在神面前尽量陈明自己时,也应当认真、坦白地思想,在他内心还有许多隐藏的罪。因此,他应当与大卫一同说:"谁能知道自己的错失呢?愿你赦免我隐而未现的过错。"(诗19:12)

我们绝不可接受我们论敌所宣称的,即只有当人真诚地向神甫认罪,罪才能得赦免,并且,天堂的门向那忽略这机会认罪的人是关闭的。因如今的赦罪与从前的赦罪并无两样,圣经记载基督赦免人的罪,却没有说要先向神甫认罪才可得赦免。显然,若周围没有神甫,就没有认罪的仪式,人也就无法认罪。其实在开始有这认罪的仪式前,神就赦免人的罪,我们无须争辩这显然的事实。神永恒的话语明确地教导:"恶人若回头离开所作的一切罪恶……他所犯的一切罪过都不被记念。"(结18:21—22 p.)那任意在这话上添加什么的人,不是捆绑人的罪而是藐视神的怜悯。

ᵉ他们说除非人向神甫认罪,否则罪就不得赦免。我们很容易就能反驳他们是任意立自己为法官。他们居然任意捏造一些任何有理智之人都不会接受的原则！他们夸耀说捆绑和释放人的职分已交付他们，就如神交给他们一个辖区以及管辖权。再者，他们这认罪的方式是众使徒所不知道的。并且，神甫无法知道罪人是否确实得赦免，因他无从考察罪人所陈述的罪是否准确和完整，唯有赦罪的神才知道。㊲如此，根据他们的教导，赦罪完全倚靠认罪之人所说的。其实，赦罪完全在于信心和悔改，而且这是没有任何听认罪的神甫能知道的。因此，捆绑和释放人的实权并不在于人的判决，即使神的仆人忠心地履行自己的职责也只能有条件地赦罪。"你们赦免谁的罪"这句话（约20：23）是为了罪人而说的，免得他怀疑圣经所应许的赦免会在天上被认可。

19. 反驳天主教听人认罪的仪式

[a]难怪我们应当斥责这种听人认罪的仪式，并深盼将之从我们中间除去，因这仪式在多方面对教会极为有害！就算这认罪仪式本身是无害的，但既然它没有任何积极的作用，反而造成了许多的罪、亵渎和谬论，难道不是每一个人都应当期待它立即被废除吗？他们的确想说服人这认罪的仪式在某些方面极有益处，其实，这些所谓的益处若非虚假，就是无用的。他们格外强调其中一种益处：认罪之人的羞耻是沉重的刑罚，会使罪人之后行事为人更为谨慎，并因自罚而平息神的愤怒。就如我们宣告人将站在至高者的审判台前受审，仍不足以使人谦卑下来！我们若因在一人面前的羞耻就停止作恶，当神见证我们邪恶的良心时却全然不以为耻，难道这样我们会有蒙赦罪的盼望吗？㊳

㊲ "Iusta et integra enumeratio". 参阅下面的第二十二节。从8世纪开始，libri poenitentiales 强调告解必须是完整、不犹豫以及毫不掩饰的。告解的人必须回答很多问题，为要确定他能达到这目标。参阅 McNeill and Gamer, op. cit., pp. 154, 214, 281, 315 ff., 324 ff., 380, 396, 403。
㊳ 参阅 Tertullian, On Repentance 10："即使我们能在人面前掩饰自己的罪，难道我们能在神面前掩饰罪吗？……在人面前蒙赦罪却在神面前受咒诅有何益处呢？"（CCL Tertullianus I. 337；tr. ANF III. 664）

第四章　经院神学家们对悔改的谬论与纯正的福音截然不同；论认罪和补赎　633

然而，因在人面前的羞耻而停止犯罪也是完全虚假的，因当人向神甫认罪之后，把嘴一擦就说"我没有罪了"（箴 30：20）时，没有比这更容易叫人放纵肉体的了。因此，他们不但在接下来的一年内大胆地犯罪，甚至因无须再认罪就不向神祷告，也不省察自己，反而罪上加罪，直到他们在神甫面前一次性地将之吐露出来。而且，当他们自以为吐完一切的罪之后，就如卸下了千斤重担，以为审判的权柄从神那里移转到神甫身上，并因向神甫认罪就使神忘记他们一切的过犯。其实，谁乐意期待认罪之日呢？谁会迫切地想认罪呢？难道不是不情愿、勉强，就如人被拉入监牢？唯一例外的可能是神甫间以互相交流各自的荒唐事为乐，就如在讲述有趣的故事。我不想动笔记下那些神甫听人认罪所导致的可憎之事，因这只会玷污一大堆白纸！我只要说：若那位圣洁的牧师因教会执事听认罪所产生淫乱的谣言，就智慧地将认罪仪式从他的教会中撤销，或将这仪式从他羊群的记忆中抹去，[39]这就告诫我们，在今日有无限多的淫乱、通奸、乱伦以及卖淫情况下，我们必须取消认罪的仪式。

20. 用天国的钥匙支持这认罪的仪式也是毫无根据

[a]神甫们宣称他们执行认罪仪式是因为天国的钥匙交付了他们，他们甚至用这借口支持他们的"整个"[40]国度。我们应当听他们自己的解释，他们说：神将钥匙交付我们难道毫无目的吗？难道"凡你们在地上所释放的，在天上也要释放"（太 18：18）这句话是毫无意义的吗？[41]难道我们要使基督的话落空吗？我的答复是：基督交付钥匙有极重要的理由，[e(c)] 就是我前面才解释过的，我将在讨论革除教籍的问题时更详细地谈论。[42][a]我只需一刀就能砍断他们诸如此类的问话根据：他们的神甫

---

[39] 譬如涅克塔里乌 (Nectarius)；参阅上面的第七节。
[40] "*Proram (ut aiunt) et puppim*". 西塞罗称之为一则希腊谚语：*Letters to His Friends* XVI. 24. 1 (LCL edition, III. 374). 参阅 IV. 17. 33；IV. 18. 18。
[41] Lombard, *Sentences* IV. 17. 1 (MPL 192. 880).
[42] 这里指的是上面的第十四节以及下面的 IV. 12。

并不是众使徒的代表或接续者,这问题也将在别处详加讨论。[43]他们原本想自我防卫,却反而制造了一个摧毁自己一切诡计的武器。因基督是在将圣灵赏赐使徒之后,才将捆绑和释放的权柄交付他们。因此,我否认任何未曾领受圣灵的人能握有钥匙的权柄。我也深信,除非圣灵先教导人,否则任何人都不知如何使用这钥匙的权柄。他们胡诌自己有圣灵,行事却与此相背,除非他们这样幻想,而他们也的确这样幻想:圣灵是无用和虚空的。然而我们所相信的圣灵却非如此。而且圣经对圣灵的教导也完全反驳他们,所以,每一次当他们夸耀他们拥有钥匙时,我们就要问他们是否拥有圣灵,因为圣灵才是掌管和分配钥匙者。若他们回答说他们拥有圣灵,我们就要再追问圣灵是否会出错。他们绝不敢直接地回答这问题。虽然他们的教导隐约暗示圣灵会出错。因此,我们必须推论:没有任何神甫拥有天国的钥匙,因他们一再任意地释放神所捆绑的人,及捆绑神所释放的人。

21. 神甫的捆绑和释放是不确定的

ᵃ当有清楚的证据指控神甫不公义地捆绑义人和释放恶人时,他们便宣称自己虽无判断的知识却仍有权柄。他们不敢擅自否认知识对于善用钥匙的权柄是不可少的,却说神将这权柄交付给有瑕疵的执行者。然而,这权柄乃在于:"凡你在地上所捆绑的,在天上也要捆绑;凡你在地上所释放的,在天上也要释放。"(太 16∶19,或 18∶18 p.)或者基督的这应许是谎言,或者领受这权柄的人完全照基督的话捆绑和释放人。

他们也不能以下述说法来回避问题:基督的话是有限定的,视被捆绑或释放之人功德而定。我们也承认,只有那些应该被捆绑或释放的人才能被捆绑或释放,然而,神福音的传扬者和教会拥有的圣经真理可以判断人应得或不应得。福音的使者在这真道上能宣告一切凭信心在基督

---

[43] Ⅳ. 5. 1-4;Ⅳ. 6.

第四章 经院神学家们对悔改的谬论与纯正的福音截然不同；论认罪和补赎

里的人必蒙赦罪；他们同样也能宣告一切不接受基督的人必定灭亡。教会在这真道上宣告："无论是淫乱的、拜偶像的、奸淫的、做娈童的、亲男色的、偷窃的、贪婪的、醉酒的、辱骂的、勒索的，都不能承受神的国。"（林前 6：9—10 p.）教会拥有确实的凭据捆绑这类人。教会也以同样的真道释放和安慰悔改的人。人若不知道所当捆绑或释放的为何，而捆绑或释放完全倚靠这知识，那这是怎样的权柄呢？那么，既然他们的赦罪是不确定的，他们为何说他们凭神赏赐的权柄赦罪呢？这虚幻的权柄既无用，它对我们有何益处呢？所以我坚持说这权柄要不是无用，就是不确定到与无用没有两样。既然他们承认许多神甫没有正当地使用这些钥匙，并且不正当使用的权柄是无效的，[44]那么谁能使我确信释放我的那位是正当使用钥匙的神甫呢？但若他不正当地使用，难道他的权柄不就是虚空的吗？"我不知道在你身上哪些罪是该捆绑或释放的，因我不知道如何恰当地使用这权柄，但你若应得赦罪，我就赦免你的罪。"我不想说"平信徒"能这样做（因他们不想听到我这样说），然而我要说，异教徒或魔鬼都能这样做。因他们等于在说：我没有神的真道——这唯一可靠释放人的依据，然而神已赏赐权柄给我以赦免你的罪，只要你配得。由此可见，当他们解释钥匙乃是审判以及捆绑和释放的权柄，且神给他们知识帮助他们善用权柄之时，我们才知道他们的意思是什么。[45]他们的意思是，他们希望在神和他的真道之外照自己的私欲任意地统治教会。

22. 正当和不正当使用钥匙权柄的区别

^e若有人反对说，基督真正的仆人在这职分上也会一样困惑，因为倚靠信心的赦罪总是人心里的事，或说如此罪人也几乎或根本无法得安慰，因为那不能判断人是否有信心的牧师不能确定他们是否蒙赦罪。关

---

[44] Lombard, *Sentences* Ⅳ. 19. 1, 5 （MPL 191. 889，892）.

[45] 参阅上面的第十五节，注释18。

于这一点，我们早已预备好答案。他们说除非神甫知道人的罪，否则他就无法赦罪。按照他们所说，赦罪倚靠神甫的判决，且除非他智慧地判决谁应得赦罪，否则他所行的一切都是枉然的。总之，他们所说的权柄是指透过审问的审判权，而且赦罪也根据这审问。然而，审问是完全不可靠的。因为若认罪不完全，仍旧没有蒙赦罪的盼望。㊻其次，只要神甫不知道罪人是否真诚地认罪，他就不能做正确的判决。最后，大部分的神甫都无知到不适合担任这职分，就如鞋匠不适合耕田一样。其余少数的神甫也有极好的根据怀疑自己。所以，神甫的赦罪是令人困惑、极其不确定的，因他们的赦罪是建立在神甫个人身上，更有甚者，是建立在他有限的知识上，因他只能按照人的告白、自己的审问和他所能证实的事做出判决。

那么若有人问，这些好医生在赦免人的一些罪之后，罪人是否就与神和好，我不知道他们能回答什么，除非他们承认不管他们根据罪人的告白做出怎样的判决，只要罪人身上仍留有其他的罪，他们的判决就是完全无效的。就认罪之人而论，那极为有害且捆绑良心的焦虑是显然的，因为只要他依靠神甫的判决，神的真道就对他毫无帮助。

然而，我们的教义完全没有这些极端的谬论。因赦罪的条件在于罪人信靠神的怜悯，只要他在基督的献祭上寻求赦罪，并接受神在基督里所提供的恩典。只要是根据神的真道做判断，就不可能做出错误的判决。只要罪人根据基督亲口所说的法则，接受在基督里的恩典（这简单的条件），就确实能蒙赦罪，然而，这却是天主教邪恶地拒绝的法则："照着你们的信给你们成全了吧。"（太 9：29；参阅 8：13）

23. 揭露邪恶的宣告[*]

[e]我已经承诺将会讨论他们对于圣经上有关天国钥匙荒谬的解

㊻ "*Ubi integra non est confessio.*" 参阅上面的第十八节，注释 37。

释,也许最恰当的时候是当我讨论教会的治理时。⁴⁷然而,我希望读者们能记住,基督的话部分是关于福音宣讲,部分是关于逐出教会,天主教荒谬地将这些话曲解成私下认罪(太 16:19;18:15—18;约 20:23)。他们反对说释放人的权柄是基督交付众使徒的,而说当神甫赦免向他们告白的罪时,就是在执行这权柄,然而,这显然是错误的,因为借信心的赦罪是出于相信福音对赦罪白白的应许。另外还有一种认罪是出于教会的纪律,与私密的罪无关,这类认罪是为了警戒,消除对教会的公开冒犯。

然而,他们却到处收集证据,为了证明向神或向平信徒认罪是不够的,除非有神甫介入。他们的忙碌是可憎和羞耻的,因为当古时的教父劝勉罪人在自己的牧师面前认罪时,不可能是指某种当时不存在的仪式。而且伦巴德和他的同类邪恶到故意采用伪书欺哄单纯的人。其实他们也承认,既然赦罪与悔改是分不开的,所以当人悔改时,即使他未曾向神甫认罪,他的罪也已经得赦免。因此,神甫不是赦免人的罪,而是宣告人的罪已得赦免。然而在"宣告"这一词上他们诡诈地误导人,以仪式代替教义。但他们接着说,那在神面前已蒙赦罪的人,仍需要在教会面前蒙赦罪。因此,他们错误地将私下认罪的问题归为教会纪律(就是当信徒严重和公开得罪教会时)。他们之后证明他们先前的保守立场是虚假的,因他们又编出另一种赦罪方式:惩罚和补赎礼。⁴⁸他们借此将神在圣经中多处宣告唯他才能赦罪的部分归在自己所行的补赎礼上。既然神只要求悔改和信心,那么他们所加入的这捏造完全是亵渎。因这等于是神甫担任审判官的角色,⁴⁹在神面前替人代求,而不允许神出于自己

---

⁴⁷ IV. 12. 1-13.
⁴⁸ Lombard, *Sentences* IV. 17. 4,5;IV. 18. 6,7(MPL 192. 882 f., 887 f.). 伦巴德在 dist. 17 中常常引用 Pseudo-Augustine 的作品。*De vera et falsa poenitentia* 8. 21(MPL 40. 1120 f.;Smits II. 263). 参阅 III. 4. 1,注释 1。
⁴⁹ "Tribuni personam sustinens, Deo intercederet." 他指的是否决权。这是罗马的护民官在元老院和平民大会中否决法案的权力,ca. 400 B. C.。

的慈爱施恩给人，除非人先仆倒在审判官面前受惩罚。

24. 总论

ᵉ综上所述，若他们想使神成为这虚假认罪的元首，我已在他们所引用的几处经文上驳斥了他们的虚妄。既然那规条显然是他们捏造的，所以它不但专制而且藐视神，因为既然神要人的良心听从他的道，就表示他喜悦人从人的权柄下得释放。虽然神喜悦人自愿地认罪，但若人仍规定某种赦罪的仪式，这是完全不可容忍的亵渎，因为没有比赦罪更大的权柄，并且我们的救恩也在于此。我也已经证明过这专制始于污秽、专横之人的压制。我也教导过这是极为有害的规条，而且这规条在人正敬畏神的时候，又将他们可悲的灵魂抛入绝望中；在他们对神漠不关心时，以虚妄的奉承安慰他们，使他们更为迟钝。最后，我也解释过，无论他们如何尝试为自己的教导辩护，他们的这些借口不过更败坏纯洁的教义，更辖制人，使人更迷惑，同时也是以诡诈掩饰自己的邪恶。

25. 反驳天主教认罪的教导

ᵃ他们说悔改的第三个部分就是补赎，我们只要用一句话就能推翻他们有关这一切的虚妄教导。他们说，对于认罪的人而言，离弃从前的恶行并改善自己的行为仍不够，除非他也在神面前为他所犯的罪补赎。他们也想出许多能帮助人赎罪的方式：流泪、禁食、奉献，以及施舍。人必须以这些行为平息神的愤怒，付自己欠神公义的债，弥补自己的过犯，以及获取他的饶恕。因为尽管神以他宽厚的怜悯赦免人的罪，然而因他的公义，他仍要惩罚人，所以人必须借补赎避免这惩罚。⁵⁰ᵇ总之，这一切都可以归结为一点：神的确出于他的慈爱赦免我们的罪，但这赦免

---

⑤⓪ 天主教徒在很长一段时间中唯一补赎的方法是交钱，然而伦巴德和格拉提安认可其他的补赎方式（就是加尔文在这里所提的方法）：Lombard, *Sentences* IV. 16. 4 (MPL 192. 879)；Gratian, *Decretum* II. 33. 3. 1. 42, 63 (MPL 187. 1532, 1544; Friedberg 1. 1168, 1177)。

少不了人参与的功劳，因人的善行才能付他一切过犯的代价，使神的公义得到满足。

我要以神白白赦罪的恩典反驳这类谎言，这是圣经最清楚的教导（赛52：3；罗3：24—25，5：8；西2：13—14；提后1：9；多3：5）！首先，难道赦罪不是出于神慷慨的恩赐吗？当债权人收到欠款后，开出收据，我们不称他为赦免者。只有当债权人虽然没有收到欠款，却出于他的恩惠主动取消了人所欠他的债，这才是赦免。还有，圣经加上"白白"这一词，难道不是要除去一切补赎的思想吗？既然他们的补赎已经受到重创，他们凭什么信心仍要重建它们呢？[b]当神借以赛亚的口宣告"惟有我为自己的缘故涂抹你的过犯，我也不记念你的罪恶"（赛43：25）时，难道神在此不是在公开宣告赦罪的起因和根基唯独在乎他的良善吗？[a]此外，既然整本圣经都为基督做见证——我们的罪因他的名得赦免（徒10：43）——难道这不就是排除一切其他的名吗？那么，他们凭什么教导人凭自己的补赎蒙赦免呢？他们也不能否认这就是他们的教导，虽然他们似乎只是教导补赎辅助人蒙赦免。当圣经说"奉基督的名"，意思是人对赦罪毫无参与，也完全没有可夸的功德，而是唯独依赖基督的成就，就如保罗所说："这就是神在基督里叫世人与自己和好，不将他们的过犯归到他们身上。"（林后5：19 p.）他立刻又接着解释其中的原因："神使那无罪的，替我们成为罪。"（林后5：21 p.）

唯有基督的恩典才能真正赎罪并使人的良心安宁（26—27）

26. 基督已成就了完美的补赎

[a]然而，他们是如此地邪恶，说人蒙赦罪以及与神和好都是神借洗礼在基督里一次接纳我们进入他的恩典中，而且人在受洗后仍需靠自己的补赎重新获得这恩典，并且基督的宝血唯有借教会的钥匙才能发挥功效。[b]我所谈论的并非是我不确定的，因为不是只有一两位，而是所有经院神学家在他们的著作中都清楚显露出他们自己的问题。因他

们的祖师(51)在承认基督在十字架上付出我们罪的代价（彼前2：24）之后，又补充说在洗礼中，今世一切对罪的惩罚都暂缓了，而在洗礼之后，这些惩罚得以借人的补赎礼减轻，使基督的十字架和我们的补赎礼一起同工。(52)[a]然而，使徒约翰的教导却截然不同："若有人犯罪，在父那里我们有一位中保……耶稣基督，他为我们的罪做了挽回祭"（约一2：1—2）、"小子们哪，我写信给你们，因为你们的罪借着主名得了赦免"（约一2：12 p.）。他在此的确是针对信徒说的，当他说基督为我们的罪做挽回祭时，就表示除此之外没有另一种平息神愤怒的补赎方式。他并不是说："神借着基督从前一次永远与你们和好，但你现在要为自己寻求另一种赎罪方式。"相反，他说的是，基督成为我们永远的中保，是为了要借着他的代求使我们重新蒙父神悦纳——这是永远除罪的挽回祭。施洗约翰所说的是永远的真理："看哪，神的羔羊，除去世人罪孽的。"（约1：29；参阅1：36）唯有基督才能除去人的罪，也就是说，既然唯有基督才是神的羔羊，他也是为罪唯一的献祭、唯一的除罪祭、唯一的补赎方式。虽然根据我们以上的教导，(53)[e]赦罪的权柄和能力只属于圣父，而且他在这方面与圣子有所分别，然而，在此所说的是基督另一重身份，因他亲自担当了我们所应得的惩罚，在神的面前涂抹了我们的过犯。由此可见，唯有将除罪的尊荣归功于基督，而非企图以自己的补赎礼平息神的愤怒并窃取这尊荣的人，才有分于基督的赎罪。

27. 天主教的教义窃取基督的尊荣，并夺去人良心一切的确信

[a]我们在此应当留意两件事情：我们要将基督的尊荣完全归与他，万不可减损；确信自己蒙赦罪的良心已与神和好。(54)

---

(51) 参阅 Comm. Ⅱ Corinthians 5：19-20。

(52) 对伦巴德之教导的摘要，*Sentences* Ⅲ. 19. 4（MPL 192. 797）。参阅 Aquinas，*Summa Theol.* Ⅲ. Suppl. 14. 5：人的功德减少地狱的痛苦。

(53) Ⅱ. 16. 3-5.

(54) 参阅 Ⅲ. 13. 3。

以赛亚说父将众人的罪孽都归在子身上（赛53：6），是为了要使他的鞭伤医治我们（赛53：6）。彼得也以不同的语言重复这教导：基督被挂在木头上，亲身担当了我们的罪（彼前2：24）；保罗则记述当基督替我们成为罪时，我们的罪在他身上被钉了（加3：13；罗8：3，经文合并）。当神献基督为祭时，罪的权势和咒诅都在他身上被除去了。基督担当了我们的罪所带来的一切咒诅和污秽，并承受了神可怕的审判和死亡的咒诅。[b]圣经从未教导这样的谎言：在基督替我们献祭之后，我们越成功地补赎就越能经历到基督受苦的功效。相反，圣经提醒我们，每次跌倒，我们都只能依靠基督的补赎。

现在来看看他们极为有害的谬论：基督从前一次的赎罪完全倚靠神的恩典，但之后人也要靠自己的功德重新蒙赦罪。[55][b(a)] 若这些教导是正确的，我们是否仍会承认从前所承认的基督职分？[a]说我们一切的罪孽都归在基督身上好被基督涂抹是一回事，而说人要靠自己的功德赎罪是另一回事；或说基督为我们的罪平息了神的愤怒是一回事，而说我们必须靠自己的功德平息神的愤怒又是另一回事！

难道当人听到他必须靠自己补赎，他的良心能平静吗？要到何种地步他才能确信自己已完全蒙赦罪呢？如此，他会常常怀疑他所拥有的是不是一位怜悯人的神，他的心会一直搅扰不安，甚至战兢。因为倚靠无用的补赎方式就是藐视神的公义，也是轻看自己罪恶的深重。我们以后将详细讨论这一点。[56]然而，即使我们承认他们所用的补赎方式在某种程度上能除掉自己的罪，但当他们发现自己的罪多到纵使有百人每日全心全意为之赎罪，也不足以除去时，他们会做何反应呢？[c]此外，圣经一切关于赦罪的经文与慕道班的学员无关，而是对那些长期在教会的怀中受教导并重生的儿女们说的。保罗极为热情地颂赞使者的职分："我们替基督求你们

---

[55] 阿奎那认为在补赎礼之外的罪不可得赦：*Summa Theol*, Ⅲ. 86. 4, reply to obj. 3。参阅 Council of Trent, session 6, canon 29. Schaff, *Creeds* Ⅱ. 116 f.。

[56] Ⅲ. 12. 1, 5.

与神和好"（林后 5∶20 p.），不是针对外邦人，而是针对那些已重生之人。他之所以劝人归向基督的十字架，就表示他否定其他一切的赎罪方式。所以他对歌罗西的信徒说：基督"借自己的宝血""叫万有，无论是地上的、天上的，都与自己和好了"（西 1∶20 p.）时，他并没有将这光景局限于人初入教会时，而说这是信徒一生的光景。这是上下文明确告诉我们的，因他在这经文中说信徒借基督的血蒙救赎，即罪得赦免（西 1∶14）。既然这是圣经所反复教导的，所以无须再多列举这类经文。

反驳天主教对小罪和大罪之间的区分（28—39）

28. 小罪与大罪

[a]他们利用这愚昧的区分为借口说，某些罪是小罪，另一些罪则是大罪，而大罪需要重价的补赎；小罪可以某种较为简易的方式洁净，譬如：主祷文、洒圣水、做弥撒等，他们如此戏弄神。虽然他们一直在谈小罪与大罪，却仍然无法分辨二者之间的差别，[57]只笼统地说不敬虔和心里的不洁是小罪。然而，我们要照圣经——那义和不义唯一的标准——的教导宣告，"罪的工价乃是死"（罗 6∶23），以及"惟有犯罪的，他必死亡"（结 18∶20 p.）。信徒的罪是可赦免的，但并不是因为他们不当死，而是因为神的怜悯，"那些在基督耶稣里的，就不定罪了"（罗 8∶1），因神赦免他们的罪，就不再将之归与他们（参阅诗 32∶1—2）。

我知道他们有多不公平地毁谤我们所说所有罪都是同等的教义，将之称为斯多葛派的悖论。[58]然而，我们可以用他们所说的轻易地反驳他们。我想问的是在他们所称为的大罪中，是否有某罪比其他的罪更轻。若是，这就表示大罪并非都是一样严重的。但既然圣经明确地说"罪的工

---

[57] 参阅 Lombard, *Sentences* IV. 16. 4 (MPL 192. 879); Aquinas, *Summa Theol.* III. 87. 3; I IIae. 88。

[58] 参阅 Comm. Zech. 5∶4. Lactantius, *Divine Institutes* III. 23. 8 (CSEL 19. 253; MPL 6. 427, tr. ANF VII. 93)。拉克唐修说这是芝诺（Zeno）的教导。参阅 Cicero, *Pro Murena* 29. 6; "Omnia peccata esse paria" (LCL edition, p. 222); Fisher, *Assertionis Lutheranae confutatio*, p. 158; Melanchthon, *Loci communes*, ed. Engelland, pp. 138 f.; tr. Hill, pp. 237 ff.。

价乃是死"(参阅罗 6 : 23),而人若顺从律法就必因此活着(参阅利 18 : 5;结 18 : 9, 20 : 11、13;加 3 : 12;罗 10 : 5;路 10 : 28),违背律法之人必要死(参阅罗 6 : 23;结 18 : 4、20)。他们无法回避这样的结论,在他们众多的罪孽中,他们凭什么盼望自己能补赎呢?[b(a)] 如果每一个罪都需要花费一天的时间来赎,但当他们专心补赎这罪时,也同时在犯更多的罪。因为连最敬虔的人每天也要跌倒好几次(参阅箴 24 : 16)。他们束腰赎自己罪的,同时也在累积许多——甚至难以计数——其他的罪。[a] 既然我已经完全驳倒人能为自己赎罪的观念,他们为何仍坚持己见呢?难道他们仍认为自己能补赎吗?

29. 赦罪包括免去刑罚

[a] 他们的确企图为自己开脱,然而就如俗语所说:"水迹在他们身上。"[59] 他们捏造某种对惩罚和罪责之间的差别。他们承认罪责的赦免是出于神的怜悯,然而在人的罪责得赦免之后,神的公义仍然要求人付出罪的刑罚。所以他们相信补赎的目的在于除掉罪的刑罚。[60]

[b(a)] 这是肤浅和荒谬的!他们承认神白白赦罪,却又再三教导人以祷告、流泪,以及一切其他的方式获取罪的赦免。[a] 然而圣经所有的教导都与此相反。[b] 我虽然相信我已经充分证明这一点,但我仍要补充其他的证据好夹住这些蜿蜒而行的蛇,使它们无法再蜷曲并动弹不得。[a] 神在基督里与我们所立的新约就是,他将不再记念我们的罪(耶 31 : 31、34)。我们从另一位先知的解释中明白这句话的含义,"义人若转离义行而作罪孽……他所行的一切义都不被记念"(结 18 : 24 p.);"恶人若回头离开所作的一切罪恶……他所犯的一切罪过都不被记念"(结 18 : 21 — 22 p.;

---

[59] 这是西塞罗的话:*On Duties* III. 33. 117 (LCL edition, p. 398)。
[60] Aquinas, *Summa Theol.* III. 86. 4; III. Suppl. 15. 1. 参阅 I IIae. 87. 4; Bonaventura, *Commentary on the Sentences* IV. 18, part 1. art. 2. qu. 2; "*Poena inseparabilis est a culpa… Dominus dum remittat culpam, remittat poenam totam*" (*Opera selecta* IV. 460)。

参阅27节)。神说他必不记念他们的义行，意思是他不会因此而奖赏他们。而当神说他必不记念他们的罪恶时，意思是他必不再刑罚他们。圣经在别处也有同样的教导，[b]“你将我一切的罪扔在你的背后”(赛38:17)；“我涂抹了你的过犯，像厚云消散”(赛44:22)；“将我们的一切罪投于深海”(弥7:19)；[a]“耶和华不算为有罪……遮盖人的罪”(参阅诗32:1—2)。只要我们留心，就必晓得这是圣灵清楚的教导。显然，若神刑罚罪，他就是将罪归在人身上；他若报应罪，他就在记念罪；他若审判人，就必不遮掩人的罪；[b]他若监察罪，就必不将之扔于背后；他若察究罪，就不会涂抹过犯，使之如厚云消散；若他揭露罪，就不会将之扔入深海里。且[c]奥古斯丁也明确地解释说：“神若遮盖罪，他就不喜悦再记念；他若不留意人的罪，他就喜悦不刑罚人；神喜悦不数算人的罪，因他喜悦赦免他们的罪。那么他为何说：‘遮盖其罪’呢？是使自己不看这些罪。反正，神看人的罪不就是为了惩罚罪吗？”(61)

[b]然而，我们当留意先知以赛亚的另一处经文。他在此告诉我们神赦罪的原则：“你们的罪虽像朱红，必变成雪白；虽红如丹颜，必白如羊毛。”(赛1:18) [b]耶利米也说，“当那日子，那时候，虽寻以色列的罪孽，一无所有，虽寻犹大的罪恶，也无所见，因我所留下的人，我必赦免”(耶50:20 p.)。你想确实明白这些话的含义吗？那么，你要默想神所说的这些话，神将“过犯封在囊中”(参阅伯14:17 p.)；“人的罪被包裹，被收藏”(参阅何13:12 p.)；神“用铁笔将罪铭刻在坛角上”(参阅耶17:1)。若这些经文表明神必定报应罪——这是毫无疑问的——我们就不应当怀疑神反过来宣告他免除一切的刑罚。我在此也要劝勉读者，当留意神的真道而非只是我的解释。(62)

---

(61) Augustine, *Psalms*, Ps. 32 (Latin, Ps. 31). 2. 9 (MPL 36. 264; tr. LF *Psalms* I: 288).

(62) 这引人注意的话，与1536年版本 (OS I. 119) 完全一样，虽然所在的上下文不同。这句话很明确地描述加尔文对他解经职分的观点。参阅 CR VII. 248：“除非人先认识到我的教导对他有帮助，否则我不会希望他理会我 [*s'arreste à moi*] 或我的观点。”

30. 唯有基督从前一次的献祭才能免除人罪的惩罚和罪责*

[a]请问若神仍要求我们的罪受惩罚，那基督赐给了我们什么呢？因当圣经说基督被挂在木头上，亲身担当了我们的罪（彼前2：24）时，意思是他担当了我们的罪所应得的惩罚和报应。先知以赛亚更明确地表达同样的含义，“因他受的刑罚我们得平安”（赛53：5）。这“受刑罚，我们得平安”难道不就是罪所应得的刑罚，而且除非基督替我们担当了，否则我们必须自己受刑罚才能与神和好。显而易见，基督担当了罪的刑罚，是为了要救他的百姓脱离他们的罪，[a]而且每当保罗提到基督成就了救赎时，他通常习惯将之称为 ἀπολύρωσις(63)（罗3：24；又参阅林前1：30；弗1：7；西1：14）。他这样说不只表示救赎本身就如通常所理解的那样，也表示基督为了救赎我们所付的重价。这就是为何保罗写道：“基督舍自己作万人的赎价(64)。”（提前2：6）[c]奥古斯丁也论道：“神的愤怒如何被平息呢？难道不就是借献祭吗？而献祭难道不就是基督借他的死所提供我们的一切吗？”(65)

[b]摩西的律法中吩咐关于如何除掉罪所带给我们的恶果，成为我们击败论敌的武器。因为神在律法中所强调的并不是这一种或那一种补赎方式，而是献祭必须完全付清罪的代价。然而，神在其他地方详细和严厉地吩咐一切赎罪的仪式（出30：10；利4章至7：16；民15：22及以下）。为了赎罪，神拒绝接受人任何的功德，反而只要求除罪祭，难道不就是要教导我们，只有一种平息他愤怒的赎罪方式吗？因为神并没有将以色列人任何的献祭算为他们的功德，而是按照它们的实质本身，即基督从前一次的献祭来判断。何西阿简洁有力地表达人当献给神的是：“求你除尽罪孽。”这里指的是赦罪。“这样，我们就把嘴唇的祭代替牛犊献上。”（何14：2）这里所指的是赎罪。

---

(63) “ἀπολύτρωσιν”.

(64) “ἀντίλυτρον”.

(65) Augustine, *Psalms*, Ps. 129.3 (MPL 37.1697; tr. NPNF Ⅷ.13).

ᵈ我深知他们更诡诈的回避是，他们将永恒和暂时的惩罚做区分。当他们将暂时的惩罚定义为神对人身体或灵魂的任何惩罚——除了永死之外——时，这种区分也无济于事。因我们以上所引用的经文都清楚教导：神接纳我们蒙恩唯一的条件是，他借赦免我们的罪免除了一切我们所应得的惩罚。且当大卫或其他先知寻求神的赦免时，他们同时也求神免除罪的惩罚，他们因深知神的审判就如此祷告。另一方面，当先知向人应许神的怜悯时，他们几乎总是宣扬罪的惩罚和惩罚的免除。的确，当神借以西结的口宣告，他将放回被掳至巴比伦的以色列人时，并不是为了犹太人的缘故，而是为了自己的缘故（结36：22、32），这足以表明免除惩罚和赎罪都是白白的。最后，我们若借着基督从罪责中得释放，这罪责所带来的惩罚也必被免除。

31. 澄清对神报应和管教式审判的误解

ᵃ他们既然用圣经的经文证明自己的教导，我们就要查看他们的论点为何。他们说大卫因奸淫和谋杀的罪受先知拿单的斥责，虽然蒙赦罪，但之后神却以他奸淫所生的儿子之死惩罚了他（撒下12：13—14）。天主教甚至说圣经教导人要为在赦罪之后所遭受的惩罚行补赎礼，因但以理吩咐尼布甲尼撒王要以施舍赎自己的罪（但4：27）。所罗门也写道："因怜悯诚实，罪孽得赎。"（箴16：6 p.）他在另一处说，"爱，能遮掩一切过错"（箴10：12）。ᵇ并且彼得也赞同这观点（彼前4：8）。《路加福音》也记载主对犯罪的妇人说同样的话："她许多的罪都赦免了，因为她的爱多。"（路7：47）⁶⁶

这些人总是邪恶和谬误地判断神的作为！然而，只要他们留意——而且这是他们根本不当忽略的——神有两种审判，他们就会明白拿单所预言对大卫的惩罚并不是神的报应。

---

⁶⁶ Aquinas, *Summa Theol.* III. 86. 1, 4, reply to obj. 3; III. 49. 1; De Castro, *Adversus omnes haereses* (1543, fo. 147 D); Fisher, *Assertionis Lutheranae confutatio* (on I Peter 4 : 8), p. 302; Eck, *Enchiridion*, ch. 9.

ᵇ我们都很想明白神因斥责我们的罪而管教我们的目的如何，以及这管教与神向不敬虔、被遗弃之人发怒有何不同。因此，我想我们现在简要地概述这一点是合适的。

ᵃ为了教导起见，我们称一种审判为报应，另一种为管教。

ᵇ⁽ᵃ⁾我们应当将神的报应理解为神报复他的仇敌。神向他们发怒，使他们迷惑，赶逐他们，使他们的计划落空。因此，神报应式的审判是神在怒气中的惩罚。

在管教式的审判中，神的严厉并非出于他的怒气，他也不会为了报复人以至毁灭人。因此，恰当地说，这并不是惩罚或ᵃ报应，而是管教和教训。

一种审判是法官的作为，另一种则是属父亲的作为。因当法官惩罚作恶之人时，他权衡罪的轻重，照人所犯的罪施罚。然而，当父亲严厉地管教儿子之后，他并无意继续报复他或恶待他，而是要教导他，使他之后更为谨慎。ᵇ克里索斯托虽然用不同的例子，但意思却是相同的。他说："儿子受鞭打，奴隶也受鞭打。然而后者因他是奴隶，为他的罪受惩罚；前者为自由之人和儿子，为了教训的缘故受管教。管教是对儿子的考验，也是使他改善行为的方法；但就奴隶而言只是为了惩罚。"⑥⑦

32. 神报应式的审判与管教式的审判有截然不同的目的

ᵇ⁽ᵃ⁾为了便于总结整个问题，我们的第一个区分是：当神为了报应而惩罚人时，神的咒诅和愤怒就彰显出来，但他却不会使这两者临到信徒身上。另一方面，管教则是神的祝福，也见证他的爱，正如圣经所启示的（伯5：17；箴3：11—12；来12：5—6）。

ᵇ整本圣经都清楚地教导这区分。所有不敬虔之人在今生所遭受的苦难，都是某种通到地狱的入口，他们也可借此从远处望见自己将来的灭

---

⑥⑦ Pseudo-Chrysostom, *De fide et lege naturae* III (MPG 48.1085). 加尔文在 III. 8. 6. 中再一次提到对儿子与奴隶之惩罚的对比。

亡。然而，不但他们没有因此改变或学到任何功课，反而神借这一切的苦难使他们预尝地狱恐怖的滋味。

神严厉地管教他的仆人，却不会任凭他们灭亡（诗118：18 p.）。因此，他们也承认神用杖打他们于他们有益，使他们进一步明白神的话语（诗119：71）。b (a) 就如圣经多处教导圣徒以忍耐的心忍受这样的管教，同样地，圣徒也同时迫切地求神救他们脱离报应式的审判。耶利米说：a"耶和华啊，求你从宽惩治我，不要在你的怒中惩治我，恐怕使我归于无有。愿你将愤怒b倾在不认识你的列国中，和不求告你名的各族上。"（耶10：24—25）而大卫也说："耶和华啊，求你不要在怒中责备我，也不要在烈怒中惩罚我！"（诗6：1；或38：2；6：2；或37：2，Vg.）

至于圣经时常记载神在管教圣徒时向他们发怒，这与上面的教导并无冲突。以赛亚说，"耶和华啊，我要称谢你！因为你虽然向我发怒，你的怒气却已转消，你又安慰了我"（赛12：1 p.）。哈巴谷也说："求你……在发怒的时候以怜悯为念。"（哈3：2 p.）c 弥迦同样说："我要忍受耶和华的恼怒，因我得罪了他。"（弥7：9 p.）弥迦教导说：圣徒受神公义的管教，若大声埋怨也毫无益处，也教导信徒若在管教中默想神的旨意就必从悲伤中得安慰。b 因同样的缘故，圣经记载神使他的产业被亵渎（赛47：6；参阅42：24），然而，我们确信神必不会使他的产业永远被亵渎。这里指的不是神管教圣徒时的旨意或心态，而是指那些受神严厉管教之圣徒所体验到的深深的痛苦。然而，神不但以轻微的管教刺痛他的子民，有时甚至也伤及他们，使他们以为自己离地狱的咒诅不远。所以，神使他们深知自己应受他的烈怒，e 从而使他们恨恶自己的恶行，并更在意平息神的愤怒和迫切地寻求他的赦免。b 然而，神在向圣徒发怒时更为清楚彰显的是他的怜悯而非愤怒。⑱ 神从前与预表基督的所罗门所

---

⑱ 奥古斯丁以同样的方法对比"神的愤怒"和"他更显著的怜悯"：*Enchiridion* 8.27 (MPL 40.245; ed. O. Scheel, p. 18; tr. LCC VII 355)。

立的约仍然有效（撒下7∶12—13）。那位不能说谎的神已宣告这恩约永不失效："倘若他的子孙离弃我的律法，不照我的典章行，背弃我的律例，不遵守我的诫命，我就要用杖责罚他们的过犯，用鞭责罚他们的罪孽。只是我必不将我的慈爱全然收回。"（诗89∶30—33；诗88∶31—34, Vg., 参阅 Comm.）为了使我们更确信他的怜悯，神说他将用来试验所罗门后裔的杖必出于人，鞭伤也将出于人（撒下7∶14）。他虽然在这些经文中向他的百姓表示自己的温和及宽大，却也同时暗示那些亲自经历神报应式审判的人只会感到极端的恐惧。神借先知以赛亚的口启示，他喜悦慈悲地管教他的选民以色列人："我熬炼你，却不像熬炼银子。"（赛48∶10）否则，你们早就被烧尽了（参阅赛43∶2）。虽然神教导他的管教洁净自己的百姓，但神也说他减轻对他们的管教免得他们丧胆。ᵉ这是非常必要的，因为人越敬畏神和专心地学习敬虔，就会越温柔地忍受神的愤怒。至于恶人，虽然在神的鞭打下呻吟，但因他们没有默想这事，不理会自己的罪孽和神的报应，这样的忽略使他们的心更刚硬。或因他们埋怨、敌对和咒骂他们的审判官，他们的暴怒使他们丧心病狂。然而，信徒在受神鞭打的管教时，立刻省察并默想自己的罪，又因战兢和恐惧在祷告中求告神的赦免。若非神减轻被遗弃之人的痛苦，他们会在神最轻的愤怒下完全崩溃。

33. 报应式的审判是要惩罚人；管教式的审判则是要造就人

ᵇ第二个区分是，恶人在受神的鞭打时，在某种程度上已开始受神最后审判的刑罚。他们虽然拒绝留意神这烈怒的证据不免受罚，然而神的刑罚并不是为了改变他们，而是要他们在这大患难中发现神是审判者和报应者。然而神杖打儿女，并不是要他们付出罪的代价，而是要因此引领他们悔改。因此，我们明白这些管教在乎圣徒的未来而不是他们的过去。我宁可采用克里索斯托的论述表达这思想："神为这缘故刑罚我们，不是要刑罚我们过去所犯的罪，而是要改变我们，免得我们将来犯同样的罪。"⑥⁹ᶜ奥古斯丁也同样说:"你所受的苦和所埋怨的,是良药而不是刑罚;是管教而不是定罪。若你不想放弃天上的产业,就不当厌恶神的鞭打。""弟兄们你们当明白,世人所哀叹的人类苦难,对你们而言乃是治疗而不是刑罚。"⁷⁰我引用他们的话,免得有人以为我以上的教导是新奇、古怪的。

ᶜ这也是为何神在怒中斥责他的百姓忘恩负义,因他们顽梗地藐视一切的责罚。以赛亚说:"你们为什么屡次悖逆,还要受责打吗? ……从脚掌到头顶,没有一处完全的。"(赛1:5—6 p.)但因先知们有不少诸如此类的论述,所以我们只需简洁地指出神管教教会的唯一目的就是使他们谦卑和悔改。ᵃ因此,当神夺去扫罗的王位时,这就是神报应式的审判(撒上15:23)。然而,当他夺去大卫小儿子的性命(撒下12:18)时,这管教是为了造就他。保罗的话也有同样的含义:"我们受审的时候,乃是被主惩治,免得我们和世人一同定罪。"(林前11:32)也就是说,当我们作为神的儿女受天父的管教时,这不是要挫败我们的刑罚,而是要教训我们的管教。

ᵇ在这问题上,奥古斯丁显然也站在我们的立场,因他教导我们应当从不同的角度来看待神对众人的鞭打。就圣徒而论,在他们蒙赦罪之后,这些鞭打是争战和操练;就被遗弃之人而论,因他们的罪未曾蒙赦免,所以这些鞭打则是对他们罪的报应。他列举大卫和其他敬虔之人所受的鞭打,并说神以这种使人谦卑的经验操练他们的敬虔。⑦当以赛亚说神赦免犹太人的罪,因他们从神手中已遭受足够的管教(赛40:2)时,并不能证明我们的过犯蒙赦免是在于自己付出罪的代价。反而就如他在

---

⑥⁹ 伊拉斯谟所编辑的Pseudo-Chrysostom: *Sermo de poenitentia et confessione* (Basel, 1530), V. 514 (1547 edition, V. 907)。

⑦⁰ Augustine, *Psalms*, Ps. 102 (Latin, Ps. 101). 20 (MPL 37. 1332; tr. NPNF VIII. 500); Ps. 139 (Latin, Ps. 138). 15 (MPL 37. 1793; tr. LF *Psalms* VI. 204)。

⑦ Augustine, *On the Merits and Remission of Sins* II. 33. 53-34. 56 (MPL 44. 182 ff.; tr. NPNF V. 65-67)。加尔文在多处说奥古斯丁支持他的立场,参阅Smits I. 27 1. 参阅the Statement in De aeterna *Dei praedestinatione* 中的说明: "*Totus noster est*" (CR VIII. 266)。

说:"你已经受够了鞭打,而且因你们所受多而沉重的鞭打,并经历长久的痛苦和忧伤,现在你们可以领受我全备的怜悯,使你的心欢畅,并确信我是你们的天父。"ᵉ神在此担当父亲的角色,甚至在他严厉管教他的儿女后,后悔他公正而严厉的管教。

34. 受神管教的信徒不要丧胆

ᵃ信徒在苦难中要默想神的话语使自己刚强:"因为时候到了,审判要从神的家起首"(彼前4:17)……就是求告神的人(参阅耶25:29)。若神的儿女相信神对他们的鞭打是出于他的报应会如何呢?若人受神击打而将神视为刑罚人的审判者,自然就会想象神是发怒和残忍的,也会恨恶神的鞭打,视之为神毁灭他的咒诅。总之,人若仍相信神在报应他,就不可能相信神爱他。ᶜ然而,那至终在神的鞭打下获益的人,相信神对他的罪发怒,却对他自己发怜悯和慈爱。不然,先知所哀叹的经历也会临到他:"你的烈怒漫过我身,你的惊吓把我剪除。"(诗88:16,参阅 Comm.;参阅诗87:17,Vg.) 摩西也说:"我们因你的怒气而消灭,因你的愤怒而惊惶。你将我们的罪孽摆在你面前,将我们的隐恶摆在你面光之中。我们经过的日子都在你震怒之下;我们度尽的年岁好像一声叹息。"(参阅诗90:7—9,Vg. 和 Comm.)相反地,大卫教导我们,神慈父般的管教是对信徒的帮助而非压制。他称颂神的管教说:"耶和华啊,你所管教、用律法所教训的人是有福的。你使他在遭难的日子得享平安;惟有恶人陷在所挖的坑中。"(诗94:12—13;参阅 LXX 诗93:12—13)ᵉ的确,这是严峻的考验,因为神放过非信徒,也不理会他们的罪,似乎对自己的百姓更严厉。大卫接着提出信徒蒙安慰的根据:神的律法劝勉信徒重新归回真道,就证明神关心他们的救恩。然而,不敬虔的人仍沉湎于自己的罪中,至终灭亡。ᵃ不论他们所受的刑罚是永恒的还是暂时的,都没有两样。因为战争、饥荒、瘟疫、疾病与永死的审判都是神对他们的咒诅,而神使他们遭遇这一切,是为了报应他们,向他们发怒。

35. 神对大卫的惩罚

ᵃ我深信我们现在都知道神惩罚大卫的目的是什么，就是要证明神厌恶谋杀和奸淫。神对大卫的惩罚表明，神所亲爱和忠心的仆人大卫在这两个罪上大大地得罪他，这就是要教训大卫以后不可再犯这样的罪，然而这惩罚并非是用来付大卫自己的罪的代价。我们也应当从同样的角度看待神对大卫的另一个管教。神因大卫数点百姓的悖逆，以可怕的瘟疫击打他的百姓（撒下24∶15）。神虽然白白地赦免大卫的罪，然而，为了教导神各代的百姓，也为了使大卫降卑，神严厉地鞭打管教大卫。

ᵇ我们也应当从同样的角度看待神对全人类的咒诅（参阅创3∶16—19）。因当我们蒙恩之后，我们仍要忍受神因我们的始祖所犯的罪而遭受的一切苦难，借此使我们明白神有多不喜悦人违背他的律法。而当我们明白这悲惨的光景而感到沮丧以至降卑时，我们就会更迫切地寻求神的祝福。若有人认为今生的灾祸是神为了刑罚我们的罪而加给我们的，这是全然愚昧的。克里索斯托也有相同的看法："若神惩罚人是为了呼召悖逆犯罪的人悔改，那么若在人悔改后继续惩罚人就是多余的。"⑫既然神知道每位信徒需要受的管教轻重不同，所以他待某些人较为严厉，待另一些人较仁慈。ᵉ而且当神表明他不会过于严厉地惩罚人时，他严厉地责备心里刚硬且顽梗的以色列人，因他们在受神击打后仍不停止作恶（耶5∶3）。神也同样埋怨"以法莲是没有翻过的饼"（何7∶8），这是因他的管教并没有感化他们的心，也没有使他们改善自己的行为而预备蒙赦罪。神的这教导表示，只要人悔改他就不会继续惩罚人，而且是我们对神的悖逆使得他严厉地管教我们的罪，然而人若改邪归正，神就不会再管教。ᵇ既然我们每一个人都刚硬和愚昧到需要神的管教，我们智慧的父神知道一生管教我们所有的人是必需的。

---

⑫ Chrysostom, *Homilies on Providence*, *to Stagirius* Ⅲ.14 (Basel edition, 1547, V.666；MPG 47. 493 f.).

ᵃ然而令人诧异的是，他们唯独抓住大卫的情况不放，而完全不理会圣经众多关于神白白赦罪的其他例子。圣经记载税吏离开圣殿后已被称义，也没有再受罚（路 18∶14）；彼得的过犯得蒙赦免（路 22∶61）；安波罗修说圣经记载他的眼泪，却没有说这是补赎；⑦³那生来瘸腿的只听到："放心吧！你的罪赦了"（太 9∶2），他没有受任何的惩罚。圣经记载一切的赦罪都是出于神白白的恩典。赦罪的原则应当来自圣经多处的见证，而不只是某个或某一特殊的见证。

36. 免除刑罚的善行？

ᵃ但以理劝尼布甲尼撒王以施行公义断绝罪过、以怜悯穷人除掉罪孽（但 4∶27），并不表示王的公义和怜悯能平息神的愤怒或付自己罪的代价。除了基督的血，绝没有别的赎罪方式！⑦⁴他劝王以施行公义断绝罪过是针对王说而不是针对神说的。他就如说："王啊，你施行暴政，压制谦卑的人，剥夺贫穷的人，苛刻、不公义地待你的百姓，如今你当以怜悯和公义代替你的恶行、暴政和压迫。"

所罗门也曾说"爱，能遮掩一切过错"（箴 10∶12），不是在神面前而是在人面前。这整节经文是说："恨，能挑起争端，爱，能遮掩一切过错。"（箴 10∶12）在这经文中，所罗门习惯性地将恨恶所产生的罪行与爱所结的果子做对比。他的意思是那些相恨的人互相撕咬、掠夺、责骂、伤害，以及在一切的事上挑别人的过犯；然而那些相爱的人却互相忍耐宽容、不数算他人的过错、在万事上相互包容。如此并不是说这人赞同那人的过犯，而是宽恕这些过犯，并以劝勉医治人的过犯，而非以责骂造成怨恨。无疑地，彼得也以同样的意义引用这经文，不然我们就

---

⑦³ Ambrose, *Exposition of the Gospel of Luke* X. 88："圣经没有记载他说的话，只记载他流泪。"（CSEL 32. 4. 489. 8；MPL 15. 1918）参阅 Gratian, *Decretum* Ⅲ. 33. 3. 1. 1 （MPL 187. 1520；Friedberg I. 1159）。

⑦⁴ "ἀπολύτρωσις"。

得指控他诡诈地强解圣经（参阅彼前4：8）。

ᵇ当所罗门教导"因怜悯、诚实，罪孽得赎"（箴16：6 p.），他并不是指这些过犯在神的眼前已偿还，或神因这样的补赎被平息而免除他原本要对那人施加的刑罚。反而就如圣经一般的教导，神表明他将怜悯那些离弃过去的恶行、以敬虔和诚实归向他的人。就如所罗门说：当我们停止犯罪时，神就不再发怒和惩罚我们，他并不是指蒙赦罪的起因，而是指真悔改归信的方式。就如众先知常常斥责假冒为善的人，因他们企图以虚假的仪式代替神所要求的悔改。先知说神反而喜悦正直和相爱的行为。同样地，《希伯来书》的作者称赞仁慈和人道的行为，提醒我们这就是神所悦纳的献祭（来13：16）。当基督斥责法利赛人只注重洗净杯盘的外面却忽略内心的清洁，劝他们施舍给人，使凡物都洁净（路11：39—41；参阅太23：25）时，他并不是在劝他们做补赎。他只是在教导他们，神喜悦怎样的洁净。我们以上已讨论过这教导。⑦⑤

37. 犯罪的妇人

ª至于以上所提过的《路加福音》的经文（路7：36—50），任何有理智的人不会在读过这经文中的比喻后，反对我们对这比喻的解释。法利赛人在心里想：主根本不认识他乐意接纳的这妇人。因他认为只要基督知道她是怎样的大罪人，他就不可能接纳她。他也以此推断基督不可能是先知，因他居然受骗到这种地步。基督为了证明已蒙赦罪的人就不再是罪人，而说了这比喻："'一个债主有两个人欠他的债；一个欠五十两银子，一个欠五两银子……债主就开恩免了他们两个人的债。这两个人哪一个更爱他呢？'西门回答说：'我想是那多得恩免的人'……'所以我告诉你，她许多的罪都赦免了，因为她的爱多。'"（路7：41—43，47 p.）基督在此说明妇人的爱不是她蒙赦罪的起因，而是她蒙赦罪的证据。因

---

⑦⑤ Ⅲ.14.21；Comm. Harmony of the Evangelists, Matt. 23：25；Luke 11：34-41.

基督是在将妇女的爱与那被免了五十两银子债务的人做比较,他并没有说这债务人蒙赦免是因他的爱多,他的爱多反而是因他蒙赦免。因此,我们应当这样理解这比喻:你以为这妇人是罪人,但你应当认出她并不是,因她的罪已蒙赦免。她感激基督恩惠的爱应当使你确信她已蒙赦罪,这是由结果追溯到原因的论证。基督明确地告诉我们,她的罪是如何得赦免的:"你的信救了你。"(路7:50)因此,我们借信心蒙赦罪;我们以爱谢恩,借此证明神对我们的仁慈。

38. 天主教的教义缺乏古代教父的支持[†]

[a]我并不十分看重古代教父对补赎的解释。其实,几乎所有流传至今的教父著作对补赎的解释若不是过于宽松就是过于严苛。然而,我也不相信他们的观点和现今经院神学家一样肤浅和愚昧。[b]克里索斯托在某处写道:"人在哪里求告神的怜悯,神就在哪里不究察人的罪;人在哪里呼求怜悯,神就在哪里不施行审判;人在哪里寻求怜悯,神就在哪里不刑罚人。哪里有怜悯,哪里就没有审讯;哪里有怜悯,求告就必蒙应允。"[76]无论人如何扭曲这些话,它们所教导的绝不可能与经院神学家的一致。奥古斯丁在《教会的教义》(*The Dogmas of the Church*)一书中记述:"神借悔改的补赎是要根除罪恶的起因,并不是要容许人顺从自己的私欲。"[77]这句话充分证明,连当时的神学家也否定行补赎礼能付罪的代价,他们反而教导补赎礼只是要人谨慎免得犯同样的罪。我无须再引用克里索斯托的另一句话,他教导神只是要求我们在他面前流泪承认自己的罪,[78]因这类的论述在他和古代教父的作品中经常出现。奥古斯丁的确在某处称怜悯人的善行是"蒙赦罪的方式",然而,为避免有人误解这话的意思,他在另一处更详细地做了解释:"基督的肉体是对罪唯

---

[76] Pseudo-Chrysostom, *Homily on Ps. 50*, hom. 2. 2 (MPG 55. 577).
[77] Pseudo-Augustine, *De dogmatibus ecclesiasticis* 24 (MPL 58. 994).
[78] Chrysostom, *Homilies on Genesis*, hom. 10. 2 (MPG 53. 83 ff.).

一真实的献祭,不只是为在洗礼中洗净的一切罪,也是为在受洗之后因人的软弱趁虚而入的罪。因此,教会天天呼求:'免我们的债'(太6:12),这些债都因基督从前一次的献祭蒙赦免。"⑦

39. 经院神学家败坏了古代教父的教导*

ᵃ古代教父大多称补赎礼为被开除教籍的人希望重新被接纳回到教会而公开悔改的见证,而不是付罪的代价。因当时的教会强制那些悔改的人禁食和尽其他本分,借此证明他们真心诚意地恨恶从前的生活,也借此除去他们对从前恶行的记忆。如此,他们看来是在向教会而非向神行补赎礼。ᶜ奥古斯丁在《论信望爱》(Enchiridion)这篇作品中有完全相同的教导。⑧⁰ᵃ现今所使用的认罪和补赎礼源自古代的仪式。然而,现今邪恶的仪式(参阅太3:7,12:34)已完全没有当时仪式的意义了!

我知道古代教父的论述有时极为严厉,并且就如我以上所说,⑧¹他们有时也可能犯错,然而,他们稍有瑕疵的作品到了这些不洁之人的手中就变得完全污秽了。我们若要以古代教父的权威作为争辩的标准,那么,这些人所强加给我们的神学家是谁呢?他们的领袖⑧²伦巴德将那些神学家的论述东拼西凑,其中大部分摘自一些修道士的胡言乱语,却被冠以安波罗修、哲罗姆、奥古斯丁以及克里索斯托的大名。譬如在这教义上,他所有的证据几乎都摘自所谓奥古斯丁的《论悔改》(On Repentance)一书,其实这本书是某个狂热分子从许多良莠不齐之神学家的著作中拼凑而来的。虽有奥古斯丁之名在其上,然而就连受过一般教育的

---

⑦ Augustine, *Enchiridion* 19. 72 (MPL 40. 266; ed. O. Scheel, p. 46; tr. LCC Ⅶ. 382); *Against Two Letters of the Pelagians* Ⅲ. 6. 16 (MPL 44. 600; tr. NPNF V. 409 f.).

⑧⁰ Augustine, *Enchiridion* 17. 65 (MPL 40. 262 f.; tr. LCC Ⅶ. 377); Gratian, *Decretum* Ⅱ. 33. 3. 84 (Friedberg Ⅰ. 1183; MPL 187. 1533).

⑧¹ 上文的第三十八节。

⑧² "*Coryphaeus*".

人也不会承认这是奥古斯丁的作品。⑧³ᵉ请读者们原谅我并没有对那些经院神学家们的愚昧详加驳斥，因这样会大大减轻你们的负担。虽然对我而言，完全揭发他们至今仍夸耀为奥秘的教导并不困难，也值得，但因我的目的是要造就人，所以我就打消此念。

---

⑧³ 加尔文毫不怀疑地引用了许多 Pseudo-Augustine 的作品，却轻易地拒绝了显然是奥古斯丁晚期的著作：De vera et falsa poenitentia。参阅 III. 4. 1，注释 1；III. 4. 23，注释 48。然而，他在第三卷第十四章第八节中至少接受作品中的一句话是奥古斯丁写的。

ᵉ第五章　他们在补赎上添加赎罪券和炼狱

赎罪券的谬论及其恶果（1—5）

1. 天主教关于赎罪券的教义及其恶果

ᶜ赎罪券乃是从补赎（satisfaction）的教义而来。我们的论敌声称，赎罪券为我们提供了我们所缺乏的补赎能力。ᵉ⁽ᵃ⁾他们甚至极端地将赎罪券定义为教皇以其谕令分发基督和众殉道者们的功德。①这些人精神异常应该接受药物治疗，②而不是与人争辩。ᵃ这些人愚昧的谬论根本不值得反驳，因它们从前已多次被反驳过，所以就自行衰残了。ᶜ然而，为了某些不懂神学的人，我仍要简要地反驳他们。

赎罪券流传了如此之久，如此任意肆虐而一直不受惩罚，就充分证明人们在几百年中深深地被这幽暗的谬误所笼罩。教皇和传播他谕令的侍从，公开地藐视平信徒，将他们灵魂的救恩当作赚钱的工具，视几块

---

① 参阅 N. Paulus, *Geschichte des Ablasses am Ausgange des Mittelalters*；W. E. Lunt, *Papal Revenues in the Middle Ages*, I. 111-125, documents in II. 148-485, B. J. Kidd, *Documents Illustrative of the Continental Reformation*, pp. 1-20。Aquinas, *Summa Theol.* III. Suppl. 25. 1；"说赎罪券在教会和神的眼目中蒙悦纳，是因为基督神秘的身体是合而为一的，且那些行补赎善功超过要求的人也是这身体的一分子"。

② "Helleboro."

铜板为得救恩的工价，且没有任何白白赏赐的祝福。在这掩饰下，他们使用所骗取的钱财污秽地吃喝嫖赌。然而，最热心推动赎罪券的人，同时也是最藐视赎罪券的人，且赎罪券这怪物使他们一天比一天更为凶残和好色，没有尽头。因为每日都有新的谕令出台，也就有新的钱财被掳掠。③然而，人们居然以极为崇拜之心买下赎罪券，甚至敬拜它们，认为这即使是欺诈，也是敬虔的欺诈，对人不无益处。直到最近世人开始思考，赎罪券才渐渐无人理睬，以后它们必要彻底地消失。

2. 赎罪券违背圣经

ᵃ虽然有不少人看出推动赎罪券之人愚弄人卑贱的诡计、诈骗、偷窃以及贪婪，但却没有看出这罪恶的根源本身。因此，我们不但应当指出赎罪券的性质，也要揭露它在一切掩饰下的真面目。ᵃ我们的论敌称基督、圣洁的众使徒和殉道者们的功德为"教会的宝库"。我之前已指出，④他们伪称宝库是神交付给罗马的主教保管、看守，他负责分配这些大福分，他既可以自己分配也可以委托别人分配。因此，能赦免一生之罪的赎罪券和能赦免一些年之罪的赎罪券都是由教皇自己管理，期限为一百日的赎罪券由红衣主教管理；期限为四十天的赎罪券由主教管理。⑤

其实这些赎罪券是对基督宝血的亵渎，也是撒旦的伎俩，诱惑信徒离弃神的恩典、离弃基督所赏赐的生命，以及误导他们偏离救恩的真道。他

---

③ "Plumbum semper novum aferri, novos nummos elici." 参阅 *Grievances of the German Nation Against the Roman Curia* (1521), ed. C. G. F. Walch, *Monimenta medii aevi* (Göttingen, 1757), I. 1. 109；Kidd, *Documents*, pp. 113 f.。在教皇谕令上盖铅章的办事员叫做 *plumbatores*。W. E. Lunt, *Papal Revenues in the Middle Ages* II. 298.

④ 上面的第一节。参阅 III. 4. 15，注释 30。从阿奎那开始，经院学派都主张教皇拥有分配圣徒功德的权力 (*Summa Theol.* III. Suppl. 26. 3)。反对宗教改革的人为这权力辩护。教皇利奥十世在 1520 年 6 月 15 日的谕旨 *Exsurge Domine* 列举马丁·路德的谬论，包括他反对"教会的宝库"，而"教皇就是从教会的宝库中分配赎罪券"；"Thesaurus Ecclesiae, unde Papa dat indulgentias, non sunt merita Christi et sanctorum"（第十七个谬论）。(Kidd, *Documents*, no. 38, p. 77.)

⑤ *Decretals* V. 28. 14 (Friedberg II. 889)；Aquinas, *Summa Theol.* III. Suppl. 26. 3；Fisher, *Assertionis Lutheranae confutatio*, art. 17, p. 305.

们否定基督的血足以赦罪、使人与神和好、补赎,除非对其不足的方面(仿佛基督的血已枯干和用尽)加以弥补,难道有比这更亵渎基督宝血的吗?彼得说:"众先知也为他作见证,说:'凡信他的人,必因他的名得蒙赦罪。'"(徒 10∶43 p.)但赎罪券却以彼得、保罗以及殉道者的名使人蒙赦罪。约翰说:"耶稣的血洗净我们一切的罪。"(约一 1∶7 p.)他们却利用赎罪券教导殉道者的血能洁净人的罪。保罗说:"神使那无罪的,替我们成为罪(意即替我们赎罪),好叫我们在他里面成为神的义。"(林后 5∶21 p.,参阅 Vg.)但赎罪券却教导殉道者的血也能赎罪。保罗向哥林多信徒宣告和证实唯有基督为他们钉了十字架(参阅林前 1∶13)。赎罪券则宣告:"保罗和其他的使徒为我们死。"保罗在另一处说道:"基督用自己的血买来教会。"(徒 20∶28 p.)赎罪券却说殉道者的血也能买赎人的罪。圣经又说:基督一次献祭,"便叫那得以成圣的人永远完全。"(来 10∶14)赎罪券则宣称:殉道者使成圣之工得以完美。约翰说:"这些人……曾用羔羊的血把衣裳洗白净了。"(启 7∶14)赎罪券则教导,这些人在圣徒的血中洗净自己的衣服。

3. 天主教中的一些权威人士也反驳赎罪券和殉道者的功德*

ᶜ罗马的主教利奥(Leo)在写给巴勒斯坦人的信中,非常明确地反驳这种亵渎,信中说道:"'虽然,在耶和华眼中,看圣徒之死极为宝贵。'(诗 116∶15;参阅诗 115∶15, Vg.)然而就连无辜之人的死都无法为世人平息神的愤怒。义人是领受冠冕,而非赏赐冠冕;信徒的勇气可以用来作为其他信徒的榜样,却不是义的恩赐。显然,各圣徒都因自己的罪而死,并非因他的死偿付别人罪恶的代价,因只有一位主基督,且众圣徒都在他里面钉十字架、死、埋葬和复活。"既然这教导值得记住,他就在另一处重复。⑥的确,没有比这位主教的论述更能摧毁那亵渎神的

---

⑥ Leo I, *Letters* cxxiv. 4; clxv. 5 (MPL 54. 1064 f.; tr. NPNF 2 ser. XII. 107); clxv. 5 (MPL 54. 1163); Leo I, *Sermons* lxv. 3 (MPL 54. 359 f.).

教条。奥古斯丁也同样恰当地判定:"即使我们的弟兄为弟兄而死,也没有任何殉道者的血是为赦罪而流。基督为赦免我们的罪流血,并不是为了叫我们效法他,而是要我们欢喜快乐。"他在另一处也同样教导:"就如神的独生子成为人子,是为了要使我们与他一同成为神的众子,同样地,基督亲自担当我们的刑罚,虽是不应受的,却使完全不应得恩惠的人获得神白白的恩典。"⑦

ᵃ毫无疑问地,他们一切的教义都由可怕的亵渎东拼西凑而来,但这教义比他们其他的教义有着更令人震惊的亵渎。他们应当自问这是不是他们的教条:殉道者之死所获取的功德不但足以赎自己的罪,也多到能分给别人,所以殉道者将自己的血与基督的血混合,免得这极大的功德落空,且由于这两者的混合,他们便捏造出教会的宝库,用以赦罪和补赎。他们也如此曲解保罗的话,"为基督的身体,就是为教会,要在我肉身上补满基督患难的缺欠"(西1:24)。⑧

难道这不就是称基督为有名无实的救赎者,并视他为另一位普通的小圣徒,而在众圣徒中几乎认不出他来吗?论到赦罪、赎罪、成圣问题,只有他配受传扬、表彰、称述和仰望。但我们也要听一听他们的观点:殉道者的血应当用来使众教会获益,免得枉费了他们所流的血。难道这是真的吗?难道殉道者为荣耀神而死,以他们的血证实真道,以离弃今生证实他们在寻求更美的生活,以自己的坚忍坚固教会的信心,并改变仇敌的顽梗,这一切于教会毫无益处吗?但他们相信若只有基督是挽回祭,为我们的罪受死,以及为我们的救赎舍己,那殉道者的血对教会就没有任何益处。他们也说若根据我们的教导,即使彼得和保罗是在床上死的,也能领受得胜的冠冕。然而,既然他们奋斗至死,若他们的

---

⑦ Augustine, *John's Gospel* lxxxiv. 2 (MPL 35. 1847; tr. NPNF VII. 350); *Against Two Letters of the Pelagians* IV. 4. 6 (MPL 44. 613; tr. NPNF V. 419).
⑧ 参阅 III. 5. 2,注释 4;Aquinas, *Summa Theol.* III. Suppl. 25. 1. 2;Eck, *Enchiridion*, ch. 24 (1533);Fisher, *Confutatio*, pp. 304 ff.。

牺牲是枉然的,这就与神的公义有冲突。仿佛神不晓得如何在他分给他仆人的恩赐上添加他的荣耀。其实,当殉道者借得胜的牺牲点燃教会继续争战的热诚时,这就是教会极大的益处了。

4. 反驳天主教对经文的强解

ᵃ他们极为邪恶地强解保罗所说的话:"为基督的身体,就是为教会,要在我肉身上补满基督患难的缺欠"(西1:24)⑨!因保罗在此所指需要补满的不足并不是指救赎、补赎、赎罪的事工,乃是指那些神用来试炼基督肢体——众信徒——的患难,只要他们仍在肉身中活着,就必受试炼。保罗在这里所说基督患难的缺欠指的是:基督从前一次在自己的肉身上受的苦,如今借着他的肢体仍天天受苦。基督这样尊荣我们,即他将我们所受的患难视为自己的。当保罗说"为教会",他的意思并不是指为了教会的救赎、和好与补赎,而是为了教会的长进与造就。就如他在另一处说:"我为选民凡事忍耐,叫他们也可以得着那在基督耶稣里的救恩。"(提后2:10)他也致信哥林多信徒说,他受患难是为了叫他们得安慰,得拯救(林后1:6)。

他立刻又解释他成为教会的仆人不是为了救赎教会,而是"照神为你们所赐我的职分作了教会的执事,要把神的道理传得全备"(西1:25 p.;参阅罗15:19)。

若我们的论敌不满意这解释,那么请他们听奥古斯丁是怎么说的:"基督所受的苦唯独是他自己受的,因他是教会的头;另一方面,基督和教会一起受苦,因教会是基督的身体。因此,保罗作为其中的一个肢体说道:'我要在我肉身上补满基督患难的缺欠。'所以,不论你是谁,只要你是基督的一位肢体,你从不属基督肢体的人那里所遭受的一切苦难,就都是基督患难的缺欠。"他又在另一处解释使徒为教会受苦的目的

---

⑨ 上面的第三节,以及注释8中所指的参考书。

为何："就我而论，基督是引领我到你们那里的门（参阅约 10∶7），因你们是基督以他的血所买赎的羊。你当认识救赎你的代价不是我偿付的，而是借着我传给你们的。"之后他也说："基督既为我们舍己，我们也当照样为弟兄们舍命，使教会和睦并坚固圣徒的信心。"⑩以上都是奥古斯丁说的。我们断不可以为保罗说基督的患难在义、救恩和生命上有任何的缺欠，或以为他有意要在其上加添什么。因保罗清楚、无可辩驳地宣讲，基督慷慨地浇灌他丰盛的恩典，远胜过罪一切的权势（参阅罗 5∶15）。唯有基督的血救了众圣徒，而不是他们或生或死的功劳，彼得的见证有力地说明了这一点（参阅徒 15∶11）。我们若拒绝将任何圣徒的功德归于神的怜悯，就是藐视神和他的受膏者。然而，我无须对此加以讨论，仿佛这教导是模糊的。因为揭发我们论敌可怕的谬论本身就是在反驳他们。

5. 赎罪券违背基督全备的救赎之恩和这恩典的一致性

ᵃ我不继续谈这类的亵渎，我现在只要问：谁吩咐教皇以白纸黑字限制基督的恩典？岂不知神喜悦借传福音分配这恩典给人！显然，或者是神的福音，或者是赎罪券，是虚假的。ᵇ保罗宣告ᵃ：神唯独借福音将基督和他一切丰盛之天上的福分、功德、公义、智慧、恩典赐给我们。ᵇ保罗论到神将和好的道理交付牧师，使其做基督的使者，就如基督亲自借着他们劝人与神和好（林后 5∶18—21）；"我们替基督求你们与神和好。神使那无罪的，替我们成为罪，好叫我们在他里面成为神的义。"（林后 5∶20—21）ᶜ而信徒明白与基督交通⑪是何等宝贵，保罗也见证，为了圣徒的益处，神在福音中将这交通提供给我们。ᵃ相反地，赎罪券教导人能从教皇的宝库中支取某种程度的恩典，他们从神的话语中截取恩典，将

---

⑩ Augustine, *Psalms*, Ps. 61. 4 (MPL 36. 730; tr. LF [Ps. 62] *Psalms* III. 187); *John's Gospel* xlvii. 2 (MPL 35. 1733; tr. NPNF VII. 260).

⑪ κοινωνία.

之贴在教皇的谕令上！

ᶜ若有人追问其根源，赎罪券的这谬论似乎是这样开始的：当教会盼咐信徒行严厉到他们无法承受的补赎礼时，他们恳求教会减轻他们的重担，因此教会提供他们赦罪的方式，被称为"赎罪券"。然而当他们开始将补赎礼视为人救自己脱离神审判的赎罪方式时，同时也将这些赎罪券转化为赎罪的方式，救人脱离自己所应得的刑罚。[12]他们极为无耻地捏造我们以上所提的亵渎，完全是无可推诿的。

反驳天主教徒滥用经文证明炼狱的教条 （6—10）

6. 反驳炼狱的教义是必需的

ᵃ他们不可再以所谓的"炼狱"搅扰我们，因为劈开赎罪券的斧头也能劈开、摧毁炼狱一切的根基。某些人认为我们应当在炼狱的教条上掩饰自己的立场，但我却不以为然。他们认为提到炼狱只会产生激烈的纷争，却无法造就教会。[13]的确，若炼狱的教条没有严重的后果，我自己也会劝人不谈如此烦琐的事。然而，既然炼狱是建立在众多的亵渎之上，每日都有新的亵渎支持它，并因这教条刺激人犯许多的大罪，所以我们绝不可等闲视之。在这教条被传扬之初，或许人曾被瞒骗，不知这是人在圣经之外大胆无耻所捏造的教条，而且人因某些所谓的"启示"相信这教条，其实它们是撒旦的诡计所捏造的，他们也愚昧地扭曲一些经文支持炼狱。然而，神严厉禁止人放肆地窥探他隐秘的旨意，在旧约中他也一样严厉地禁止人无视他的道，而向死人求问真理（申 18∶11），他也不允许人亵渎地败坏他的真道。

我们的确承认在一开始我们将这一切视为无关紧要并容许之，但当人已开始在基督的宝血之外寻求赎罪，并在别处寻找补赎时，我们若继

---

[12] Luther, *Disputatio pro declaratione virtutis indulgentiarum*, positio 33 (Werke WA I. 235).
[13] 他指的是梅兰希顿在奥格斯堡信条（Augsburg Confession, 1530）以及他的作品 *Apology of the Augsburg Confession* (1532) 中故意不提炼狱。

续保持沉默是极危险的。所以，我们必须呼天抢地地警告，炼狱是魔鬼致命的谎言，使基督的十字架完全失效，^b极为藐视神的怜悯，^a也推翻和毁坏信徒的信心。他们所传炼狱的定义为何呢？难道不就是人在死后灵魂补赎罪的代价吗？^b如此，当为自己补赎的信念被摧毁时，炼狱同时也就被连根拔起。^a但我们若从以上的谈论中确实明白基督的血才是众信徒唯一的赎罪祭、唯一的赎价、唯一的洁净方式，⑭我们就会说炼狱的教条是对基督可怕的亵渎。他们天天为这教条辩护的其他亵渎，这教条所造成信仰上较次要的问题，以及这污秽的泉源造成其他无数的邪恶，我在此一概不提。

7 所谓福音书对炼狱的证据*

^b我们在此要将他们习惯滥用和强解的经文从他们手中夺回。

他们说当基督告诉我们，"凡说话干犯圣灵的，今世、来世总不得赦免"（太 12∶32；可 3∶28—29；路 12∶10），就暗示某些罪在来世会被赦免。⑮谁都知道基督在此所指的是罪责，但这与他们的炼狱有何关系呢？既然他们认为神将在炼狱中刑罚罪，那他们为何不否认神在今生赦罪呢？然而，为了制止他们对我们的攻击，我现在要更有说服力地驳倒他们。当基督喜悦表明犯这种羞耻之罪的人没有任何蒙赦罪的盼望时，他认为只说这罪总不得赦免是不够的，为了更强调这事实，基督说这是每一个恶人的良心对自己的审判，也是神在复活之日所做最后的审判，仿佛基督是说："你要逃避这邪恶的悖逆就像逃避今生的死亡一样。因人若故意消灭圣灵的光照，他在今生，就是神给罪人要悔改的一生，不得赦免。他也在最后之日，就是天使将分别绵羊、山羊，并神的国民一切的过犯将

---

⑭ 参阅上面的第二节以及阿奎那对炼狱的解释，*Summa Theol.* III. Suppl., Appendix II。
⑮ Lombard, *Sentences* IV. 21. 1 (MPL 192. 895); Eck, *Enchiridion* (1526), ch. 25; Bernard, *Sermons on the Song of Songs* lxvi. 11, citing Matt. 12∶32 for purgatory (MPL 183. 1100; tr. S. J. Eales, *Life and Works of St. Bernard* IV. 405 f.)。

被洁净之日（参阅太 25：32—33），不得赦免。"

他们又搬出《马太福音》中的比喻："你同告你的对头还在路上，就赶紧与他和息，恐怕他把你送给审判官，审判官交付衙役，你就下在监里了……若有一文钱没有还清，你断不能从那里出来。"（太 5：25—26 p.）在这经文中，若审判官代表的是神，控告者是魔鬼，衙役是天使，而监牢是炼狱，我就完全同意他们的观点。但基督的意思显然是为了更有说服力地劝他的信徒彼此善待且合而为一，以及教导那些宁愿遵守律法的字句⑯也不愿按公平和良善行事的人，将遭受许多的危险和患难。这经文中哪里有炼狱呢？

8. 《腓立比书》《启示录》《马加比二书》的教导*

ᵇ"叫一切在天上的、地上的和地底下⑰的，因耶稣的名无不屈膝"（腓 2：10）。他们企图利用保罗所说的话证明炼狱的教义。因他们认为"地底下"不可能是指那些已死而被预定下地狱的人说的，所以这经文指的一定是那些在炼狱中受苦的人。若"屈膝"在此的意思是指真敬虔的崇拜，他们的解释就没有问题。不过，既然他只是在教导圣父将权柄交付基督，管理他一切的受造物，难道我们不能说"地底下"所指的是鬼魔，因它们显然也将被带到神的审判台前，也将恐惧战兢地站在这审判官的面前(参阅雅 2：19；林后 7：15)？保罗在别处也是如此亲自解释这预言："我们都要站在神的台前。经上写着：'主说，我凭着我的永生起誓，万膝必向我跪拜'。"（罗 14：10—11，Vg.；赛 45：23）

然而《启示录》中的这段话，却有不同的含义："我又听见在天上、

---

⑯ "Summum ius" 严格地要求完全按字面执行律法，与公平或慎思明辨的公义不同，加尔文显然心里所想的是当时众所周知的西塞罗格言 summum ius, summa iniuria (Cicero, On Duties I. 10)。马丁·路德也熟悉并引用过此格言。参阅 McNeill, "Natural Law in the Thought of Luther," Church History X (194r), 220。

⑰ "Infernorum"，加尔文在此所反驳的立场来自艾克，Enchiridion (1526), ch. 25；参阅 Herborn, Enchiridion xlviii (CC 12. 162)。

地上、地底下、沧海里和天地间一切所有被造之物，都说：'但愿颂赞、尊贵、荣耀、权势都归给坐宝座的和羔羊，直到永永远远。'"（启5：13）。那这里的"地底下"指的是怎样的受造物呢？显然也包括一切动物和非生物的受造物在内。这经文不过是告诉我们：神一切的受造物，从天上到地底下，以各自的方式述说造物主的荣耀（参阅诗19：1）。

我根本不想提他们所引用的《马加比二书》12章43节，免得有人误以为我相信这作品是圣经的书卷之一。ᵉ但他们说奥古斯丁接受这书卷为圣经，这是根据什么而说的呢？奥古斯丁说："当基督说'律法、先知书和《诗篇》上所记的，凡指着我的话都必须应验'（路24：44）时，犹太人不认为基督所说的包括《马加比书》。但我相信若教会认真研读和聆听这书卷，仍能获益。"⑱然而，哲罗姆却毫不犹豫地教导：就证明教义而言，这书卷毫无价值。⑲一般人根据西普里安的作品《信经释义》(On the Exposition of the Creed) 认为《马加比书》是古时教会所弃绝的。⑳我也无须继续讨论这虚妄的辩论，因《马加比书》的作者自己在本书的结尾说，若他所写的有任何不对的地方，请读者原谅（马加比二书15章39节）!ᶜ的确，人若承认自己的作品可能有错误，就表示连他自己也不承认这是圣灵的圣言。此外，《马加比书》称赞犹大，因他去耶路撒冷向死人献礼物，因而证明他相信死人复活（马加比后书12章43节）。其实，就连《马加比书》的作者也没把犹大的行为当作死人的赎价，反而说犹大这样做是希望当时的信徒能与为国家和信仰殉道的信徒一同享受永生。犹大这行为充满迷信和愚昧的热忱，然而更愚昧的是那些认为旧约的献祭与现今人的救恩有关，因为我们知道在基督降临后，就废去了一切旧约献祭的仪式。

---

⑱ Augustine, *Against Gaudentius* I. 31. 38 (MPL 43. 729).

⑲ Jerome, *Preface to the Books of Samuel and Malachi* (MPL 28. 556 f.).

⑳ Rufinus, *Commentary on the Apostles' Creed* 28 (MPL 21. 374). 这作品被包括在伊拉斯谟所编的西普里安选集（1530-1540）中。加尔文不接受这是西普里安的作品。参阅 IV. 1. 2，注释5。

9. 《哥林多前书》3 章是关键的经文*

ᵇ他们将保罗的这段话当作别人无法驳倒他们的论述："若有人用金、银、宝石、草木、禾秸在这根基上建造，各人的工程必然显露，因为那日子要将他表明出来，有火发现，这火要试验各人的工程怎样……人的工程若被烧了，他就要受亏损，自己却要得救。虽然得救，乃像从火里经过的一样。"（林前 3：12—13、15）他们说：难道这不就是炼狱的火洁净一切罪的污秽，使我们无瑕无疵地进入神的国吗？然而，许多古时的神学家们教导这经文指的是信徒所遭的患难或十字架，也就是神用来试炼自己选民，使他们离弃一切污秽属血气的行为。㉑这解释比炼狱这虚妄的解释好得多，但其实我也不接受他们的观点，因我认为自己有更为可靠和明确的解释。

ᶜ然而，在我解释这经文之前，我要请我的论敌回答这问题，即他们是否认为众使徒和古时的圣徒都经过炼狱的火。无疑他们会否认，因根据他们的教导，那些功德无量，甚至多到能分给教会全部肢体的圣徒，若说他们需要经过炼狱就再荒谬不过了。然而，保罗的教导并不是指某些圣徒，而是说众圣徒的行为将会被炼净，而且这不是我自己的观点，而是奥古斯丁的论述。奥古斯丁的解释更证明他们的荒谬，他说信徒不但必须因一些行为被炼净，甚至就连最忠心造就教会的人，也是在他们的工程被火试验之后才获得奖赏。㉒

ᵇ首先，当保罗将人所捏造的教条称为"草木、禾秸"时，这是比喻的意义，因此，这比喻的解释并不困难，就如被扔到火里的木材立刻就被烧毁，同样地，人因自己的恶行在受审时将会受损。我们都晓得是圣灵自己试炼人，所以，保罗为了使这比喻的各部分完全一致，他将圣灵

㉑ Chrysostom, *Homilies on Repentance*, hom. 6. 3 （MPG 49. 317 f.）；Augustine, *Enchiridion* 8. 68 （MPL 40. 864 f.；tr. LCC Ⅶ. 379 f.）；*City of God* ⅩⅪ. 26. 1，2 （MPL 41. 743 f.；tr. NPNF Ⅱ. 473 f.）. 参阅 Lombard, *Sentences* Ⅳ. 21. 1-3. 伦巴德在这里说《哥林多前书》3：15 教导炼狱。
㉒ Augustine, *Enchiridion*, loc. cit..

的炼净称为"火"。因为金子和银子越靠近火,越证明它们的纯度高。同样地,神的真理越严格地被检验,他的权威越受认可。就如"草木、禾秸"被燃烧时,立刻就烧毁。同样地,人的构造因不是建立在神的真道上,所以无法忍受圣灵的试验,反而立刻被烧毁。简言之,既然保罗将人所构造的教义比喻为"草木、禾秸"(因就如草木、禾秸,它们都将在火中被烧毁),所以这唯独是圣灵的工作。保罗用圣经一般的说法——"主的日子"(林前3：13,Vg.)称呼这试验。因为当神以任何方式向人启示自己时,圣经称之为"主的日子",而且当他彰显他的真理时,他的面就更荣耀地照耀我们。如此,就证明保罗所说的"火"指的就是圣灵的试验。

然而,那些像从火里经过,工程受亏损的人如何得救呢(林前3：15)?只要我们明白保罗所说的是怎样的人,这并不难理解。他所指的乃是建造教会的人,他们所打的根基虽然符合真道,但他们却在这根基上采用神不喜悦的材料建造。也就是说,他们虽然没有从基要的真理上堕落,却在较次要的教义上迷失,将自己所捏造的意思与神的真道混合。这些人的工程将受亏损,且他们所构造的道理将被灭绝,"虽然得救,乃像从火里经过的一样"(林前3：15)。他们得救并不是因为自己的无知和迷惑被神接纳,而是因为圣灵的恩典和大能,洁净他们一切不蒙悦纳的行为。因此,任何以炼狱这污秽的教义玷污神纯洁真道的人,他的工程必定受亏损。

10. 天主教徒诉诸早期教会也无济于事

ᶜ然而,他们说炼狱是古时教会的教条。当保罗宣告任何建造教会的人,若立不合乎真道的根基,他的工程必受亏损(林前3：11—15)时,保罗反驳了他们的说法,因为这句话甚至包括他的时代。

而且,当我的论敌反对我说,为死人的祈祷已经是一千三百年的传统时，㉓我要反问他们，这是根据圣经的哪一句话，神的什么启示，或圣经上哪一个圣徒的榜样呢？这传统不但完全没有圣经的根据，圣经上的众圣徒也没有这样的习惯。关于悲哀和埋葬死人，圣经有详细的记载，然而关于为死人祈祷，圣经却只字未提。然而，越重要的问题就应当越有圣经充分的根据。而且，那些在古时常为死人代祷的人，自己都承认这传统不是神所吩咐的，也没有任何圣经上的根据。㉔那么，他们为什么要这样做呢？他们这样做是根据人与生俱来的想法，因此我们都不应当效法这样的榜样。既然信徒的一举一动都应当凭信心而行，就如保罗的教导（罗14∶23），所以在祷告上更是如此。然而，这传统也许有另一个原因：他们在悲伤中寻求安慰，而且对他们而言，若没有在神面前表现对所亲爱之人的爱是极不人道的，我们的经验都告诉我们，众人都有这样的趋向。

ᵉ当时也有某种风俗习惯，就如火炬燃烧着人的心，所有时代的外邦人都为他们的死人举行一些仪式，他们每年也举行某种洁净死人灵魂的仪式。虽然撒旦借此欺哄了愚昧人，但它的欺哄却是根据正确的原则：死亡并不是被消灭，而是从今世过渡到来世。无疑地，就连这迷信在神的审判台前也将定外邦人的罪，因他们忽略思考他们自认为相信的来世。因此，基督徒为了避免不如世俗的人，就开始认为若没有为死人举行某种仪式，就如人死了就被消灭了，这就造成了没有圣经根据的习惯。他们认为自己若没有举办葬礼的仪式、宴会以及上供，这是极大的羞耻。然而，这不正当的仿效一直不断增加新的仪式，甚至变成天主教用来判定人是否圣洁的根据。ᵉ但圣经有最好和最完美的安慰："在主里面

㉓ 阿奎那在 *Summa Theol.* III. Suppl. 71. 2-8 中详细地解释为死人代求的教义；他说这些祈祷帮助在炼狱中的灵魂，却对未受洗的小孩或在天堂的灵魂没有帮助。Qu. 71. 10 的内容是给死人买的赎罪券。参阅 J. Latomus, *De quibusdam articulis in ecclesia controversis* (*Opera* [1550], fo. 199a); J. Cochlaeus, *Confutatio ccccc articulorum M. Lutheri ex xxvi sermonibus eius*, 18 (art. 305); Augustine, *Enchiridion* 29. 109 f. (MPL 40. 283; tr. LCC VII. 405)。

㉔ Tertullian, *Exhortation to Chastity* 11; *On Monogamy* 10 (CCL Tertullianus II. 1031, 1243; tr. ANF IV. 56, 66 f.).

而死的人有福了!"(启 14∶13)原因是:"他们息了自己的劳苦。"此外,我们不应当纵容自己的情感,而在教会中设立不当的祷告方式。

ᶜ的确,任何略有头脑的人都不难发现古代教父允许这习惯是因为屈从习俗和普遍无知的缘故。我承认教父自己也在这教义上离弃了圣经的教导,因为草率的轻信常常夺去人的理智。其实,当你阅读这些古代教父的作品,就会发现他们并不是很干脆地接受为死人祷告。奥古斯丁在他的《忏悔录》中说,他的母亲莫尼卡(Monica)临死前恳求他在她死后以教会为死人举行的仪式纪念她。这显然是一位老太婆的要求,而奥古斯丁也没有查考圣经是否支持这样的仪式,而是希望他对母亲之爱得到别人的认同。㉕此外,他的作品《论对死者的料理》(*The Care to Be Taken for the Dead*)充满对这仪式的疑惑,其冷淡应当给热切为死人祷告的人泼了盆冷水,书中对这仪式的猜测应当使任何从前热烈主张这仪式的人冷却下来。㉖他唯一所提供的根据是,因这习惯的普遍性,我们就不应当藐视它。

我虽然承认对于古代教父而言,为死人祈祷是敬虔的行为,然而我们应当留意那完全可靠的原则:神不允许我们随己意向他祷告。我们一切的祈求都应当符合神的真道,因为吩咐我们如何祷告是神自己的权柄。既然整个律法和福音都没有任何为死人祈祷的根据,那么如此行就是对祷告的亵渎。

ᶜ然而,为避免我们的论敌夸耀古时教会是他们的共犯,我要坚持的是,古时教会与他们的教导截然不同。古时教会的这仪式是为了纪念死人,免得他们被看成完全不在乎人死后的光景,但他们举行这仪式就承认他们对死者死后的光景也心存疑惑。就炼狱而论,他们没有肯定地教导什么,认为它属不确定之事。我们现今的论敌却坚持认为他们臆想出

㉕ Augustine,*Confessions* IX. 11. 27;IX. 13. 37 (MPL 32. 775,779 f.;tr. LCG VII. 195,200).
㉖ Augustine,*On Care for the Dead* (MPL 40. 591-610;tr. NPNF III. 539-551). 奥古斯丁不相信活人能做什么帮助死人。

来的炼狱说不容置疑应被奉为基督教的信条。古时的教会在圣餐礼中只是随便将死人交托给神,而且很少这样做。相反地,今人热烈地推动这仪式,也在讲道中说服人看重这仪式,胜过一切爱的行为。㉗

ᵈ事实上,引用某些古代教父的话来反驳当时一切为死人的祈祷并不困难。其中一句是奥古斯丁说的,他教导说,众人都期待身体的复活和永远的荣耀,但每一个配得的人在死时都领受死后的安息。因此,他见证所有敬虔的人,就像众先知、使徒、殉道者一样,在死后立刻就享受安息的福分。㉘他们的光景若是如此,难道我们的祷告能对他们有所帮助吗?

ᶜ天主教用来欺哄简单之人更严重的迷信就不值一提了,虽然这些迷信不计其数,且大多数十分可憎,毫无体面可言。我也不提天主教出于自己的私欲,利用世人的无知所进行的敲诈行为,因若这样做就没有尽头,而且我以上的教导就足以使读者的良心安稳。

㉗ Augustine, *Enchiridion* 18. 69; 29. 110 (MPL 40. 265, 283 f., tr. LCC VII. 381, 405); Tertullian, *Exhortation to Chastity and On Monogamy* (加尔文在上文的注释 24 中引用这作品); Aquinas, *Summa Theol.* III. Suppl. lxxi; Latomus (参阅上文的注释 23); Paris Faculty of Theology, *Instruction on the Articles of Melanchthon* (1535), art. 12, in Daniel Gerdesius, *Historia reformationis sive annales evangelii seculo* XVI IV. 86.

㉘ Augustine, *John's Gospel* xlix. 10 (MPL 35. 1751; tr. NPNF VII. 273 f.), 参阅加尔文在他的 *sychopannychia* 中所讨论的这个主题 (1534 年著; 1542 年出版) (CR V. 177-231; tr. Calvin, *Tracts* I. 419-490)。

ᵉ第六章 基督徒的生活;首先,圣经如何劝我们这样行

1. 论述的计划

根据以上的论述,①重生的目的是要信徒在生活中彰显出神的公义和他们的顺服之间彼此的和谐,并因此印证他们儿女的名分(加4:5;参阅彼后1:10)。

虽然神的律法本身就教导我们如何重新获得神的形象,却因我们迟钝的心需要许多的激励和帮助,我们若从圣经中不同的经文提炼出基督徒生活的模样,②这会使我们大得益处,免得任何真心悔改的人在热忱中偏离真道。

ᵇ那么,在讨论基督徒生活时,我知道这个题目涉及面很广,若要尽述这个问题的方方面面,就会成为一本很厚的书。古时的教父们只在基督徒的一种美德上有极其丰富的描述,却一点也不显得啰唆。当教父们在他们的论述中以任何一种美德劝勉信徒时,因这主题包含丰盛的内容,就使得他们必须多方描述才会觉得完整。但我并不打算在此详细探

---

① III. 3. 9. On III. 4-10, see Introduction, pp. 42, n. 19, and 60, n. 65. Ch. 4 is introductory to the four ensuing chapters.
② *"Rationem vitae formandae"*.

讨圣经所盼咐的一切美德，及劝勉信徒遵行。其他神学家的作品已详细讨论过圣经盼咐我们一切的美德，尤其是教父的讲道。我只要阐明敬虔的人如何被指导过一个合乎神的秩序的生活，为此我想简要地立定一个普遍的准则，使信徒能用来鉴察自己的责任，这样就足够了。也许以后会有机会更详细地讨论这主题，ᶜ或将我自己不十分适合讨论的问题交给其他神学家。我生来就喜欢简洁的讨论，③也许我想更详细地探讨也不会成功，即使更详细地讨论对读者们有更大的帮助，我仍然不想这样做。ᵇ其实，我现在的打算只是对这方面的教义给出一个尽可能简洁的大纲。

就如哲学家们对正直和恰当的行为立定一个范围，且劝勉人一切的善行都在这范围之内。圣经的教导也是如此；只是圣经有更美好的安排，圣经的教导也比一切的哲学更可靠。哲学家们与圣经作者最大的不同，就是哲学家们出于自己的私意，想要在自己的作品中竭力构造某种精致的秩序，好炫耀自己的智慧。然而因圣灵的教导完全是真诚、无伪的，所以尽管常常没有很严格地一直遵守某种方法，但他有时立下方法，这足以表明方法不可忽略。

2. 基督徒生活的动机

ᵇ我们现在所探讨的圣经教训包括两个主要的部分。首先是喜爱公义，虽然这不是我们与生俱来的倾向，神却能赐给我们，并将之刻在我们的心中；其次，神给我们立定行义的准则，免得我们在行义的热忱中偏离真道。

圣经用许多极好的理由劝我们行义，其中有好几个我们在之前已提出过，我们在此将简要谈谈其他理由。圣经盼咐我们要圣洁，因耶和华我们的神是圣洁的（利19：2；彼前1：15—16），难道有比这更基本的理

---

③ 见英译本导言中对这一观点的讨论，pp. lxx f.。

由吗？事实上，我们虽然如迷失的羊，脱离了羊群并分散到世界的迷宫中，④神却将我们聚集归一，好使我们与他和好。当我们读到圣经告诉我们信徒与神联合时，我们应当记住这联合是以圣洁为根基，但这并不表示是我们的圣洁使我们与神联合！我们反而应该先专靠神，好让我们在神将他的圣洁赏赐给我们之后，就能顺服他一切的命令。然而，既然神的荣耀不允许他与任何的邪恶或污秽相交，圣经就因此教导我们圣洁是我们的目标，且我们若想顺服神给我们的呼召，就必须成为圣洁的人（赛35：8，等等）。因我们若在自己的一生中准许自己在邪恶和污秽里打滚，那么，神救我们脱离这一切有何意义呢？此外，圣经也同时劝勉我们，为了被称为神的选民，我们必须居住在圣城耶路撒冷（参阅诗116：19；122：2—9）。神既然为自己将这城市分别为圣，他就不可能允许居民因自己的恶行玷污它。因此神这样宣告："行为正直，做事公义的人能寄居神的帐幕。"（诗15：1—2；参阅诗14：1—2，Vg.；又参阅24：3—4）。因神所居住的帐幕若充满污秽是极不相称的。

3. 基督的位格和他的救赎之工给基督徒生活最强烈服侍神的动机

ᵇ为了更有力地激发我们，圣经记载父神既在基督里使我们与自己和好（参阅林后5：18），就将他要我们效法的形象印在基督身上（参阅来1：3）。我想在此邀请那些以为唯有哲学家才能立下正确和系统的道德哲学的人，在所有的哲学家中找到比这更好的道德哲学。他们虽然特意劝人向善，却只是鼓励人顺其自然地行事。⑤然而，圣经的劝勉是来自真理的源头，圣经不但劝我们将自己的生命归与神——我们的造物主，也教导我们人已经从神造人时的样式和光景中堕落了。圣经也教导我们，基

---

④ "*Per mundi labyrinthum*"，参阅 I. 5. 12，注释36。
⑤ Cicero, *On Duties* III. 3. 13 (LCL edition, pp. 280 f.); *De finibus* II. 11. 34; III. 7. 26; IV. 15. 41 (LCL edition, pp. 120 f., 245 f., 344 ff.); Seneca, *On the Happy Life* 8. 2 (LCL Seneca, *Moral Essays* II. 116 f.)："顺其自然生活才会快乐。"

督使我们重新蒙神悦纳,也说神立基督为我们行事为人一生的榜样。就行善而言,难道有比效法基督更有效的方式吗?事实上,除此之外没有另外的方式。因神使我们得儿子名分唯一所附带的条件是:我们的生活要效法基督的样式,因神借基督使我们成为他的儿女。因此,除非我们努力地寻求义,否则我们不但是邪恶地背叛我们的造物主,也是在否定我们的救主基督。

圣经也以神应许我们所有的福分和他在救恩上所给我们的一切赏赐,劝勉我们讨他的喜悦。既然神向我们启示他是我们的天父,那么,我们的行为若没有活出神儿子的样式,就证明我们的忘恩负义(玛1:6;弗5:1;约一3:1)。既然基督借洗礼以自己的宝血洁净我们,我们若再犯罪玷污自己,就是极不相称的(弗5:26;来10:10;林前6:11;彼前1:15、19)。既然他将我们嫁接到他身上,我们就必须谨慎,免得使自己再次残缺,因我们是基督无瑕疵的肢体(弗5:23—33;林前6:15;约15:3—6)。既然基督——我们的元首,亲自升天,而且我们已弃绝了对世界的爱,就应当全心全意地思念上面的事(西3:1及以下)。既然圣灵已将我们献给神作为圣殿,我们必须不顾一切地使自己彰显神的荣耀,也不能犯任何玷污自己的罪(林前3:16;6:19;林后6:16)。既然神预定我们的灵魂和身体将在天上成为无瑕疵的,并获得永不衰残的冠冕(彼前5:4),我们就应当殷勤地保守自己,直到主再来的日子(帖前5:23;参阅腓1:10)。这就是行事为人最好的根基,没有任何哲学家的教导有这样的根基,而且在他们所教导的动机中,最高的也不过是人与生俱来的尊严。⑥

4. 基督徒的生活不在于言语,乃在于内心*

ᵇ我们在此也要斥责那些有名无实的基督徒。他们无耻地以基督圣洁

---

⑥ Cicero, *De finibus* II. 21. 68; II. 23. 76 (LCL edition, pp. 156 f., 164 ff.); Seneca, *Moral Epistles* 84, 13 (LCL Seneca, III. 284 f.).

的名为傲。事实上，唯有从福音的真道上认识基督的人才能与基督相交。保罗也告诉我们，那些未曾被教导一定要穿上基督的人，没有正当地学基督，因他们尚未脱去那因私欲的迷惑渐渐变坏的旧人（弗4：22，24）。这就证明他们虚假和不正当地假装自己认识基督，不管他们有多高的知识或胡说多少关于福音的话。因基督教的教义不在于言语，乃在于生命。基督教不像其他哲学，只在乎人的理解力和记性。基督教的教义必须占据人心，其最深处要求人全心全意地爱。⑦因此，我们盼望他们停止这虚假的宣称，不再藐视神，或请他们证明自己的行为与他们的教师基督相称。我们最强调的是基督教的教义，因若不明白这教义就无法得救。然而，这教义必须感动我们的心，影响我们的日常生活，使自己的心意更新而变化。在哲学家当中，若有人宣称相信某种艺术应当支配人整个生命，之后却只将之视为喋喋不休的诡辩，就会引来其他哲学家的怒气和排斥。⑧同样，我们有更充分的理由恨恶浅薄的神学家，因他们只满足于舌头上的基督教，拒绝让这教义感动自己的心，占据自己的灵魂，影响自己的一生。然而，福音中真理对信徒的影响应当超过冷漠的哲学说教百倍！

5. 虽然不完全却竭尽所能的基督徒生活

ᵇ我并不坚持基督徒的道德生活与福音完全相称，但这应当是我们的盼望，也是我们一生的目标。然而，我对基督徒的要求不会如此严厉，以至认为那些未曾达到完全程度的人不应当被称为基督徒。因若是如此，所有的人都必定被排斥在教会之外，因我们每一个人都离完全距离甚远，而且，我们若排斥一切在这目标上只有微小长进的人，这是不公义的。

---

⑦ 参阅 III. 2. 36，注释 51。
⑧ Seneca, *Moral Epistles* 108. 23；48. 4, 12 (LCL Seneca, III. 244；I. 316 f., 320 f.).

那我们应当如何行呢？我们应当把这完全的目标摆在自己面前并努力追求之。因我们若照自己的意思只遵守神所吩咐的其中一部分，却忽略神给我们的其他命令，这必不能讨神喜悦。因首先，圣经处处都教导我们：敬拜神主要的部分是在神的面前心里纯正（创17：1；诗41：12；等等），意思是神要求我们在他面前有真诚、单纯、毫无诡诈、无伪的心，与心怀二意的心正好相反。换言之，圣经告诉我们正直生活的起点是属灵的，是人无伪地从内心将自己献与神成为圣洁的义人。

ᵇ但没有人在这肉体的监牢之中⑨仍有足够的力量能在这事工上甘心乐意地勇往直前，人与生俱来的软弱拦阻大多数的信徒，使他们步履蹒跚，甚至只能爬行。所以，我们每一个人都应照自己微小的潜力，在我们已经开始的这历程上前进，但也没有人的潜力糟糕到他不能每天都有所进步。因此，我们每一个人都当在神的真道上不停息地努力前进。我们不可因自己缓慢的速度感到绝望，因为即使我们的进度与所盼望的不同，但只要今天比昨天更进步，我们就不至于一无所得。我们只要真诚和单纯地仰望这目标；不奉承自己，或为自己的恶行找借口，而要殷勤地达到这目标：在善行上日胜一日，直到我们达到完全的地步。这是我们一生所竭力寻求的目标。然而，只有在我们脱去这软弱的身体，且神使我们完全与他自己联合之后，我们才会达成这目标。

---

⑨ "*In terreno hoc corporis carcere.*" 参阅 III. 9. 4，注释 7，and III. 25. 1，"*carnis ergastulo inclusi*". 身体为灵魂的监牢是柏拉图的教导；参阅 *Phaedo* 62B，81E，82E，83A；*Cratylus* 400（LCL Plato I. 216 f.，284 f.，288 ff.；Plato VI. 62 f.）。

ᵉ第七章 基督徒生活的总结:自我否定

基督教之自我否定和弃绝世界的哲学:
我们不属自己,乃属神(1—3)

1. 我们是属神的,并不是自己的主人

ᵇ虽然神的律法是行事为人最完美的准则,然而,我们天上的教师却喜悦以更有效的方式操练他的百姓过圣洁的生活。这方式最主要的原则是,信徒要"将身体献上,当作活祭,是圣洁的,是神所喜悦的"(罗12:1)。这就是神要求我们对他的敬拜,这也是神对信徒劝勉的根基:"不要效法这个世界,只要心意更新而变化,叫你们察验何为神的善良、纯全、可喜悦的旨意。"(罗12:2)最主要的是,我们被分别为圣并将自己献与神,好使我们之后的思想、言语、行为都能将荣耀归给神。因任何已分别为圣的事物,若用在不洁的事上必定大大冒犯神。

我们既然不属自己(参阅林前6:19)而属主,那么我们就知道当避免的是怎样的错误,也知道我们一切活动的目标是什么。

我们不属自己,我们的理智或意志都不可决定自己的计划和行为;我们不属自己,我们因此不当寻求出于肉体私欲的目标;我们不属自己,我们当尽量忘记自己和自己的一切。

相反地，我们属神，我们因此要为他而活并为他而死；我们属神，我们当让神的智慧和旨意决定和管理我们一切的行为；我们属神，我们的一生都当将神当作我们唯一的目标并向这目标迈进（罗14：8；参阅林前6：19）。人在被教导他不属自己之后，若将管理的权柄从自己的理智中夺去并将之交给神，这是多么大的长进！因既然照自己的喜好而活会最为有效地把我们带向毁灭，那么，走向得救之最安全的办法是完全不靠自己的聪明和意志，而只顺从神的带领。

那么，做基督徒的第一个步骤就是人要离弃自己，好使自己能用一切的才能服侍神。我所说的"服侍"不单是人对神真道的顺服，也是人心灵的转向，在倒空肉体的欲念之后，完全听从神的灵。虽然这是使人进入永生的开端，但所有的哲学家对这种变化完全无知，保罗称这变化为"心意更新"（弗4：23）。哲学家们完全将人的理性当作管理人唯一的原则，且认为人不应当听别的声音，总之，人应当完全照自己的理性行事为人。然而，基督教的哲学①却吩咐人的理性降服于圣灵的引领，使人不再是自己活，乃是基督在他里面活并统治他（加2：20）。

2. 因将自己献给神而自我否定

ᵇ第二个步骤就是我们不再寻求自己的事，而是寻求神的旨意和一切将荣耀归给他的事。这也能证明人有极大的长进，即当人几乎忘记自己，并切实地控制自我关注，而尽量忠心专注于神和他的诫命。因当圣经吩咐我们放下自我关注时，这吩咐不只是要从我们的心里除去对物质、权威和人喜悦我们的渴望，也根除人的野心和一切被恭维的私欲，以及其他更隐秘的罪。因此，基督徒必须从心里深深感受到他的一生所在乎的唯有神自己。②如此，他既已将自己所有的交给神来管理，同样也

---

① 在上文开头，加尔文令人印象深刻的话——"我们不属自己……"——赋予他的基督教哲学概念以内容。参阅注释8；III. 8.9，注释7。
② 参阅 I. 17.2，注释2。

会将自己一切的计划交给神。因人若学会将自己一切的计划交在神手中，他同时也会避免许多的虚妄思想。这就是基督在他的门徒刚开始服侍他时所吩咐他们的自我否定（参阅太16：24）。这决定一旦占据信徒的心，他就不会给骄傲、自大、虚伪、贪婪、私欲、淫荡、做娈童，或其他自爱所导致的罪（参阅提后3：2—5）留地步。另一方面，人若没有自我否定，他若不是无耻地犯最污秽的罪，或看来有任何的美德，这所谓的美德也会被自我荣耀所玷污。我向诸位挑战，找出一个没有照神的吩咐否定自己而仍能善待他人的人。因为一切不否定自己的人追求美德唯一的动机是为了别人对自己的称赞。那些最强烈主张人应当为了美德本身而追求美德的哲学家们③充满了傲慢，显然他们追求美德唯一的动机就是要放纵自己的骄傲。然而，神痛恨那些寻求别人称赞的人④和狂傲的人，他甚至宣告他们在今世已得了他们自己的赏赐（太6：2、5、16），也说娼妓和税吏比他们更接近神的国（太21：31）。然而，我们还没有清楚地解释，不否定自己的人若想追求正直的生活会遭遇多少和多大的障碍。有人曾经正确地说过："人心隐藏一整个世界的邪恶。"⑤ 而唯一的补救之法就是否定自己并不再在乎自己，同时全心全意地追求神吩咐我们的一切，且单单因这是神所喜悦的而追求它们。

3.《提多书》2章所教导的自我否定

ᵉ在另一处经文中，保罗虽然简要却更清楚地描述讨神喜悦的有序生活的各部分："因为神救众人的恩典已经显明出来，教训我们除去不敬虔

---

③ Cicero, *De finibus* III. 11. 36: "除了道德的价值以外，没有其他的事能以'好'这个字来形容"（LCL edition, pp. 254 f.）; *De legibus* I. 14. 40 (LCL edition, *Laws, and Republic*, pp. 340 f.); Seneca, *Dialogues* VII. 9. 4 (LCL Seneca, *Moral Essays* II. 122 f.); Diogenes Laertius, *Lives and Opinions of the Philosophers* VII. lxxxix. 127 (LCL edition, II. 196 f.). 参阅 Lactantius, *Divine Institutes* V. 17. 16 (CSEL 19. 454; MPL 6 [ch. 18].606, tr. ANF VII. 153)。

④ 来自 Livy, *History* III. 33. 7 (LCL Livy, II. 110)。他在这部作品中经常提到人的虚荣和傲慢，参阅 I. 1. 2; I. 3. 1 (end); II. 1. 4; III. 13, 1。

⑤ "*Mundum vitiorum esse reconditum in hominis anima.*"

的心和世俗的情欲，在今世自守、公义、敬虔度日，等候所盼望的福，并等候至大的神和我们救主耶稣基督的荣耀显现。他为我们舍了自己，要赎我们脱离一切罪恶，又洁净我们，特作自己的子民，热心为善。"（多2：11—14）因为当神赏赐我们重生的恩典，使我们能真心地敬拜他时，他同时除掉拦阻我们的两个主要障碍，即我们与生俱来的不敬虔(我们的本性所极为倾向的）和世俗的情欲（其范围更大）。而且保罗所说的不敬虔不只是指迷信，也包括一切拦阻我们热心敬畏神的事。世俗的情欲与肉体的私欲是一样的（参阅约一2：16；弗2：3；彼后2：18；加5：16；等等），当保罗吩咐我们要除去自己一切的私欲，并否定我们的理性和意志时，也包括吩咐我们遵守律法两块石版上的诫命。保罗将我们生活的一切的行为局限于三个部分：自守、公义、敬虔。自守无疑指的是贞洁和节制，并正当和节省地使用物质，以及在贫困中忍耐。公义包括我们对别人一切所当尽的本分，凡人所当得的就给他（参阅罗13：7）。⑥最后是敬虔，即离弃世俗的罪孽，以便过一个与神联合的圣洁生活。当这三个特征密不可分地联系在一起时，就使我们成为完全的人。但在我们离弃了属血气的理智并勒住了自己的私欲，甚至弃绝这些私欲之后，没有比服侍神和我们的弟兄，并在这污秽的世上默想天堂的生活更困难的。所以，保罗为了我们避免落入任何世俗的陷阱，就提醒我们思考那幸福永生的盼望，也告诉我们自己的劳苦必不归于徒然（参阅帖前3：5）。因就如基督从前一次降世救赎我们，同样地，他将再来收取这救赎的果子。保罗在此的教导驱除了一切迷惑我们并拦阻我们渴慕天上荣耀的诱惑。事实上，他教导我们在地上当做客旅，⑦免得至终丧失我们

---

⑥ "*Ut reddatur unicuique quod suum est*". 参阅《罗马书》13：7，III. 5. 7，注释16；IV. 20. 3，注释9；Comm. Titus 2：11-14；以及亚里士多德对公正和公平（ἐπιείκεια）彼此间关系的基本教导，*Nicomachean Ethics* V. 10 (LCL edition, pp. 312 f.).

⑦ "*Docet perigrinandum esse in mundo.*" 加尔文在这里用"客旅"的隐喻（虽然他没有详细地解释）说基督徒必须在世上这样行事为人，为了预备在来世得荣耀。参阅 III. 9. 4-5；III. 10. 1；Augustine, *City of God* XV. 6 (MPL 41. 442；tr. NPNF II. 287).

在天上的产业。

自我否定的原则与我们跟别人彼此的关系（4—7）

4. 自我否定使我们对他人有正确的心态

ᵇ以上的教导告诉我们，自我否定一方面在乎我们与人的关系，另一方面（也是主要的方面）在乎我们与神的关系。

当圣经吩咐我们要看别人比自己强（腓2：3），并诚实、全心全意地善待他人时（参阅罗12：10），除非我们与生俱来的想法先改变，否则我们就无法遵守。因为我们盲目、不由自主地爱自己，甚至我们每一个人都以为有极好的理由以自己为傲并轻看别人。若神赏赐我们任何的恩赐，我们很容易就会依靠这恩赐并视之为自己的，因此骄傲到极点。我们在他人面前掩饰那些最缠扰我们的罪，而在心里奉承自己，假装这些恶行是无关紧要的，甚至有时将它们当作美德。若别人也拥有我们自己所自夸的美德，或有比我们所自夸更好的美德，我们就藐视这些恩赐，免得承认别人比我们强。若别人有缺点，我们不会只满足于刻薄地指责他，我们甚至可恶地夸大其词。我们悖逆到每一个人都自认自己与众不同，深盼能高过万人，并傲慢、野蛮地对待每一个人，或至少看不起他们。穷人降服于富有的人；村夫俗子降服于贵族；仆人降服于主人；没有学问的降服于有学问的，但没有一个人在自己的心里不认为自己是最伟大的。

这样，每个人因如此奉承自己，所以在心中怀着一个国度。⑧他既然将自己的优点视为出于自己，就斥责别人的人格和道德。若与别人发生

---

⑧ 参阅上文的第二节。加尔文主张基督教传统的观点，即骄傲导致一切致命的罪。参阅 I. 1. 2："*ingenita est omnibus nobis superbia*"；II. 1. 1. 他在这里斥责怀着优越感和自足的理智主义，也表示人文主义以知识为傲是神所憎恶的事。爱德华·戴尔爵士（Sir Edward Dyer）以下极受欢迎的诗是这种骄傲的好比方（1588）：
　　　　我的心智是我的国度
　　　　这国度赏赐完全的快乐
　　　　这快乐远超越
　　　　神或大自然所能给予的。

冲突，他心里的恶毒就爆发出来。许多人，只要一切过得很顺利，表面上还是会表现出某种程度的温和。然而，究竟有多少人在被烦扰或刺激时能保持这样的节制呢？唯一的解决办法就是要将这好争竞和自爱的致命毒害从心里根除，⑨而且唯有神的真道才能将之根除。因圣经教导我们，当记住神赐给我们的才能并不属于自己，而是神白白的恩赐，而当我们开始以这些恩赐为傲时，就证明我们的忘恩负义。保罗问："使你与人不同的是谁呢？你有什么不是领受的呢？若是领受的，为何自夸，仿佛不是领受的呢？"（林前4：7）

b我们应当持续不断地省察自己的过错，使自己常常谦卑下来。如此，我们的心里就不会有任何叫我们自高自大的，反而会有极好的理由自卑。另一方面，圣经也同样吩咐我们当珍视神在别人身上的恩赐并尊荣这些人，因我们若夺去神赐给别人的尊荣，就落入巨大的邪恶中。神的话也教导我们不可计算人的恶，这并不是说要接受或喜欢这些恶行，而是说我们不应当斥责我们所应当善待和尊荣的人。如此，不管我们遇到什么人，我们不但会尊重他，也会善待他并将他视为自己的朋友。获得一颗温柔的心只有一个方法：从心里感到自己的卑微并尊敬别人。

5. 自我否定使我们能帮助自己的邻舍

b当我们想要帮助邻舍时，尽这本分是很艰难的！除非你能忘记自己，并在某种程度上离弃自己，否则你将一无所得。因除非你否定自己并服侍别人，否则你如何能如保罗所说出于爱心善待别人呢？保罗说："爱是恒久忍耐，又有恩慈；爱是不嫉妒，爱是不自夸，不张狂，不作害羞的事，不求自己的益处，不轻易发怒，不计算人的恶。"（林前13：4—5 p.）若这是神对我们唯一的要求——不求自己的益处——这就与我们与生俱来的本性有极大的冲突，因我们既然生来就唯独爱自己，这趋向不太可能让我

---

⑨ "τῆς φιλονεικίας καὶ φιλαυτίας."

们为了照顾别人的需要而忽略自己和自己的财产，或甘心乐意地将我们的一切送给别人。然而，圣经牵着我们的手，引领我们不求自己的益处。圣经告诉我们，神赐给我们的一切福分并将其托付我们都伴随着这个条件：我们要用这一切的福分使整个教会获益。因此，合法地使用这一切福分在于慷慨、仁慈地将它们与别人分享。最好的准则和最有效的守则劝勉就是，神教导我们，他赐给我们一切恩赐并将其托付我们，条件是我们用这些恩赐使邻舍获益（参阅彼前4：10）。

圣经也进一步地教导说，这些恩赐就如身体的能力（林前12：12及以下）。没有任何身上肢体的力量是为了自己单独的使用，各肢体的力量都是为了众肢体的使用。并且这肢体的力量能使整个身体获益，也唯有这时肢体才能获益。同样地，敬虔的人也应当尽他所能帮助他的弟兄，并将造就教会视为自己的益处。这应当作为我们慷慨和善待别人的原则：神赐给我们一切，我们负责用这一切来帮助邻舍，神也将在审判之日要求我们向他交账。此外，好的管家必须是满有爱心的管家。我们这样做不但使我们对别人热心的帮助与自己的利益联合，也是更看重别人的利益超过自己的利益。

为了防止我们仍不明白这是神赏赐我们管理一切恩赐的原则，神在古时也将这原则运用在他赐给人最小的恩赐上。那时神吩咐以色列人将初熟的果子献给他，证明除非是先献给神，否则神不允许人享受任何他所赏赐的恩赐（出23：19；参阅22：29，Vg.）。若只有将神给我们的恩赐亲手奉献给神之后，这些恩赐才被分别为圣，那么若没有献给神，任何的使用都算是滥用。然而，你也不要以为你向神献上自己的财产会使神获益，既然你的慷慨无法使神获益，你就必须如先知所言，对信徒慷慨（诗16：2—3）。ᵇ 圣经也将施舍与圣洁的祭做比较，表示施舍对应神在旧约里所吩咐的献祭（来13：16）。

6. 爱邻舍不是看邻舍是否应得，乃是仰望神而行

ᵇ 此外，为了避免在行善上丧志（加6：9），我们当提醒读者保罗所

说的另一句话:"爱是恒久忍耐……不轻易发怒。"(林前13∶4—5)若没有留意这劝勉,我们必定立刻在行善上丧志。神毫无例外地盼咐众人"不可忘记行善"(来13∶16),然而,若以人有多少功德来评判,大多数人都不值得人向他们行善。圣经对此的教导给我们很大的帮助。它教导我们不要考虑人本身所应得的,乃要思考神在众人身上的形象,因我们欠神一切的尊荣和爱。但神要我们特别留意信徒一家的人身上神的形象(加6∶10),因基督的灵在他们身上已经更新了这形象。因此,不管你遇到什么样需要帮助的人,你都没有任何的理由拒绝帮助他。你或许会说"他是陌生人",但神已在他身上刻上你应当很熟悉的记号,ᵃ因同样的缘故,神也禁止你恨恶自己的骨肉(赛58∶7,Vg.)。ᵇ你不能说:"他是可恶、无用的人。"因为神喜悦这人带着他光荣的形象。你若说你没有因他曾经服侍你而欠他什么,但神却将他摆在你眼前,好让你在他身上因神赐给你的一切福分还清你所欠他的债。你若说他本身不值得你任何帮助,然而他身上神的形象,却值得你付出你自己和一切的财产。他若不但不值得你任何的帮助,甚至以不公义的行为和咒诅激怒你,这也不是你拒绝用行为爱他的正当理由(太6∶14,18∶35;路17∶3)。你或许会说:"他所应得的与爱截然不同。"然而,神所应得的是什么呢?神盼咐你原谅这人对你一切的冒犯,也要你视这些冒犯的代价为神自己已经付出的。显然,我们若想成就这困难甚至与我们的本性相反的事,即爱那些恨恶我们的人,以善报恶、以祝福报辱骂(太5∶44),只有一个方法。这方法就是要记住,神不要我们考虑人对我们的恶意,而是要在他们身上看到神的形象,⑩这样的考虑将使我们不再记念他们的过犯,而且这形象的光荣和威

---

⑩ 参阅上文的"神的形象在各人身上"和 I. 15. 3-4。加尔文在那里教导神的形象包括一切使人与禽兽不同的事,只要没有因亚当的罪彻底地受败坏。参阅 II. 8. 45。为了进一步地了解加尔文所教导的我们因他人身上带着神的形象,对他们负有责任,参阅 W. Kolfhaus, *Vom christlichen Leben nach Johannes Calvin*, pp. 328 ff.; R. S. Wallace, *Calvin's Doctrine of the Christian Life*, pp. 150 ff.。布塞也有类似的教导:*Das ihm selbs niemant sonder anderen leben soll* ... (1523); tr. P. T. Fuhrmann, *Instruction in Christian Love*, p. 29。

严将会吸引我们去爱和拥抱他们。

7. 主要的是意图，并非外在的表现！†

ᵇ如此，我们只有在尽爱的本分时，才能治死自己的肉体。仅仅履行各项爱的责任并不等于尽爱的本分，尽管各项责任他都尽到了；唯有出于真诚的爱心去履行爱的责任，才是尽爱的本分。因或许有人在外表的确在尽他一切爱人的责任，内心却离真正爱人如己的距离仍旧遥远。因有人希望被视为慷慨，但他们高傲的表情或傲慢的言语就证明他们的慷慨是可憎恶的。而且在这悲惨、不幸的时代中，大多数人在施舍的时候怀着轻看他人的心态。这样的败坏连在异教徒的身上也应是不被容许的。但就基督徒而论，在尽本分时，神对我们的要求比和颜悦色和言语友善更高。首先，基督徒应当站在需要帮助之人的立场上，可怜他人的困境就如是自己所经历和担当的一样，好让自己能出于怜悯和仁慈的心态帮助他，就像帮助自己一样。

抱着这种心态帮助弟兄的人必不会以傲慢或斥责别人的态度玷污自己的行为。此外，在施舍时，他也不会看不起需要他帮助的弟兄，或之后将他视为欠他债的人。这与身体因某一个肢体生病，而其他的肢体为了叫它复原必须更吃力而斥责它，或将它视为对其他肢体的亏欠，因他无法回报这样的协助，是一样不合理的。我们并不认为在身体上所有的肢体都彼此分担责任是不合理的，我们反而认为肢体与肢体彼此间的协助是我们与生俱来的天性，⑪拒绝这样的互助才是完全不合理的。而且一个人若在某事上已经尽了他的本分，他也不会以为他不再有责任了，就如富人常常在捐钱之后，就把责任推给别人，仿佛这事已经与他无关了。每一个人都应当在心里承认他从神所领受的丰盛不过使他欠他邻舍

---

⑪ "Naturae lege,"加尔文在这段中教导说，基督徒的爱也有自然律的根据。参阅塞涅卡的教导，即我们受造是为了彼此帮助："Homo in adiutorum mutuum genitus est." De ira I. 5. 2 (LCL Seneca, Moral Essays I. 118 f.)。

的债，且他应当在善待他人时，不限制自己给多少，反而随时预备奉献自己所有的，唯一限制自己的原则是爱的原则。

在我们与神关系中自我否定的原则（8—10）

8. 在神面前的自我否定：顺服神的旨意！

^b我们现在要更详细地重述自我否定的主要部分，即在神面前的自我否定。关于这主题，我们已经在前面说过许多，无须在此重复。我们在这里只要证明，在神面前，自我否定如何使我们有公平和宽容的心。

首先，不管为了今生的顺利还是平安，圣经吩咐我们将自己和我们所有的一切交托给神，顺服神的旨意，也吩咐我们制伏自己心里一切的渴望。我们贪爱钱财和荣誉，追求权力，积累财富，收集各种奢侈浮华之物。我们的私欲膨胀，我们的欲生天边。另一方面，我们非常害怕并厌恶贫穷和卑微的光景！我们甚至不顾一切地想脱离这样的景况。由此可见，照自己的计划行事为人的人心里何等不安。我们看见他们灵巧地奋斗，甚至到疲乏的地步，以达到他们的野心或贪婪的目标，避免贫困和卑微的景况。

为了逃避这一切的陷阱，敬虔的人必须行走在我们所劝勉的路上，我们首先劝他们不要渴望、期待、思考在神的祝福之外有任何兴旺的方式。⑫他们当平静、安稳地仰赖神自己的祝福。因为人在追求荣誉和财富上，无论肉体看起来多么自足，它不是靠自己的努力，就是靠人情，而毫无疑问，这一切是毫无价值的；而且，在神的祝福之外，不管我们有多殷勤、多灵巧，都无法使我们得任何益处。相反地，唯独拥有神祝福的人才能突破一切的障碍，并至终获得快乐和美好的结局；其次，我们虽然在神的祝福之外能获得某种程度的荣誉和财富（就如我们天天看到

---

⑫ 第八、九节的主题是加尔文普遍的教导：人能够不理会神而发财，然而这钱财是受咒诅的。伴随着敬虔的贫困与此相比是无比的快乐。参阅 II. 10. 12，注释 11；III. 20. 46。

不敬虔的人发大财和大得荣誉），⑬然而，既然神所咒诅的人得不到丝毫的快乐，人若没有神的祝福，所获得的一切至终将成为自己的不幸。我们千万不要渴望那使人更悲惨之物。

9. 唯独依靠神的祝福

ᵇ因此，若我们相信获得兴旺和快乐完全在于神的祝福，并相信在神的祝福之外只有痛苦和灾难等候我们，我们就不应当贪心地为财富和荣誉卖力——不管我们所依靠的是自己的机智、努力、关系，还是心里所幻想的财富——我们反而应当时时刻刻仰望神，倚靠神带领我们到他为我们所安排的结局。如此，我们就不会迫不及待地以邪恶、诡计或贪婪抓住财富，获得人的荣耀，而同时伤害自己的邻舍，我们反而会只追求那些不至于引领我们离开真道的事。

难道我们能在欺哄、抢夺和其他邪恶的诡计当中期待神的祝福吗？既然神只祝福那心里纯洁、行为正直的人，所以寻求这祝福的人必要离弃一切的恶念和败坏的行为。如此，神的缰绳将勒住我们，免得我们过度地渴望发财或追求世俗的尊荣。有人居然无耻地相信神会帮助他获取真道所禁止的事物！我们千万不要以为神会祝福他的话语所咒诅的事物！最后，我们若倚靠神的祝福，当事情不是照我们所喜悦和盼望的发生时，我们仍不会厌烦自己的景况或失去耐心。因我们晓得这是在埋怨神。因一切的财富和贫困、卑贱和光荣都是神照自己的旨意分配给人的。综上所述，唯有依靠神祝福的人，既不会以邪恶的诡计追求一般人所疯狂贪求的，因他晓得这些事情对他无益；同时，当事情很顺利时，他也不会将称赞归于自己的殷勤、努力或好运。他反而会承认这是出于神，而将一切所应得的称赞归给他。同时，若当其他的人事事顺利，他自己反而没有进步，甚至退步时，他仍会以平衡和节制的心在这卑微的

---

⑬ 参阅 I. 17. 10; III. 9. 6; III. 10. 5。

景况中忍耐,其心态胜过不敬虔之人对没完全达到自己所期待之成功时的心态。因他心里拥有某种慰藉,使他能平心静气地行事为人,甚至超过一切最富有或地位最高的人。因他相信神为他安排的一切是使他得救最好的方法。°圣经告诉我们,大卫就是存这样的心态;当他跟从神并将自己交托给神,让神带领的时候,他在表明自己就如刚断奶的婴儿一样,并说重大和测不透的事他也不敢行(诗131:1—2)。

10. 自我否定帮助我们在患难中忍耐

ᵇ就敬虔之人而论,我们以上所说的平安和忍耐不只是发生在他生命中的某些方面,而是包括他今生所遭遇的万事。因此,唯有那将自己完全交给神,甚至让神管理他生命各部分的人,才是真正否定自己的人。拥有这样心态的人,不管遭遇何事,必不视自己为可悲之人或恶意地向神埋怨他的景况。我们只要想到我们可能遭遇的许多不幸之事,就会发现拥有这样的心态是何等的必要。各种不同的逆境不断地威胁我们,有时遭瘟疫,有时遇战争,有时冰雹损害我们的五谷,破坏一整年的一切希望,使我们落入贫困的景况中;我们的妻子、父母、儿女、邻舍被死亡夺去;我们的房子失火。一般人因这类的光景就咒诅自己的生命,憎恶自己的出生,责怪天、咒骂神,并亵渎地指控神不公平和残忍。然而,在这一切的逆境中,信徒必须仍然仰望神的慈爱和他父亲般的宽容。如此,当他的亲人一个一个地被夺去,使他落入孤单,甚至在这样的光景下,他也不会停止颂赞神,反而会这样思考:无论如何,那祝福我家庭之神的恩典不会离弃我。或若他的五谷被霜冻、冰雹所摧毁,面临饥荒的威胁,他也不至于绝望或埋怨神,反而仍旧坚定地信靠他(参阅诗78:47):"这样,你的民,你草场的羊,要称谢你。"(诗79:13)因此,即使在贫困中,神必供应我们一切所需要的饮食。信徒若患病,就连在这时候他也不会被这极大的痛苦击垮到不耐烦和埋怨神的地步,他反而因思想神在管教中的公义和温柔而提醒自己当忍耐到底。总之,不管他遭遇何事，因他确信这是神所预定的，就仍抱着平安和感恩的心，免得悖逆地抗拒神的命令，这命令是出自他之前全然交托之主的权威。

基督徒要特别远离异教徒愚昧和可恶之自我安慰的方式；在遭受患难时，他们将这一切归于命运。⑭他们认为向命运发怒是极其愚昧的，因命运是盲目的，⑮伤害好人也伤害坏人。⑯相反地，敬虔的原则是，唯有神是命运的主宰，他的手赐给人顺境或逆境，而且神并非盲目地对待人，而是公义地赐给人顺境或逆境。

---

⑭ 参阅 I. 5. 4。
⑮ "άσκοπος."
⑯ 塞涅卡在他的作品 On Tranquillity of Mind 8-11 中，虽然没有提到宗教，却仍劝人要在命运的荣枯盛衰中坚强。他在 Moral Epistles cvii. 7 中说："Fortiter fortuita patiemur"。然而，他在 Epistles 76. 23 中反而说事情是"出于神的律"而发生的（LCL Seneca, Moral Essays II. 240-262；Epistulae morales III. 226；II. 160 f.）。

第八章　背十字架，自我否定的一部分

跟随基督的人当背起自己的十字架（1—2）

1. 基督的十字架和我们的十字架

^b然而，敬虔的人却应当有更高的追求，到达基督所呼召他门徒的程度：每个门徒必须背起自己的十字架（太16：24）。因神所收养并视为配得与他交通的人应当准备遭受艰难、困苦、不平静的生活，他们的一生中将充满各种不同的患难。我们在天上的父神喜悦这样置他的儿女们于某些试炼之中，以便更好地操练他们。从神的长子基督开始，这是神对他一切儿女的计划。虽然神爱基督胜过他一切其他的儿女，且虽然基督是父神所喜悦的儿子（太3：17，17：5），然而，在基督身上，我们可以看到神不但没有纵容或宠坏他，反而让他在世上背负十字架。事实上，他的一生一直就是一种十字架。使徒告诉我们："基督因所受的苦难学了顺从。"（来5：8）

^b那么，难道我们想要逃避基督——我们的元首——所甘心乐意接受的处境吗？特别是当我们想到，基督为了我们甘心背负十字架，做我们忍耐的榜样。而且保罗教导我们，神预定他一切的儿女效法基督的样式（罗8：29）。所以，在受苦和艰难的处境中，虽然我们常将之视为逆

境和有害的，我们仍能因此获得极大的安慰。神使我们与基督的苦难有分，好让我们如基督经过各式各样的苦难才进到天堂的荣耀中一样，经过许多的患难，至终进入同样的荣耀（徒14：22）。保罗在别处也告诉我们：当我们与基督一同受苦时，我们能体会他复活的大能，且当我们在死亡中效法基督时，神借此训练我们与基督荣耀的复活有分（腓3：10—11）。当我们想到我们越受患难，就越肯定我们与基督彼此的交通时，我们十字架一切的苦痛就大大地减轻！因若我们与基督有交通，就连苦难本身都不但要成为祝福，也会大大地有助于我们的救恩。

2. 十字架引领我们完全信靠神的大能

ᵇ此外，我们的主本不需要承担十字架的苦痛，他担当十字架唯一的原因是接受试炼，证明他对父神的顺服。然而，对我们而言，我们之所以必须一生背十字架，有许多的理由。首先，既然我们的肉体生来倾向于将一切的完全归在自己的努力之上——除非神使我们亲眼看到自己的软弱——我们很容易过分看重自己的美德。我们也毫不怀疑，不管自己遭受何种障碍或诱惑，我们的美德仍会毫不受损，必然得胜。我们对自己的肉体有如此愚昧和虚妄的自信，而且我们一旦靠自己的肉体，就使我们在神面前心里傲慢，仿佛自己的才能和力量在神的恩典之外足够我们用似的。

最能抑制我们心里傲慢的方式，就是神使我们亲自经历到，我们不但毫无能力，而且非常软弱。所以神以羞辱、贫困、悲哀、疾病或其他的灾难熬炼我们。我们完全无力承受这样的灾难，事实上，会马上因此屈服。神这样叫我们惭愧之后，我们就学会如何仰望他的大能，因神的全能才能使我们在患难的重担下站稳。但就连最敬虔的人，不管他多么承认自己是靠神的恩典而非自己的力量站稳，还是免不了过于相信自己的勇气和坚定，除非神借十字架的考验使他们更清楚地认识神。ᶜ连大卫自己也有过这自信："至于我，我凡事平顺，便说：'我永不动摇。'耶和华啊,你曾施恩,叫我的江山稳固;你掩了面我就惊惶。"(诗 30:6—7)①大卫承认在顺境中,他的心就变得麻木不仁,甚至忽略他所应当依靠之神的恩典,而依赖自己,向自己发誓他永不跌倒。既然这事发生在这伟大的先知身上,难道我们不应当因此更谨慎自己吗?

ᵇ当信徒们过得平顺时,就倾向于以自己的恒久忍耐为傲,然而到最后却发现这一切是虚假的。当神充分证明信徒们的软弱时,就让他们在谦卑上长进,并除去这邪恶属肉体的自信,而依靠神的恩典。当信徒们依靠神的恩典时,就经历到那保守他们到底之神全能的同在。

对于教导我们忍耐和顺服这是必需的(3—6)

3. 十字架使我们经历到神的信实并赐给我们对将来的盼望

ᵇ这也是保罗教导我们的:"患难生忍耐,忍耐生老练。"(罗5:3—4,参阅 Vg.)信徒们经历到神在患难中将与他们同在的应许是真实的(参阅林后1:4)。信徒因受神膀臂的扶持而能恒久忍耐,且这忍耐完全在他们肉体的力量之外。圣徒在忍耐中经历到神照自己的应许供应他们所需要的帮助。这经验也坚固他们的盼望,因为假使信徒在苦难中经历神的帮助之后,不相信神在未来将会一样信实,这是极大的忘恩负义。由此可见,背十字架使我们大大地获益。十字架既然毁坏我们对自己力量毫无根据的自信,以及揭露我们所喜爱的假冒为善,这十字架就帮助我们不再依靠自己的肉体。十字架借使我们虚己,教导我们唯独依靠神,而使我们不至于丧胆或跌倒。我们每一次的胜利都使自己的盼望得以刚强,因神借成就他的应许,使我们确信他以后也会一样信实。即使我们以上所提的是唯一的理由,这已足以证明背十字架实在使我们获益。②

---

① 参阅 Comm. Psalm 30:5,7。
② 参阅 Luther, *Fourteen Comforts* (1520) 1.7 (*Werke* WA VI. 110; tr. B. L. Woolf, *Reformation Writings of Martin Luther* II. 43)。

而且神若除去我们一切的自爱，好使我们更确信自己的无能为力，这对我们是极大的帮助。在发现自己的无能为力之后就不再依靠自己，不依靠自己是要我们完全依靠神，神要我们全心信赖他，好让我们在依靠他的帮助时坚忍到底；神要我们仰赖他的恩典，使我们确信他的应许是真实的，确信他的应许使我们的盼望得以坚固。

4. 十字架训练我们忍耐和顺服

ᵇ神使他的百姓遭受患难还有另一个目的：试炼他们的耐心和教导他们顺服。我并不是在否认他们一切的顺服都是神所赐的，只是神喜悦以充分的证据证实他赐给圣徒的恩典，免得这些恩典仍被隐藏在圣徒心内。所以，当神借他的仆人公开表现他所赏赐的忍耐和坚定时，圣经称之为操练他们的耐心。因此，亚伯拉罕没有拒绝将他的独生子献为燔祭（创22：1、12），这是神对亚伯拉罕的考验，也证明亚伯拉罕的敬虔。彼得同样也教导：就如精金在火炉里被炼净，我们的信心也照样受试炼（彼前1：7）。谁会否认神赏赐忍耐这美好的恩赐，是要信徒运用在生活上，并使之公开地表现出来？而信徒若没有运用这恩赐，就不会看重这恩赐。

但若神这样赏赐圣徒发挥他赐给他们的恩赐的机会，免得这些恩赐仍被隐藏（事实上成为无用，逐渐消失），这就充分证明神使圣徒遭受患难是公义的，是为了操练他们的忍耐。他们所背的十字架也教导他们顺服，因十字架训练他们行事为人不再照自己的意思，乃照神的旨意。显然，若在他们身上万事皆如意，他们就无法明白何谓跟随神。塞涅卡也告诉我们，古时在劝人忍受患难时也常采用这谚语——"要听从神"③。古人使用这谚语就暗示我们，只有当人将自己交付神的管教时，才真正开始

---

③ 西塞罗和塞涅卡都说"要听从神"是很古老的格言。Cicero, *De finibus* III. 22. 73 (LCL edition, pp. 292 f.); Seneca, *On the Happy Life* 15. 5 (LCL Seneca, *Moral Essays* II. 138).

负神的轭。我们应当在万事上顺服我们的天父，显然不可拒绝神以各种方式训练我们顺服。

5. 十字架是良药

ᵇ况且，除非我们发现自己的肉体是多么倾向于想甩掉神的轭，否则我们就无法明白我们是多么需要顺服神。因我们的肉体与倔强的马相似，马若被放开几天，它们就任性到无法被驯服，它们也不再认得它们从前所顺服的主人。并且，神在以色列人身上所斥责的罪，同样也一直在我们的身上。我们因渐渐肥胖，就踢那滋养我们的神（申32：15）。其实，神的慈爱应当吸引我们珍惜和爱他的良善。然而，既然我们的心充满恶意，神的慷慨反而使我们的心败坏，所以神就必须以某种管教勒住我们，免得我们至终完全放纵自己。因此，为了避免我们在富足中变得放荡，在人的尊荣下变得骄傲，在其他极大的祝福下（不管是灵魂还是身体上的）变得傲慢，神照他自己的美意以十字架的苦难管理我们和抑制我们放荡的肉体。他也用各种方式照各人的需要操练各人。因我们不都患同样的疾病，因此不是所有人都需要同样艰难的治疗方式。由此可见，神使用某种十字架试炼这人，而用另一种十字架试炼那人。我们天上的医生用比较温和的方式治疗一些人，而用较严厉的方式治疗另一些人。他喜悦所有信徒都得医治，但他试炼每一个信徒，因他知道我们都有疾病。

6. 十字架是父亲般的管教

ᵇ此外，我们慈悲的天父不但因我们的软弱，也因我们所犯过的罪必须苦炼我们，好使我们继续顺服他。因此，每当我们受难，就应当立刻想到以前的过犯，这样我们必能想到我们以前犯过某种值得被苦炼的罪。然而，神劝我们忍耐的主要原因不只是要我们知罪，圣经明确教导我们，神劝我们忍耐的主要目的：神以患难惩治我们，"免得我们和世人一同定罪"(林前 11∶32)。

所以,就连在患难的困苦之中,我们都必须相信父神对我们的慈爱和慷慨,因神甚至使用这样的苦难,不断地促成我们的救恩。因神以患难待我们,并不是要叫我们灭亡,而是要救我们脱离在世人身上的咒诅。这样的想法就会引领我们相信圣经的另一处教导:"我儿,你不可轻看耶和华的管教,也不可厌烦他的责备,因为耶和华所爱的,他必责备,正如父亲责备所喜爱的儿子。"(箴 3∶11 — 12 p.)当我们被父神杖打时,难道不应当证明自己是顺服和受教的儿女? 我们岂能效法那些绝望之人,心里刚硬,继续犯罪? 当人离弃神时,神若不是以管教使这人归回真道,就是任凭他沉沦。如此,神说:不受管教的人是私子,不是儿子(来 12∶8)。

那么,若当神借管教宣告他对我们的慈爱和救恩的关怀时我们无法忍受,就充分证明我们的悖逆。圣经教导我们,这就是非信徒和信徒的差别:前者就如刚硬、恶贯满盈的奴隶在受责备中变得越来越刚硬;后者就如神的自由之子,已悔改归向父神。因此,你必须选择做哪一种人。然而,因我们在前面已谈过这主题,④我就不再详细解释。

在逼迫和其他的灾难中背十字架(7—8)

7. 为义受逼迫

ᵇ为义受逼迫也是神独特的安慰,因我们应当想到神给我们佩戴上他军队的徽章是极大的尊荣。我说的不只是那些为真道竭力争辩的人,也包括那些在任何方面为义的缘故受逼迫的人。因此,我们或面对撒旦的虚谎而宣告神的真道,或在恶人的攻击下为良善、无辜的人辩护,都会遭受世人的逼迫和恨恶,甚至使我们的性命、财富或荣誉落在危险中。当我们这样为神受难时,我们不要担忧或感到烦扰,或将自己视为可悲,因神亲口宣告我们是有福的(太 5∶10)。若只考虑贫困、放逐、被

---

④ I. 17. 8;III. 4. 31, 35.

藐视、坐牢、羞辱，甚至死亡本身，这些的确是灾难。然而，当神的祝福临到我们身上时，各式各样的灾难都成为我们的福分。所以，我们应当满足于基督所见证的，而不是我们属肉体的错误判断。我们若这样顺服就必定与保罗一同欢喜。每当我们被算是配为基督的名受辱（徒5：41 p.）时，我们应该如何看待这事呢？我们虽然无辜并保持无愧的良心，却因不敬虔之人的恶行丧失自己的财产，在人眼中我们的确被视为穷困，但在神眼中我们真实的财富反而加增了。若我们的骨肉不认我们，将我们从家里赶走，⑤神必定更亲近地接纳我们到他自己的家中。我们若受苦和被人藐视，就当在基督里更深地扎根。我们若为主的缘故受凌辱，在天国里的地位就更高。我们若被杀，就必进入那蒙福的生命中。我们千万不可轻看神所看重的事，以为它们不如今世的虚浮的荣华。

8. 基督徒在背十字架的苦难中蒙神的慰藉*

ᵇ当我们为义遭受羞辱或者患难时，圣经的这类教导成为我们极大的安慰。因此，我们若不甘心乐意地从主手中领受我们的苦难，就证明我们的忘恩负义，特别是因为，信徒背这样的十字架是极为恰当的，而且基督喜悦在我们受难时从我们身上得荣耀，就如彼得所教导的那样（彼前4：12 及以下）。ᵉ然而，既然对体面的人而言，受辱比丧失一百条性命更难受，所以，保罗特别警告我们，一切渴望永生神的人不但会受逼迫，也会因他的名受辱（提前4：10）。故在另一处经文中，保罗盼咐我们无论是在恶名或美名中都要效法他的榜样（林后6：8）。

ᵇ然而，神所要求我们甘心乐意的心态，并不会除掉一切苦难和痛苦的感觉。因除非圣徒被痛苦和艰难折磨，否则即使背十字架也学不会忍耐。若贫困不难受，生病没有折磨，受辱中没有痛苦，面对死亡没有惧

---

⑤ 加尔文在1539年的版本中加上这一段，在他从法国（1535）和日内瓦（1538）逃走之后。然而这一段与他在Olivétan法文版新约圣经的序（1534）中所说的很像（CR IX. 809.）（参阅 J. Haroutunian's translation, LCC XXIII. 67 f.）。

怕——人若能淡然地接受这些灾难，如何能生发出坚忍和节制呢？但既然这些灾难都带有内在的痛苦，并熬炼我们，这就彰显信徒的坚忍，只要他在这苦难中，不管这苦难有多难熬，都能毫不胆怯地抵挡它，就会至终胜过它。而且，当他被大大刺痛，却因他对神的敬畏而约束自己的行为，他的忍耐也有显明的机会。他若在悲哀和苦恼中仰赖神属灵的慰藉，这就显出他的喜乐。

基督徒视苦难出于神，却不像斯多葛主义者无奈地接受（9—11）

9. 基督徒不像斯多葛主义者，在受苦难时表现自己的痛苦*

ᵇ信徒在自然的忧伤中挣扎地保持耐心和节制，就如保罗恰当地描述的："我们四面受敌，却不被困住；心里作难，却不全失望；遭逼迫，却不被丢弃；打倒了，却不至死亡。"（林后 4：8—9 p.）由此可见，神不要我们麻木或无奈地忍受十字架。神所喜悦的忍受方式不是古时的斯多葛主义者对"那灵魂伟大之人"的描述：在人一切与生俱来的情感被剥夺之后，不管他受难或兴旺，经历忧伤或快乐都有同样的反应——事实上，就如石头那样没有任何的感觉。⑥然而，这所谓的崇高智慧带给他们怎样的益处呢？他们所描述的忍耐是从来没有人经历过的，而且人根本做不到。相反，当他们想拥有过于严格的忍耐时，就把它逐出了人类生活。

在基督徒当中也有一些新的斯多葛主义者，⑦他们认为呻吟和流

---

⑥ 在古时候有许多类似的安慰人的作品。西塞罗说斯多葛主义者"写了许多愚昧的三段论法证明痛苦不是灾祸"。*Tusculan Disputations* II. 12. 20（LCL edition, pp. 176 f.）. 参阅 McNeill, *A History of the Cure of Souls*, pp. 26-36。关于加尔文在此承认的眼泪和焦虑，参见 Wallace, *Calvin's Doctrine of the Christian Life*, p. 191。

⑦ 加尔文从古时斯多葛主义者身上获益良多，但他常常责备他们与基督教有冲突的教导，包括他们的"无情"原则、他们对情感的弃绝，以及他们的命运理论。参阅 I. 16. 8；III. 4. 28；III. 7. 15，and appended notes；Comm. Ezek 1：4；17：10；Matt 10：29；L. Zanta, *La Renaissance du Stoïcisme au seizième siècle*, chapters 1, 2；Q. Breen, *John Calvin: A Study in French Humanism*, ch. 4。

泪,甚至忧伤和担心都是邪恶的行为。这些似是而非的论调多半来自一些无所事事的人,他们宁愿冥想也不愿动手,到最后只能设想这类似是而非的论调伤害我们。然而,我们与这种无情的哲学毫无关联,主耶稣基督的话语和榜样都斥责这种哲学,因在他自己和别人受难时也呻吟和流泪。他也如此教导他的门徒:"你们将要痛哭、哀号,世人倒要喜乐。"(约16:20 p.)而且,为避免有人视这情感为罪恶,基督公开地宣告:"哀恸的人有福了。"(太5:4)这并不足为怪!因若神禁止一切的流泪,那么我们要如何看待主的汗珠如大血点滴在地上(路22:44)?若一切的惧怕都是出于不信,那我们要如何看待基督自己所深感的惧怕(太26:37,可14:33)?我们若弃绝一切的忧伤,那么我们如何接受基督的这句话:"我心里甚是忧伤,几乎要死"(太26:38)?

10. 真忧伤以及真忍耐的争战

ᵇ我这样说是要救敬虔之人脱离一切的绝望,免得他们因无法除去自然情感中的忧伤而放弃寻求忍耐。一切将忍耐当作某种麻痹的感觉,并将勇敢、坚忍的圣徒视为木头人的人,至终必定放弃寻求忍耐。因当圣徒受难,却不至于崩溃或跌倒;虽然受苦炼,却同时充满属灵的喜乐;有时心里惧怕,却因神的慰藉而重新振作时,圣经就称赞他们。同时,他们在心里有某种挣扎:他们肉体的感觉逃避和惧怕一切的逆境,但他们敬虔的心却渴慕在这些苦难中恒心顺服神的旨意。主对彼得所说的这段话表现信徒心中的这争战:"你年少的时候,自己束上带子,随意往来;但年老的时候……别人要把你束上,带你到不愿意去的地方。"(约21:18 p.)当彼得必须借殉道荣耀神时,他不太可能不愿意和抗拒为主受死,否则,他的殉道就没有什么可称赞的。然而,他虽然极真诚地顺服神所给他的这盼咐,但因他未曾完全脱去自己的肉体,所以他心里有矛盾挣扎。当他想到他将受大痛苦、流血牺牲时,他因自己的惧怕会期待逃避这些事。另一方面,当他想到是神自己的盼咐时,他就克服,甚至践踏了他的惧怕，而甘心乐意地为主受死。我们若想做基督的门徒也必须如此行，我们心里要怀着对神的敬畏和顺服，甚至驯服和治死一切抵挡神的情感。在这种情况之下，不管神让我们背怎样痛苦的十字架，甚至心里极其伤痛之时我们仍能忍耐。这些患难本身带给我们痛苦：在患病时，我们呻吟并渴望身体的复原；在贫困时，担心和忧伤的箭刺入我们的心；我们也遭受羞辱、厌恶、不公义的对待；我们参加亲人的葬礼时也自然地流泪。然而，我们最后的结论总是：这是神的旨意，所以就让我们随从他的旨意。事实上，在痛苦、呻吟和流泪当中我们必须这样想，好使我们能甘心乐意地接受神使我们经历的这一切。

11. 哲学和基督教对忍耐的立场

ᵇ既然我们说思想神的旨意是我们忍受十字架主要的原因，所以我们现在要简洁地解释哲学和基督教对忍耐不同的观点。的确，哲学家们很少高明到能理解神以患难亲手试炼我们，而我们因此就当顺服。他们提出的唯一理由是：忍耐是不得已的。⑧难道这不就是在说你必须顺服神，因为抵挡他是徒然的吗？我们顺服神若只是因为这是必需的，那么，我们一旦有逃脱的机会就会立刻不再顺服他。然而，圣经要我们思想神的旨意中的顺服缘由却截然不同：首先是公义与公平，其次关系到我们的救恩，这就是基督教对忍耐的劝勉。不管我们遭遇贫困、放逐、监禁、羞辱、疾病、死亡，还是其他的灾难，我们必须深信这一切都是出于神的旨意和护理，也是出于神完美的公义。⑨那么，我们天天因无数的过犯所应得的患难，岂不是比神出于他的慈爱所给我们的更多吗？难道我们的肉体被驯服和习惯负神的轭，免得我们放荡的本性暴露出来是不公平的吗？难道维护神的公义和真理不值得我们受难吗？若我们在受难中，神的公平无疑地

---

⑧ 参阅 Seneca，"[Creator] scripsit quidem fata, sed sequitur." *On Providence* v. 8 (LCL Seneca, *Moral Essays* I. 38)。

⑨ 此翻译受 VG 的影响："Qu'il ne fait rien sinon d'une justice bien ordonné."

彰显，那么我们的埋怨和抗拒就证明我们的大罪。我们不再理会这虚妄的口头禅："我们必须忍耐，因为是不得已的。"我们听从的是活泼、极有功效的盼咐："我们必须顺服，因为不顺服是神所不喜悦的；我们必须忍耐，因为不耐烦是对神公义的悖逆。"

那么，既然我们只喜欢那些我们视为帮助我们蒙救恩和受益的事，我们慈悲的天父就以此安慰我们。神宣称他使我们遭受的一切患难，都于我们的救恩有益。显然，我们一切的患难都使我们获益，难道我们不应当以感恩和平静的心忍耐吗？所以，当我们忍耐的时候，我们并不是不得已地接受一个无法改变的事实，而是在为自己的益处而接受。如此，在我们背十字架时，不管我们的肉体感到多么痛苦，我们同时也将充满属灵的喜乐。之后，这喜乐使我们心存感恩；然而，既然我们对神的赞美和感谢只能出于喜乐的心，而且没有任何事物能拦阻我们对神的赞美和感谢，显然十字架的痛苦必定会以属灵的喜乐来调和。

ᵉ第九章 默想永世①

神借患难减少我们对今世过度的爱（1—2）

1. 今世的虚空

ᵇ不管我们遭受何种患难，我们必须明白这样的目的：借此训练自己轻看今世，并因此被驱使默想永世。因为神既然最知道我们生来何等喜爱这世界，他就用最恰当的方式拦阻我们，并借此除掉我们的懒惰，免得我们过于贪爱这世界。我们每一个信徒都盼望一生仰望和寻求天上的永生。我们若不如禽兽是极为可耻的，但如若我们没有死后永生的盼望，那么我们的光景与禽兽没有两样。然而，你若检视人的计划、努力和一切行为，你会发现都是属世的。我们的心被世间的名利和权力所迷惑，而盲目到看不见别的，这就证明我们的愚昧。我们也因充满贪心、野心和淫欲，无法感受到世俗之外的事。总之，人的整个灵魂因受肉体诱惑的吸引，完全在世上寻求快乐。为了抵挡这邪恶，神不断地证明世界的悲惨，好教导信徒今世的虚空。为了免得他们在心里期望在世上获

---

① 参阅 J. Bohatec, *Budé und Calvin*, pp. 416-420; H. Quistorp, *Calvin's Doctrine of the Last Things*, tr. H. Knight, pp. 41-54; W. Kolfhaus, *Vom christlichen Leben nach Johannes Calvin*, pp. 539-565; R. S. Wallace, *Calvin's Doctrine of the Christian Life*, Part II, ch. 4。

得永久满足他们的平安，神使他们常常遭遇战争、纷争、抢劫、或其他灾难。神为了约束他们迫不及待地追求转眼即逝的钱财，或依靠自己拥有的财富，就使他们被放逐、遭饥荒、遇火灾，或以其他方式，使他们落在贫困中，或至少拦阻他们发财。为了避免他们过度地享受婚姻所带来的幸福，②神就以堕落的妻子、悖逆的儿女，或丧亲的痛苦试炼他们。然而，如果神在这一切的事上比较慷慨地对待他们，但为了避免他们因骄傲或自信而自高自大，神就借疾病和灾难使他们看到今世的好处如昙花一现，转眼成空。

唯有当我们发现今世在各方面充满患难、困苦，以及许多令我们不快乐的事，没有任何方面是幸福的；今世所带来的幸福是不可靠、转眼即逝、虚空的，同时带给我们各式各样的害处，我们才从十字架的苦炼中真正获益。③由此可见，我们在今世只能期待争战，也应当提醒自己：我们的冠冕在天上。总之，我们要深信：除非人在心里开始轻看今世，否则他绝不会认真地寻求和默想永世。

2. 我们的倾向是忽略今世的虚空

ᵇ显然，这世界对我们而言若非毫无价值，便会吸引我们过度地爱它，不会有第三种可能。因此，我们若对永恒有起码的关心，就必须殷勤设法甩掉这些世界的锁链。既然今生有许多吸引我们的诱惑，还有许多哄骗我们的快乐、恩惠和甘甜，所以，十字架的苦炼对我们很重要，免得我们沉迷于这些诱惑。若各种苦难不断地提醒我们，我们仍然无法正确地判断今世的悲惨，那么我们若一直享受财富和快乐，我们的人生又会是怎样的呢？

人生如烟（参阅诗 102∶3）或如影（参阅诗 102∶11）不只是有学问

---

② 参阅 Augustine, *On the Good of Marriage* (MPL 40. 373-391; tr. NPNF III. 399-413)。
③ 参阅 III. 8. 3。

的人才知道的，就连凡夫俗子也无人不知。且既然他们认为这事实对人而言是极为有益的，所以他们的格言也表达此意。然而，几乎没有任何事物比这更容易被人忽略或忘记。因我们行万事就如自己打算在今世建立永恒，但我们若看到尸体被埋葬，或我们在坟地中行走，因直接面对死亡，就会很有哲理地说今世是虚空的。然而，我们在这事上也是前后不一致的，因为这一切的事经常对我们毫无影响。当我们谈完之后，很快就忘记了，ᵃ我们的哲学如烟转眼消散，之后，就如在戏院里的掌声，这些言谈很快就消失了。ᵇ我们不但忘记死亡，甚至也忘记自己必死的事实，且就如我们从未面对过这事实，就又归回到我们在地上永远不死的确信里去了。若有人在任何时候，口里冒出这谚语："人生如朝露"④，我们的确会承认这事实，却不会留意，以至在地上不死的概念仍旧锁住我们的心。因此，人们无法否认神用各种经历说服我们今世的悲惨对我们有极大的益处。事实上，即使在我们被说服之后，我们也几乎无法停止邪恶并愚昧地赞扬我们在世上的人生，就如这人生包含了我们一切的好处。但既然神喜悦这样教导我们，我们就有责任留心听，好使我们离弃自己的懒惰，并因轻看这世界就全心全意地默想永生。

对这转眼即逝、不能满足我们之今世正确的判断，使我们默想永世（3—6）

3. 对今世的感恩！

ᵇ我劝信徒养成轻看今世的习惯，尽管不是恨恶今世或对神忘恩负义。事实上，今世虽然充满无限的悲惨，我们仍然有责任将之视为从神而来不可拒绝的福分。其实，我们若在今世看不到神任何的祝福，就已经在心里犯了严重的忘恩负义之罪。特别对信徒而言，今世应当向他们

---

④ "*Hominem animal esse ἐφήμερον*," 参阅 Plato, *Laws* XI. 923（LCL Plato, *Laws* II. 420）; *Republic* X. 617 D（"ψυχαὶ ἐφήμεραι"）（LCL Plato, *Republic* II. 506）。

见证神的良善，全然是为了促进他们的救恩。因在神使他的百姓确信他们在荣耀中有永远的产业之前，他首先采用较小的证据向我们证明他是我们的天父。这些就是他天天赏赐我们的福分。既然今世使我们明白神的良善，难道我们应当藐视它，仿佛它对我们毫无益处吗？所以，我们必须习惯将今世视为来自神慷慨的福分之一，绝不应当拒绝。圣经对这事实有既丰富又清楚的证据。但即使圣经没有这样的启示，就连大自然本身也劝我们感谢神，因他赏赐我们生命，允许我们使用这世界，并供应我们一切所需要的，以保守这生命。

而且，当为今世感谢神之更大的理由是：我们这一辈子是在预备享受天国的荣耀。因神预定那些他在天上将加冕的人必须先经过地上的争战，使他们直到胜过战争中的一切困难之后才夸胜。

还有另一个原因是：我们在今生因领受神不同的福分，就预尝神慷慨的甘甜，好激发我们更盼望和渴慕这慷慨在天上完美的显明。我们确信今世的生命是出于神仁慈的恩赐，因此我们应当心存感恩。之后，我们早晚将发觉今世的悲惨，好使我们不至于因我们与生俱来的倾向而贪恋世俗。

4. 对永生正确的渴慕

ᵇ我们越减少对今世的爱，就会越渴慕永生。我同意这样一种看法颇有见地：认为最好的景况就是未曾出生，其次是在出生之后很快就死亡（参阅传4：2—3）。⑤既然他们没有受神真理的光照，他们在今世触目所及不都是令人忧伤和厌倦的事吗？他们庆祝亲人生日时忧伤哭泣，参加他们葬礼时欢喜欢乐，就不足为奇了。⑥然而，这一切并没有使他们获

---

⑤ Theognis, *Elegies* 425-428 (LCL *Greek Elegy* I. 280 f.); Cicero, *Tusculan Disputations* I. 48, 113 f. (LCL edition, pp. 136 f.); Herodotus, *History* I. 31 (self-immolation of Cleobis and Biton) (LCL Herodotus I. 34 ff.).

⑥ Euripides on Cresphontes, 由西塞罗以拉丁文引述, *Tusculan Disputations* I. 48. 115 (LCL edition, pp. 138 f.)。

益，因他们既然没有信心，就无法明白不幸或人所厌烦的事如何能互相效力，叫敬虔的人得益处，他们因此在绝望中做出以上的结论。

那么，信徒正确看待今世的目的是，在于明白今世本身不过是悲惨，因此更当热切地默想永世。当我们将今世与来世相比时，我们不但可以忽略今世，甚至应当轻看和厌恶它。因若天堂是我们的家乡，难道地上不就是我们被掳之地吗？若离开世界等于进入永生，这世界难道不就是坟墓吗？而且人在今世的生活难道不就是某种死亡吗？若离开身体等于获得释放和得到完全的自由，难道这身体不就是监牢吗？⑦若享受神的同在是快乐无比，难道缺乏这快乐不就是忧伤本身吗？然而，除非我们离开世界，否则"便与主相离"（林后 5∶6）。因此，我们若将地上的生命与天上的做比较，无疑地，我们会立刻藐视地上的生命并将之践踏在我们的脚下。当然，我们因这生命使我们常常犯罪而厌恶它，虽然我们对这光景的厌恶不能说是恨恶这生命本身。无论如何，我们对待今世的态度应该是：我们既因对今世的厌倦和厌恶而期待它的结束，同时也照神的旨意珍惜他所给我们的每一个新的日子，好让我们的疲倦至终不至于成为埋怨和不耐烦。因今世就如哨岗，⑧神差派我们在那里放哨直到他呼召我们离开。使徒保罗感觉到长久受身体的捆锁，为这光景悲伤并迫切地渴慕得赎（罗 7∶24）。然而，为了顺服神的吩咐，保罗宣告：或离世与基督同在，或继续在肉身活着，他都愿意接受（腓 1∶23—24）。因他承认或以生命或以死亡荣耀神，都是他欠神的债（罗 14∶8）。然而，哪一种光景最能将荣耀归给神都是由神自己来做决定。因此，既然我们应当为主而活并为主而死，我们就当将我们何时离世的决定交托给神，且同时既热切地期待死亡，也经常默想永世。而且，在将今世与永世比

---

⑦ Plato, *Phaedo* 64 A, 80 E (LCL *Plato* I. 222 f., 280 f.); Cicero, *Tusculan Disputations* I. 49. 118 (LCL edition, pp. 142 ff.). 参阅 Melanchthon: *"Neque vero Christiana est vita, nisi assiduo moreamur." Loci communes*, ed. Engelland, p. 156; tr. Hill, p. 259. 关于身体为监牢，参阅 III. 6. 5，注释 9。

⑧ 参阅 III. 10. 6，注释 9。

较时，我们就当轻看今世，并因罪的捆绑，渴慕在神喜悦的时候离世。

5. 当弃绝一切对死亡的惧怕！

ᵇ然而，可怕的是许多自称为基督徒的人不但没有渴慕死亡，反而惧怕它，甚至每当听到死亡时就战战兢兢，好像它是极大的灾难。显然，我们与生俱来的情感在思想到身体的死亡时感到惧怕是自然的。然而，不能接受的是，在基督徒的心里没有任何敬虔的光能以更大的安慰胜过和制伏这恐惧。因我们若相信这不稳固、有瑕疵、必朽坏的、转瞬即逝的、衰残的、腐烂的身体之帐篷即将被拆毁，并立刻要受更新成为稳固、完全、不朽坏的身体，及披上天上的荣耀，难道这信心不会驱使我们追切地寻求肉体所惧怕的吗？我们若相信死亡呼召我们从被掳中归回本国，甚至天国，难道这事实不会成为我们极大的慰藉吗？

然而，或许有人会反对说：没有任何有生命的受造物不渴望存活。⑨ 我完全同意，但我坚持的是我们最在乎的应当是那将来不死的生命，因我们在那里将经历到世界不能提供给我们的永远稳固的生活。ᶜ保罗清楚教导信徒期待死亡，"并非愿意脱下这个，乃是愿意穿上那个"（林后5：2—3）。ᵇ难道野兽，甚至没有生命的受造物——树和石头——因意识到它们现在虚空的存在，都切望等候复活之日，好与神的儿女们一同脱离这虚空的光景（罗8：19及以下），难道我们这拥有理解力，甚至蒙圣灵光照的人，在我们的存在这极为重要的事上，不能看穿今世必朽的光景吗？

但我并无意（至少现在不是恰当的时机）斥责这极大的罪恶。我从一开始就明说我不打算详细讨论较次要的问题。但我要劝胆小者研读西普里安的作品《论人的必死》（*On the Mortality*）⑩，除非他们宁可研究哲

---

⑨ VG 版本的这句话可以这样翻译："然而也许有人会反对说没有任何的活物不想继续存活下去。"
⑩ Cyprian, *On the Mortality* (i. e., A. D. 252 的瘟疫) 3. 1 (CSEL 3. 294 ff.; tr. ANF V. 470)。

学家们对死亡的立场。然而，就连哲学家也无畏于死亡，这应当令他们感到羞耻。

我们要坚定地相信：那不欢喜等候死亡和复活之日的人，对基督教的了解非常有限。保罗也描述信徒都有等候死亡的特征（多 2：13；参阅提后 4：8），而且每当圣经向我们证明完美的福气时，经常提醒我们这盼望。基督说："你们就当挺身昂首，因为你们得赎的日子近了。"（路 21：28 p.）神喜悦用来激励我们，使我们欢喜、快乐的事，反而只令我们感到忧伤和惧怕，难道这是合理的吗？若是这样，我们为何仍夸耀他是我们的主呢？因此，我们要持守更正确的立场。虽然我们肉体盲目且愚昧的私欲反对，我们仍要毫无疑惑地等候主的再来，不但要渴望他的降临，也应当将之视为最令我们快乐的事来切慕。他将以救赎者的身份降临，并在救我们脱离这充满各种邪恶和悲惨的世界后，引领我们进入那永生的荣耀产业。

6. 信徒在渴望永世时，蒙神安慰

^{b}显然，众信徒在继续活在世上时，为了效法基督——他们元首——的榜样，必须"如将宰的羊"（罗 8：36）。如此看来，除非他们思念天上的事胜过世界的事，不只在今生有指望（参阅林前 15：19），否则他们是极其可悲的。相反，一旦他们停止思念地上的事而开始仰望神，即使他们看到恶人在财富和尊荣上兴旺，享受平安，以及以他们一切华丽、显赫的财产为傲，享受种种娱乐[11]——就算信徒因这些人的恶行受害，忍受他们的辱骂，因他们的贪心有所亏损，或被他们的私欲所烦扰——他们也能毫无困难地在这样的苦难中忍耐到底。因他们所仰望的，是神将接他忠心的百姓到天国的平安之中，神要"擦去他们一切的眼泪"（启 7：17；参阅赛 25：8），要给他们穿上那荣耀、欢乐的长袍，要以他说不出

---

[11] 参阅 I. 10. 2；III. 7. 8。

来的甘甜和喜乐喂养他们，与他们一同完美地交通，使他们与他的喜乐有分。然而，那些在今世兴旺的不敬虔之人将遭受最悲惨的羞辱：神要使他们的欢乐变为折磨，叫他们的笑声和快乐变为哀哭、切齿；他将折磨他们的良心，使他们没有平安；他将以不灭的火惩罚他们的淫恶（参阅赛66：24；太25：41；可9：43、46；启21：8）⑫；他也将使他们低头服在被他们践踏的敬虔之人之下。就如保罗所见证的，这就是公义！使曾经遭受不幸、不公的人得安息，以患难报应曾经叫敬虔之人受患难的恶人，这都是在主耶稣从天上显现时必将发生的（帖后1：6—7）。

　　ᵇ这的确是我们唯一的安慰，这安慰若被夺去，我们或落在绝望中，或被吸引受这世界虚空的安慰而至终灭亡。连先知都承认，当他见恶人享受兴旺时，他的脚几乎失闪（诗73：2—3），而直到他进了神的圣所，思想恶人的结局时才明白（诗73：17）。综上所述，若信徒仰望神复活的大能，那么在他们的心中，基督的十字架至终将胜过魔鬼、肉体、罪以及恶人。

---

⑫　参阅 III. 25. 12。加尔文在那里解释圣经对受咒诅之人的具体形容。

ᵉ第十章 信徒应当如何使用今世和其中的福分

信徒当把享受今世的福分视为神的恩赐(1—2)

1. 双重的危险:对今世的态度过于严厉或放纵

ᵇ在这基本的教导下,圣经也适时教导我们如何正确使用今世的福分,这于我们生活的安排具有不可忽略的意义。因我们若要在世上生活,就必须使用那些能帮助我们生活的事物。而且,我们也不能避免使用那些似乎不只满足我们基本的需要,也带给我们快乐的事物。因此,我们必须有一个原则,使我们能以无亏的良心使用今世的事物,无论是满足我们基本的需要或是带给我们快乐。当神教导今世对他的百姓而言是某种快速通往天国的历程①时,他就立下了这个原则(利25:23;历上29:15;诗39:13,119:19;来11:8—10、13—16,13:14;彼前2:11)。我们既然在这历程中必须经过今世,那么,无疑我们就应当使用今世的福分,只要它是帮助我们而不是拦阻我们前进。ᵉ因此,保罗正确地勉励我们用世物的,要像不用世物,置买的要像无有

---

① 参阅 III.7.3,注释7。

所得（林前7∶30—31）。

ᵇ但既然这是经常被人误会的主题，且若不谨慎就可能滑向两个不同的极端，就让我们谨慎我们的脚步。曾经有一些在多方面良善、圣洁的人，当他们发现不节制和放荡若不受严厉约束就会一发不可收拾时，他们想纠正这危险的恶。但他们的方式是：他们只允许人在基本的需要上使用世物。②虽然这的确是属灵的教导，但他们太过严厉地执行。他们对良心的约束比神真道的约束更严谨，这是非常危险的。而且他们对"需要"的定义是：人的基本生存所需的东西，ᶜ因此，对他们而言，我们所被允许的食物只有面包和白开水。有人的教导比他们的更严格，据说底比斯的克拉特斯（Crates the Theban）将他一切的财产扔到大海里去，因他认为除非他毁坏它们，否则它们至终将毁灭他。③

然而，今日也有许多人找借口过度地使用世物，而给放纵肉体铺路。他们理所当然地认为，使用世物的自由不应当被约束，而是应当由每个人的良心决定。对此我并不以为然。我当然同意人的良心不应当也不能受任何明确的法律规条的约束，然而，既然圣经给我们如何使用世物的一般原则，那我们就应该按照圣经的教导约束自己。

2. 主要的原则

ᵇ我们的原则是：若我们按照神创造世界的目的使用他的恩赐，这并没有错。因神创造这一切是为了我们的益处，并非为了毁灭我们。因此，那认真考虑神创世之目的的人，将会正确地使用这些恩赐。那么，我们若思考神为何创造饮食，就会发现这不但是为了人的需要，也是为了人的享受和快乐。除了人的需要以外，神给我们衣裳的目的也是为了美丽和体面。草、树和水果，除了本身实际的用处以外，也有

---

② 参阅 Augustine, *On the Good of Marriage* 9.9 (MPL 40. 380; tr. NPNF III. 403); Psalms, *Ps.* 4. 8 MPL 36. 81; tr. LF *Psalms* I. 21。

③ Diogenes Laertius, *Lives and Opinions of the Philosophers* VI. 5. 4 (LCL edition, II. 90 f.).

它们美丽的外观和味道（参阅创2：9）。因若非如此，先知必不会将它们视为是神的祝福："使人……得酒能悦人心，得油能润人面。"（诗104：15 p.）否则，圣经在称赞神的慈爱时必不会再三地提醒是神赐给我们这些。而且各种受造物自然的特色，本身就充分表明我们应当为什么目的、在什么范围内享受它们。难道神为我们的眼睛和鼻子创造美丽和芬芳的花，却不允许我们的眼睛欣赏它的美丽、鼻子享受它的香味吗？难道神创造颜色时不是使一些比其他的更好看吗？难道神不是决定金子和银子、象牙和大理石比其他的金属和石头更宝贵吗？简言之，神除了决定一切的受造物有实际的用处以外，难道他不也同时使它们对我们有吸引力吗？④

我们不应当放纵地使用这些福分，或贪求钱财，而是在神对我们的呼召上忠心地尽本分（3—6）

3. 认识赏赐恩赐的神，使我们避免狭隘或放纵

ᵇ我们当远离这不人道的哲学，即要求人只按照自己基本的需要使用世物，这不仅剥夺神出于他的恩慈所赐予我们享用的果实，也剥夺人一切的感觉，使人宛如木头。

然而，另一方面我们也应当认真地避免放纵肉体的私欲，因若不约束肉体就会放纵无度。就如我以上所说，⑤真的有一些人以自由为借口劝人毫无节制地使用世物。要约束肉体，我们首先要承认神创造万物的目的是要我们明白他是造物主，并因此感谢他对我们的慈爱。但你若暴饮暴食到心智迟钝，以致无法尽神呼召你的本分，难道这算是心存感恩吗？你若放纵情欲到污染自己的思想，以致无法分辨是非荣耻，难道这算是

---

④ 这段证明加尔文相信美丽不只有实用的价值。参阅 Comm. Genesis 4：20。虽然音乐满足我们的娱乐而不是我们的需要，"但我们不应该因此将之视为无用的，更不应该斥责它"（J. Haroutunian's translation，LCC XXIII. 355）。更多的例证，请参阅 R. S. Wallace，*Calvin's Doctrine of the Christian Life*，pp. 137 ff.；L. Wencelius，*L'Esthdtique de Calvin*，pp. 112 f.，134。

⑤ 上文第一节后面说的。

认识神为造物主吗？我们若穿戴高贵、时髦的衣裳，为了荣耀自己、藐视别人，或因衣服的华丽和高贵诱惑自己放纵情欲，难道这算是感谢神吗？若我们总是关注自己外表的华丽，难道我们能同时默想神吗？许多人放纵自己一切感官的情欲之后，他们的心昏暗了。许多人喜悦大理石、金子和图画到一个地步，最后似乎自己成为大理石、金子或一幅画的样子。又有人被厨房里的美味吸引到对属灵的事没有任何胃口，[b]在其他事上也是如此。因此，我们必须约束自己，免得滥用神的恩赐[⑤a]。我们应当留意保罗所说的原则："不要为肉体安排，去放纵私欲"（罗13：14）。我们若过度屈从于这些私欲，最后就会放纵它们。

4. 盼望永生产生正直的行为

[b]然而，最有效约束自己的方式就是轻看今世和默想天上的永生。我们从此推出两个规则：我们用世物的要像不用世物，就如保罗所吩咐我们的那样，那有妻子的，要像没有妻子；置买的，要像无有所得（林前7：29—31）。另一个原则是：如此我们会学习如何在贫困中忍耐，以及在富裕中节制自己。用世物的要像不用世物，这不但会使我们在饮食、房屋、衣裳、野心、骄傲和挑剔上更节制，也会减少一切拦阻我们默想天上的永生和热切追求成圣的挂虑与试探。古时候的加图(Cato)说得对："人细心地关心穿着，却大意地忽略美德。"这古老的谚语也说得好："过于关心身体的人，多半忽略自己的灵魂。"[⑥]

因此，虽然我们不可用某种既定的规条约束信徒外在的行为，然而圣经的确教导这原则：要警醒，免得纵容自己，同时也当尽力避免炫耀自己的财富，更不能放纵私欲，也要谨慎，免得滥用我们所应当用来荣

[⑤]a 参阅 VG。
[⑥] 阿米纽斯·马塞林努（Ammianus Marcellinus）说 "*Magna cura cibi, magna virtutis incuria*" 是加图（Cato）的话：*De rebus gestis* (ca. 390) XVI. 5. 2 (LCL edition, I. 214)。

耀神的受造物。

5. 节俭：世上的财产是神所交托的[†]

[b]我们以上所说的第二个原则是：贫穷的人要学习如何忍耐这景况，免得因奢望苦恼。若他们保持这样的节制，他们将会在敬虔上大大地长进。在这方面没有丝毫长进的人几乎没有证据表明自己是基督的门徒。因为除了贪婪世物的人会经常落入其他的罪中之外，那不甘于贫穷的人，日后富裕也容易放纵。我触及的要点是，以破旧的衣服为耻的人，也会以豪华的衣服为傲；那对简单的饮食不满，渴望珍馐美味的人，若获得他所期待的东西也会不节制地滥用；不耐烦、忧虑地忍受卑贱景况的人，若之后地位高升，难免傲慢。因此，一切全心全意寻求敬虔的人都应当效法使徒保罗的榜样，学习或饱足，或饥饿，或有余，或缺乏，都能知足（腓4：12）。

此外，圣经也有另一个原则能帮助我们约束自己使用世物。我们在前面讨论神吩咐我们彼此相爱时稍微提过这原则。[⑦]这原则就是：神出于自己的爱把万物赐给我们，这一切不仅是为了使我们得益处，神将这一切交托给我们，我们总有一天也要为此交账。所以，我们要常常思想主给我们的这吩咐："把你所经管的交代明白。"（路16：2）同时我们也当牢记最后要我们交账的是谁，就是那吩咐我们要节制、自守、节俭，也同时禁止我们放纵、骄傲、炫耀和虚荣的那位神；他唯一所认可的施舍动机就是爱，他也亲口禁止一切引诱我们离弃圣洁或迷惑我们的娱乐。

6. 神对我们的呼召是我们生活方式的根基[*]

[b]最后我们也应当牢记这一点：神吩咐，我们一生的举动当仰望他对

---

⑦　III. 7. 5.

我们的呼召,⑧因神知道人心躁动不安、变幻莫测,又贪得无厌。所以,为了避免人因自己的愚昧和轻率使一切变得混乱,神安排每一个人在自己的岗位上有其当尽的本分,也为了避免任何人越过自己所当尽的本分,神称这些不同的生活方式为"呼召"。因此,每一个人都有神吩咐他的生活方式。这生活方式是某种哨岗,⑨免得人一生盲无目的地度日。神对各人的呼召十分重要。神借此判断人一切的行为,然而神的判断与人的想法和哲学家的教导截然不同。连哲学家们都承认最伟大的行为是救自己的国家脱离专制的统治。然而,若任何国民以个人的身份谋杀专制者都公开受到天上审判者的定罪(撒上24:7、11,26:9)。⑩

我在此不需要再举例。我们只要知道神的呼召是行善的源头和根基就够了。且若任何人拒绝顺服神的呼召,他必定偏离尽本分的真道。他有时也许能做出某些表面令人称赞的事,然而不管人如何看待这些事,在神的宝座前总是会被拒绝。此外,他在生活上的各方面必定不会有彼此的和谐。总之,你若接受神对你的呼召,你的生命就最有秩序。而且,也没有人会被许可轻率地越过神对他的呼召,因为这等于越过他

---

⑧ 若要进一步地了解加尔文对天职的观点,请参阅卡尔·霍尔(Karl Holl),"Die Geschichte des Worts Beruf," *Gesammelte Aufsätze* III, no. 9, 189-219; H. Hauser, "L'Économie Calvinienne", *Étude sur Calvin et le Calvinisme*, pp. 227-242; G. Harkness, *John Calvin : The Man and His Ethics*, 第八章至第十章,特别是211页。哈克尼斯(Miss Harkness)也许不够严厉地批评韦伯(M. Weber)的《新教伦理与资本主义精神》,道森在《宗教与资本主义的兴起》一书中基本上认同韦伯的观点。虽然韦伯的文章非常出色,但他关于加尔文对天职的教导强调不够。麦克尼尔(J. T. McNeill)在他的"Thirty Years of Calvin Study," *Church History* XVII (1948), 232-235 指出了其他讨论这个主题的参考书。华莱士的 *Calvin's Doctrine of the Christian Life*(这是把加尔文的整个伦理教导置于宗教背景中来讨论的独立研究,颇具价值),这本书可以帮助我们更明白加尔文对职业呼召的教导,特别在Part III, chapters 3-6。参阅 Kolfhaus, *op. cit.*, pp. 420-433。A. 毕勒(Biéler)比较现代的作品,*La Pensée économique et sociale de Calvin* 研究不同关于加尔文这方面之教导的学说,也告诉我们加尔文对职业基本的教导。他的解释刚好与韦伯相反。特别参阅Part II, ch. 6, pp. 477-514, and, on vocation, Part II, ch. 5, pp. 391-414。另一本值得参考的书是 *Protestantism and Capitalism ; The Weber Thesis and Its Critics*, ed. R. W. Green, with critical appraisals by W. S. Hudson, H. Sée, H. M. Robertson, A. Fanfani, and A. Hyma。参阅 II. 10. 12, 注释11。

⑨ 参阅 Cicero, *On Old Age* 20. 73;"毕达哥拉斯(Pythagoras)说没有神——我们的元帅——的吩咐,我们不许离开哨岗——我们一生中的岗位。"

⑩ 参阅 IV. 20. 15-30; Seneca, *On Benefits* VII. 15. 2; 20. 3 (LCL Seneca, *Moral Essays* III. 490 f., 504 f.)。

本分。如此，地位低的人会在自己的岗位上毫无怨言，免得离开神所呼召他的岗位。此外，人若知道神在万事上引领他，就会极大地减轻他一切的担忧、劳苦和其他的重担。如此，官员会更甘心乐意地尽自己的本分；家长会拒绝离开神给他管理家庭的责任；每一个人只要确信生活上一切的困苦、烦扰、疲劳和担心都是神亲自给他的重担，他就会忍耐到底。^b我们也能借此获得独特的安慰，只要我们在万事上顺服神的呼召，则一切看来似乎羞辱的职事，在神的眼目中则是光荣和极有价值的。⑪

---

⑪ 这里是加尔文影响深远的陈述，即使信徒所做的是最卑微的日常工作，只要是为服侍神而行，其中也闪耀着神的荣耀。参阅 Wallace, *op. cit.*, p. 155。

ᵉ第十一章　因信称义的定义与内容

称义和重生，这两个术语的定义（1—4）

1. "称义"教义的含义和重要性

ᵇ我深信在上文我已足够详细地解释：对于受律法咒诅之人而言，信心是他唯一蒙救恩的方式。我也解释了什么是信心（faith），且神借信心赏赐人何种福分，以及信心使人结怎样的果子。① 我们在此要简要概括一下。父神出于自己的慷慨赐给我们基督，使我们以信心接受他。接受基督的人同时也接受双重的恩典，即我们借基督毫无玷污的义与神和好之后，我们在天上所有的不是法官，而是慈悲的天父；其次，我们靠基督的灵得以成圣，就能培养无可指摘和纯洁的生命。神所赏赐我们的这第二个礼物——重生，我以上已详细解释过。然而，我当时没有详细解释因信称义，是因为我要读者先明白，我们唯独凭借信心得着神出于怜悯白白赐给我们的义，这信心必定伴随善行，其次也是为了解释这些善行的性质，而这善行的性质与我们现在的主题有密切的关联。②因此我们

---

① 参阅 II. 12. 1；III. 2；III. 3，*passim*。
② III. 3. 1, III. 3. 6-10.

现在要开始详细地解释因信称义。我们同时也当留意基督教是建立在这教义的根基之上，③好让我们更关注这教义。除非你先明白你与神的关系如何，和他对你将怎样审判，否则，你就没有救恩的根基，也没有在神面前过敬虔生活的根基。然而，我们越明白因信称义，就越知道有必要了解这教义。

2. 称义的含义

ᵇ但为了避免我们从一开始就跌倒（除非我们先知道我们所讨论的主题为何，否则我们必定跌倒），我们应当先解释以下这两个词的含义："在神面前称义"、"借信心或借行为称义"。人在神面前称义的含义是：神将人视为义并因这义悦纳他。既然罪孽在神面前是可憎恶的，ᵉ因此，只要神将任何人视为罪人，这人在神面前就无法蒙神悦纳。ᵇ所以，哪里有罪恶，神的愤怒和报应就在哪里彰显。被神视为义人而不是罪人才算称义，因此这人在神的审判台前被判无罪，但所有的罪人都必被定罪。若一个义人被指控并被传讯到公义法官的审判台前，法官会按他的清白定他无罪，这即我们通常所说他在法官面前"称义"。同样地，当神将某人从罪人中分别出来，见证和肯定他的义时，这人在神面前称义。若有人因他圣洁的生活能在神宝座前被称为义，或他自己行为完全，能合乎神所要求人的公义准则，他就能因行律法称义。相反，因信称义是指，若人因不义的行为被弃绝，却借信心投靠基督自己的义并穿上这义，那在神面前的这个人并不被称为罪人，而是义人。

ᵉ因此，我们对称义的解释是我们在神面前被悦纳为义人。可以说，称义包含赦罪和将基督的义归给人。

---

③ 为了更明白因信称义的重要性，参阅梅兰希顿，*Loci communes*（1535）(CR Melanchthon XXI. 420); *Apology of the Augsburg Confession* IV. 2 (*Bekenntnisschriften der Evangelisch-Lutherischen Kirche*, pp. 158 f., 415; "*praecipuus locus doctrinae Christianae*"; *Concordia Triglotta*, pp. 120 f.); Doumergue, *Calvin* IV. 267-271; J. S. Whale, *The Protestant Tradition*, pp. 43 f.。

3. 圣经对称义的教导

ᶜ圣经有充分的证据能证明这教义。首先，这定义无疑是正确的，也是称义最通常的意思。然而，我们若收集并比较一切教导称义的经文会花费太多的时间，所以我们只要告诉读者们圣经对这教义的教导，之后读者自己看圣经就可以知道我们的教导是否正确。我在此只要提出几处详细教导称义的经文。

ᶜ首先，当路加告诉我们以色列百姓听了基督的教导之后就以神为义时（路7：29），以及当基督宣告"智慧之子，都以智慧为是"（路7：35）时，前者的意思（29节）并不是指百姓将义归给神。因为义与神是密不可分的，虽然世人都想夺去神的义。且他在35节里所引用的基督的话并不是要称救恩的教义为义，因这教义本来就是义的。这两种表达含义原本相同——将神和他的教导所应得的赞美归给他。另一方面，当基督斥责法利赛人在人面前自称为义时（路16：15），他的意思不是他们因行善称义，而是他们虽然不是义人，却挖空心思想被视为义人。那些对希伯来文比较熟悉的人会更明白我在这里的意思，因希伯来文的"邪恶"不但是指那些自觉有罪的人，也是指那些被别人定罪的人。因为当拔示巴说她和所罗门必算为罪人（王上1：21）时，她并非在承认他们犯了什么罪。她只是在埋怨她和她的儿子将被羞辱，并被人视为邪恶和受咒诅的。其实，连拉丁文译本的上下文都证明她所说的邪恶是指从别人的观点来看，而不是在承认自己有罪。③a

但因"称义"一词与现在的主题"因信称义"相关，ᶜ保罗在《加拉太书》中教导圣经预先看明神要借信心称外邦人为义（加3：8）。难道保罗在这里的意思不就是人是因信称义吗？此外，当他教导神称那原来不敬虔而后相信基督的人为义（罗3：26 p.）时，难道他的意思不就是人借着信心能逃脱他们不敬虔所应得的灭亡吗？保罗的结论更确实地证明他

---

③a 加尔文所指的词是 חטא。其复数被用于《列王纪上》1：21。

就是这个意思:"谁能控告神所拣选的人呢?有神称他们为义了。谁能定他们的罪呢?有基督耶稣已经死了,而且从死里复活……也替我们祈求。"(罗 8:33—34 p.)他就如同在说:"谁能控告神所赦免的人?谁能定基督为其代求之人的罪呢?"因此,"称义"的意思就是判被告无罪,就如他从未犯罪那般。所以,神既因基督的代求称我们为义,他赦免我们并非因我们无罪,而是因基督的义归在我们身上,使不义的我们能在基督里被称为义。保罗在《使徒行传》13 章所讲的也是这个意思:"赦罪的道是由这人(基督)传给你们的。你们靠摩西的律法,在一切不得称义的事上信靠这人,就都得称义了。"(徒 13:38—39)由此可见,在人的罪得赦免之后,保罗解释说这叫称义;所以,称义指的是被判无罪,与行律法完全无关;称义完全出于基督的恩典,人借着信心被称为义。 ᶜ 总之,显然人借赎罪祭称义,因这经文教导我们借基督被称为义。ᶜ 因此,当圣经告诉我们税吏在离开圣殿后已被算为义(路 18:14)时,我们不能说神因他的任何功德称他为义。圣经的教导是:在蒙赦罪之后,罪人在神面前被称为义人。所以,税吏之所以被称为义,并不是因为他的行为蒙神悦纳,而是出于神白白的赦免。当安波罗修称认罪为合法的称义时,这是对称义贴切的形容。④

4. 称义包括赦罪和神施怜悯悦纳人

ᶜ为了避免对称义这一词的争辩,我们若专注于圣经对这教义的教导所有疑虑便会消除。保罗在《以弗所书》中教导称义是神对人的接纳。他说:"又因爱我们,就按着自己意旨所喜悦的,预定我们借着耶稣基督得儿子的名分,使他荣耀的恩典得着称赞。这恩典是他在爱子里所赐给我们的。"(弗 1:5—6 p.)这与保罗在另一处的教导,即"(我们)白白地称义"(罗 3:24),是一样的。除此之外,保罗在《罗

---

④ Ambrose, *Exposition of Psalm 118* 10. 47 (CSEL 62. 231; MPL 15. 1418).

马书》中将称义视为"蒙神算为义"。他也毫不犹豫地将称义包括在赦罪之内。保罗说:"正如大卫称那在行为以外蒙神算为义的人是有福的。他说:'得赦免其过、遮盖其罪的,这人是有福的'。"(罗4:6—7 p.;诗32:1)ᵈ保罗在此所教导的并不只是称义的一部分,而是称义的全部。此外,他也接受大卫对称义的定义。大卫宣告得赦免其过的人是有福的(诗32:1—2)。显然,大卫所说的义是与罪责相对。ᵉ然而,对这教义最清楚的教导是在《哥林多后书》5章。保罗在此教导传福音事工的整个目的是叫人与神和好,因神喜悦借基督使我们蒙恩,不将我们的过犯归到我们身上(林后5:18—20)。ᵉ请读者们仔细思想整段经文,因保罗在下一节中这样解释:"神使那无罪的替我们成为罪"(林后5:21),为了教导我们人与神和好的方法(参阅林后:18—19 p.)。无疑地,保罗所说的"和好"就是"称义"。显然,根据他在另一处的教导——我们因基督的顺从成为义(罗5:19),除非神在我们的行为之外,在基督里称我们为义,否则我们是站不住的。

对奥西安德尔"本有之义"的反驳(5—12)

5. 奥西安德尔"本有之义"的教义

ᵉ奥西安德尔(Osiander)捏造了某种"本有"之义的教义⑤,虽然他的目的不是要废掉神白白赐给人的义,但他的教导却迷惑了许多敬虔的人,并拦阻他们实际经历到基督的恩典。因此,在我继续探讨这教义之

---

⑤ 加尔文在这里攻击奥西安德尔对因信称义所持极端的观点。参阅尼塞尔(W. Niesel)对奥西安德尔与加尔文不同观点的分辨,*The Theology of Calvin*, pp. 133 ff., 以及他的 "Calvin wider Osianders Rechtfertigungslehre", *Zeitschrift für Kirchengeschichte* XLVI(1927), 410-430。奥西安德尔在他的 *Disputation on Justification* (1550) 一文里涵盖了81项命题,该文和他的 *Confession of the Only Mediator and of Justification by Faith* (1551) 一同表达了他自己对因信称义的观点。奥西安德尔上述的文章以及他的 *An filius Dei fuerit incarnandus* (参阅 I. 15. 3, 注释8)引发了信义宗内部的争议,对此简明的叙述,请参阅 *Concordia Triglotta*, pp. 152-159。他的观点是,信徒之所以称义,是借着基督出于他的神性赏赐他们他的"本有之义"。这观点被视为推翻宗教改革关于基督在十字架上受苦牺牲的教义。参阅下文的第八节。

前，我必须先反驳这疯狂的臆想。

首先，这思辨是出于人愚昧的好奇心。确实，他收集了许多圣经中的证据以证明基督与我们联合，以及我们也与基督联合。⑥这是无须证明的事实，但既因他不了解这联合的根据，所以他只是在自欺罢了。我们要反驳他所有的错误是轻而易举的。因我们主张是圣灵隐秘的力量使信徒与基督和好。

这人的教导与摩尼教徒相当接近，因他们都说人领受神的本质。⑦这教义导致了他的另一个谬论，即亚当之所以带有神的形象，是因为神在人堕落之前早已预定基督做人类的原型 (prototype)。⑧然而，因我的目的只是要简洁地讨论这问题，所以我所要反驳的是前一个谬论。

他说我们与基督联合，我们也同意，但我们却否认基督的本质与我们的混合。他也荒谬地企图用这原则来支持他的谬论：基督成为我们的义是因为他是永恒的神、公义的源头和神自己的义。我若现在简短地讨论我将详细解释的教义，请读者们多包涵。他虽然找借口说他所说的"本有之义"意思只是神为了基督的缘故称我们为义，但他却明确地表明基督的顺服和代替的死是不够的，他以为我们在神里面拥有神本有的义，因神将他的本质和属性分给我们。因此他强烈地主张：不只是基督自己，连圣父和圣灵都居住在信徒里面。我虽然承认这是真实的，却也深信奥西安德尔扭曲了这教义，因为他没有考虑到三位一体的神内住在信徒里面的方式，即圣父和圣灵都在基督里：既然神本性一切的丰盛

---

⑥ 奥西安德尔反对奥古斯丁的观点 (De Trinitate X. 12. 19)，即神的形象在乎人的心灵，包括三个部分：记忆、理智和意志：An filius Dei (appended essay, De imagine Dei) B 3a；他说撒旦也有这些 (B 4a)。奥西安德尔说神的形象局限于 (inclusa) 基督的人性 (C 2a)，而且这人性从太初就在神里面 (D 1b)。他把亚当的原义定义为那居住在亚当里的神的义 (F 4a)。

⑦ 参阅 Augustine, Sermons 182. 4 (MPL 38. 986，tr. LF Sermons II. 956 f.)；On Christ's Agony 10. 11 (MPL 40. 297)；City of God XI. 22 (MPL 41. 336，tr. NPNF II. 217)；Against Two Letters of the Pelagians II. 2. 2 (MPL 44. 572，tr. NPNF V. 392)；Unfinished Treatise Against Julian III. 186；II. 178 (MPL 45. 1325, 1218 f.)；On Genesis, Against the Manichees II. 8. 11 (MPL 34. 202)。

⑧ Osiander, An filius Dei E 3b-4a；D 1b-2a. 参阅 I. 15. 3，注释 8；II. 12. 4-7。

都有形有体地居住在基督里（西2：9），因此，信徒在基督里拥有整个三位一体。由此可见，他一切关于圣父和圣灵的教导，只是误导不成熟的信徒离弃基督。

他之后教导神因赐给信徒他的本质，而使信徒成为他的一部分。他认为圣徒借圣灵的力量在基督里成长，且基督因此成为我们的元首以及我们成为基督的肢体，他认为这一切都是次要的，除非基督的本质和我们的混合。他对圣父和圣灵的教导使我们更清楚他的意思，即我们不单单借中保之恩被称为义，义也没有在基督的身上被简单或完全提供给我们；只有当神在本质上与我们联合，我们才与神的义有分。⑨

6. 奥西安德尔谬误地将赦罪和重生混为一谈

°假设他只是主张基督在使我们称义时借着与我们联合成为我们的义，不仅是因为就基督是人而言他是我们的元首，也是因为神性本身浇灌在我们里面，这样他的教导对教会的伤害就不是那么大，而且也许他的这幻想不会导致这么大的争议。但既然这个原则就如墨鱼，⑩为了隐藏它众多的尾巴，就喷出它墨水般的黑血，除非我们有意让那唯独赐给我们救恩确据的义被夺去，否则我们必须不顾一切地抵挡这谬论。因在他的教导中，"义"这名词以及"称义"⑩a这动词，各有不同的含义；所以，称义不但包括借白白的赦罪与神和好，同样也包括成为义人。而且，这义并不是白白归算给我们的，而是神的本质所有的圣洁和正直内住在我们里面的结果。其次，他坚持基督自己是我们的义，并不是因为他借着祭司的职分替我们平息了神的愤怒，而是因他是永恒的神和生命。

---

⑨ 这里批驳的观点是奥西安德尔在他的 *Confession A* 4b；G 1a 中提出的。加尔文之所以急于反驳奥西安德尔本有之义的观点，是因为他想要保护基督唯独借自己的死将义归给人的教义。参阅下文的第八、第十节。

⑩ "Sepiae." 亚里士多德描述这条墨鱼，*Parts of Animals* IV. 5（LCL edition，pp. 318 f.），普林尼（Pliny）也曾经在 *Natural History* IX. 29. 45（tr. J. Bostock and C. H. Riley II. 417）中描述过。德尔图良也用这比方反驳马西昂，*Against Marcion* II. 20. 1（CCL Tertullianus I. 497；tr. ANF III. 312 f.）。

⑩a "Nomen iustitiae et verbum iustificandi."

为了证明他的第一个论点，即神不但借赦罪，也借重生使人成义，他问：神是否保留他所称为义人的本性，没有改变他们任何的恶行？这问题的答案是显而易见的，就如基督是不可分割的，同样地，义和成圣在基督里也是密不可分的。因此，一切神所恩待的人，神同时赐他们圣灵，使他们得儿子的名分（罗8：15），神借这圣灵的力量，按照自己的形象重新创造他们。既然太阳的光和它的热是分不开的，难道我们要说是它的光使地球暖和，或说是它的热光照地球吗？这比喻不是很贴切吗？太阳以热使土地肥沃，以光线照亮它，所以，太阳的热和光是密不可分的。然而，逻辑本身禁止我们将光的特性归给热或将热的特性归给光。同样地，奥西安德尔对这两种恩典的教导也一样荒谬。因为神为了保守义，就重生一切他所白白称为义的人，奥西安德尔据此将神重生的恩赐与神对人白白的接纳混为一谈，说它们是一回事。然而，圣经虽然教导这两者是密不可分的，却也对它们作了分别，使神诸般的恩典更好地向我们显明。保罗在《哥林多前书》中的这句话并非重复，即神使基督成为我们的公义和圣洁（林前1：30）。[11]且每当保罗根据神对我们的救赎、神父亲般的爱以及基督的恩典，推断神呼召我们过圣洁的生活，就是在明确地教导称义与成为新造的人是两回事。

奥西安德尔强解他所引用的每一处经文。他对保罗所说的"惟有不作工的，只信称罪人为义的神，他的信就算为义"（罗4：4—5 p.）的解释是，保罗所说的"算为义"指的是"成为义人"。他也一样轻率地强解《罗马书》四章的整章经文。他同时诡诈地解释我们以上所引用过的这经文[12]："谁能控告神所拣选的人呢？有神称他们为义了。"（罗8：33）在这经文中，明显保罗所指的是对于有罪或无罪的判断，我们也当在此意义上解释他的意思。如此，我们既在他的理论上，也在他的解经上充

---

[11] 加尔文在上文对奥西安德尔的反驳是针对他的 *Confession*（在 E 3a 和 M 3b 的中间）。
[12] 上文的第三节。

分证明奥西安德尔是不可靠的解经家。

此外，他对"义"的解释也一样是错误的。他主张在亚伯拉罕仰望基督——基督是神的公义，也是神自己本身——并且已经在美德上与众不同之后，他的信被算为义。[13]他在此以两句纯正的经文造出一句谬论。因为这里所说的义，并不是亚伯拉罕一生的义行。在经文中，圣灵的启示反而是，虽然亚伯拉罕在美德上是杰出的，而且他在很长的一段时间中也累积了许多的美德，但唯有当亚伯拉罕以信心接受了神在他应许中所提供的恩典，他才蒙神悦纳。由此可见，就如保罗巧妙证实的那般，称义完全不在乎人的义行。

7. 信心对于称义的重要性

°我完全同意奥西安德尔的异议，即信心本身无法使人称义。人之所以能称义是因为信心接受的是基督。若是信心本身或因它所拥有的内在力量使人称义，那信心就因总是软弱和不完全，顶多只能在某种程度上使人称义，如此，那赏赐我们部分救恩的义就是有瑕疵的。但我们的立场却非如此，我们所主张的是，唯有神自己才能称人为义，我们也将同样的权柄归在基督身上，因为神使他成为我们的义。我们将信心类比成某种器皿，除非我们两手空空地来并张口寻求基督的恩典，否则我们就无法接受基督。因此，当我们教导在人接受基督的义之前，必须先接受基督本身时，我们并没有从基督的手中夺去使人称义的权柄。

然而，当这诡辩家说"信心就是基督"时，我完全不同意这扭曲的教导，[14]就如盛金子的瓦器能算作财宝。这是同样的逻辑，即虽然信心本身没有价值，却因叫我们与基督联合而使我们称义，就如盛金子的瓦器

---

[13] Osiander, *op. cit.*, E 3ab; G 1a-3a; O 4a-P 3a.
[14] Osiander, *op. cit.*, G 1b-2a. 加尔文在这节中再三提到奥西安德尔的同一部作品。参阅 Cadier, *Institution* III. 200, note 4; 201, note 9. 在这里的第八节至第十二节中，加尔文特别猛烈地攻击这教导，因为奥西安德尔将基督救赎的事工局限于他的神性，但若真是如此，基督的十字架和复活便落空了。

能使人富裕一样。简言之,信心既然只是人领受义的器皿,若与基督混为一谈,是极其愚昧的。因为基督是人称义的起因,也是这大福分的源头和使者,如此我们就清楚地解释了信心与称义彼此间的关系。

8. 奥西安德尔教导:基督是根据他的神性而成为我们的义

ᵉ奥西安德尔在解释人如何接受基督时进一步说:人借着传扬神外在的真道,就领受他内在的真道。这等于是将基督祭司的职分、中保的位格与他外在的神性分开了。我们却不分裂基督,反而确信在肉体中使我们与父和好并赏赐我们义的那位,就是神永恒的道。且除非他是永恒的神,否则他无法担任中保的职分或为我们获得义。然而,奥西安德尔的主张是:既然基督又是神又是人,所以神使他成为我们的义完全在乎他的神性,而不是他的人性。但若是如此,那圣父和圣灵也都成为我们的义了,因为在三位一体中,每一个位格的义都是一样的。此外,若根据奥西安德尔的主张:人称义是由于基督的神性,而既然基督的神性是永恒的,那么说"神使他成为我们的"就是错误的了,即使我们承认神成为我们的义,但这与保罗所说神使基督成为我们的义也不一致(林前1:30)!保罗的这话是专门指中保的位格说的,虽然中保的位格包括神性在内,但他却仍与圣父和圣灵有不同的地方。

奥西安德尔极其荒谬地因耶利米所说的一句话而扬扬得意。神借耶利米应许他必成为我们的义(耶51:10;参阅23:6,33:16)。然而,从这句话中我们只能推断:基督——我们的义,就是在肉身上显现的神(参阅提前3:16)。我们在别处引用过保罗的这句话:⑮"神的教会,就是他用自己血所买来的。"(徒20:28 p.)若任何人从这句话中推断那除去世人罪孽的血是属神的,因此带有神性,那谁能接受如此亵渎的谬误呢?然而,奥西安德尔却以为他对耶利米这话的幼稚解释能使他完全得

---

⑮ II. 14. 2.

胜,他自满、夸耀,并用许多篇幅表达他的胡言乱语。⑯其实这经文的解释是显然的,即当圣经记载在耶和华成为大卫之子时,他将成为敬虔之人的义。以赛亚也教导我们耶和华在何意义上成为敬虔之人的义:"有许多人因认识我的义仆得称为义。"(赛53:11)

我们应当留意这是父神所说的,并且,他也将称人为义的职分交给圣子,也告诉我们为什么——因为他是义的;这经文也告诉我们神使人称义的方法,就是借着使人认识基督的教导。因为这里的动词רעה应当被解释为被动词。⑰我的结论是,当基督"取了奴仆的形象"(腓2:7)时,他就被神当作我们的义;其次,基督因他对父神的顺服使我们称义(腓2:8)。因此,基督如此行并不是根据他的神性,而是根据神所交付他的职分。虽然唯有神自己才是义的源头,且人只因在神里面有分才是义人,但因人可悲地背叛神而与他的义疏远,所以,基督降卑并以自己的死和复活使我们称义是必需的。

9. 称义是中保的工作

ᵉ若奥西安德尔反对说这伟大的工作超过人性所能成就,并因此要归在神性之上,我同意这的确超越人的能力,但无法苟同因此将之归在神性上,事实上这证明他完全被蒙蔽了。虽然基督若非真神,就无法以他的血洗净我们,以他的牺牲平息父神的愤怒,赦免人的罪,或担任祭司的职分,因人的肉体无法担当如此大的差事,但同样能确定的是,他以自己的人性行了这一切。我们若问人如何称义,保罗回答:"因一人的顺从。"(罗5:19 p.)然而,难道基督的顺服不就是在乎他取了奴仆的形象(腓2:7)吗?由此我们可以推断基督在他的肉身上向我们显明了义。同样地,在另一处经文中——我也很惊讶奥西安德尔常引用这经文

---

⑯ VG 的版本在此稍微不同。我们可以这样翻译:"他如公鸡啼叫时挺起鸡冠,有好几页的自夸。"
⑰ 参阅 Comm. Isa. 53.11。

却不感到羞耻——保罗教导义的源头完全在乎基督的肉身:"神使那无罪的,替我们成为罪,好叫我们在他里面成为神的义。"(林后5:21 p.)奥西安德尔解释这经文时,一面称赞神的义,一面自夸,就如这经文能支持他本有之义的幻想。然而这经文的意思是基督的赎罪祭使我们在神面前称义。连孩童都能明白神的义在这里的意思是指神所接纳的义,就如约翰将神的荣耀与人的荣耀做对照(约12:43,RV;5:44)。⑱我知道这义有时被称为神的义,因为是来自神,也是神自己赐给我们的。然而,有判断力的读者不需要我告诉他们,这里的意思指的是:我们因基督代替的死能在神的审判台前站立得住。

而且,"义"这个词并不关键,只要奥西安德尔同意我们之所以在基督里称义,是因基督做了我们的赎罪祭,并不是根据基督的神性。也因同样的缘故,当基督想印证他所带给我们的义和救恩时,他以自己的肉体做凭据。他先称自己为"生命的粮"(约6:48),他的解释是:"我的肉真是可吃的,我的血真是可喝的。"(约6:55)连圣礼都教导我们这一点,⑲虽然圣礼帮助我们相信整个基督,而不只是他的人性或神性,却也教导我们的义和救恩都在乎基督的肉体。这并不是说基督仅仅借自己的人性使我们称义或重生我们,而是说神喜悦在中保身上彰显他隐藏和测不透的事。因此,我习惯说基督是神提供我们的泉源,且我们在这泉源中获知在这中保之外向我们隐藏的事。然而,我这样说并不是在否认基督以他的神、人二性使我们称义,也不是在否认这工作是圣父和圣灵所参与的;最后,我也不是在否认基督所赏赐我们的义是永生神永恒的义,只要奥西安德尔接受我以上清楚明确的论述。

---

⑱ 这段的法文版本在好几处比拉丁文版本说得更详细一点,显然是为了澄清和简化这思想。在这里加上了以下解释:"使徒约翰在此的意思是这些人正在两条河之间游泳,因他们宁愿保持自己在世上的名气,也不要取悦神。"
⑲ 参阅 IV. 17. 4. 也请参阅 Cadier, *Institution* III. 201, note 4; R. S. Wallace, *Calvin's Doctrine of the Word and Sacrament*, pp. 167 ff.。在圣餐中,基督神性和人性的关系与基督为人和基督为神在称义的工作上相呼应。

10. 我们与基督的联合是怎样的联合

ᵉ为了避免奥西安德尔以他无端的指责欺哄无知的人,我要宣称:除非人拥有基督,否则我们无法得着这无与伦比的福分。因此,元首和肢体彼此的联合,就是基督居住在我们心中。这神秘的联合[20]对基督徒而言,是极为重要的事,因为我们一旦拥有基督,就享有神赐给基督的恩赐。所以,我们并不是因为从远处观看基督而享有他的义,而是因为我们穿上了基督,所以也被接在他的身上。简言之,我们之所以被称义,是因基督喜悦使我们与他自己联合。由于这缘故,我们因享有基督的义而夸耀,这就完全驳倒奥西安德尔对我们的毁谤,即我们将自己的信心视为义。就如当我们说人借着信心空空地来到基督面前,好让他的恩典充满我们时,这是夺去基督使我们称义的权柄!然而,奥西安德尔弃绝信徒与基督的联合,却坚持基督与信徒这亵渎的混合。并因这缘故,他恶劣地称一切不接受"本有之义"这疯狂谬论的人为"茨温利主义者"(Zwinglian),因为他们不主张信徒在领圣餐时是在吃基督的本质。我却以受这傲慢、自欺之人的侮辱为最大的荣幸,虽然他不但攻击我,也攻击他所应当尊重之著名的神学家。其实,我不在乎他的羞辱,我并不是在为自己辩护。因我没有任何邪恶的动机,所以能更真诚地争辩。

他强烈地坚持本有的义和基督的本质居住在我们里面,就会有如下的结果:首先,他主张神将自己的本质浇灌在我们里面,就如他幻想信徒在领圣餐时是在吃主的肉;其次,他相信基督将自己的义吐入信徒身体中,使我们有分于基督的义,因为根据奥西安德尔所说,这义既是神自己也是他的良善、圣洁或尊严。

我并不打算花许多时间反驳他所引用的经文,他将一些指天上来世的经文运用在今世上。彼得说:"他已将又宝贵、又极大的应许赐给我

---

[20] *"Mystica... unio"*;VG;*"union sacrée."* 参阅下文 "享有基督的公义" 和 "信徒与基督的联合 [*conjunction*]"。参阅 III. 2. 24;IV. 17. 8-12。尼塞尔告诉我们,加尔文从来不教导 "敬虔的神秘主义者能融入神圣存在领域";*The Theology of Calvin*, p. 126;参阅 pp. 144, 222。

们，叫我们……得与神的性情有分。"（彼后1：4 p.）仿佛信徒今世的光景与福音所应许我们基督再来时的光景是一样的！然而，使徒约翰提醒我们：当主显现时，我们必要像他，因为必得见他的真体（约一3：2）。㉑我只是用这两处经文帮助读者看清奥西安德尔的教导。所以，我不再谈这些不值一提的事。这并不表示反驳他们是很困难的事，我只是不想过于详细或花费太多时间在这事上。

11. 奥西安德尔"本有之义"的教义是否废了救恩的确据

ᵉ在第二个阶段，他教导说信徒与神一同是义的，这教导潜藏着更严重的毒害。我深信我已充分证明这教义，即使没有这么有害，却因它是枯燥、无益并来自人的骄傲，应当被一切聪明和敬虔之读者弃绝。奥西安德尔以双重的义为借口，㉒削弱了信徒对救恩的确据，叫他们变得自高自大，拦阻了他们在确信赎罪、领受神的恩典之后以谦卑的心求告神，这是完全不能忍受的邪恶。

奥西安德尔嘲笑那些教导"称义"是法律术语的神学家们，因为他说我们必须实际地成为义人。而且，他最厌恶的就是神将基督的义白白地归算给信徒这教导。但若神不是因赦免我们，判我们无罪而称我们为义，那保罗所说的这段话是什么意思呢？"这就是神在基督里叫世人与自己和好，不将他们的过犯归到他们身上"（林后5：19）、"神使那无罪的，替我们成为罪，好叫我们在他里面成为神的义"（林后5：21 p.）。首先，我想说的是与神和好的人被称为义，这两处经文也告诉我们神称我们为义的方式：神借着赦罪称我们为义，就如在另一处经文中保罗将称义与控告做对照。这对照充分证明"称义"是个法律术语，任何对于希

㉑ Osiander, *Confession* R 1a, T 1b. VG 在这里加上这句话："*Osiander tire de là que Dieu a meslé son essence avec la nostre.*"

㉒ 参阅上文的第六节及下文的第十一节。奥西安德尔的信义宗对手就像加尔文一样指控他将称义和重生混为一谈。尼塞尔在他的文章 "Calvin wider Osianders Rechtfertigungslehre" (cited above, sec. 5, 注释5), pp. 418 f. 中讨论了 *duplex iustitia*。参阅上文的第六节中"两种恩典"的教导。

伯来文有一点了解的人，只要头脑清醒，㉓就知道这术语来自希伯来文，且带有这语言所赋予的含义。保罗说大卫在此是描述功德之外的义，"得赦免其过……这人是有福的"（诗32：1，Vg.；罗4：7），请奥西安德尔回答这是对称义完整还是部分的定义。的确，保罗并不是在说，先知的意思是赦罪只是义的一部分，或是人被称义的其中一个因素；相反地，先知的意思是义完全在乎赦罪，因神宣告遮盖人的罪，赦免他的罪孽，不再将人的过犯归在他身上。保罗说这样的人是有福的，因为他这样被称为义，并不是出于人内在的义，而是因神将义归算给他。

奥西安德尔反对说神称那些仍旧犯罪的人为义，认为这是侮辱神，并与神的本性互相矛盾。然而，我们应当留意我以上所说的，即称义之恩与重生密不可分，虽然它们是两回事。我们的经验明确地告诉我们，义人到死为止仍可能犯罪，他们的称义与生命的更新是两回事（参阅罗6：4）。神在信徒的一生中逐渐地，有时缓慢地，使他们成圣，若是放在神的审判台前，免不了要被审死罪。然而，神不是部分地而是完全地称人为义，使得他们在天上能被视为拥有基督的圣洁。不管人拥有多少义，除非他发现他因在神面前完全被称为义而因此蒙神悦纳，否则他的良心无法获得平静。这就充分证明：当某种教导使人感到疑惑，夺去人救恩的确据，使人不再能坦然无惧地求告神，使人内心没有平安和属灵的喜乐时，这教导便败坏并彻底推翻因信称义的教义。因此，保罗从相反的角度说信徒的产业并非来自行律法（加3：18），因若是这样，"信就归于虚空"（罗4：14，参阅Vg.）。因信心若靠行为，立刻就开始摇动，甚至就连最圣洁之人的行为也是完全靠不住的。

虽然奥西安德尔用"双重之义"一词将称义和重生混为一谈，但保罗却极出色地分辨这两个术语。保罗在提到自己的义或神赏赐他的正

㉓ 加尔文借着插句式的措辞攻击奥西安德尔的判断力，也同时贬低他解释他自由使用的希伯来文字的能力。

直（这就是奥西安德尔所说的"本有的义"）时，他痛苦地宣告："我真是苦啊！谁能救我脱离这取死的身体呢？"（罗7：24）但当他投靠那唯独建立在神怜悯之上的义时，他向着生、死、人的斥责、饥饿和一切其他的灾难夸胜，"谁能控告神所拣选的人呢？有神称他们为义了"（罗8：33 p.），而我确信没有任何事物"能叫我们与神的爱隔绝"（罗8：38—39 p.）。保罗清楚地宣告他拥有那使人在神面前蒙救恩的义。虽然他在前一章经文中描述他可悲的光景并因此叹息，但这一切都没有削弱那叫他夸耀的信心。众圣徒都对这争战非常熟悉。他们虽然在自己罪孽的重担下叹息，却以得胜的信心脱离一切的恐惧。

然而，奥西安德尔反驳说这与神的本性有冲突。但他的这异议只能用来反驳他自己，因为即使他能以这"双重的义"（就如皮衣那样）给圣徒穿上，他仍要承认在赦罪之外，无人能讨神喜悦。那么若是这样，他至少要承认那些生来不义的人至少在一定比例上[24]被称为义。然而，罪人如何知道神在多少比例上白白地将义归给他，代替他自己的义？是百分之百还是百分之一？的确，他将在彷徨中摇摆不定，因他总是无法确定自己是否拥有足够比例的义。值得庆幸的是，不是那些想替神设立律法的人在审判。这句话才是可靠的："以致你责备我的时候显为公义，判断我的时候显为清正。"（诗50：6，Vg.；参阅诗51：4，EV）

他们如此控告那白白赦罪的至高法官，是极大的狂妄，也是否定这经文："我要恩待谁，就恩待谁。"（出33：19）神以这句话约束摩西替百姓的代求。摩西当时并不是替某一个人代求，而是求神免除众百姓所应得的审判。因这缘故，我们能肯定那些从前失丧之人的罪已经被掩盖了，且在神面前称义，因神既然恨罪，他只能爱那些他已称为义的人，这就是神称义的奇妙计划。他们因有基督的义遮盖他们，就无须惧怕受他们所应得的审判，且虽然他们公正地定自己的罪，却在自己的行为之

---

[24] "*Secundum ratam partem*，"商务法词组"*prorata parte*"的变形。英文"*prorate*"源自这拉丁词。

外被称义。

12. 对奥西安德尔的反驳

ᵉ然而,我在此要警告读者们特别留意奥西安德尔所夸耀的他不想向人隐藏的奥秘。因首先他长篇大论地争辩说,我们蒙神喜悦不光是借神所归给我们基督的义,用他的话说,神不可能称不义的人为义。他最后的结论是,神使基督成为我们的义不是在于他的人性,而是在于他的神性。且虽然唯有中保才能赏赐人这义,但这义不是出于人,乃是出于神。在他的结论中,他并没有将两种义掺在一起,但他显然否定基督的人性对使人称义有任何参与。我们若明白他的辩论为何,这对我们有益。他说,圣经在同一处经文中告诉我们,神使基督成为我们的智慧(林前1:30),但这指的只是神永恒的道。因此,基督在人性上不是我们的义。我的答复是:神的独生子的确是他永恒的智慧,然而在保罗的书信中,这永恒的智慧也有另一个意义,因"所积蓄的一切智慧知识,都在他里面藏着"(西2:3)。基督将自己从永远与父所分享的智慧(参阅约17:5)向我们启示。所以,保罗所说的智慧不是指神儿子的本质,而是神在基督身上安排为我们所用的智慧,因此与基督的人性吻合。因在基督成肉身之前,尽管光照在黑暗里(约1:5),但直到基督取得人的样式前,那公义的日头是向人隐藏的,基督因此称自己为"世界的光"(约8:12)。

奥西安德尔也愚昧地反对称人为义的力量远超过天使和人,因为称义并不靠任何受造物的尊严,而只靠神的安排。天使若喜悦在神面前赎人的罪,他们不会成功,因为神没有给他们这职分。这反而是基督独特的职分,因"基督既为我们受了咒诅,就赎出我们脱离律法的咒诅"(加3:13;参阅4:4)。

此外,奥西安德尔也邪恶地指控那些否认基督根据他的神性称我们为义的人,说他们只相信部分的基督,也更严重地指控他们捏造两位神。因他们虽然承认神住在我们心里,却否认是神的义使我们称义。我们因基督受死,"特要借着死败坏那掌死权的"(来2∶14 p.)称他为生命的源头,但我们并没有因此否定基督在他的神、人二性上赏赐我们生命,因他是成为肉身的神。我们反而在清楚地解释神的义如何归于我们,使我们得享这义。但奥西安德尔在这论点上落入可怕的谬误中。我们并不否认神在基督里向我们启示的一切是来自神深奥的恩典和大能,我们也同样不否认基督赐给我们的义是神自己的义,因为是出于神。我们反而坚定地相信基督的死和复活带给我们义和生命。奥西安德尔可耻、毫不分辨、甚至毫无常识地引用的众多经文根本不值一提。他引用这些经文是为了证明圣经每一次提到义都是指"本有的义"。譬如大卫一百多次求告神的义的帮助,奥西安德尔却不假思索地扭曲了这一百多处的经文。

他的另一个异议也同样站不住脚,即义正确的定义是那推动我们正直行事为人的,而唯有神自己才能在我们心里运行,使我们立志行事(腓2∶13 p.)。我并不否认神以自己的圣灵更新我们成为圣洁、正直的人。然而,我们应当问这是神自己直接的工作,还是神借着他儿子的手所成就的?因父将圣灵一切的丰盛赐给子,使他借这丰盛供应他肢体一切的缺乏。虽然义是从神性那隐秘的泉源而来,但这并不能证明那为我们的缘故自己分别为圣的基督(约17∶19),是根据他的神性成为我们的义。

他接下来所说的也是一样荒谬,即连基督的义也是父神赐给他的,因为除非父神的旨意驱使他,否则连他自己都无法成就他的职分。㉕虽然我在前面说过基督一切的功德都完全来自神的美意,㉖但这并不支持奥西安德尔用来欺哄自己和单纯之人的幻想。我们怎能因神是我们义的源

㉕ Osiander, *Confession* N 4b-O 3a.
㉖ Ⅱ.17.1.

头而推论我们在本质上是义的,且神义的本质居住在我们里面?以赛亚陈述神在救赎教会时"以公义为护心镜"(赛59:17)。难道神这样做是要夺去他赐给基督的军装,免得基督成为那完美的救赎主吗?先知的意思只是:在救赎的工作上,神并没有借用任何在他之外的力量,也没有任何的帮助。保罗也说过神赏赐我们救恩是为了显明自己的义(罗3:25),但这与他在另一处的教导并无冲突:我们"因一人的顺从……也成为义了"(罗5:19 p.)。简言之,若任何人将两种义混为一谈,为了拦阻悲惨的人完全仰赖神的怜悯,就是在给基督戴上荆棘的冠冕并嘲笑他(可15:17,等)。

反驳经院神学家的教导:善行使人称义(13—20)

13. 因信称义以及因行律法称义

ᵇ然而,有许多人㉗幻想义是信心和善行所构成的。㉘我们在此也要证明因信称义与因行律法称义截然不同,甚至不能共存。使徒保罗说:他"将万事当作有损的……为要得着基督,并且得以在他里面,不是有自己因律法而得的义,乃是有信基督的义,就是因信神而来的义"(腓3:8—9 p.)。保罗在此比较两种相反的现象,也同时表示人若想获得基督的义,就必须弃绝自己的义。所以,他在另一处告诉我们,这就是犹太人沉沦的缘故:"因为不知道神的义,想要立自己的义,就不服神的义了。"(罗10:3 p.)既然人若立自己的义就弃绝神的义,那么为了获得神的义,我们必须完全弃绝自己的义。他在另一处说是信心而不是律法除掉人的自夸,也是一样的教导(罗3:27)。由此可见,只要任何因行律法称义的观念存留在我们心里,我们就有自夸的根据。那么,若信心除掉一切的自夸,这就充分证明因行律法称义与因信称义互不相容。他

㉗ 参阅 Horace, *Satires* I. 1. 61;"*At bona pars hominum decepta cupidine falso*"(LCL edition, p. 8)。
㉘ Fisher, *Confutatio*, pp. 65 ff.;*Cochlaeus, Confutatio ccccc articulorum M. Lutheri*, articles 26, 462; Cochlaeus, *Philippicae in apologiam Philippi Melanchthonis* (1534) III. 10, fo. H 2b, 3a.

在《罗马书》4 章中明确地教导这一点，甚至无人能反驳："倘若亚伯拉罕是因行为称义，就有可夸的。"他接着说："只是在神面前并无可夸。"（罗 4∶2）这就证明亚伯拉罕并不是因行律法称义。之后保罗也从相反的角度证明这一点，人因行为所得的奖赏是应得的，并不是出于恩典（罗 4∶4）。出于恩典的义完全出自于信心。所以，这义绝不是出于人的行为所带来的功德。这就完全驳倒那些幻想某种信心和行为混合所带来之义的人。

14. 同样地，重生之人的善行也无法使他们称义

°诡辩家以玩弄圣经和他们虚空的异议为乐。他们以为自己能狡猾地逃避这教义。因他们以为"善行"的定义就是，那些未曾重生之人在基督的恩典之外，靠自己的自由意志所行律法上的字据。但他们否认这些行为指的是属灵的行为。据他们所说，人是因信心和行为称义，只要这些行为不是自己的，而是基督的恩赐和重生的结果。他们说保罗这样教导只是为了说服靠自己力量的犹太人，以为自己能行善是愚昧的事，因唯有基督的灵才能在我们自己的劳力之外将这义赐给我们。由此可见，他们仍然不明白，保罗在另一处对律法和福音之义所做的对照，就已完全除掉人的功德对使人称义有所参与，不管人如何称呼这功德（加 3∶11—12）。他教导律法所带来的义就是人因遵守律法的命令得救；信心所带来的义则是相信基督的死和复活（罗 10∶5、9）。

此外，我将在恰当的时候[29]教导基督带给我们的称义和成圣这两种福分的不同之处。那时我们将更清楚地认识到，就连属灵的行为也不是使人称义的因素。我们以上所引用的经文[30]告诉我们，亚伯拉罕不是因自己的行为称义，所以在神面前毫无自夸的理由。保罗所说的不只包括外

---

[29] 参阅 III. 14. 9。
[30] 他指的是他在第十三节中所引用的《罗马书》4∶2。

在表面上的善行，或出于自由意志的功德。保罗教导：虽然这族长有这属灵的、几乎如天使般的行为，他的功德仍不足以使他在神面前称义。

15. 天主教将恩典和善行混为一谈的教义

e(b) 经院神学家们的谬论更为严重，因他们将信心和行为混为一谈。他们败坏的教义误导单纯、不警醒的人，他们以"圣灵"和"恩典"为借口，遮蔽了那神的怜悯，而唯有神的怜悯能使恐惧的心灵得安息。[31]我们与保罗一样相信行律法的人能在神面前称义，但因我们完全无法行律法，所以，那些应当使我们称义的行为也对我们毫无帮助，因为我们行不出来。

b 就大多数的天主教徒或经院神学家而论，他们在这教义上有两方面的错误。他们一方面称信心为：在神面前怀着毫无指责的良心，等候神奖赏他们的功德；另一方面他们将称义之恩定义为：圣灵帮助人行善，而不是神白白归给人义。他们强调使徒所说的话："因为到神面前来的人，必须信有神，且信他赏赐那寻求他的人。"（来11：6）但他们完全忽略圣经对于如何寻求神的教导。他们自己的著作也证明他们对恩典的教义完全迷惑。伦巴德解释说，神在两方面借基督使我们称义。首先，他说基督的死使我们称义，因他的死激发我们的爱心，并使我们成为义。其次，这爱也同样除掉魔鬼用来辖制我们的罪，使它不再能控告我们的罪。[32]他对称义之恩的解释是，圣灵的恩典引领我们行善。显然，他本想效法奥古斯丁的教导，事实上却与奥古斯丁的教导有极大的差距。因当

---

[31] "他们"是16世纪那些为中世纪神学体系辩护的人。他们对称义和恩典的教导比经院哲学家更为异端，其教导遮蔽了神的怜悯。参阅 the references in OS IV. 198 f. to Faber, Cochlaeus, Schatzgeyer, Fisher, and Latomus. 特兰托公会议有关称义的决定，session 6 (Jan. 13, 1547) 证明天主教不再讨论这个教义。他们当时设立了33条法规，各法规都咒诅不同意他们对称义之教导的人。(Schaff, Creeds II. 89-118.) 参阅梅兰希顿，*Acta Concilii Tridentini anno MDXLVI celebrati* (dated by Old Style calendar)，特别是他对第九条法规激烈的反驳，第九条法规咒诅唯独因信称义的教义，n 7b ff.。

[32] Lombard, *Sentences* III. 19. 1 (MPL 192. 795 f.).

奥古斯丁的教导很清楚时，伦巴德却使它模糊；而当奥古斯丁的教导稍有瑕疵时，他将之完全败坏。经院神学家的教导越来越荒谬，以致走火入魔地陷入帕拉纠主义。其实，就连奥古斯丁的教导，或至少他的解释，我们也不能完全接受，因他虽然值得称赞地在称义上弃绝人一切的功德，并将这功德归与神的恩典，但他却仍将我们借着圣灵重生的恩典归在成圣的名下。㉝

16. 圣经对称义的教导

ᵇ 然而，当圣经谈到从信心而来的义时，这与人的义行完全无关，即要完全弃绝自己的功德，并要仰望神的怜悯和基督完美的善行。圣经如此教导称义的顺序：首先，神喜悦以他纯洁、白白的爱迎接罪人，因神知道人完全没有善行，人悲惨的光景触发了神的怜悯；因此，恩待人的起因完全在于神自己。然后神使罪人感到他的良善，好让人因对自己的善行感到绝望，而确信救恩完全来自神的怜悯。这就是神用来使罪人拥有救恩之信心的经验，当人听福音时得知自己已经与神和好，发现基督的义在神面前替他代求，在十字架上赦免他的罪，并称他为义。他虽然受圣灵的重生，却相信神帮他安排的永远的义并不在乎他现在所能行的善，唯独在乎基督自己的义。只要读者们逐一思想以上的教义，就能明白我的立场，或许有比我的教导更好的顺序，然而顺序并不重要，重要的是这些教义彼此的联合，使人有某种全备的了解，并坚定相信称义的教义。

17. 保罗对信心之义和律法之义的教导

ᵇ 我现在要提醒读者记住我以上所教导信心和福音彼此间的关系。信

㉝ 参阅 Augustine, *Sermons* 130. 2 (MPL 38. 726 f.; tr. LF *Sermons* II. 581 f.); *On the Spirit and the Letter* 13. 21 (MPL 44. 214; tr. NPNF V. 92), *et passim*. Other citations in Smits II. 41。

心之所以使人称义，是因为信心接受福音提供给人的义。此外，既然圣经教导福音提供给我们义，那这义就完全不在乎人的行为。保罗在多处经文中有这教导，但其中两处经文最清楚地教导这一点。在《罗马书》中，保罗将律法和福音相比，他说："人若行那出于律法的义，就必因此活着。"（罗 10：5）但唯有出于信心的义才能使人得救，只要人"口里认耶稣为主，心里信神叫他从死里复活"（罗 10：9 p.）。他在这经文中如此分别律法和福音：前者将义归于人的行为，后者则教导神白白的义，完全不在乎人的行为。这是关键的经文，而且只要我们明白福音带给我们的义完全不在乎行律法，这就能解决我们许多不同的难题。这就是为何保罗经常将神的应许和律法做对比："因为承受产业，若本乎律法，就不本乎应许"（加 3：18）；同一章中还有其他的经文也表达了这一思想。

的确，律法本身也包含神的应许。因此，福音的应许必定与律法的应许在某些方面截然不同，否则保罗所做的对比就毫无意义。但这差别难道不就是福音的应许是白白、完全依靠神的怜悯，而律法的应许乃是依靠遵行律法的要求吗？而且，人也不要在此反对说：神所弃绝的义是人靠自己的力量和自由意志所行的，㉞因为保罗无可辩驳地教导：律法所吩咐人的对人毫无帮助（参阅罗 8：3）。因为不管是凡夫俗子，还是行为最正直的人，都无人能遵守律法。的确，爱是律法最主要的吩咐。那么，当圣灵将这爱运行在我们里面时，这爱为何不能使我们称义，难道不就是因为连圣徒的爱也是不完全的，并因此不配得神的奖赏？

18. 称义不是回报人的善行，而是神白白的恩赐*

ᵇ保罗的第二处经文是："没有一个人靠着律法在神面前称义，这是明显的；因为经上说：'义人必因信得生。'律法原不本乎信，只说：'行这些事的，就必因此活着。'"（加 3：11—12, Comm., 参阅 Vg.）除非他

㉞ Eck, *Enchiridion*, ch. 5；Council of Trent, session 6, canon 1 (Schaff, *Creeds* II. 110).

的意思是信心与行为截然不同，否则他的辩论必定落空。保罗说律法与信心不同，为什么呢？因为律法的义要求人行善。由此我们推断信心的义完全不在于人的善行。由此可见，以信称义之人的义完全不在乎行律法的功德，因为信心接受福音所提供给人的义。福音与律法的差别是：福音的义与行为无关，反而完全在乎神的怜悯。保罗在《罗马书》中的教导也与此相似，即亚伯拉罕毫无自夸的根据，因他信神就算为他的义（罗4：2—3）；他也接着说，在人无法行善的光景下，人仍能因信称义就证明这一点："作工的得工价，不算恩典，乃是该得的。"（罗4：4—5 p.）这处经文的意思是信心的义出于恩典。稍后他接着说："人得为后嗣是本乎信，因此就属乎恩。"（参阅罗4：16）由此可见，人得为后嗣既因出于信心，就是神白白的赏赐。难道不就是因为信心在善行之外，完全倚靠神的怜悯吗？他在另一处经文中也表达了同样的意义："神的义在律法以外已经显明出来，有律法和先知为证。"（罗3：21 p.）他之所以将律法排除在外，就证明行律法不能帮助我们或使我们称义，相反，我们是空手来接受神的义。

19. 唯独借着信心

ᵇ当诡辩家反对我们说人唯独借信心称义（罗3：28）㉟时，读者们就可以知道他们的反对是否正确。他们不敢否认人因信称义，因这是圣经多处的教导。然而，因为圣经没有加上"唯独"这一词，所以他们拒绝接受人唯独借信心称义这说法。他们这样是对的吗？他们要如何解释保罗的话，即除非信心是神白白的赏赐，否则就不是信心（罗4：2及以下）？白白的赏赐与行为如何共存呢？他们要用什么诡计逃避保罗在另一

㉟ 马丁·路德对新约圣经中《罗马书》3：28的德文翻译是"人唯独因信称义"。梅兰希顿也为这翻译辩护，*Apology of the Augsburg Confession* IV. 73（*Bekenntnisschriften der Evangelisch-Luther ischen Kirche* I. 174；*Concordia Triglotta*, p. 141）。加尔文在这里为唯独因信称义（*sola fide*）争辩时，不但知道此教义正在受到无数的攻击，他甚至也晓得特兰托公会议已经严厉地咒诅了这教义（参阅注释31）。参阅 Fisher, *Confutatio*, p. 60；Herborn, *Enchiridion* 4（CC 12. 27）。

处经文中所说,即神的义在福音上显明(罗1:17)呢? 若福音向我们启示义,这义必定不是残缺的,而是完整、完全的义。因此,这义与律法的义无关。但他们拒绝用"唯独"这形容词,不但是错误的,也是极为荒谬。那完全弃绝行为的人,难道不是同时表明一切都出于信心吗?请问以下这些经文是什么含义呢:"神的义在律法以外已经显明出来"(罗3:21 p.)、"人……就白白的称义"(罗3:24 p.)、"人称义……不在乎遵行律法"(罗3:28)?

在此他们有很巧妙的借口:虽然不是他们自己所发明的,而是从奥利金和其他古时的作者那里借来的,却仍然是荒谬的。他们瞎扯说称义上不需要礼仪律的行为,但需要道德律的行为。㊱他们虽然不断地争辩,却不明白最基本的逻辑。当保罗引用以下的经文证明自己的立场时,难道他们以为他癫狂了吗?"行这些事的,就必因此活着"(加3:12),"凡不常照律法书上所记一切之事去行的,就被咒诅"(加3:10)。他们若非癫狂,就不会说保罗在这里的意思是神向遵守礼仪律的人应许永生,或唯独咒诅那些违背礼仪律的人。那么,若这些经文所指的是道德律,无疑道德上的行为对使人称义也是毫无参与。以下的经文也有相似的含义:"因为律法本是叫人知罪"(罗3:20),而不是使人称义。"因为律法是惹动愤怒的"(罗4:15),却不使人称义;因律法无法赏赐人坦然无惧的良心,律法同样也无法赏赐人义。既然神称信为义,因此这义不可能是行为的奖赏,而是神白白的赏赐(罗4:4—5)。我们既因借着信心称义,就毫无自夸的根据(罗3:27 p.)。"若曾传一个能叫人得生的律法,义就诚然本乎律法了。但圣经把众人都圈在罪里,使所应许的福因信耶稣基督,归给那信的人。"(加3:21—22 p.)难道他们仍然敢胡说

㊱ 加尔文在这里提到奥利金显然是错误的。哲罗姆发现这是帕拉纠(Pelagius)的一句引语(OS IV. 203) *Commentary on Romans*, ch. 3 (MPL 30. 66)。这句话也在 Pseudo-Ambrose 的 *Commentary on Romans* 3 (MPL 17. 79) 中。Herborn, *Enchiridion* iv (CC 12. 30) 以及其他与新教争辩的人也曾经引用过这句话。

这些经文指的是礼仪律，而不是道德律吗？若是这样，就连孩童也要嘲笑他们的悖逆。因此，我们应当确信：当圣经教导律法无法使人称义时，所指的是整个律法。

20. 律法上的行为

ᵇ若任何人想知道为何保罗不只提到律法的行为，也详细地解释他自己的意思，答案并不复杂。虽然行为极为重要，然而行为的价值来自神对这些行为的喜悦，而不是行为本身的价值。谁敢在神面前称许自己的行为，除非神自己称许；谁敢因这些行为要求奖赏，除非神自己应许。所以，这些行为之所以配得称为义行和配得奖赏，完全是出于神的良善。因此，行为有价值，是因借着这些行为表达人对神的顺服。因此，为了证明亚伯拉罕不可能因行律法称义，保罗在另一处宣告：律法是在神与亚伯拉罕立约四百三十年之后才颁布的（加 3∶17）。无知的人或许会嘲笑：在神颁布律法之前人怎么可能会有义行，但保罗知道行为只能因神的见证和他赐予才会有价值，所以，他认为在神颁布律法之前，行为无法使人称义是理所当然的。我们知道，当保罗想证明律法上的行为无法使人称义时，为何提到这些行为，因为他知道只有律法上的行为会引起争论。

然而，保罗有时也直接地说人绝不可能因行为称义，就如当他引用大卫的见证说：那在行为以外蒙神算为义的人是有福的（罗 4∶6；诗 32∶1—2）。因此，我们论敌任何的反对都无法拦阻我们将"唯独"㊲这绝对的说法当作一般的原则。

他们在另一方面承认人唯独因信称义，但他们却愚昧和狡猾地说这是使人生发仁爱的信心，所以义依靠爱。㊳我们当然同意保罗所说唯独依靠"使人生发仁爱的信心"才能使人称义（加 5∶6）。然而信心并不是因

㊲ *"Quin generalem exclusivam obtineamus."*
㊳ Fisher, *Confutatio*, pp. 65 f., 80; Herborn, *Enchiridion* iv (CC 12. 27 ff.); Cochlaeus, *Philippicae* III. 10; De Castro, *Adversus haereses* VII, art. *"fides"* (1543, fo. 24 K-105 D).

使人生发仁爱而使人称义,信心反而因使我们与基督的义有分而使我们称义。否则保罗所强调的一切必定落空,他说:"作工的得工价,不算恩典,乃是该得的。"(罗4:4)唯有"不作工的,只信称罪人为义的神,他的信就算为义"(罗4:5),难道有比这更清楚的教导吗?而且,神之所以称信为义,是因为这信是出于神白白的恩典。

神唯有借着基督的义才赦免人的罪(21—23)

21. 称义、与神和好、赦罪

ᵇ我们现在要思想以上我对因信称义所下的定义是否正确,即信心所带来的义等于与神和好,并且这和好完全基于罪得赦免。㊴我们总要牢记这原则:神的愤怒常在一切罪人的身上。以赛亚极精妙地表达这真理:"耶和华的膀臂并非缩短,不能拯救,耳朵并非发沉,不能听见。但你们的罪孽使你们与神隔绝,你们的罪恶使他掩面不听你们。"(赛59:1—2)他在此告诉我们:罪使人与神隔绝,使神掩面不听,且不能不如此,因为神若与罪有任何关联,就与他的义相悖。因这缘故,保罗教导说:除非人借基督蒙恩与神和好,否则仍然是神的仇敌(罗5:8—10)。所以,圣经记载:神使谁与自己和好就使谁称义,因除非神使罪人成为义人,否则他无法恩待他或叫他与自己和好。但这是借着赦罪发生的,因为所有与神和好的人,若神照他们的行为判断他们,他们就仍是罪人,虽然他们应该是纯洁无瑕的。由此可见,一切神所悦纳的人之所以能被称义,是因为一切的玷污都借赦罪完全洁净了。因此,我们能称这义为"罪得赦免"。

22. 称义与赦罪密切的关系有圣经根据

ᵇ我以下所引用保罗的这段话极其清晰地表达这两个重点㊵:"这就是

㊴ 上文的第二节及第四节。
㊵ 第四节。

神在基督里叫世人与自己和好,不将他们的过犯归到他们身上,并且将这和好的道理托付了我们。"(林后 5:19—20,参阅 Comm. 和 Vg.)接下来保罗概略地告诉我们基督的使命:"神使那无罪的,替我们成为罪,好叫我们在他里面成为神的义。"(林后 5:21)保罗在此同时提到义和人与神和好,教导我们两者是同义词。而且,他也告诉我们人是如何获得这义的,即神不将我们的过犯归到我们身上。所以,你不用再怀疑神如何称我们为义,因圣经记载:神借着不将我们的过犯归到我们身上,叫我们与他和好。因此,保罗引用大卫的话,向罗马人证明神在人的行为之外称他们为义,因此大卫宣告:"得赦免其过、遮盖其罪的,这人是有福的;主不算为有罪的,这人是有福的。"(罗 4:6—8;诗 32:1—2)无疑地,大卫在这经文中用"有福"来代替义,既然大卫宣告称义等于赦罪,我们就无须再对称义下别的定义。所以,施洗约翰的父亲撒迦利亚歌颂神说:人因罪得赦,就知道救恩(路 1:77)。保罗向安提阿人讲论救恩时也有同样的教导。路加的记载如此总结:"赦罪的道是由这人传给你们的。你们靠摩西的律法,在一切不得称义的事上信靠这人,就都得称义了。"(徒 13:38—39 p.)保罗将赦罪与义紧密相连,表明二者完全是一样的。他由此推论,神是出于他的慈爱,白白地称我们为义。

ᶜ而且,信徒在神面前称义,不在乎自己的行为,乃在乎神白白的接纳,我们不应当认为这是新奇的,因为这是圣经多处的教导,而且古时的神学家也是这样教导。奥古斯丁曾经说过:"世上一切圣徒的义在乎赦罪,胜过在乎道德上的完美。"㊶ᵉ伯尔纳的这段名言也与此相似:"神的义在于不犯罪;而人的义则在于神的恩典。"㊷他在此之前也说:"基督因赦罪成为我们的义,因此惟有蒙神怜悯、罪得赦免的人才是义人。"㊸

㊶ Augustine, *City of God* XIX. 27 (MPL 41. 657; tr. NPNF II. 419).
㊷ Bernard, *Sermons on the Song of Songs* 23. 15 (MPL 183. 892; tr. S. J. Eales, *Life and Works of St. Bernard* IV. 141).
㊸ Bernard, *op. cit.*, 22. 6, 11 (MPL 183. 880, 884; tr. Eales, *op. cit.*, IV. 126, 130).

23. 称义在乎在基督里,而不在乎自己

ᵇ由此可见,我们唯有借基督的义才能在神面前称义,这等于是说人称义不在乎自己,乃是因为基督的义归给人——这也值得我们留意,因这完全反驳了那肤浅的观念,即人之所以因信称义,是因为人借着基督的义分享圣灵,且圣灵使人成为义。㊹这观念与上面的教义相悖,互不相容。无疑地,教导人必须在自己之外寻求义,就是在教导人自己没有义。此外,这也是保罗清楚的教导:"神使那无罪的,替我们成为罪,好叫我们在他里面成为神的义。"(林后5∶21 p.)㊺

由此可见,我们的义不在自己身上,乃在基督里,且我们拥有这义,唯独因为我们在基督里有分;事实上,我们在基督里拥有这义一切的丰盛。这也与保罗在另一处的教导一致,即基督在肉体中定了罪案,使律法的义成就在我们这不随从肉体,只随从圣灵的人身上(罗8∶3—4)。他所说的成就是借着基督归给我们的义,我们的主耶稣基督将他的义赐给我们,并且以某种奇妙的方式将这义的力量赐给我们,使我们能在神的审判台前被称为义。显然,保罗在此之前的另一处经文也有同样的教导:"因一人的悖逆,众人成为罪人;照样因一人的顺从,众人也成为义了。"(罗5∶19 p.)保罗之所以宣告我们唯有借着基督称义,㊻难道不就是在说我们的义完全在乎基督的顺服,因为神将基督的顺服归给我们,就如是我们自己的顺服一样吗?

因这缘故,安波罗修精妙地用雅各的祝福比喻这义。他说雅各虽然不应得长子的名分,但在他哥哥衣服的掩护下,因这衣服所散发的香味(创27∶27),讨他父亲的喜欢,以至在伪装成他哥哥时得了长子的名分。同样地,我们也在我们的哥哥——那长子基督——纯洁的掩护下,使自己

㊹ Lombard, *Sentences* II. 27. 6 (MPL 192. 715); Duns Scotus, *On the Sentences* II. 27. 1. 3 (*Opera omnia* XIII. 249).
㊺ 参阅 Comm. II Cor. 5∶21。加尔文在这里讨论基督"赎罪的献祭"。
㊻ "*Nos haberi iustos.*"

能在神面前被称为义。㊻ˣ安波罗修这样说："以撒闻到衣服的香味，也许意味着我们不是因行律法乃是因信称义，因为肉体的软弱拦阻我们遵行律法，然而那明亮的信心使我们罪得赦免，也掩盖我们一切的过错。"㊼

ᵇ这的确是真的，因若我们要在神面前蒙救恩，就必须有主自己的香味，我们的罪也必须被基督的完美遮盖和埋葬。

㊻ x "安波罗修……一切的过错"是在 1553 年增加的。
㊼　Ambrose, *On Jacob and the Happy Life* II. 2. 9（CSEL 32. 2. 36 f.）.

ᵉ第十二章　我们必须思想神的审判台，
　　　　　使我们能确信神对我们
　　　　　白白的称义

称义与神的威严和完美彼此间的关系（1—3）

1. 在神的审判台前没有义人

ᵇ虽然这一切都有圣经充分的根据，然而除非我们面对这讨论的基础，否则不可能晓得以上教导的必要性。首先，我们应当明白这事实：我们所讨论的不是人类法庭的公义，而是天上法庭的公义，免得我们用自己的标准来衡量什么样的行为才能满足神的审判。然而，令人惊讶的是，一般人在考虑这点时过于轻率和大胆。事实上，那些最自信和夸耀因行律法称义的人，也就是有许多严重的罪，或想掩饰自己罪的人。这是因为他们一点都不思想神的义，若他们稍微思想，就不可能如此藐视神的义。ᵇ⁽ᵃ⁾然而，我们若不承认神的公义是如此完美，以至神不接受有任何瑕疵的行为，我们就不会珍惜这公义。ᵇ但从来没有人行为毫无瑕疵，以后也不会有。在学院的象牙塔里谈论行为能使人称义是轻而易举的，ᵇ但当我们来到神面前，我们必须弃绝这类的消遣！因在神面前我们必须严肃地讨论这些问题，而不是卷入玩弄词语的舌战。①我们若想知道何为真公义，就必须思考另一个问题：当天上的审判官要我们交账时，我们要做何解释？② 我们不要根据自己自然的想法想象这位法官，而是要根据圣经的教导：他叫黎明的星宿变为黑暗（伯3：9）；他发怒，把山翻倒挪移，山并不知觉；他使地震动，离其本位，地的柱子就摇撼（参阅伯9：5—6）；他以自己的智慧叫有智慧的中了自己的诡计（伯5：13）；在他圣洁的眼前万事都不清洁（参阅伯25：5）；连天使都无法忍受他的公义（参阅伯4：18）；他万不以有罪的为无罪（参阅伯9：20）；人若惹他发怒，在他怒中有火烧起，直烧到极深的阴间（申32：22；参阅伯26：6）。我们将看到神坐在宝座上鉴察人的行为，谁能坦然无惧地站在他的审判台前呢？先知质问："我们中间谁能与吞灭的火同住？我们中间谁能与永火同住呢？（他）行事公义、说话正直……"（赛33：14—15 p.）若有人能，请他站出来。针对圣经的另一个质问，没有任何人敢站出来，因有令人战兢的声音说："主耶和华啊，你若究察罪孽，谁能站得住呢？"（诗130：3；诗129：3，Vg.）显然，若是如此，众人都必定灭亡，就如圣经在另一处说："必死的人岂能比神公义吗？人岂能比造他的主洁净吗？主不信靠他的臣仆，并且指他的使者为愚昧；何况那住在土房、根基在尘土里被蠹虫所毁坏的人呢？早晚之间就被毁灭。"（伯4：17—20）又说："神不信靠他的众圣者，在他眼前天也不洁净；何况那污秽可憎、喝罪孽如水的世人呢？"（伯15：15—16，参阅 Vg.）

ᵉ事实上，我承认《约伯记》提到某种高过遵行律法的公义，我们也应当留意这一点。因为即使有人能完全遵守神的律法，也仍旧无法合乎那人所测不透的公义。所以，虽然约伯问心无愧，但他仍然惊讶地闭口不言，

---

① "λογομαχία".
② 这句话是在 1539 年 8 月出版的拉丁文版本中首次出现的。这句话与萨多雷托（Sadoleto）在 1539 年 3 月 18 日写给日内瓦长官的信以及加尔文 9 月 1 日回答他的信有关联。萨多雷托在他的信中问：新教徒怎能在最后审判之日，在极可畏之神的审判台前为自己的行为解释。加尔文给他极具说服力的答复。参阅 OS I. 451，480-486；tr. Calvin, *Tracts* I. 16, 55 ff.；LCC XXII. 246-250。

因他发现神若用天上的秤衡量人的行为，即使天使般的圣洁也站立不住。因此，我略而不谈这至高的公义，因那是无法测透的。我只要说，神若按照他字据的律法究察我们的生命，我们若没有在神为了唤醒我们所发出的众多咒诅下感到恐惧，我们就是极其迟钝的人。其中一个咒诅是："凡不常照律法书上所记一切之事去行的，就被咒诅。"（加3：10，Vg.；参阅申27：26）简言之，除非每一个人在这天上法官面前承认自己的罪，并仆倒在地上承认自己的虚无，否则所谈论的这一切都是枉然的。

2. 在神和在人面前的公义

ᵇ我们如今应当仰起脸来学习在神面前战兢，而不是高傲地自夸。其实，只要我们仍将自己与别人比较，就会相信自己拥有某些别人所应当看重的。然而，当我们仰望神时，我们的这自信立刻就消失了。事实上，我们的灵魂仰望神，就如我们的肉眼仰望天际一般。因为当我们看见附近的事物，我们就深信自己的视力极佳。然而，当我们看到太阳时，我们的眼睛因它的强光感到刺痛和迟钝，我们就会深信自己视力的有限，就像从前看见附近的事物，就确信自己的视力极佳一样。③我们千万不要被自己虚妄的自信欺哄。即使我们看自己与别人同等，或认为自己比别人强，这对神都没有任何影响，因为是神自己将审判人。然而，若神的咒诅无法驯服我们的石心，主将对我们说他曾对法利赛人说过的这段话："你们是在人面前自称为义的……因为人所尊贵的，是神看为可憎恶的。"（路16：15，参阅Vg.）你当知道，你若在人面前夸耀自己的义行，这是天上的父神所憎恶的！然而，神的仆人在圣灵的感动下是如何记载的呢？"求你不要审问仆人，因为在你面前，凡活着的人没有一个是义的。"（诗143：2；参阅Comm. 和诗142：2，Vg.）神的另一位仆人，也从稍微不同的角度记载："但人在神面前怎能成为义呢？若愿意与

---

③ 参阅 I. 1. 2。

他争辩,千中之一也不能回答。"(伯9:2—3;参阅9:3,Vg.)圣经在此明确记载神公义的性质,也告诉我们人一切的行为都无法满足神的公义。当神究察我们千万的罪恶时,我们无法为任何一个辩护。神所重用的仆人保罗宣称,虽然他不晓得他心里有任何的罪恶,却不能因此在神面前称义。这时,他的确领悟到神崇高的公义(林前4:4)。

3. 奥古斯丁和伯尔纳为真公义做见证

ᶜ这不仅仅是圣经明确的教导,甚至一切虔诚的神学家也有同样的立场。奥古斯丁说:"一切在这取死肉体的重担下,并因这软弱的身体叹息的敬虔人,都有一个盼望:我们只有一位中保;就是那义者耶稣基督,他为我们的罪作了挽回祭。"(参阅提前2:5—6)④这是什么意思呢?如果这是他们唯一的盼望,难道他们会因自己的行为夸耀吗?因他说"一个盼望",就表示他不相信有其他的盼望。伯尔纳说:"难道软弱的人除了在救主的伤口那里,还能在别处寻得安息吗?他拯救人的能力越大,我们在他的怀中就越安全。世界攻击我们、肉体的重担拦阻我们,魔鬼也为我们设下陷阱,但我却不至跌倒,因我被安置在稳固的磐石上。我犯了大罪。我的良心受搅扰。然而我却不至丧胆,⑤因我将记念主的伤口。"他之后得出如下结论:"主的慈爱是我的功德。所以,只要主仍然慈爱,我就永不缺乏功德。若主的怜悯显多,我的功德也一样显多。难道我要夸耀自己的义行吗?主啊!我将唯独记念你的义,因这也是我自己的义,即神使基督成为我的义。"他在另一处又说:"人若全心全意盼望那使人称义的神,这就是他一切所需要的功德。"ᶜ同样地,他虽然相信自己有平安,却将一切的荣耀归给神,他说:"但愿荣耀归给你,直到永远。我若有平安就必满足。我完全弃绝荣耀自己,免得窃取不属我的

---

④ Augustine, *Against Two Letters of the Pelagians* III. 5. 15 (MPL 44. 599; tr. NPNF V. 409).

⑤ "*Turbatur... non perturbabitur*".

荣耀，而因此丧失神所提供给我的一切。"他在另一处更明确地说："为何教会在乎自己有无功德，既然我们在神的旨意中有更确实可夸的根据，所以，人没有理由认为自己有应得神祝福的功德，尤其因为先知如此记载：'主耶和华如此说……我行这事不是为你们，乃是为我的圣名。'（结36：22，32 p.）只要我们知道自己的功德不足，这就成为我们足够的功德，但既然不倚靠自己的功德才是我们的功德，所以，没有功德才能使我们在神的审判台前站得住。"伯尔纳常用"功德"表示善行，是因为这是那时的习惯。然而，基本上他的目的是要使假冒为善的人惧怕，因他们放荡的行为无耻地违背神的恩典。他之后这样解释："那有功德而不引以为傲，没有功德却引以为傲的教会是有福的，因为她的傲有根据，而功德没有根据。她所拥有的功德是要使她配得救恩，并不是要她自傲。但难道不自傲不就是功德吗？所以，完全不自傲的教会更可以引以为傲，因她有很多的机会夸耀神丰盛的怜悯。"⑥

人的良心和自我指责都证明他在神面前没有善行，而引领他接受神的怜悯（4—8）

4. 神严厉的审判使我们不再自欺

ᶜ这是真的！知罪的良心在面对神的审判时，意识到神的怜悯是他唯一的避难所。ᵇ因为，星星虽然在晚上极为明亮地闪耀，却在日出时失去一切的光芒。同样地，最纯洁的人若与神的圣洁相比，也是如此。因神的审判洞察入微，甚至参透人心隐秘的事，并且就如保罗所说："他要照出暗中的隐情，显明人心的意念。"（林前4：5 p.）这就使得已经被虚饰、迟钝的良心开始提醒人想起他到目前为止所忘记的事。但我们的指控者魔鬼知道我们所犯的罪都是它驱使我们犯的，所以它就继续诱惑我

---

⑥ Bernard, *On the Psalm, He That Dwelleth* (Ps. 91) 15. 5 (MPL 183. 246); *Sermons on the Song of Songs* 61. 3; 13. 4; 68. 6 (MPL 183. 1072, 836, 1111; tr. Eales, *Life and Works of St. Bernard* IV. 367, 69, 424 f.).

们。我们所倚靠外在的善行，在神的审判之下对我们毫无帮助，因为神所要的是纯洁无瑕的动机。假冒为善也将被揭露，虽然它通常以愚勇自夸。这不但包括人在神面前知道自己有罪，却在人面前伪装，也包括人在神面前自欺，因人都倾向于奉承自己。那些拒绝仰望神的人，的确能暂时快乐、平安地立自己的义，但这义即将在神的审判台前被震碎，就如梦中的巨额财富，梦醒后就消失了。然而，那些在神面前认真寻求正确公义准则的人，必将发现^{b(a)}人所有的行为都是污秽的。而一般人所认为的义行在神面前不过是罪孽。人看为正直的，不过是污秽；人看为荣耀的，反而是羞辱。

5. 我们当弃绝一切的自我欣赏！

^b当我们仰望神的完美之后，我们不要害怕看到自己的真面目，⑦也不要再受盲目自爱的影响。无怪乎我们在这方面如此盲目，因为没有人会自然地抵挡这种自我放纵的本性。所罗门说："人所行的，在自己眼中都看为正。"（箴21∶2 p.）又说："人一切所行的，在自己眼中看为清洁。"（箴16∶2）然而，人能因这幻想被判无罪吗？绝不会，圣经反而接着记载："唯有耶和华衡量人心。"（箴16∶2 p.）即使人戴上公义的面具奉承自己，神却以他的天平衡量人内心隐秘的不洁。既然自我奉承对自己毫无帮助，我们就千万不可自欺而自取灭亡。为了正确地省察自己，我们必须逼自己的良心来到神的审判台前，因我们必须使自己隐秘的罪完全暴露在审判的亮光下，如此我们才会真正明白："这样，在神面前人怎能称义……何况如虫的人，如蛆的世人呢"（伯25∶4—6，参阅Vg.），"可憎、喝罪孽如水的世人"（伯15∶16），"谁能使洁净之物出于污秽之中呢？无论谁也不能"（伯14∶4，参阅Vg.）。我们也将体会到约伯用来描述自己的话："我虽有义，自己的口要定我为有罪；我虽完全，我

---

⑦ 参阅I.1.2；I.5.3，10；II.8.1；III.13.3。

口必显我为弯曲。"（伯9：20，参阅 Vg.）因为古时的先知指控以色列人的话不只在乎那时代，也在乎所有的时代："我们都如羊走迷，各人偏行己路。"（赛53：6 p.）此话也包括一切将蒙救赎之恩的人，且这严厉的省察应当使我们感到惊慌失措，并因此预备自己的心接受基督的恩典。我们若以为自己不降卑能享受这恩典，就是在自欺。这是众所熟知的经文："神阻挡骄傲的人，赐恩给谦卑的人。"（彼前5：5；雅4：6；参阅箴3：34）

6. 何谓在神面前谦卑

ᵇ然而，谦卑自己难道不就是因感到自己的贫穷和虚无，而投靠神的怜悯吗？ᵃ因为我们若认为自己仍有任何可夸的，就不是谦卑。而且那些以为以下两种现象可以同时并存——即我们可以一方面在神面前谦卑自己，另一方面视自己的义有价值——的人，总是恶毒地教导人假冒为善。⑧因我们若在神面前口是心非，就是在邪恶地撒谎。神对我们内心的要求，迫使我们践踏内心一切自以为可夸的事。所以，当你听到先知说"困苦的百姓，你必拯救；高傲的眼目，你必使他降卑"（诗18：27；参阅诗17：28，Vg.）时，你当思想：除非我们离弃一切骄傲并穿上完美的谦卑，否则救恩的门向我们是关闭的；你也要思想这谦卑并不是人将自己的某种权利献给神，就如那些在人面前不表现他们的骄傲，也拒绝侮辱别人的人，通常被视为是谦卑的，虽然在内心他们仍依靠自己某方面的优秀。相反，这谦卑是人因确信自己的悲惨和贫乏，就无伪地从心里顺服神，这是圣经所描述的谦卑。

神在《西番雅书》中说："因为那时我必从你中间除掉矜夸高傲之辈……我却要在你中间留下困苦贫寒的民，他们必投靠我耶和华的名。"（3：11—12）难道这不是在描述真谦卑的人吗？就是那些深知自己是贫

---

⑧ 参阅 Cochlaeus, *De libero arbitrio hominis*（1525），fo. O 7a；"*Non sumus natura impii.*"（我们做两足的受造物或抬头仰望星空走路并不是罪……恶是违背自然的。）

穷、担重担的人。另一方面，圣经也称骄傲的人为"得意"，他们因自己的财富经常欢喜雀跃。然而，主所预定拯救的谦卑人，神使他们完全仰望他。以赛亚也说："但我所看顾的，就是虚心痛悔、因我话而战兢的人。"（赛 66 : 2，Vg.）又说："那至高至上、永远长存、名为圣者的如此说：'我住在至高至圣的所在，也与心灵痛悔、谦卑的人同居；要使谦卑人的灵苏醒，也使痛悔人的心苏醒。'"（赛 57 : 15，Vg.）

在圣经中，"痛悔"这个词指的是那种内心的伤口，使得仆倒在地的人无法再起来。你若希望神照他的判断将你与谦卑人一同高举，⑨你就当虚心痛悔。你若没有这样的心，至终神也必以他全能的手使你降为卑。

7. 基督呼召罪人而不是义人

ᵇ并且我们至高的主人，不但用言语，也用比喻描述真谦卑。他用的比喻是："税吏远远地站着，连举目望天也不敢，只捶着胸说：'神啊，开恩可怜我这个罪人！'"（路 18 : 13 p.）我们不要误以为这是假冒为善的谦卑（他不敢举目望天或亲近神，并捶着胸承认自己是罪人），相反，这是他出自内心的表现。主将法利赛人与这人做比较，法利赛人感谢神，因他不像别人勒索、不义、奸淫，且一个礼拜禁食两次，凡他所得的都捐上十分之一（路 18 : 11—12）。他虽然公开承认他的义是神所赐的，但因他以自己的义为傲，所以神不喜悦，甚至憎恶他，他便离开神的面。税吏因承认自己的罪而被神称为义（路 18 : 14）。由此可见，我们的自卑在神面前有多蒙悦纳，这就证明除非人从心里除掉一切对自我价值的认定，否则不可能投靠神的怜悯。只要他继续相信他的自我价值，就会拦阻神的怜悯。当父神差派基督降世时，他所交付基督的使命就进一步地证明这一点："叫我传好信息给谦卑的人，差遣我医好伤心的人，报告被掳的得释放，被囚的出监牢……安慰一切悲哀的人，赐华冠与锡安悲哀

---

⑨ 参阅 II. 1. 2；II. 2. 11，注释 49。

的人,代替灰尘,喜乐油代替悲哀,赞美衣代替忧伤之灵。"(赛61:1—3 p.)因此,基督只邀请劳苦、担重担的人分享他的慈爱(太11:28)。ᵉ 主也在另一处说:"我来本不是召义人,乃是召罪人。"(太9:13)

8. 在神面前骄傲和自我满足,拦阻人就近基督

ᵉ因此,我们若想顺应基督的呼召,就当弃绝一切的骄傲和自满!骄傲来自于愚昧地相信自己的义,也就是人在神面前以为自己有可夸的功德。即使人没有主动地相信自己的功德,在他心里还是有够多的自满。许多罪人因沉醉于罪中之乐,根本不考虑神的审判,而是昏昏沉沉不寻求神所提供的怜悯。这懒惰就如自信一样都要被弃绝,才能使我们毫无拦阻地去就近基督,并因自己的虚空和饥饿,领受基督丰盛的恩惠。ᵃ因为除非我们真正怀疑自己,否则我们就不会信靠主;除非我们的心感到痛悔,我们就永不会仰望主;除非我们感到绝望,我们就不会领受主的安慰。

ᵇ⁽ᵃ⁾ 所以,除非我们完全弃绝自己,并依靠我们所确信之神的良善,否则我们的心就尚未准备好接受神的恩典,就如奥古斯丁说:"我们忘记自己的功德,才会接受基督的恩赐。"⑩ᵉ因为,若神要求我们先有功德,他才祝福我们,我们就永远不可能得到他的祝福。伯尔纳也完全同意这立场,他恰当地将骄傲的人比喻为不忠心的仆人。他们将任何最小的好处都视为自己的功德,错误地将神的恩典归在自己的功劳之下,就如一座墙称从窗外射入的光是自己所产生的那般。⑪ᵇ总而言之,我们应当视此为简要、一般和确实的原则:唯有弃绝一切表面上虚妄之义(我说的不是真义,因人没有义)的人,才能预备领受神的怜悯。因为,人越自满,就越拦阻自己蒙神的恩惠。

---

⑩ Augustine, *Sermons* 174.2 (MPL 38.941; tr. LF Sermons II. 891 f.).
⑪ Bernard, *Sermons on the Song of Songs* 13.5 (MPL 183.836; tr. Eales, *op. cit.*, IV. 70).

ᵉ第十三章　关于白白称义有两件值得我们留意的事

1. 称义尊荣神；启示，他的公正

ᵇ在此我们要特别留意两件事，即在称义上，神的荣耀并不受损，也毫无玷污，①且我们的良心在面对神的审判时坦然无惧。

圣经不断和迫切地劝勉我们，在称义上将一切的荣耀都归给神。②使徒保罗也向我们证明，神在基督里赏赐我们义的目的是"要显明神的义"（罗3：25）。然而，保罗立刻接着告诉我们，神向我们显明自己的义，是要"使人知道他自己为义，也称信耶稣的人为义"（罗3：26 p.，参阅 Vg.）。由此可见，除非我们承认神是唯一义的那一位，且他将义白白赐给完全不配得的人，否则我们就仍不了解神的义。因这缘故，神喜悦"塞住各人的口，叫普世的人都伏在神审判之下"（罗3：19 p.）。因为只要人在心里仍有任何可夸的，他就在某种程度上贬损神的荣耀。因此，神在《以西结书》中教导我们，当人承认自己的罪，就是将荣耀归给神。神说："你们在那里要追念玷污自己的行动作为，又要因所作的一

---

① "Sarta tecta" 字面的意思是"补好了"，普洛蒂（Plautus）在这个意义上用过这个词；*Trinummus* 317（LCL Plautus V. 126）。
② 参阅 III. 4. 9，注释19。

切恶事厌恶自己"（结20：43，Vg.）、"我为我名的缘故，不照着你们的恶行和你们的坏事待你们，你们就知道我是耶和华"（结20：44，Vg.）。

若以上都是对于认识神不可少的教导，即因深知自己的罪孽而感到懊悔，并思想到神恩待我们这完全不配的人，那我们为何仍企图窃取神白白的恩典所应得的一点感谢，并大大伤害自己？与此相似，当耶利米宣告："智慧人不要因他的智慧夸口，勇士不要因他的勇力夸口，财主不要因他的财物夸口。夸口的却因他有聪明，认识我是耶和华"（耶9：23—24，参阅Vg.）时，难道他不是在暗示：当人因自己夸口时，他的夸口就是在窃取神的荣耀吗？

ᵉ的确，保罗引用这经文教导我们救恩的各部分都在乎基督，使得任何夸口的人都要指着主夸口（林前1：31，Vg.；参阅耶9：24）。他的意思是：任何人若以为自己有什么可夸的，都是与神为敌，也是窃取神的荣耀。

2. 因自己的义夸口的人在窃取神的荣耀

ᵇ综上所述，除非我们完全弃绝荣耀自己，否则我们无法真正地荣耀神。另一方面，我们必须以此为普遍的原则：夸耀自己的就不能把荣耀归给神。ᵇ⁽ᵃ⁾事实上，保罗教导说：唯有当世人一切自夸的根据被夺去时，他们才开始真正顺服神（参阅罗3：19）。ᵇ因此，当以赛亚宣告以色列人称义完全在于神时，他接着说一切的"赞美"也要归给他（赛45：25，Vg.；参阅赛45：25，EV）。他就如在说，神称自己的选民为义的目的，是叫他们唯独因神夸口。他也在前一节经文中教导我们应当如何因神的缘故夸口，即我们应当宣誓自己的义行和力量都在神里面（赛45：24）。我们要在此留意，神所要求的不仅仅是一般的承认，而是要我们在他面前宣誓，免得我们将此当作虚假谦卑的形式。而且，也不要有任何人误以为只要他不是自高自大地自称为义，就不算是因自己夸口。因为这样的误解只会导致自信，而自信只会产生自夸。

所以，在一切有关义的讨论上，我们必须牢记这一点：义所应得的称赞都要完全归给神。因为就如保罗所宣告神将自己的恩典丰盛地赐给我们："使人知道他自己为义，也称信耶稣的人为义"（罗3：26，Vg.），是要显明他自己的义。所以，在另一处经文中，当保罗宣告主赐给我们救恩是要"使他荣耀的恩典得着称赞"（弗1：6）后，他接着说："你们得救是本乎恩……这……乃是神所赐的；也不是出于行为，免得有人自夸。"（弗2：8—9 p.）ᵉ且当彼得教导：神呼召我们享有救恩的盼望，是要"叫我们宣扬那召我们出黑暗入奇妙光明者的美德"（彼前2：9 p.）时，他的目的无疑是要信徒因在心中唯独称颂神，而除掉一切肉体上的骄傲。ᵇ总之，只要人以为自己有丝毫的义，就是亵渎神，因他所归给自己的义夺去神的义之荣耀。

3. 相信自己的义无法使良心得平安

ᵇ我们若问人的良心如何在神面前得平安，唯一的答案是：神将我们完全不配得的义白白地赐给我们。我们应当牢记所罗门所问的这问题："谁能说，我洁净了我的心，我脱净了我的罪？"（箴20：9）的确，没有任何人不是陷在无限的污秽中！即便是最完全的人，只要他聆听自己的良心③并鉴察自己的行为，结果会是如何呢？难道他会完全安心，就如他与神完全和睦，而不是良心受折磨，因为若他的行为受审，他的良心也必定他自己的罪。良心若面对神，必然或在神的审判台前拥有确实的平安，或被地狱的恐怖所包围。所以在谈到义时，除非我们有足以使我们在神的审判台前站立得住的义，否则一切都是徒然的。

当我们拥有能使我们在神面前坦然无惧地受审的义时，我们才能确知我们的义不是虚假的。ᵇ⁽ᵃ⁾保罗之所以那么强调从信而来的义不是没有理由。我宁可引用保罗的话，而不用自己的解释：ᵃ"若是属乎律法的人才

---

③ 参阅 III. 4. 27；III. 12. 5，注释7。

得为后嗣,信就归于虚空,应许也就废弃了。"(罗4:14,参阅Vg.)他先推断:若神赐给我们义的应许是依靠人的功德或遵守律法,那么信心就不是信心了。若是这样,就没有人能信靠这应许,谁都不能在自己的心里确信他已满足了神的律法,因为从来没有人靠自己的行为满足过律法。我们无须用外来的证据来证明这一点,只要每一个人诚实地省察自己,就有充分的证据。

^c这就证明人的假冒为善使人落入多深的深渊。他们自信地恭维自己,甚至毫不犹豫地以自己的自我奉承向神的审判挑战,就如神无法判他们有罪。然而诚实省察自己的信徒心里却极大地受折磨。^a首先,若众人自我省察,大家都会怀疑自己,并且到最后感到绝望,因他会发现他自己欠何等沉重的债,并同时发现自己的行为远达不到神的要求。他的自信会因此受压制,甚至消失了。而有信心的人不怀疑、不改变、不受环境的影响、不犹豫、不彷徨或动摇,最后,信心也不会绝望!相反,有信心便是以不断的确信坚固自己的心,是有安息之处和脚踏之地(参阅林前2:5;林后13:4)。

4. 相信自己的义也使神的应许落空

^{b(a)}保罗接着强调另一个重点:靠自己的义也使神的应许落空。^b因若应许的成就靠人的功德,那我们要到何时才算应得神的祝福呢?^{b(a)}其实,这第二个重点就是第一个重点的结论:神的应许唯有在信靠基督之人的身上才得以应验。所以,若人没有信心,应许就落空了。因此,信徒的基业本乎信好证明神的应许属乎恩。因为唯独相信神怜悯的信心才是真信心,因为怜悯和真理是密不可分的。神会信实地成就一切出于他怜悯的应许。大卫在根据神的话语为自己求告救恩之前,首先宣告这应许出自神的怜悯:"求你照着应许仆人的话,以慈爱安慰我。"(诗119:76;参阅诗118:76,Vg.)这是正确的祷告,因为神给我们任何的应许都是出于他自己的怜悯。^a所以,我们一切的盼望都必须建立在这真理之

上，而不是建基于自己的行为，或相信这些行为能帮助我们称义。

^c这教导并非是我新创的，奥古斯丁也有同样的教导，他说："基督在他仆人的身上将作王直到永远，这是神的应许，神已经说了；若这还不够，神也曾亲自为此起誓。因此，既然神的应许不因人的功德，乃因神的怜悯才得以应验，那任何人都应该毫不犹豫地宣告他不可能怀疑的事。"④伯尔纳也同样教导："基督的门徒问他：'这样谁能得救呢？'基督回答：'在人这是不能的，在神凡事都能。'（太 19∶25—26 p.）这就是我们信心的根基，也是我们唯一的安慰；是我们拥有盼望唯一的理由。我们确信基督的能力，但他的意愿如何呢？'或是爱，或是恨，都在他们的前面，人不能知道'（传 9∶1，Vg.）、'谁知道主的心？谁作过他的谋士呢？'（罗 11∶34；参阅赛 40∶13）显然，我们在此需要信心的帮助——真理要协助我们。圣灵必须向我们见证父神心里隐藏的旨意，且圣灵与我们的心同证我们是神的儿女（罗 8∶16）。而且圣灵说服我们的方式是借信心白白地呼召我们和称我们为义。这就是神从他永远的预定到将来的荣耀，为自己的选民所安排必经的过程。"⑤

^b我们要做一个简短的结论，圣经指出：除非人以良心的确信领受神的应许，这些应许就不会在人身上成就。哪里有人的疑惑或怀疑，神的应许就在哪里落空。此外，圣经也宣告神的应许若依靠人的行为就必摇动。所以，或者我们没有义，或者我们所拥有的义完全不在乎行为，唯独建立在信心之上，^{b(a)} 因为信心使人留心听神的道并不凭眼见，即信心使我们完全相信神的应许并怀疑我们一切的自我价值或功德。^b撒迦利亚著名的预言就在这真理上得以应验：当神除掉这地的罪孽，"各人要请邻舍坐在葡萄树和无花果树下"（亚 3∶9—10）。先知在此暗示：除非信徒蒙赦罪，否则就不可能享受真平安。^e我们要明白先知教导的这类比喻：

---

④ Augustine, *Psalm*, Ps. 88. 1. 5 (MPL 37. 1123; tr. LF *Psalms* IV. 243 f.).
⑤ Bernard, *Sermon on the Dedication of a Church* 5. 6 (MPL 183. 523; tr. *St. Bernard's Sermons for the Seasons*, by a priest of Mount Melleray, II. 424).

当他们谈论基督的国度时，他们用神外在的福分预表属灵的福分。所以基督被称为"和平的君"（赛9：6）以及"我们的和睦"（弗2：14），因他除掉我们一切良心的搅扰。我们若问他是用何方法，答案是那平息神愤怒的献祭。因若任何人不确信基督担当神愤怒的挽回祭平息了神的愤怒，他仍会不断战兢。简言之，我们必须唯独在我们的救赎主基督所受的苦难当中寻找平安。⑥

5. 唯有对神白白恩典的信心，才能赏赐人良心的平安和祷告中的喜乐

ᵉ然而，我无须采用模糊不清的见证。保罗经常教导，除非人确信自己"因信称义"，否则他的良心不可能获得平安或喜乐（罗5：1）。同时他也宣告这确据的来源，这确据是在"圣灵将神的爱浇灌在我们心里"（罗5：5）的时候而有的。这就如说：除非自己确信蒙神喜悦，否则我们的灵魂得不到平安。因此，他也在另一处经文中代表一切敬虔的人宣告："谁能使我们与在基督里之神的爱隔绝呢？"（罗8：35、39，经文合并）因为除非我们抵达这港口，否则连最微小的声音都会使我们感到害怕，但只要神向我们证明他是我们的牧者，即使我们行过死荫的幽谷也不怕遭害（参阅诗23：1、4）。所以，那些不断吹嘘人因信称义是因为人在重生之后过圣洁的生活⑦的人，从来没有尝过恩典的甘甜，⑧即相信神喜悦他们。他们的观点也证明他们与土耳其人和其他外邦的国民一样不晓得如何向神祷告。因为，就如保罗所教导，除非信心呼求并思想父那最甘甜的名⑨（事实上，除非信心迫使我们开口坦然无惧地呼叫："阿爸，父"），否则我们的信心是虚假的（加4：6；罗8：15）。他在另一处

---

⑥ 加尔文在这里再次驳斥奥西安德尔对称义的教导。参阅 III. 11. 5，注释5。
⑦ 这也是指奥西安德尔说的；参阅 III. 11. 6，注释13。
⑧ "Gratiae dulcedinem."
⑨ "Suavissimum illud patris nomen"，参阅 I. 14. 2，22；III. 20. 36-38。

更清楚地教导这一点："我们因信耶稣，就在他里面放胆无惧，笃信不疑地来到神面前。"（弗 3：12 p.）这确据不是借重生的恩赐而来，因我们的重生在今世总是不完全，所以我们仍会怀疑。总之，我们的结论是：信徒当确信，他们对天上国度基业的盼望唯一的根基是因嫁接在基督里，神就白白地称他们为义。因为就称义而言，信心完全是被动的，因为信心不提供任何能使我们重新蒙神悦纳的事，反而是从基督那里领受我们一切所缺乏的。

^e第十四章 称义的起始和不间断的过程

人生来死在罪恶之中,并因此需要救赎(1—6)

1. 就称义而言,有四种不同的人[†]

^b为了更清楚明白这教导,我们要查考人在一生中所能获得的义。人可能落入四种不同的光景之中:人或(1)对神完全无知,陷入偶像崇拜中,或(2)虽然领受过圣礼,却因不洁净的生活,虽然口里承认神,却在自己的行为上否认他——他们是有名无实的信徒;或(3)他们是假冒为善的人,并以虚空的见证隐藏自己邪恶的心,或(4)因被神的灵重生,一生最在乎的是过圣洁的生活。

^a首先,若神按照人与生俱来的本性审判他们,从头顶到脚掌,神在他们里面找不到任何的良善,^{b(a)}除非我们指控圣经向我们说谎。因圣经用这样的称号描述一切亚当之子:他们是邪恶、顽梗的人(耶17:9);人从小心里思想的尽都是恶(创8:21);"人的意念是虚妄的"(诗94:11,参阅 Comm.);"他们眼中不怕神"(参阅出20:20);"没有明白的,没有寻求神的"(诗14:2)。^a简言之,他们属乎血气(创6:3),属乎血气包括保罗以下所列举的一切:"奸淫、污秽、邪荡、拜偶像、邪术、仇恨、争竞、忌恨、恼怒、结党、纷争、异端、嫉妒、醉酒、荒宴"(加5:

19—21，参阅 Vg.）和一切所能想象得到的污秽和可憎恶的事。这就是他们夸耀的自我价值！

ᵇ然而，若他们当中有任何人在道德上与众不同，在人看来是圣洁的人，但我们因深知道神完全不在乎外貌，所以我们若想知道这些行为是否有任何使人称义的价值，就必须究察这些行为的动机，我们必须详细究察这些行为出自怎样的心态。虽然这问题范围很广，但既然我们能在几句话之内就描述清楚，所以我会尽可能简洁。

2. 非信徒的美德是神所赐的*

ᵇ首先，我并不否认非信徒所有突出的禀赋都是神所赐给他们的。①我也不否认人们的常识判断，辩称提图斯和图拉真的公正、节制和公平与卡利古拉、尼禄和图密善的癫狂、不节制和暴力没有两样。或提比略淫荡的私欲与韦斯巴芗的自制是一样的，或者说——不提个人的美德与恶行——遵守和藐视法律及公义没什么区别。因为义和不义的差别大到连在表面上的义行和恶行都看得出来。我们若不分辨以上的差别，世界怎能有任何秩序呢？所以，神不但把高尚的和邪恶的行为的差别刻在每一个人的心中，也借着他的护理印证这差别，因我们可以看见神将许多今生的祝福赐给在社会上培育美德的人。这并不是因为外在美德的形象值得神任何的祝福，反而因为神暂时奖赏拥有外在、虚假善行的人，就证明他何等喜爱真正的义行。因此结论就如我们以上所说的，即这一切的美德——或换言之，美德的形象——都是神的恩赐，因为没有任何可称赞的事不是来自神。

3. 没有真信心就没有真美德*

ᵇ然而，奥古斯丁所说的还是没有错：一切与独一真神信仰疏远的

---

① 参阅 I. 5. 3，5；I. 15. 2-4。

人，不管他们在道德上有多被人称赞，他们不但不应得奖赏，反而应得惩罚，因他们以心里的不洁污秽神的善行。他们虽然在公义、自制、友情、节制、勇气和智慧上作为神保守社会的器皿，但他们却败坏地行出这些善行。他们不作恶并不是因他们热心为善的缘故，而是出于野心、自爱，或其他邪恶的动机。所以，既然人借心里的不洁（就如从泉源的源头）败坏这些善行，我们就不应当视此为美德，就如经常被人所误会为美德的恶行，不应该被视为美德一样。简言之，只要我们记住一切善行的目的——侍奉神——则任何出于其他动机的行为就已经丧失了"善"这个词的意义。因他们没有仰望神出于他的智慧所设立的目的，所以他们所行的一切，虽然看起来是好事，却是出于邪恶的动机，因此是罪。^c奥古斯丁因此推断法布里齐乌斯（Fabricius）、西比欧（Scipio）和加图（Cato）都在他们的善行上犯了罪，因他们既然缺乏信心的亮光，所以在一切的行为上就没有他们所该有的动机。因此，他们没有真正的义行，因为真正的义行不是以行为乃是以动机来衡量。②

4. 没有基督就没有真圣洁

^b此外，若使徒约翰所说的没错，即没有神儿子的人就没有生命（约一5∶12），^a那么，那些不在基督里的人，不管他们的身份如何，不管他们做什么，他们一生都是在奔向自己的灭亡，至终神将判他们永死。^c奥古斯丁所说的话也与此相似："我们的信仰并不是以行为之律，乃是以信心之律区别义人和不义的人，因为若没有信心，人所以为的善行便成恶行。"③^b他在另一处精彩的解释也表达了同样的含义，他把这种人的热忱比喻成参加赛跑而脱离跑道的人，已离开真道的人越努力往前跑，就离

---

② Augustine, *Against Julian* IV. 3. 16 ff., 21, 25-26 (MPL 44. 744 ff., 749 ff.; tr. FC 35. 179 ff., 186 f., 189 f.).

③ Augustine, *Against Two Letters of the Pelagians* III. 5. 14 (MPL 44. 597 f.; tr. NPNF V. 404).

目的地越远，变得越可怜。因此，奥古斯丁说："在真道上跛脚而行远比在真道之外奔跑更强。"④最后，人与基督没有交通，就不会成圣。显然，这些人是坏树，他们能结出在人眼中看为美，甚至吃起来甜蜜的果子，实际上却是坏果子。由此可见，若人没有借信心与神和好，则他一切所想的、所计划的或所行的，都是被咒诅的，不但无法被称为义，反而会被毁灭。然而，我们为何仍在这事上辩论，仿佛这是可怀疑的事，虽然使徒早已证明"人非有信，就不能得神的喜悦"（来 11：6）？

5. 神所悦纳的义并非来自行为，不管是多好的行为，乃是来自恩典

ᵇ我们若将神的恩典与人与生俱来的景况做比较，就更能证明这事实。因为圣经多处都宣告：在人身上没有任何东西值得神向他施恩，反而是神先白白地恩待人。死人能做什么使自己获得生命呢？当神光照人，使人认识他时，圣经描述这是叫人从死里复活（约 5：25），叫人成为新造的人（林后 5：17）。在这比喻上，我们看到神对人的慷慨常常受称赞，尤其是保罗，他说："神既有丰富的怜悯，因他爱我们的大爱，当我们死在过犯中的时候，便叫我们与基督一同活过来。"（弗 2：4—5）在另一处论及亚伯拉罕是神对信徒一般呼召的代表时，他说神是"那叫死人复活、使无变为有的神"（罗 4：17，参阅 Vg.）。我们既然是无，难道我们能做什么吗？在《约伯记》中，神用以下的话约束人的傲慢："谁先给我什么，使我偿还呢？天下万物都是我的。"（伯 41：11 p.；参阅 41：2，Vg.）保罗在解释这段话（罗 11：35）时，总结说：除了我们可羞耻的需要和虚空之外，我们不要以为我们有什么可献给神的。

因此，在我们以上所引用的经文中，⑤为了证明我们唯独借神的恩典，而不是因自己的行为获得救恩的盼望（参阅弗 2：8—9），保罗说：

---

④ Augustine, *Psalms*, Ps. 31. 2. 4 (MPL 36. 259 f.; tr. LF *Psalms* I. 253 f.).
⑤ III. 13. 2.

"我们原是他的工作，在基督耶稣里造成的，为要叫我们行善，就是神所预备叫我们行的。"（弗2：10，参阅Vg.）他就如在说："谁能在神面前因自己的义夸口？岂不知我们行善的能力是来自重生？照着我们自然的本性，让我们行善比从石头中挤出油来更难。"如此可耻之人居然以为自己仍有任何可夸的，这是不可思议的。我们要因此同意神伟大的仆人保罗所说的话："神救了我们，以圣召召我们，不是按我们的行为，乃是按他的旨意和恩典；"（提后1：9 p.）；"到了神我们救主的恩慈和他向人所施的慈爱显明的时候，他便救了我们，并不是因我们自己所行的义，乃是照他的怜悯……好叫我们因他的恩得称为义，可以凭着永生的盼望成为后嗣。"（多3：4—5、7）这认信表明我们没有任何的义，直到我们单单因着神的怜悯重生，并获得永生的盼望，因为若行律法在任何程度上能使我们称义，那称义是本乎恩就是谎言了。显然，当保罗宣告人是白白地被称义时，这并不是因为他是健忘的人，因为他在另一处经文中证明称义若在乎行为，恩典就不是恩典了（罗11：6）。而且当基督说他"来本不是召义人，乃是召罪人"（太9：13）时，难道不就是这意思吗？既然神只接受罪人，我们为何想以伪装的义进他的国呢？

6. 人在称义上毫无参与

ᵇ我常常想到：当我努力地想申明神的怜悯时，我是否在得罪神的怜悯，仿佛神的怜悯是模糊、不确定的。然而，既然我们顽梗不化，除非我们被强迫，否则我们不会将神所应得的荣耀归给他，所以，目前我必须继续谈这主题。既然圣经对这主题的教导很清楚，我就要引用神的话，而不是靠自己的解释。当以赛亚描述人类普遍的堕落之后，他极精彩地补充说明神拯救人的次序："那时，耶和华看见没有公平，甚不喜悦。他见无人拯救，无人代求，甚为诧异，就用自己的膀臂施行拯救，以公义扶持自己。"（赛59：15—16 p.）若先知所说的是真的，即没有人帮助神施行拯救，那么我们的义行在哪里呢？另一位先知在描述神使罪人与自己和好时，同样说："我必聘你永远归我为妻，以仁义、公平、慈爱、怜悯聘你归我……我必对她说，素不蒙怜悯的，我必怜悯。"（参阅何2：19，23 p.）既然这样的恩约，⑥我们最初与神联合的约，完全依靠神的怜悯，这就证明人的义毫无参与。

我也想问那些以为人在神面前能有什么义行的人，他们是否认为除了神所悦纳的义之外，另外还有一种义。若这样认为表示人的癫狂，那么其一切行为为神所憎恶的仇敌，就更不可能行出神所悦纳的事。神的真理见证：所有的人除非被称义和被接到神慈爱的怀中，否则都是至死敌对神的大仇敌（参阅罗5：10；西1：21）。若称义是我们爱神的起头，难道我们在爱神之前有任何义行吗？为了除掉这极为有害的傲慢，使徒约翰忠心地提醒我们：不是我们先爱神（约一4：10）。神在更早的时候借他的先知教导我们："我必……甘心爱他们，因为我的怒气向他们转消。"（何14：4 p.）若神是自愿爱我们的，那这爱就不是我们的行为所引起的。

大多数人无知地以为这经文的含义只是没有人值得基督为他完成救赎的事工，然而在他获得救恩时，自己的行为也有所参与。⑦其实，无论基督用什么方式救赎我们，除非我们借父神的呼召与基督联合，否则我们就都是黑暗和死亡的后嗣以及神的仇敌。因保罗教导我们，除非圣灵运用基督的血洁净我们的不义，否则我们仍旧是污秽的（林前6：11）。彼得同样宣告：信徒是"借着圣灵得成圣洁，以致顺服耶稣基督，又蒙他血所洒的人"（彼前1：2）。神既借圣灵用基督的血洗净我们，我们就不要忘记，在此之前自己不过是与基督无关的罪人。因此，这是毋庸置疑的事实：我们救恩的起始是某种死里复活，因当神为自己的缘故使我

---

⑥ "*Foedus.*" 参阅 II. 10. 1-5；III. 17. 2；III. 21. 5-7。加尔文在这里勾勒出他自己对盟约神学（federal theology）的观念。加尔文的盟约神学产生于更早的时期。他也在别处解释他对恩典之约的立场：I. 6. 1；II. 8. 21；II. 10. 7；II. 11. 4，7，11；IV. 14. 6。

⑦ Aquinas，*Summa Theol.* I IIae. 112. 2；Duns Scotus，*On the Sentences* III. 19. qu. unica. 8（*Opera omnia* XIV. 719.）.

们蒙恩且得以信服基督（腓1∶29）时，我们终于在这时候开始出死入生。

假冒为善者以及有名无实的基督徒都在神的咒诅之下（7—8）

7. 义是关乎内心的！†

ᵇ这种情况包括一切上述划分中所描述的第二和第三种人。⑧因为良心的不洁证明这两种人都是未曾被圣灵重生的人。另一方面，他们没有重生表明他们没有信心，也表明他们未曾与神和好，未曾被神称为义，因为这两个福分都更单单靠着信心才能得到。难道与神疏远的罪人能行出任何不是神所憎恶的事吗？一切不敬虔的人，特别是所有假冒为善的人，都因这愚昧的自信而自高自大，因为即使他们承认自己的心充满罪恶，他们仍相信只要有任何表面上的好行为，神就不会拒绝他们。这就导致那极为有害的错误，即虽然知道自己的心是邪恶、败坏的，却不承认自己没有义。甚至当他们因无法否认而承认自己的不义时，仍旧宣称自己有义。

神借先知有力地反驳这自负。神说："你要向祭司问律法说：'若有人用衣襟兜圣肉，这衣襟挨着饼……或别的食物，便算为圣吗？'祭司说：'不算为圣。'哈该又说：'若有人因摸死尸染了污秽，然后摸着这些物的哪一样，这物算污秽吗？'祭司说：'必算污秽。'于是哈该说：'耶和华说：这民这国在我面前也是如此；他们手下的各样工作都是如此；他们在坛上所献的也是如此。'"（该2∶11—14 p.）但愿我们能相信或记住这真理！因为没有任何人（不管自己的一生有多邪恶）能被神在此清楚的宣告说服。邪恶的人一旦尽任何律法上的本分，他就毫不疑惑神必称之为义；然而，神所宣告的是，除非人心先完全被洁净，否则人无法行义。他也宣告罪人一切的行为都已被不洁的心所污秽。所以，人不可再

---

⑧ 上文的第一节。

将神亲自称为污秽的行为视为义行，而且他极恰当的比喻证明这一点！或许有人会说人行神所吩咐的必是圣洁的。然而神不这么看，在神眼中，律法所洁净的被恶人的污秽所玷污，这并不稀奇。因为，当污秽的手触摸圣物时，圣物就被玷污。

8. 人和他的行为

ᵇ神在《以赛亚书》中同样精彩地处理了这个问题："你们不要再献虚浮的供物。香品是我所憎恶的……你们的月朔和节期，我心里恨恶，我都以为麻烦；我担当，便不耐烦。你们举手祷告，我必遮眼不看；就是你们多多地祈祷，我也不听。你们的手都满了杀人的血。你们要洗濯、自洁，从我眼前除掉你们的恶行……"（赛1∶13—16 p.；参阅58∶1—5）难道这表示神憎恶人遵守他的律法吗？断乎不是，神绝不轻看人以敬畏的心遵守他的律法。但人若不敬畏神，则他向神所献上的一切，不但算不得什么，而且是可憎恶和污秽的。

任凭假冒为善之人心怀邪恶，企图靠自己的行为讨神喜悦！他们这样做只会更加激怒神。因为"恶人献祭，为耶和华所憎恶；正直人祈祷，为他所喜悦"（箴15∶8 p.）。因此，对圣经稍有了解的人都知道，未重生之人最崇高的行为在神面前不但不是义行，反而是恶行。我们更当坚信不疑。

所以，人无法靠自己的行为讨神喜悦的教导是对的。只有在人讨神喜悦之后，他的行为才能蒙神悦纳。⑨我们必须遵照圣经教导我们的次序。摩西说："耶和华看中了亚伯和他的供物。"（创4∶4）由此可见，神先喜悦人，才悦纳人的行为。因此，人心必须先被洁净，我们的行为才能蒙神悦纳。耶利米告诉我们：耶和华的眼目看顾诚实（耶5∶3），ᵇ这是

---

⑨ Pseudo-Augustine, *De vera et falsa poenitentia* 15.30 (MPL 40.1125); Gregory the Great, *Letters* IX.122, as quoted in Gratian, *Decretum* II.3.7.5 (Friedberg I.527).

永不改变的真理。而且,圣灵借彼得的口宣告:唯独信心才能洁净人心(徒15:9)。由此可见,行善的首要根基就是又真又活的信心。

一切重生的人都是唯独因信称义 (9—11)

9. 此外,连真信徒都无法靠自己行善

ᵇ我们现在要考虑以上的第四种人拥有怎样的义。我们承认当神借基督的义使我们与他自己和好,并以白白的赦罪称我们为义时,他的慈爱也伴随着他的怜悯,以至神借着他的圣灵居住在我们里面,我们也借着神的大能一天比一天更治死肉体的私欲;神以此使我们成圣,⑩使我们分别为圣,训练我们能遵守他的律法。结果,我们最大的渴望是要遵行神的旨意,并在万事上唯独荣耀他。⑪

然而,我们虽然靠圣灵的引领行神的道路,我们心里仍存留些不完全的痕迹,使我们谦卑,免得我们忘记自己的本相而骄傲起来。ᵇ圣经说:"时常行善而不犯罪的义人,世上实在没有。"(传7:20;参阅王上8:46)既然如此,人的行为怎能使人称义呢?ᵃ人所能行出来最圣洁的善行仍被他肉体的不洁所玷污,并有渣滓混合在内。ᵇ让一位神圣洁的仆人从他的一生中选出他认为最高尚的行为,并请他从各个角度思考这行为。无疑地,他将发现连这行为也有肉体污秽的玷污,因我们行善总是不够热心,且肉体的软弱拦阻我们快速奔跑。虽然圣徒行为上的玷污是微小的污点,但难道这些瑕疵不会得罪神吗?因为在神面前就连星星都不洁净(伯25:5)。众圣徒连对自己最好的行为都感到羞耻。

10. 自以为义的人尚未了解律法严厉的要求

ᵃ即使我们能行出某种完全纯洁的行为,但就如先知所说,只要我们

---

⑩ 参阅 Melanchthon, *Loci communes*, ed. Engelland, *Melanchthons Werke in Auswahl* II. 1. 145; tr. Hill, p. 245。

⑪ 参阅 Bucer, *In quatuor Evangelia enarrationes* (1536, p. 122; 1553, fo. 75a)。

犯某一个罪，这罪就足以抹去那纯洁的行为（结18：24）。雅各也说："凡遵守全律法的，只在一条上跌倒，他就是犯了众条。"（雅2：10 p.）既然这必死的身体总不洁净并在罪恶之下，而我们所行的善又被我们的罪所破坏，在神面前站立不住，我们怎能被神称为义？

简言之，当我们考虑何为义行时，我们所当思考的并不是这行为本身，而是神诫命的要求。我们若寻求律法上的义，引一两件善事是徒然的，神要求的是不断地遵守律法。因此，神绝不会像一些愚昧的人认为的那样，将他从前一次对我们的赦免算作我们的义，并在他赦免我们以前的过错之后，要求我们因行律法称义，⑫因这等于是赐给我们虚假的盼望，嘲笑和玩弄我们。既然我们在今世无法达到完美的地步，且律法宣告一切不遵行律法到完美程度的人将受审和灭亡，那么，律法总是有指控、定我们罪的根据，除非神的怜悯进来，并以不断的赦罪一直判我们无罪。因此，我在一开始所说的话是永恒的原则：⑬神若以我们的价值审判我们，则我们一切的计划和行为，连同我们一切的努力和劳苦都该灭亡。

11. 信徒的义总是出于信心

ᵇ我们必须强调这两点：首先，任何敬虔之人一切的行为，在神严厉的审判下都只配灭亡；其次，若有人真的有某种完全的行为（其实这是不可能的），这行为将会因这敬虔之人的罪被削弱和玷污。

ᶜ这就是我们辩论的重点。⑭在人如何开始称义的问题上，我们的立场和较正统的经院神学家们的立场是一致的：⑮神白白地救罪人脱离被定罪的光景，之后借赦罪称他们为义。只是他们的"称义"包括圣灵对

---

⑫ 参阅 Latomus，*De fide et operibus*（*Opera* [1550]，fo. 135a ff.）。
⑬ 上文的第一节。
⑭ VG：*"le principal poinct de la dispute, que nous avons avec les papists."*
⑮ 参阅 II. 2. 6，注释35，III. 13. 3；III. 17. 7。VG 在这里写得更详细："到目前为止，可怜的世人都被欺骗，相信人能够装备自己在神面前称义，而且这亵渎（不管在讲道或在学院的教导上）都非常普遍，何况那些支持天主教可憎教义的人。这是真的！然而一切有理智的人如我们说都一直认同我们。"

人的更新，使人因此能够遵守神的律法。事实上，他们将重生之人的义描述为：人一旦借着信心信靠基督与神和好之后，就在神面前以善行的功德被算为义。⑯然而，神却宣告他算亚伯拉罕的信心为义（罗4：3），并不是在亚伯拉罕仍拜偶像时，而是在他过了许多年圣洁的生活之后，神才宣告他算亚伯拉罕的信心为义。当时亚伯拉罕已经很长一段时间以纯洁的心敬拜神，且无人能在遵守律法上与他相比。然而他的义仍是出于信心。我们根据保罗的教导推断，这义不是出于行为（弗2：9）。同样地，当先知说"义人因信得生"（哈2：4），这并不是指不敬虔和亵渎神的人说的，虽然神能赐给他们信心而称他们为义，这句话指的是信徒，神应许他们借信心得生命。而且保罗十分明确地肯定这教导，他引用大卫的话："得赦免其过……这人是有福的。"（诗32：1；诗31：1，Vg.；参阅罗4：7）我们确实知道大卫指的不是不敬虔的人，而是信徒，且他自己也是其中一位。他是凭自己的良心说的，所以，称义的福分不是一次性的，而是一生都因信称义。最后，他教导白白与神和好的信息。神不只是要我们传扬一两天，这是教会持续不断的责任（林后5：18—19）。因此，信徒到死为止所拥有的只是保罗在经文中所描述的义。因基督总是那叫我们与父神和好的中保，他的死也有永恒的功效，即洁净、补赎、赎罪，也就是他以完全的顺服遮盖我们所有的罪。保罗也不是教导以弗所信徒，我们得救的开始是本乎恩，而是我们得救是本乎恩，"也不是出于行为，免得有人自夸"（弗2：8—9）。

经院神学家对因信称义的异议；对圣徒超过本分之外的功德之解释与反驳 (12—21)

12. 我们论敌逃避的方式

ᵇ经院神学家对此教义的回避是徒然的。他们说，ᶜ⁽ᵇ⁾虽然善行内在

---

⑯ Aquinas, *Summa Theol.* I IIae. 180. 1；114. 3.

的价值不足以使人称义,但它们的伟大价值在于使人得"蒙神悦纳的恩典"(accepting grace)。⑰因此,他们不得不承认信徒的义总是不完全的,所以信徒到死为止都需要因他不足的善行蒙赦罪,但他们同时也说信徒超过本分之外的功德^b足以弥补他的过犯。⑱

我的答复是:他们所说的"蒙神悦纳的恩典"所指的是神白白的慈爱,而神以这慈爱在基督里悦纳我们,因他将基督的义归给我们,好让他能因此视我们为圣洁、无罪的人。^a既然基督的义是唯一完全的义,并因此能在神面前站立得住,所以,这义替我们上法庭,替我们受审。^{b(a)}神赐我们这义,并使我们一生靠信心持续不断地蒙赦罪。我们既然被基督的纯洁^a遮盖,神就不将我们污秽的过犯归给我们,反而将之隐藏,仿佛被埋葬,免得我们在神面前因这些行为受审,直到我们的旧人完全被治死。在那时神的慈爱将接受我们,并使我们与第二亚当一同分享他幸福的平安。我们要等候主的日子,因为主在那时将赐给我们不朽坏的身体,并接我们进入天国的荣耀(参阅林前 15:45 及以下)。

13. 相信超过本分之外功德的人,不了解神严厉的要求和罪的严重性

^b若以上的教导是正确的,显然,我们一切的行为都无法使我们蒙神悦纳,甚至都无法讨神的喜悦。人穿上基督的义才能讨神喜悦并蒙赦罪。^c神从未应许因我们的善行赐给我们永生的奖赏,他只是宣告:人若遵行,就必因此活着(利 18:5),也因此咒诅一切不常照律法书上所记一切之事去行的人(申 27:26;加 3:10)。这些话充分反驳对于部分的义的幻想,因为天堂只悦纳行律法到完全程度的义。

---

⑰ Duns Scotus, *On the Sentences* I. 17. 3. 25 f. (*Opera omnia* X. 84a); Jean Gerson (d. 1429), *De vita spirituali*, corollary 10 (*Opera omnia*, ed. L. E. Du Pin, III. 13).

⑱ Bonaventura, *On the Sentences* IV. 20. part 2. art. 1. qu. 3 (*Opera selecta* IV. 507); Aquinas, *Summa Theol.* III. Suppl. 25. 1.

ᵇ⁽ᵃ⁾他们胡诌圣徒的"超过本分之外的功德"可以为人的过犯提供足够的补赎。⑲他们总是又回到他们已被赶逐的立场上,即人遵守律法到某种程度,就会以这同样的程度在神面前称义。他们无耻地将一切理智之人所不接受的教义视为理所当然。神常常见证:除非人行律法到完全的程度,否则就没有义行。当我们发现自己没有义时,为了避免完全无法受人称赞,即免得我们将一切的荣耀归给神,我们就以自己的一些好行为为傲,并尝试以其他赎罪的方式补上我们所缺乏的义,这是极端邪恶的行为。

ᵇ以上我们已驳倒了一切其他赎罪的方式,⑳所以,我们不应当幻想有其他的赎罪方式。会如此幻想的人根本不明白罪在神面前有多可憎,他们应该早就知道人所有的义行都无法抵掉任何的罪。ᵃ圣经教导我们,人因着一次的过犯被神弃绝,同时也完全丧失了自救的力量(创3:17)。因此,人永不可能赎自己的罪。那些高傲且误以为能赎己罪的人永不能平息神的愤怒,因为神不接受他敌人的任何行为。神的仇敌就是神决定将他们的罪归在他们自己身上的人。所以,我们的罪必须先被遮盖和蒙神赦免,神才会悦纳我们任何的行为。由此可见,神白白地赦免人的罪,人若以为自己能赎罪就是亵渎神。因此我们应当效法使徒保罗的榜样:"忘记背后,努力面前的,向着标杆直跑,要得神在基督耶稣里从上面召我来得的奖赏。"(腓3:13—14 p.)

14. 即使我们完全尽本分——虽然这是不可能的——也不值得夸耀!

ᵃ我们若夸耀自己有分外的功德,这与圣经的教导如何一致呢?"你们作完了一切所吩咐的,只当说:'我们是无用的仆人,所作的本是我们应分作的。'"(路17:10 p.)在神面前说话不是要说谎,而是要宣告我们

---

⑲ 他指的是他在第十二节中所驳斥的观点,参阅注释18。
⑳ III.4.25-39.

所相信的真理。所以，神要我们真心相信所行的任何本分不可能是神所没有吩咐的。$^{b(a)}$这是理所当然的！因为我们是神的仆人，我们服侍神的本分多到即使我们一生在思想和行为上都专心尽本分，也无法做到完全。因此，神所说的这句话："你们作完了一切所吩咐的"，就表示人一切的善行都应当只献给神。既然我们都远远达不到这目标，我们凭什么以为我们拥有比神所要求我们更多的善行呢？

^{b}人或许反对说他虽然没有完全尽本分，但他还是尝试做比他所该做的更多。㉑然而，我们必须坚定地相信这事实：没有任何敬畏神或爱邻舍㉒的事不是神的律法所吩咐的。而且，若这行为是律法的一部分，我们就不要夸耀地以为这是我们自愿做的，其实还是神吩咐我们必须做的。

15. 我们所做的一切都应当献给神，所以不可能有本分之外的功德

^{b}他们错误地引用保罗的话支持他们的教导。他们说保罗夸口他在哥林多信徒中虽然被允许，却没有坚持自己的权利，也接着说他对他们的服侍超过神所要求他的（林前9：1及以下）。但他们应当留意保罗这样说的原因是他不想绊倒软弱的信徒（林前9：12）。因为有些邪恶、诡诈的人曾经借虚假的善行占百姓的便宜，好骗他们接受极为有害的教义并使他们排斥福音。所以，保罗必须做出选择，要么使基督的福音落在危险中，要么反对这虚假善行的手段。若对一个基督徒而言，这是一个可不面对、因而不必得罪什么人的事情，那我就承认保罗在这事上有分外的功德。但若这是神对他仆人智慧地传福音的一个要求，那保罗所做的就是他本分所该做的。最后，若以上所说的仍不具说服力，克里索斯托的这句话永远是对的："我们一切的财产与奴隶的财产没有两样，都是属于我们的主人。"㉓基督也借比喻教导这原则，因他问当仆人整天在外做

㉑ Aquinas, *Summa Theol.* I IIae. 104. 4.
㉒ "*Ad dilectionem*". 参阅 II. 8. 54, 注释61；III. 18. 8, 注释11。
㉓ Chrysostom, *Homilies on Philemon* 2. 4（MPG 62. 713 f.）.

工服侍我们，回到家里之后难道我们还谢谢他吗（路17：7—9）？也许他做了比我们直接要求他所做的更多，但他却仍没有做比奴隶所该做的更多，因为他和他一切的能力都是属于我们的。

至于这些主张超过本分之外功德的人，他们以为他们能献给神分外的功德，这想法其实是荒谬的。因为他们所献的这些是神未曾盼咐也是神不悦纳的。当他们在神面前交账时，神绝不接受这些行为。我们只在这意义上接受有分外功德，即先知所说的这种行为："谁向你们讨这些？"（赛1：12，参阅Vg.）他们也要留意圣经在另一处对这些行为的描述："你们为何花钱买那不足为食物的呢，用劳碌得来的买那不使人饱足的呢？"（赛55：2 p.）其实，这些神学家坐在树荫下，轻松地讨论这些问题。但当那至高的法官审判世人时，这毫无根据的立场就立刻烟消云散。真正应该考虑的并不是我们在经院的象牙塔里能发些什么样的议论，而是我们在审判台前是否对自己的立场有足够的信心。[24]

16. 不可依靠行为，也不可以行为夸口！

[b]有两种极为有害的思想必须从我们内心根除，我们千万不可倚靠自己行为上的义，也不可以这些行为夸口。

圣经教导我们，人所有的义在神面前都是污秽的，除非这些行为被基督的完美洁净。因此，圣经常常劝我们不可依靠自己的善行。我们的行为只会引发神的报应，除非我们蒙神赦免。如此，我们的行为只能让我们在我们法官的面前寻求怜悯，所以大卫忏悔道："求你不要审问仆人，因为在你面前，凡活着的人没有一个是义的。"（诗143：2 p.）然而，当约伯说"我若行恶，便有了祸；我若为义，也不敢抬头"（伯10：15 p.）时，[e]虽然他所强调的是神至高的甚至天使也无法企及的义，但他同时也教导，任何必死的世人在神的审判台前都当闭口不言。[b]这句话不

---

[24] 参阅 III. 12. 1。

但表示约伯自愿屈服于神严厉的审判，也表示他自己一切的义行在神面前站立不住。

若我们不再自信，我们一切的自夸也会同时消失。既然人的善行并不能带给我们自信，而只能在神面前战兢，谁会将义的功德归给善行呢？因此，我们要留意以赛亚的话："以色列的后裔都必因耶和华得称为义，并要夸耀"（赛45：25 p.）；他在另一处所说的也值得我们留意，即我们是"耶和华所栽的，叫他得荣耀"（赛61：3 p.）。[b]当人不再相信自己在任何方面有义行，或拒绝以自己的行为夸口时，人的心才得以被洁净。然而，以自己的行为夸耀，使得愚昧的人自高自大，并有虚假的自信，因他们相信自己的救恩是根据行为。

17. 行为在任何方面都不是我们圣洁的起因

[b]哲学家说事情的结果有四种不同的起因，我们将发现这四种都无法证明行为是救恩的起因。圣经前后一致地宣告：我们永恒救恩有效的起因㉕就是天父赏赐给我们的怜悯和白白的慈爱。直接的起因是基督和他的顺服，因他借自己的顺服替我们获得义。至于间接的起因难道不就是信心吗？使徒约翰将这三种起因归结为一句话："神爱世人，甚至将他的独生子赐给他们，叫一切信他的，不至灭亡，反得永生。"（约3：16）保罗告诉我们，使人蒙救恩最终的起因就是神的公正和他的良善，且他在同一处经文中也提到三个不同的起因。他对罗马信徒说，"世人都犯了罪，亏缺了神的荣耀，如今却蒙神的恩典"。（罗3：23—24；参阅弗1：6，参阅 Vg.）这里教导我们救恩的源头，即神以他白白的怜悯拯救我们。他接着说，"因基督耶稣的救赎"（罗3：24），这是人称义直接的起

㉕ 参阅 Aristotle, *Physics* 2.3,7 (LCL Aristotle, *Physics* I. 128 ff., 166 f.); *Metaphysics* I. 3 (LCL *Metaphysics* I. 16 f.); Aquinas, *Summa Theol.* I. 19.8, II IIae. 15.1, 2。路易斯·葛古马兹（Louis Goumaz）在他杰出的 *La Doctrine du salut d'après les commentaires de Jean Calvin sur le Nouveau Testament* 中采用这四种起因作为这论文的大纲，特别参阅 pp. 93 ff., 130 ff., 184 ff., 225 ff., 249 ff.。救恩的四个起因分别是父神、基督、圣灵，以及神的荣耀。

因。"借着人的信"（罗3：25 p.），这是间接的起因，借此神将基督的义归给我们。之后，他告诉我们最终的起因。他说神为了显明他的义"使人知道他自己为义，也称信耶稣的人为义"（罗3：26，Vg.）。并且为了证明这义是根据和好的道理，保罗明确地说神赐人基督，使人与他自己和好。他也在《以弗所书》1章中教导说：神完全出于怜悯施恩给我们，这怜悯来自基督的代求，也是借着信心而来，并教导万有的存在都是为了使神荣耀的恩典得着称赞（弗1：3—14）。ᵇ既然保罗教导我们救恩的各部分都在我们之外，我们为何仍依靠自己的行为或以这些行为夸口呢？最痛恨神恩典的人都无法在有效的或最终的起因上与我们争辩，除非他们否认整本圣经的教导。他们错误地教导直接和间接的起因，仿佛我们的行为是一半的起因，而信心和基督的义是另一半的起因。㉖但圣经也完全反驳这教导，宣告基督既是我们的义，又是我们的生命，且这义的恩赐唯独借着信心而来。

18. 信徒思想自己的善行能坚固自己的信心

ᵇ圣徒经常借回想自己的无罪和正直来坚固自己，甚至有时对人宣扬。他们从两方面宣扬自己的正直，或将自己的善行和罪人的恶行互相比较。他们深信自己将得胜，不只是因自己的义行，而是因仇敌将被定罪。或者他们不是将自己与别人做比较，而是当他们在神面前省察自己时，自己无亏的良心赏赐他们某种程度的安慰和信心。

我们以后将讨论第一方面。㉗关于第二方面，我们简要说明一下，这与我们上面所说的㉘并无冲突，即我们在神面前受审判时，不可在任何方面依靠行为，或以任何的行为夸口。因为当圣徒想到自己蒙救恩的根据时，就完全弃绝自己的行为而唯独仰望神的慈爱。他们不但将神的慈

㉖ Herborn, *Enchiridion* 44 （CC 12. 154 ff.）; Latomus, *De fide et operibus* （*Opera* [1550]，fo. 138a）.
㉗ III. 17. 14.
㉘ III. 12. 2.

爱视为自己幸福的起因，并深信他们最后得荣耀也是出于神的慈爱。当信徒的良心如此被建立在神的爱上之后，他们思想自己的善行而得安慰，是因为善行证明神居住在他们里面并统治他们。而除非人先完全依靠神的怜悯，否则行为完全不可靠，所以我们就不应当视行为与人所依靠的互有冲突。当我们弃绝对行为的依赖时，我们的意思只是：基督徒不可将自己的行为视为对蒙救恩的帮助，而是应当完全依靠神称他为义这白白的应许。但我们却不禁止他用神对他慈爱的证据（善行）来坚固自己的信心。因当我们思想到神赏赐我们一切的恩赐时，这些恩赐就如从神的面散发出来的光辉，光照我们注视那超乎万有之慈爱的亮光。善行的恩赐更是如此，因为神已将那使我们得儿子名分的圣灵赐给我们了（参阅罗 8∶15）。

19. 善行是神呼召我们的果子

ᵇ所以，当圣徒因自己无亏的良心坚固自己的信心并因此欢喜快乐时，他们只是因神的呼召所带给他们的果子，确信自己是神所拣选的儿女。因此，所罗门说"敬畏耶和华的，大有倚靠"（箴 14∶26），且圣徒有时为了求神垂听他们的祷告，就使用神对他们的呼召见证他们在神面前的正直和单纯（参阅创 24∶40；王下 20∶3）。但这事实并不是他们无亏良心的根据，而是这根据的证据。因他们虽然出于敬畏神而行善，但这敬畏不足以成为他们蒙救恩的倚靠。圣徒也知道自己在行善中的正直不洁地与肉体混杂，但他们仍能将重生的果子视为圣灵居住在他们心里的证据，而坚固他们的心，在一切的需要中等候神的帮助，因为他们在这事上经历到神是他们的父亲。但除非他们先领会到由神确实的应许所印证的良善，否则他们无法如此推断。因若他们开始以自己的善行衡量神对他们的爱，他们对神爱的信心必定大大地动摇，因我们若判断自己的善行，虽然它们证明神对我们的爱，但它们的不洁也能使我们感到神对我们的不悦。

ᵉ总之,善行宣告神对我们的恩惠,而且这些善行与神出于他的爱称我们为义并无冲突。保罗称这爱为"长阔高深"的爱(弗3:18),就如在说:不管圣徒已多深入了解救恩,总不能忘记神称他们为义这最基本的基督之爱,也当默想这爱,因这爱是无限的。所以,保罗说基督的爱超过我们一切的知识,他也说当我们承认基督对我们的爱如此之大时,神一切所充满的就充满我们(弗3:19)。就如在另一处保罗夸耀地说敬虔的人在万事上必得胜,也立刻告诉我们是因为"靠着爱我们的主"(罗8:37 p.)。

20. 善行是神的恩赐,因此不是信徒自信的根据

ᵇ由此可见,圣徒没有自信地将自己的善行视为自己的功德,因他们承认这一切是神的恩赐,并帮助他们认出神的慈爱,也是神呼召他们的证据,使他们能确信自己是神的选民,㉙这也与神在基督里白白赐给他们的义没有冲突,因他们的善行完全依靠这义。奥古斯丁简洁有力地表达了这意义:"我不对神说:不要藐视我手所做的(诗138:8;参阅诗137:8,Vg.)。的确,我的手寻求神而没有遭骗(诗77:2;参阅诗76:3,Vg.)。但我却不称赞我手所做的,因恐怕你究察我的行为,就将找到比善行更多的恶行。我唯一所要说、所要恳求、所渴望的是:求你不要藐视你手所做的;求你在我的行为上看到你自己的而不是我的工作。因若你看到我的工作,我将被定罪。若你看到自己的工作,你将为之加冕。因我所拥有一切的善行都来自你。"㉚他告诉我们他在神面前不以自己的行为夸口的两个原因:首先,因他若有任何善行,他并不把这善行看作是来自他的;其次,因这些善行中充满众多的罪。因此,他的良心感受到的惧怕和惊恐超过他的确据。所以,他求神留意他的善行只是要神在此之上认出他的呼召之恩,而完成他已开始的工作。

㉙ 参阅III. 24. 4; W. Niesel, *The Theology of Calvin*, 178 f.; F. Wendel, *Calvin*, pp. 209 f.。
㉚ Augustine, *Psalms*, Ps. 137. 18 (MPL 37. 1783 f.; tr. NPNF [*Ps.* 138, sec. 13] VIII. 635)。

21. 圣经在什么意义上说神因善行祝福人*

ᵇ圣经教导神因信徒的善行祝福他们与我以上的教导并无冲突。㉛父神的爱是我们蒙救恩有效的起因；圣子的顺服是直接的起因；圣灵的光照（信心）乃是间接的起因；神荣耀的慷慨则是最终的起因。㉜然而，这一切并不拦阻神将人的行为当作次要的起因。但这是如何解释的呢？即神出于他的怜悯所预定得永生基业的人，神使他们借善行获得这基业。在神救恩的计划中，他常将先前发生的视为之后发生之事的起因。虽然他有时教导永生来自善行，并不是说善行是永生的根基，而是因为神称他所拣选的人为义，是为了至终使他们得荣耀（罗8：30），所以他常将先前的恩典视为后来恩典的起因。但当神告诉我们主要的起因时，他没有吩咐我们在我们的行为中寻求慰藉，而是要我们单单思想他的怜悯。保罗说："罪的工价乃是死……神的恩赐乃是永生。"（罗6：23）这是什么教导？他为何不将善行与罪互相比较，就如他将生命与死亡互相比较一样呢？既然他说罪是死亡的起因，那么他为何不说善行是生命的起因呢？因他若这样说是更好的对照。但保罗是想借这样的比较教导我们真理，即死亡是人所应得的，但生命唯独出于神的怜悯。

简言之，这些话主要教导的是次序而不是起因。因神恩上加恩，先前之恩是他后来之恩的起因，使他仆人一切所需用的都充足。而且他恩待我们的方式就是要我们相信他白白的拣选就是他救恩的源头。因为神虽然不轻看他天天赐给我们的恩赐，因它们都是出于他的怜悯，但他要我们依靠他白白的恩典，因这是我们唯一蒙救恩的根基，并要我们相信圣灵一切的恩赐也都是来自神对他选民的恩典，免得这些恩赐减损神的恩典所应得的荣耀。

㉛ 上文的第十七节和注释25。
㉜ "Tantae Dei benignitatis gloriam."

^e 第十五章　以自己的功德自夸,毁坏我们
　　　　　　因称义所应归给神的称赞,
　　　　　　也破坏我们蒙救恩的确据

**奥古斯丁和伯尔纳都反对人的功劳对称义有所参与,
就如圣经的教导一样 (1—4)**

1. 应该和不应该问的问题

^b我们已经讨论完这主题的关键问题:义若根据善行,这义在神面前必定站立不住,而且人称义完全是出于神的怜悯和与基督的交通,因此完全是因着信心。我们应当留意这就是人称义关键的教导,①好避免陷入普遍的谬论中,不只是普罗大众,有学问的人也有此危险。因一开始讨论人因信还是因行律法称义时,他们就立刻翻出那些似乎教导人的行为在神面前有功德的经文,仿佛证明善行对神而言有价值,就等于证明人是因行律法称义!

无疑地,我们以上已证明②行律法的义包括行神所有的律法,并且

---

① "Praecipuum... causae cardinem." 他在此故意用与 III. 11. 1 注释 3 中类似的说法。
② II. 7. 3.

行到完全的程度。由此可见,没有人能因行律法称义,除非他的行为完全到他在万事上无可指责。不过另一个问题也值得我们思考:虽然人无法因行律法称义,但难道这些行为就不值得神喜悦吗?

2. "功德"这术语不合乎圣经,也是危险的!

ᵇ首先,我要说几句有关"功德"的话:说人的行为在神的审判下③有功德的人,就是在攻击真信心。我也希望避免在言语上的争吵,然而但愿基督徒作者总能约束自己,免得没有必要地采用远离圣经的术语,因为这些术语经常害处极大,几乎没有任何好处。所以,我想知道我们为何需要采用"功德"这术语,既然我们能安全地采用另一个词来清楚地解释善行的价值?这个词所带来的恶果充分证明它的害处极大。的确,既然这个词充满骄傲,它必定遮蔽神的恩典并邪恶地叫人自高自大。

我承认古时的神学家们经常采用这一词,但愿他们从未用过这一词,就不至于出现如今这样的谬论!其实,有时他们解释自己采用这个词并不是要攻击真理。奥古斯丁曾经说过:"但愿已在亚当里堕落之人的功劳在此闭口,但愿神的恩典在耶稣基督里作王。"ᶜ"圣徒拒绝将任何称赞归给自己的功德;神啊!他们当将一切的称赞唯独归到你的怜悯之下";"当人得知他所得到的一切好处都是出于神而不是自己时,他也会知道一切在他里面值得称赞的不是自己的功德,而是神的怜悯。"④奥古斯丁在此否认人有行善的能力,也同时否认人有任何的功德。ᵇ此外,克里索斯托说:"我们在神白白的呼召之后所行的善是我们对神的报答,也是我们欠他的债,但神给我们的是恩典,且是出于他的爱和极大的慷

---

③ 他反对的是德尔图良曾经用"功德"这个词指人的行为。参阅 Tertullian, *Apology* I. 21. 16; *On Repentance* 2 (CCL Tertullianus I. 125, 322; tr. NPNF III. 35, 657 f.)。

④ Augustine, *On the Predestination of the Saints* 15. 31 (MPL 44. 983; tr. NPNF V. 513); *Psalms*, Ps. 139. 18 (MPL 37. 1814; tr. NPNF [Ps. 140, sec. 16] VIII. 644); Ps. 84. 9 (MPL 37. 1073; tr. NPNF [Ps. 85, sec. 6] VIII. 406)。

慨。"⑤

但我们现在不再谈功德这术语本身,而要谈它的意义。ᶜ以上我引用过伯尔纳的这段话:"否定我们有任何功德才是我们的功德,因此没有功德的人在神的审判台前才站立得住。"但为避免有人误解他过于严厉,他接着解释:"所以,你要努力地寻求功德,且当你有功德时,你当知道你的功德是神所赐的。你当盼望结出神怜悯的果子,这样你就能避免贫穷、忘恩负义,以及擅自行事。那有功德而不引以为傲,没有功德都引以为傲的教会是有福的。"之前他解释他用功德这个词是合乎圣经的教导,他说:"为何教会要在乎功德呢?神的美意才是我们夸耀的理由。神不能背乎他自己;神一切所应许的他必成就(参阅提后2:13)。所以,人没有根据问:'我们凭什么功德盼望得蒙祝福?'特别是因神说:'我行这事不是为你们,乃是为我。'(结36:22、32 p.)只要我们知道自己的功德不足,这就成为我们足够的功德。"⑥

3. 善行一切的价值都来自神的恩典

ᵇ当圣经说人一切的善行充满污秽,且在神面前站立不住时,这就告诉我们,我们的行为所应得的是什么。那么,既然圣经告诉我们,当人做完了神所吩咐的一切,就当将自己视为无用的仆人(路17:10),所以,即使有任何人能行律法到完全的程度,那他的行为应得的是什么呢?因我们所献给神的一切都是他所要求的,所以我们所做的都是神所应得的,他也无须报答我们。

然而,神仍赏赐我们善行并称之为"我们的",也见证他不但悦纳这些行为,也将因此奖赏我们。我们因此有责任让这伟大的应许激励我们勇敢地行善而不可丧志(参阅加6:9;帖后3:13),并以感恩的心领受

---

⑤ Chrysostom, *Homilies on Genesis*, hom. 34. 6 (MPG 53. 321).
⑥ Bernard, *Sermons on the Song of Songs* 68. 6 (MPL 183. 1111;tr. Eales, *Life and Works of St. Bernard* IV. 419).

神的大祝福。无疑地，我们任何应被称赞的行为都来自神的恩典，所以，我们不应该将任何的善行归给自己。^b(a) 我们若真诚和认真地承认这一点，不但会停止相信自己有功德，功德本身也会失去意义。^a我们并没有如诡辩家将善行所应得的一部分归给神，另一部分归给人，⑦我们反而将一切的称赞都归给神。至于人，我们说的是：人因自己的不洁污秽了他一切的善行。因为人一切的行为，不管他有多圣洁，都在某种程度上受了玷污。所以，当神审判人最好的行为时，他将看到他自己的义，并同时看到人的羞辱！因此，^b善行的确蒙神悦纳，也带给行善之人祝福。而且，善行蒙神极大的奖赏，不是因为人配得奖赏，而是因为神的慈爱珍惜这些行为。当人不满意神出于自己的慷慨所赐给他们不配得的奖赏，反而以亵渎神的野心努力地将那来自神慷慨的善行，变成是自己所应得的功德时，这是极其可怕的忘恩负义！

我要请读者理智地回答以下这问题：若有一人因他人的慷慨而拥有某块土地的使用权，但他却宣称那块土地的所有权是属于他自己，难道他不应当因这样的忘恩负义而被剥夺使用权吗？同样地，若一个奴隶被主人释放，之后却宣称他的自由是与生俱来的，难道他不应该再做奴隶吗？因为唯一正确享受祝福的心态是：不要将我们领受的说成是自己的，也不要窃取赐福者所应得的称赞。我们反而应当将赐福者所托付我们的一切，视为仍然在他自己的手中。若我们对待人尚且应当如此，何况我们对待神呢！

4. 反驳我们论敌的引证

^b我知道这些诡辩家滥用一些经文来证明"在神面前的功德"是圣经的教导。他们引用《便西拉智训》（*Ecclesiasticus*）："神必照人的功德所应得的怜悯他。"他们也引用《希伯来书》的话："只是不可忘记行善和捐

---

⑦ Lombard, *Sentences* II. 27. 5 (MPL 192. 715); Aquinas, *Quodlibetal Questions* IV. 7.

输的事，因为这样的祭是神所喜悦的。"（来 13：16）⑧我现在无须证明《便西拉智训》并非圣经正典。我要说的是他们没有诚实地引用《便西拉智训》中的话，因为希腊文原文是：$πάση\ ἐλεημοσύνη\ ποιήσει\ τόπον.\ ἕκαστος\ γὰρ\ κατὰ\ τὰ\ ἔργα\ αὐτοῦ\ εὑρήσει.$ "因人一切的行为都需要神的怜悯，所以神以怜悯对待人"（《便西拉智训》16：14，tr. RV.）。这就是原文，显然拉丁文的翻译是错误的。希腊文原文的文法以及上下文都证明我的翻译是正确的。

他们没有理由根据《希伯来书》中的一个词来误导我们，因为使徒所写的希腊文，意思只是：这样的祭是神所喜悦和悦纳的。

我们若拒绝看重行为过于圣经的教导，就会约束我们悖逆的傲慢。圣经教导我们的善行总是被众多的污秽玷污，且我们因此得罪神，惹他向我们发怒。何谈这些行为能平息神的愤怒或激发他对我们的爱？然而，既然神是照他自己的慈悲而不是他至高的公义检验我们的行为，所以，他能悦纳这些行为，仿佛它们是毫无玷污的，并因这缘故，虽然我们不应得，神却仍以今世和来世无限的福分奖赏我们。我也不同意一些在其他事上聪明和敬虔之人所做的区分，即我们在今世因自己的善行所领受的祝福是应得的，但永恒的救恩唯独借信心而来。⑨因神几乎总是将劳碌所应得的称赞和作战所应得的冠冕归给自己。另一方面，我们若将神恩上加恩的祝福归给人的行为而不是神的恩典，这就与圣经的教导相悖。因为虽然基督说"凡有的，还要加给他"（太 25：29；路 8：18），并说那在不多的事上忠心、正直的仆人将被派管理许多事（太 25：21），但他同时也在另一处教导说，信徒蒙福是出于他白白、慈爱的恩赐（参阅约 1：16）。神说："你们一切干渴的都当就近水来，没有银钱的也可以来。你们都来，买了吃；不用银钱，不用价值，也来买酒和奶。"（赛 55：1 p.）因此，

---

⑧ Eck, *Enchiridion*, ch. 5（1533 edition, fo. 28a-32b）, Herborn, *Enchiridion* 5（CC 12. 32），以及其他反对宗教改革的人争辩信心不足使人得救，也争辩人的功德使他应得蒙恩。

⑨ "*Solius fidei praemium.*" 参阅 III. 11. 19，注释 35；III. 17. 7，8，10。

敬虔之人今世从神那里所领受的一切都是为了帮助他成圣，就连祝福本身，也完全是出于神的慈爱。但在神的祝福上，并在他如何对待敬虔之人上，神见证他也在乎人的行为。神为了让我们知道他对我们的爱何等大，他不但使我们也使他所赏赐我们的福分都配得尊荣。

拒绝以人的功劳代替基督的功劳（5—8）

5. 基督是唯一的根基，他为我们的信心创始成终

[a]若这些事情在先前的时代被适当讨论和处理过，就会避免之后许多的问题和纷争。保罗说我们必须确保基督教教义的大厦是建立在他在哥林多信徒身上所立的[b(a)]根基上（参阅林前3：10）："因为那已经立好的根基就是耶稣基督，此外没有人能立别的根基。"（林前3：11）那么，基督是怎样的根基呢？难道他只是我们救恩的起始，而之后我们要靠自己的善行完成这工作吗？难道基督只是给我们开路，而之后我们要靠自己的力量在上面行走吗？断乎不是。[b]保罗在之前一点教导说：当我们相信基督时，神就使他成为我们的义（林前1：30）。唯有那拥有完全之义的人，他的根基才是立在基督之上，因为保罗并没有说神差派基督帮助我们自己获得义，而是派他成为我们的义（林前1：30）。[b(a)]事实上，保罗教导说：神"从创立世界以前，在基督里拣选了我们"，并不是照我们的功劳，而是"按着自己的意旨所喜悦的"（弗1：4—5，参阅 Vg.）；我们也在他里面"得蒙救赎，罪过得以赦免"（参阅西1：14、20）；天父也收养我们，使我们与基督一同做他的儿女，一同做后嗣（参阅罗8：17；加4：5—7）；我们借基督的血得与神和好（罗5：9—10）；神将我们交在基督的手中，救我们脱离灭亡和失脚的危险（约10：28）；我们因已经被嫁接在基督身上（参阅罗11：19），算是已经享有永生，已经借神所赏赐我们的盼望进入了天国。再者，我们既因在基督里有分，虽然自己是愚昧的人，基督却成为我们在神面前的智慧；我们虽然是罪人，基督却是我们的义；我们虽然不洁，基督却是我们的纯洁；虽然我们是软弱的人，

没有军装并暴露在撒旦的攻击之下，但神赐给基督击败撒旦和阴间权势之天上地下一切的权柄，同时也交给我们了（太28：18）；我们虽然仍居住在这取死的身体之中，但基督乃是我们的生命。简言之，既然我们在基督里拥有所有的一切，那么我们自己就是一无所有。我们若想要渐渐成为神的圣殿，就必须被建立在基督这根基上（参阅弗2：21）。

6. 罗马天主教的神学减损基督的大能和尊荣

ᵇ但教会在很长的一段时间中，并非如此教导人。他们教导说，人在被嫁接到基督身上之前，能行神所喜悦各式各样的"道德"善行，仿佛圣经教导人没有神儿子就没有生命是在说谎（约一5：12）！他们若是死的，怎能产生生命的果子呢？仿佛"凡不出于信心的都是罪"（罗14：23）竟然是毫无意义的！仿佛坏树能结好果子（参阅太7：18；路6：43）。这些邪恶诡辩家留下什么位置给基督施展他的大能？他们说基督的功德为我们赢得了第一个恩典，即配得蒙恩，但我们不错过蒙恩的机会。⑩这是傲慢和无耻的亵渎！谁能想象以基督为名的人居然想夺去基督的力量，并将他践踏在脚底下呢？圣经上关于基督的见证是信基督的人已经称义了。这些诡辩家反而教导说：基督赏赐人唯一的福分就是为人打开称自己为义的大门。但愿他们能明白这些经文，"人有了神的儿子就有生命"（约一5：12 p.）；"信差我来者……是已经出死入生了"（约5：24；参阅6：40）；"我们因他的恩得称为义，可以凭着盼望承受永生"（多3：7；参阅罗5：1—2）；ᵈ信徒ᵉ有基督住在里面（约一3：24），信徒借着基督得与神亲近、分享基督的生命，与基督一同坐在天上（弗2：6）；他们"被迁到他爱子的国里"（西1：13 p.），并得蒙救恩；众多其他的经文也有同样的教导。这些经文并不教导我们借着相信基督获得称义或得救的能力，而是教导信心和义都是神白白的恩赐。因此，人一旦借信心被嫁接到

---

⑩ Duns Scotus, *On the Sentences* III. 19. qu. unica. 8 (*Opera omnia* XIV. 719).

基督身上,就成为神的儿子、天国的后嗣、拥有义和生命的人,而且信心并不赏赐我们获得功德的机会,而是赏赐我们基督一切的功德,因神借着信心赐给我们基督的功德(这最清楚地反驳他们的谬论)。

7. 罗马天主教不明白奥古斯丁和圣经的教导

天主教的索邦神学院(the schools of the Sorbonne)——众谬论之母,从教会手中夺去因信称义这一切敬虔的总纲。其实,他们的教导承认人是因"成形的信心称义",但之后却将之解释为人的善行从信心获得称义的能力,⑪他们的教导几乎是在取笑信心。他们之所以提到信心,是因这是圣经处处的教导,忽略它将成为他们极大的羞辱。

在称赞人的善行时,他们甚至窃取神的荣耀而将之归给人。因他们知道善行无法高举人,且若善行是神恩典的果实,也不能被称为功德,所以,他们就勉强(就如想从石头中挤出油一样)教导善行来自人的自由意志。他们并不否认善行主要的起因是神的恩典,但他们仍教导自由意志有所参与,且人一切的功德来自自由意志。⑫这不只是他们后代诡辩家的教导,也是他们的毕达哥拉斯(Pythagoras)——伦巴德的教导,虽然他的教导与他们的相比是冷静和理智的。他经常引用奥古斯丁的话,⑬但这只能证明他极其盲目,因为奥古斯丁非常谨慎,免得教导人能因自己的善行得丝毫荣耀。我们在以上讨论自由意志时,引用过他对这

---

⑪ 据阿奎那说,未成形的信心 (*fides informata*) 是指有信心却没有出于爱心的行为;成形的信心 (*fides formata*) 是指有信心和出于爱心的行为。*Summa Theol.* I IIae. 113. 4; 114. 3, 4, 8; II IIae. 5. 3 (tr. LCC XI. 189 f., 206-209, 214 f., 282-284).

⑫ Aquinas, *Summa Theol.* I IIae. 103. 3; 105. 3, 4; 109. 2 (tr. LCC XI. 140 f.). 在 *Contra gentes* 3. 149 中,阿奎那说:"神的帮助是第一起因对次要起因的影响……神并不拆毁来自人意志的行为,其行为反而是他所造成的。"(tr. A. T. Gilby,*St. Thomas Aquinas*:*Philosophical Texts*, p. 158)

⑬ Lombard,*Sentences* II. 26-28 (MPL 192. 709-719). 史密兹 (Smits) 找到奥古斯丁与这主题有关联的 26 处著述。奥古斯丁的每一句话都教导神在救恩上白白的恩典; e. g., *Psalms*, Ps. 68 (Vg., Ps. 67)。41 (MPL 36. 838; tr. LF *Psalms* III. 351), *Enchiridion* 9. 32; 28, 106; 31. 117 (MPL 40. 248, 282, 287; tr. LCC VII. 358 f., 403 f., 409).

教义的解释，⑭他也在自己的作品中经常提到这教义，譬如：ᶜ奥古斯丁禁止我们在任何情况下因自己的功德夸口，因连它们都是神的恩赐；ᵇ他也说我们一切的功德都是出于神的恩典，并不在乎我们自己的能力，唯独在乎恩典。⑮

难怪伦巴德对圣经的教导是盲目的，因他似乎没有受过很好的圣经训练。最适于反驳他和他一切门徒教导的就是保罗的话。在保罗禁止基督徒在任何方面夸口之后，他接着解释为何夸口是错误的："我们原是他的工作……为要叫我们行善，就是神所预备叫我们行的。"（弗2∶10，参阅Vg.）既然我们重生之后才能行善，且我们重生唯独在乎神，那我们就毫无根据以任何的善行为傲。

ᵇ⁽ᵃ⁾最后，他们虽然不断地劝人行善，但他们的教导却拦阻人确信自己的善行在神面前蒙悦纳。⑯然而，我们虽然教导人没有功德，但这教导却安慰信徒并使他们欢喜，因我们教导信徒的行为讨神喜悦，无疑地也蒙神悦纳。但我们也劝人不要在信心之外做任何事，除非他先确信这行为会讨神喜悦。

8. 根据正统教义的劝勉和安慰

所以，我们丝毫不可离开这唯一的根基，因聪明的工头一旦立好这根基，将会在上面有秩、正确地建造。

人若需要教导和劝诫，圣经告诉我们，"神的儿子显现出来，为要除灭魔鬼的作为"，也说凡从神生的人不能犯罪（约一3∶8—9）；往日随从外邦人的心意……时候已经够了（彼前4∶3）；神的选民是蒙怜悯的器皿，也当自洁（提后2∶20—21）。但基督盼咐门徒当舍己背起自己的十

---

⑭ II. 2. 8.

⑮ Augustine, *Psalms*, Ps. 144. 11 （MPL 37. 1876; tr. LF [Ps. 145] *Psalms* VI. 325）; *Letters*cxciv. 4. 16-19 （MPL 33. 879 ff., tr. FC 30. 311-313）.

⑯ Aquinas, *Summa Theol.* I IIae. 112. 5 (tr. LCC XI. 180f.)，他引用《约伯记》36∶26 和《哥林多前书》4∶3 以证明"人无法确信自己是否有恩典"。

字架来跟从他，这是最清楚的教导和劝勉（太 16∶24；路 9∶23）。舍己的人已经除掉万恶之根，因他不再单顾自己的事。背起十字架的人已经有心理准备忍耐万事，并以温柔待万人。但基督的榜样是舍己和其他一切敬虔与圣洁行为最好的榜样。因基督在父神面前顺服以至于死（腓 2∶8）。他完全为了完成神的工作而活（参阅约 4∶34；路 2∶49）；他全心全意地荣耀天父（参阅约 8∶50；约 7∶16—18）；他为自己的弟兄舍命（约 10∶15；参阅约 15∶13）；他善待自己的仇敌并为他们祷告（参阅路 6∶27、35；路 23∶34）。

若任何信徒需要安慰，以下的经文将成为他极大的安慰："我们四面受敌，却不被困住；心里作难，却不至失望；遭逼迫，却不被丢弃；打倒了，却不至死亡。身上常带着耶稣的死，使耶稣的生也显明在我们身上"（林后 4∶8—10）；"我们若与基督同死，也必与他同活；我们若能忍耐，也必和他一同作王"（提后 2∶11—12）。我们这样效法基督的苦难，直到我们得以从死里复活（腓 3∶10—11），因为父神已经预定他所拣选的人效法他儿子的模样，使他儿子在许多弟兄中做长子（罗 8∶29 p.）。因此，"无论是死……是现在的事，是将来的事……都不能叫我们与神的爱隔绝；这爱是在我们的主基督耶稣里的"（罗 8∶38—39 p.）；ᵇ万事反而将互相效力，叫我们得益处以及蒙救恩（参阅罗 8∶28）。ᵃ读者当留意，我们并非教导人能因行律法在神面前称义，而是说，一切属神的人都是被"重生"（参阅彼前 1∶3），成为"新造的人"（林后 5∶17），因他们从罪中被迁到义的国度；我们也教导他们以善行的见证使自己所蒙的恩召坚定不移（彼后 1∶10），并且就如果树，凭着自己的果子就被认出来（太 7∶20，12∶33；路 6∶44）。⑰

---

⑰ 参阅 Melanchthon, *Loci communes*（1521）, ed. H. Engelland, *Melanchthons Werke in Auswahl* II. 1. 112；tr. C. L. Hill, *The Loci Communes of Philip Melanchthon*, p. 212。

ᵉ第十六章　反驳天主教徒对这教义的毁谤

1. 称义的教义是否否定人的善行？

ᵃ以上的教导足以驳倒某些不敬虔之人无耻的教导。他们毁谤我们，说我们的教导否定人一切的善行，ᵇ⁽ᵃ⁾并引诱人不再行善。因我们教导人并不是因行律法称义，也没有使自己蒙救恩的功德。他们也指控我们教导称义的道路太顺利，因我们说称义来自神白白的赦罪；也说我们引诱原本倾向于犯罪的人犯罪。①我说以上的教导就足以驳倒这毫无根据的指控，但我仍要简洁地答复他们所有的指控。ᵇ他们宣称因信称义的教义否定一切的善行。

ᵉ我略而不提这些指控我们的人对行善有多热心，就任凭他们指责和咒骂我们，虽然他们以自己污秽的生活肆意玷污全世界！他们假装担心如此高举信心，会贬低人的善行。ᵇ但若我们的教导反而鼓励人行善呢？因我们并非幻想人有毫无善行的信心或人能称义而不行善。主要的是，在我们承认信心和善行密不可分之后，我们仍说人是因信称义，而不是

---

① Eck, *Enchiridion*, ch. 5 (1533 edition, fo. 24b f.); Erasmus, *De libero arbitrio*, ed. J. von Walter, pp. 9 f. ("opening a door to impiety of all sorts"); Cochlaeus, *Philippicae* III. 15, 20, 21-62; fo. I 2b, fo. K 1b-2a ("spread of irreligion"), fo. N 2a.

因行律法称义。我们这样说有充分的根据，因我们信心的对象是基督，基督也使我们的信心得以坚固。

为什么说人是因信称义呢？因我们借着信心迎接基督的义，且唯有基督的义才能使我们与神和好。但一切迎接基督之义的人同时也开始成圣，②[b(a)] 因为"神又使他成为我们的智慧、公义、圣洁、救赎"（林前1：30）。[b] 因此，基督所称为义的人，他同时也使他们成圣。称义和成圣是永恒、密不可分的祝福。所有被基督的智慧光照的人，他同时也救赎他们，基督同时也称被救赎的人为义；他所称为义的人，同时也使他们成圣。

然而，既然我们现在只讨论称义和成圣，我们应当解释两者彼此间的关系。两种福分虽是单独存在，却也在基督里密不可分。你愿意在基督里被称义吗？那么你必须先拥有基督，而你若拥有他，必定参与他的成圣，因为基督不是分开的（林前1：13）。既然基督将这些福分和自己一同赐给信徒，所以他不可能只使我们称义而不使我们成圣。由此可见，称义伴随善行，但这却不是因为善行而称义，因为在基督里就包括称义和成圣。

2. 称义与热心为善有冲突吗？

[a]这指控也是完全错误的，即当我们说人的善行毫无功德时，会引诱人不愿行善。[b]我必须在此警告读者，我们的仇敌愚昧地把奖赏和功德混为一谈，我将会更清楚地解释这一点。③他们显然不明白这原则，即神赏赐人行善的能力和奖赏人的善行都证明他的慷慨，但我宁可在更恰当的

---

② 这句话表面上看来和加尔文在第三卷第十一章中对奥西安德尔的反驳有冲突，然而他在那里（第六节）就如在这里，虽然区分称义和成圣，却同时强调两者"密不可分"，也在那里用《哥林多前书》1：30 支持他的立场，也请参阅 III. 20. 45。

③ III. 18. 参阅 Erasmus, *De libero arbitrio*, ed. Von Walter, p. 78；De Castro, *Adversus haereses* 12 (1543, fo. 150)。M. M. McLaughlin 翻译，见 *The Portable Renaissance Reader*, ed. J. B. Ross and M. M. McLaughlin, p. 684。也请参阅 L. Goumaz, *La Doctrine du salut*, pp. 259 ff.。

时候详细解释这一点。

我现在只要指出他们的指控是毫无根据的就够了。我要从两个角度反驳他们。^a首先，说除非人有得奖赏的盼望，否则他们不可能热心为善，这是完全错误的。④因若人在侍奉神时，只在乎蒙神奖赏，而因此将自己的劳力贩卖给神，这对人毫无益处。神喜悦人甘心乐意地敬拜和爱他，若人没有蒙奖赏的盼望，却仍侍奉神，这就是神所喜悦敬拜他的人。

其实，人若必须有侍奉神的动机，则没有比神救赎和呼召人的目的——要人回报神的爱——更能激励人的动机。圣经说：人若不以爱回报那先爱我们的神（约一4∶19；参阅4∶10），^b就证明我们的忘恩负义和不敬虔；基督的血洗净我们的心，除去我们的死行，使我们侍奉那永生神（来9∶14）；^c已经受洁净的人，若以其他不洁的行为重新玷污自己并亵渎基督的宝血，这是羞耻、不圣洁的行为（来10∶29）；^b神"叫我们既从仇敌手中被救出来，就可以终身在他面前坦然无惧地用圣洁、公义侍奉他"（路1∶74—75 p.）；^c我们已从罪里得了释放，为要甘心乐意行善（罗6∶18）；我们的旧人已钉十字架（罗6∶6），叫我们"像基督……"从死里复活一样（罗6∶4 p.）；我们若真与基督一同复活，就当求在上面的事，并在世上做寄居的人，使我们渴望天上的财宝（参阅西3∶1—3；太6∶20），^b"因为神救众人的恩典已经显明出来，教训我们除去不敬虔的心和世俗的情欲，在今世自守、公义、敬虔度日，等候所盼望的福，并等候至大的神和我们救主耶稣基督的荣耀显现"（多2∶11—13 p.）。神并没有预定我们受刑，而是预定我们借着基督得救（帖前5∶9）。^{b(a)}我们是圣灵的殿，而且神禁止我们亵渎这殿（林前3∶16—17；林后6∶16；弗2∶21）。我们并不是暗昧，反而在主里是光明，行事为人应当像光明的子女（弗5∶8—9；参阅帖前5∶4—5）。神召我们，本不是要我们沾染

---

④ J. Faber, *De fide et operibus* 23, 25 (*Opera* [1550], fo. 103b f.).

污秽,乃是要我们成为圣洁(帖前4:7);"神的旨意就是要你们成为圣洁,远避淫行"(帖前4:3)。神以圣召召我们(提后1:9),这呼召严厉地要求我们过圣洁的生活,我们从罪里得了释放,使我们成为义的奴仆(罗6:18)。难道有比约翰所说更能激励我们彼此相爱的话吗?他说"神既是这样爱我们,我们也当彼此相爱"(约一4:11;参阅约13:34)。他还说,神的儿女与魔鬼的儿女不同,就如光与黑暗不同那般,因为神的儿女彼此相爱(约一3:10,2:10—11)。保罗也同样教导:我们若投靠基督,就与其他的信徒是同一个身体上的肢体(林前6:15、17,12:12),并因此应当在自己的岗位上彼此帮助(参阅林前12:25)。ª难道有比约翰的话更能激励我们过圣洁生活吗?他说:"凡向他有这指望的,就洁净自己,像他洁净一样(约一3:3)。"ᵉ同样地,保罗教导说:既然信徒仰赖神赐给我们儿子名分的应许,"就当洁净自己,除去身体、灵魂一切的污秽"(林后7:1,Vg.)。ª当我们听到基督做我们的榜样时,我们岂不应当跟随他的脚步(彼前2:21;参阅约15:10,13:15)?

3. 神的尊荣和怜悯是我们行善的主要动机,得奖赏是次要的动机

ª我在上面只引用几处经文。若引用圣经上所有的证据,就必须写另外一本厚书。所有的使徒都经常鼓励、劝勉和指责信徒:"叫属神的人得以完全,预备行各样的善事"(参阅提后3:16—17),也从来不提到人任何的功劳。ᵇ事实上,他们最有说服力的劝勉是教导人的救恩完全不在乎自己的功劳,唯独依靠神的怜悯。所以,当保罗写了整封书信,为要证明信徒对得生命唯一的盼望是基督的义时,他是以神赐信徒怜悯来劝勉信徒(罗12:1)。ª的确,他给我们这动机应该就够了:神要在我们的身上得荣耀(太5:16)。但若荣耀神仍不足以激励我们,那只要我们记念神所赐给我们的福分,就足以激励我们行善。⑤但这些人强调人的功德,

---

⑤ Chrysostom, *Homilies on Genesis*, hom. 26. 5, 6 (MPG 53. 235-239).

叫人有某种奴隶般、不得已对律法的顺服，并因我们的教导与他们不同，就指控我们没有劝勉人行善的根据，⑥就好像神喜悦这种不得已的顺服。圣经既告诉我们："捐得乐意的人是神所喜爱的"，也禁止我们在奉献上作难或勉强（林后9∶7）！

^{b(a)} 我这样说并不表示我藐视或忽略圣经劝勉、激励信徒的常用方式。如圣经记载，"神必照各人的行为报应各人"（罗2∶6—7；太16∶27；林前3∶8，14—15；林后5∶10；等等）。^b我只是否定这是圣经唯一劝勉我们的方式或主要的方式。我也不认为我们应当用这方式开始劝勉人。而且，我也不相信这方式支持他们传扬人的功劳，我之后将证明这一点。⑦我甚至认为除非我们先强调人唯有借着基督的功德称义，而且这功德是借着信心得以把握，完全不在乎人的行为，否则用这种方式劝勉人也没用。因为除非人先相信因信称义，否则他们不会寻求圣洁。

先知的这句话很奇妙地教导这一点："在你有赦免之恩，要叫人敬畏你。"（诗130∶4，参阅 Comm.）其教导的是：除非人明白和相信神的怜悯，否则他们不会尊荣神，因为这就是尊荣神的根基。^e这非常值得我们留意，我们不但需要知道信靠神的怜悯是尊荣神的开端，也要晓得对神的敬畏，虽然天主教徒将之视为人的功德，⑧但这不可能是人的"功德"，因为这敬畏是建立在罪得赦免上。

4. 称义的教义使人放纵自己吗？

^{b(a)} 说人出于罪得赦免称义的教义使人放纵肉体是最没有根据的毁谤，⑨因我们说这义极为宝贵，我们任何的善行都无法使神称我们为义，

---

⑥ 上文的第二节。
⑦ III. 18. 3.
⑧ 例如 Latomus, *De fide et operibus* (*Opera* [1550], fo. 141ab)。
⑨ 参阅 Erasmus, *De libero arbitrio*, ed. J. von Walter, p. 10；Cochlaeus, *Philippicae* III. 21 (fo. K 1b-2a) on the Saxon Visitations (1528). The latter document is translated by G. Bergendoff in *Luther's Works*, American Edition, 40. 269-320。

因此，我们称义必定是神白白的恩赐。ᵃ对我们而言，这义无须付出代价，但对基督而言并非如此，因他付出了自己的宝血把它买下。除了基督的宝血之外，没有任何赎价能满足神公义的要求。这就提醒人，他们每一次犯罪，基督无须重新流血，这不是出于他们任何的功德。此外，我们宣告人的罪污秽到除了基督纯洁宝血的泉源之外，没有可洁净他们的另一个方式。ᵇ难道听这教导的人不是比听自己的善行能洁净自己的人更惧怕犯罪吗？且ᵃ他们若对神有任何敬畏的心，在受洁净之后，难道他们不会害怕重新回到泥里打滚，将污秽这纯洁的宝血吗？所罗门告诉我们信徒心里面的话："我洗了脚，怎能再玷污呢？"（歌5：3）

由此可见，哪一种人会将赦罪视为廉价，哪一种人想夺去义的尊严。他们假装自己可怜的补赎能平息神的愤怒，岂不知它们不过是粪土（腓3：8）。⑩我们确信罪的代价沉重到人无足轻重的行为无法付这代价，也相信罪对神是极大的冒犯，甚至人毫无价值的补赎无法平息神的愤怒，唯有基督的宝血才能成就这事。他们认为人丧失了义，就必须以自己的善行补偿神。⑪然而，我们相信称义的代价大到没有任何人的善行可以补偿。因此，为了重新获得这义，我们必须唯独投靠神的怜悯。我们在下一章将讨论其他关于赦罪的事。⑫

---

⑩ 参阅 Bonaventura, *Commentary on the Sentences* IV. part 2. art. 1. qu. 4 (*Opera selecta* IV. 350 ff.）。
⑪ Aquinas, *Summa Theol.* III. Suppl. 12. 3；15. 1.
⑫ "*Ex capite proximo.*" 1539 年版本错误地以 "*quinto*"（第五）代替 "*proximo*"；1543-1554 年的版本写 "*nono*"（第九）。在这里要参考的其实是 III. 3. 19；III. 4. 25，27，30。

ᵉ第十七章 律法上的应许和福音彼此合一

行为与律法彼此间的关系,哥尼流的例子(1—5)

1. 经院神学家的异议以及对这些异议的反驳*

ᵇ我们现在要面对撒旦和它的奴隶用来推翻或削弱因信称义这教义的其他异议。我相信以上已经驳倒那些指控我们的观点是敌对善行的异议。因我们将称义与善行分开,并不是劝人不要行善,或否认基督徒有善行,而是说,我们不可依靠自己的善行,以它们夸口,或认为我们是因行善而蒙救恩。因为我们的确据、我们的荣耀,以及我们救恩唯一的根基就是神的儿子基督属于我们,且我们在基督里是神的儿女和天国的后嗣,是因神的恩典被呼召,得以盼望永恒的福乐,而不是因自己的功德。

但就如我们以上所说,他们用其他的诡计攻击我们,所以,我们就得继续反驳他们!首先,他们提出神对遵守律法之人的应许,并问我们希望这些应许成就还是落空。既然说落空是极为荒谬的,他们就认为这些应许必定得以成就。因此他们就推断:我们并不是唯独因信称义。①耶

---

① 马丁·路德的许多论敌(包括伊拉斯谟在内)都是这样论证的,*De libero arbitrio*, ed. J. von Walter, pp. 23 ff., 33; Latomus, *De fide et operibus* (*Opera* [1550], fo. 14lab)。

和华如此说:"你们果然听从这些典章,谨守遵行,耶和华你神就必照他向你列祖所起的誓守约施慈爱。他必爱你,赐福与你,使你人数增多。"(申 7:12—13 p.);又说:"你们若实在改正行动作为,在人和邻舍中间诚然施行公平……也不随从别神陷害自己,我就使你们在这地方仍然居住。"(耶 7:5—7,参阅 Vg.,参阅耶 7:23)我无须再引用更多类似的经文,因为我现在的解释也能运用在其他类似的经文上。总而言之,摩西见证神在律法上把祝福和咒诅(申 11:26)、生和死(申 30:15)摆在我们面前。然而,我们的仇敌却宣称:若不是这祝福是虚空的,就是人不是唯独因信称义。

我们在上面已经证明过,②一切倚靠律法的人都在神的祝福之外,且他所预定给一切犯罪之人的咒诅常在他们身上(参阅申 27:26)。因神唯独应许赐福给完全遵守律法的人,而这种人并不存在。ᵃ因此,律法不过证明全人类都落在神的咒诅和愤怒之下,而且,为了逃避这一切,人必须脱离律法的权势和捆绑。这不是属肉体的自由,不会诱惑我们不遵守律法、在各样事上放纵自己,或毫不约束自己的私欲。它反而是属灵的自由,因此安慰和扶助我们被搅扰的良心,证明良心已经脱离律法压制和捆绑它的咒诅及审判。当我们借信心仰望神在基督里的怜悯,我们就脱离律法下的捆绑,并得自由。因在律法使我们知罪时,信心使我们确信自己已蒙赦罪。

2. 我们的行为无法使律法上的应许得以应验

ᵃ如此,除非神的良善借福音帮助我们,否则律法所提供的应许不会在我们身上得以应验。因为我们无法合乎应许所要求的条件,即毫无瑕疵地遵守神的律法。ᵇ神帮助我们,并不是因为他出于自己的慈爱,赏赐我们所需要义的一部分,而交给我们行出其余的部分,而是借着差遣基

---

② II. 7. 3.

督满足他所要求我们的义。保罗在先前说他和其他的犹太人"知道人称义不是因行律法,乃是因信耶稣基督",他接着解释:不是他们对基督的信心帮助他们完成神所要求的义,而是因信称义,不是因行律法称义(加2:16)。若信徒因知道行律法不能使人称义而弃绝律法,转向信心寻求称义,他们无疑就否定了因行律法称义。所以,我们并不反对人强调神奖赏遵守律法的人,只要他同时承认:除非我们借信心称义,否则我们因自己的败坏无法从律法上获益。所以,当大卫想到神为他的仆人所预备的奖赏时,他同时想到他的罪使他无法获得这奖赏。他在《诗篇》19:12前大大地称赞律法提供给人的益处,却也立刻宣告:"谁能知道自己的错失呢?愿你赦免我隐而未现的过错。"(诗18:13,Vg.;诗19:12,EV)这经文与下面的另一处经文完全一致,他说:"凡遵守他的约和他法度的人,耶和华都以慈爱诚实待他"(诗25:10),但他接着说:"耶和华啊,求你因你的名赦免我的罪,因为我的罪重大。"(诗25:11;诗24:11,Vg.)我们也当与他一同看见神在律法上提供给我们的慈爱,只要我们能因行律法得这慈爱,但我们行不出来。

3. 福音使律法上的应许得以成就

[b]难道神赐给我们这些应许却不想成就吗?我在上文已经解释过,我并不是这个意思。我的意思是,若这些应许要靠人的功德成就,那这些应许对我们就毫无益处;因此,就其自身而言,这些应许在某种意义上已经被废除了。这是众所周知的应许:"将我的典章指示他们。人若遵行,就必因此活着。"(参阅结20:11;利18:5)若止于此,保罗告诉我们这个应许对我们无益(参阅罗10:5;加3:12),就算神从来没有给过我们这应许,也不会有何不同。这应许甚至不可能在神最圣洁的仆人身上成就,因他们众多的过犯使他们不能完全遵守律法。

但当福音的应许取代律法的应许时,因福音的应许宣告神白白的赦罪,它们不但使我们蒙神悦纳,也使我们在行为上讨神喜悦。且神不但喜悦我们的行为，也因我们的行为赏赐我们约中所应许的遵守律法的福分。因此，我承认神在律法上应许遵守律法之人的福分，乃是借信徒的行为得以成就，但我们总要留意神悦纳这些行为的理由为何。

神悦纳信徒的行为有三个理由。首先，既然神仆人的行为所应得的本是指责而不是称赞，所以，神就不再究察他们的行为，并在基督里接纳他们，且唯独借着信心，完全在行为之外，叫他们与自己和好。其次，神不看他们的行为的价值，反而出于他父亲般的慷慨和慈爱抬举它们，给予它们一定的价值。第三，他已经赦免并悦纳这些行为，不将行为的瑕疵归给他们，若在神的赦免之外，它们将被视为罪而不是美德。

这就证明诡辩家有多自欺欺人。他们以为自己避免了其他人一切的荒谬，因他们说行为本身的价值无法使人蒙救恩，得救是借着神的盟约，③神因自己的慷慨，看重这些行为。但他们没有考虑到这些他们称为有功德的行为，远远无法合乎神应许的条件。人必须借着信心称义并倚靠神的赦罪，因为就连最好的行为也必须蒙赦罪，神才会喜悦它们。神恩待信徒，悦纳他们行为的三个理由当中，诡辩家只接受其中一个，而否定其他两个最重要的理由！

4. 人两方面在神面前受悦纳

ᵇ他们引用彼得的话："我真看出神是不偏待人。原来各国中，那……行义的人都为主所悦纳。"（徒 10：34—35，Comm.）④虽然彼得的意思十分清楚，但他们却推断：人若因行义能讨神喜悦，那么人蒙救恩就并不完全是出于神的恩赐，乃是神出于自己的怜悯帮助罪人以至他的行为引动他的怜悯。

除非我们相信人从两方面在神面前受悦纳，否则有许多经文都互相

---

③ "*Ex pacti ratione*". 参阅 Bonaventura, *On the Sentences* II. 27. 2. qu. 3 (*Opera selecta* II. 659); De Castro, *Adversus haereses* X; "*ex pacto... ex conventione*" (1543, fo. 160 B, C)。
④ 参阅 III. 23, 10; Cochlaeus, *Philippicae* III. 13, fo. H 4a; Lombard, *Sentences* III. 25. 4 (MPL192. 810)。

冲突。

在人的本性中，除了悲惨的景况，神找不到任何引发他怜悯的理由。由此可见，当神接纳人时，人没有任何良善，反而充满各式各样的罪恶，那我们凭什么说人配得那天上的呼召呢（参阅来3：1）？所以，我们当完全否认人有任何功德，因为圣经清楚记载神出于他白白的怜悯称人为义！诡辩家也邪恶地强解天使对哥尼流所说的话，说他的祷告蒙垂听，周济在神面前蒙记念（徒10：31），意味着人因热心为善，预备自己得蒙神的恩典。⑤其实，哥尼流必定已经受赐人智慧之灵的光照，因他当时拥有真智慧，即对神的敬畏；他也以同样的圣灵成圣，因他是行义的人，而保罗教导这是最可靠的果子，证明人是属灵的（加5：5）。他所拥有讨神喜悦的一切都是神的恩典所赐，因靠自己的努力预备心、领受这恩典是不可能的。的确，圣经没有一句话与这教义相反：神接人到他那里去的唯一理由就是他虽知道人本身完全失丧，却因他不愿意人失丧，就怜悯人，使人得自由。可见人蒙悦纳与自己的义完全无关，而是充分证明神对可悲、完全不配得这大福分之罪人的慈爱。

5. 神在何种意义上喜悦重生之人的善行[*]

[b]神既因救人脱离沉沦的无底坑，就以收养的恩典为自己的缘故将人分别为圣。之后，因神已经重生了人，叫他效法他儿子的模样，神就将他们视为新造的人（参阅林后5：17），赐给他们属灵的恩赐。这就是彼得所说的"悦纳"（徒10：34；参阅彼前1：17），即信徒在蒙召之后，连自己的行为都受悦纳（参阅彼前2：5）。因神不可能不爱和接纳他借自己的圣灵运行在他们心里所行的善事。但我们要牢记，神因信徒的行为悦

---

⑤ Aquinas, *Summa Theol.* I IIae. cix. 6 (tr. LCC XI. 146 ff.)；III. Suppl. 10. 4, reply to obj. 3；59. 4, reply to obj. 2. 参阅 Eck, *Enchiridion*, ch. 5；Herborn, *Enchiridion* 38 (CC 12. 128-132)。

纳他们，完全是因为他是这些行为的源头，$^{e(b)}$ 而且$^{e(b)}$ 他也为了^{d}要更清楚地^{b}表现他的慷慨，所以喜爱$^{e(b)}$悦纳他自己所赏赐他们的善行。^{b}因为他们的善行来自哪里呢？难道不是因神拣选他们做贵重的器皿（罗9：21），喜悦以真纯洁装饰他们吗？而且，这些行为怎能被视为毫无污秽的善行，难道不就是因为慈悲的天父赦免这些行为所充满的一切瑕疵和污秽吗？综上所述，这经文的含义是：既然神在他儿女们的身上看见自己的模样，就视他们为可喜悦和可爱的。我们以上教导过重生是神在人身上更新自己的形象。⑥所以，既然神在那里看见自己的面，就在那里爱和尊荣他的面，因此我们就有极好的理由说信徒的生命既然是圣洁和义的，就是神所喜悦的。

但既因敬虔的人仍住在肉体之中，仍然是罪人，且他们的善行仍是不完全，甚至伴随着肉体的私欲，那么，除非在基督里，神就不能悦纳他们的行为或他们自己。我们应当从这意义上明白那些教导我们神以仁慈对待行义之人的经文。摩西对以色列人说："耶和华……向爱他、守他诫命的人守约，施慈爱直到千代。"（申7：9 p.）这经文后来成为百姓经常引用的，如所罗门祷告说："耶和华以色列的神啊……你向那尽心行在你面前的仆人守约施慈爱"（王上8：23），尼希米也有同样的祷告（尼1：5）。

其实，神所有的怜悯之约都要求他的仆人活出正直和圣洁的生命，免得他的慈爱被嘲笑，或有人因神的慈爱在心里自夸，行事心里顽梗（申29：19）。因此，神以这种方式使一切与他的恩约有分的人继续尽本分，然而他的恩约从一开始是白白与人立定的，也一直是白白赐给人的。^{c}因这缘故，虽然大卫宣告耶和华按着他手中的清洁赏赐他（撒下22：21；参阅诗18：20），却仍没有忽略提到这奖赏的源头：即神救拔了他，"因神喜悦他"（撒下22：20 p.）。他在这里称赞自己的义，却完全没有藐视赏赐他义之神的白白怜悯。

⑥ I. 15. 4.

称义与善行联合的经文（6—15）

6. 在旧约里，恩典的应许和律法上的应许不同

ᵇ我们在此提醒诸位，这些经文与律法上的应许如何不同。我所谓"律法上的应许"不是指所有摩西所写书卷中的应许，因在摩西的书卷中也有许多福音上的应许，我指的是专门指律法功用的应许。这类应许不管我们怎样称呼它们，都宣告：若合乎应许中的条件就必得回报。

但当圣经说神"向爱他、守他诫命的人守约"（参阅申 7∶9；王上 8∶23；尼 1∶5），这就告诉我们忠心与神立约⑦的仆人是怎样的人，而不是告诉我们神祝福他们的理由。圣经的教导是：既然神喜悦赏赐我们永生之恩，好让我们爱、敬畏和尊荣他，所以神在圣经上一切怜悯人的应许，是要叫我们敬畏和尊荣赏赐我们这些福分的神。所以，每当圣经告诉我们神恩待遵守他律法的人，我们应当留意这些经文以神的儿女所当尽的本分描述神的儿女，且神收养我们的目的就是要我们将神当作父亲敬畏他。因此，我们若不想弃绝这儿子的名分，就当努力让自己的行为与我们所蒙的呼召相称。

然而，我们应当记住，神怜悯我们的应许之所以成就，并不是依靠信徒的行为。神对救恩的应许在听从神的呼召而过正直生活的人身上得以成就，因为神唯有在蒙圣灵引领去行善之人身上认出他儿女的标志。《诗篇》15∶1 所说关于教会会众的话也有同样的含义，"耶和华啊，谁能寄居你的帐幕？谁能住在你的圣山"（诗 14∶1，Vg.；诗 15∶1，EV），"就是手洁心清……的人"（诗 23∶4，Vg.；诗 24∶4，EV）。以赛亚也有同样的教导："我们中间谁能与吞灭的火同住？"（赛 33∶14）答案是"行事公义、说话正直"（赛 33∶15）的人。这里所描述的不是信徒在神面前站立得住的根据，而是我们慈悲的天父如何迎接信徒进入与他的交通以

---

⑦ "*Foedus*"，参阅 III.14.6，注释 6；III.21.5-7。

及保护、坚固他们的方式。因为神恨恶恶罪、喜爱公义，那些他所联合的人，他就用圣灵洁净他们，使他们与他自己和他的国度相符。所以，若有人想知道那给圣徒打开神国度之门，并因此赏赐他们在这国度里永恒的基业的原因，我们的答复是：乃是因为主出于自己的怜悯从前一次收养他们，并持续不断地保守他们。然而，人若想知道收养他们的方式，答案就是《诗篇》15 篇里所描述的重生和重生后的果实（参阅诗 15：2及以下）。

7. 难道圣经不是以"义"这个词形容律法上的行为吗？

ᵇ然而，那些以"义"这个词描述善行，并宣告人因这些行为称义的经文比较不容易解释。多半的经文属于前者，即在这些经文中，圣经将人对诫命的ᵇ⁽ᵃ⁾遵守称为"称义"或"义"。ᵇ属于后者的经文之一是摩西所说的这段话："我们若照耶和华我们神所吩咐的一切诫命，谨守遵行，这就是我们的义了。"（申 6：25 p.）你若说这不过是律法上的应许，且这应许因为无人能合乎，所以就不证明什么，那也有其他类似的经文不能做此反驳，譬如："日落的时候，总要把当头还他……这在耶和华你神面前就是你的义了。"（申 24：13 p.）《诗篇》中先知所说的话也有同样的含义：神称非尼哈对使以色列蒙羞之人的报复为义（诗 106：30—31）。

现今时代的法利赛人夸耀地以为这个例子支持他们的因行律法称义。因当我们说因信称义的教义除掉因行律法称义时，他们这样争辩：若义是出于人的行为，就证明唯独因信称义的教义是错的。

我承认律法上的律例被称为"义"并不奇怪，因它们真的是义。ᵉ但我仍要提醒读者，希腊人将希伯来文的"HUCIM"（法令的意思）翻译成"义"是错误的，⑧然而我们无须在这单词上争执。

---

⑧ "δικαιώματα，"七十士译本对 חקים 的翻译。加尔文认为这个词应该翻译成"律例"。武加大译本在这里的翻译是 "edits ou statuts"。

ᵇ其实，我们并不否认神的律法包含完全的义。因我们虽然非遵守他所吩咐我们的一切不可，但即使我们完全地遵守神的律法，仍是"无用的仆人"（路17：10）。然而，既然神喜悦尊荣律法，且称律法为义，我们就不应该废除神所立的。所以，我们甘心乐意地承认完全顺服律法就是义，且对每一条诫命的遵守就是义的一部分，完全的义就是完全遵守每一条诫命。但我们否认的是任何人能完全遵守。我们也弃绝律法上的义，并不是因为遵守律法本身有什么问题，而是因为我们的肉体软弱，所以无人能因遵守律法而称义。

事实上，圣经不但称神的律例为"义"，它也用这名称来称呼圣徒的行为。譬如，当圣经告诉我们撒迦利亚和他的妻子"遵行主的一切诫命礼仪"（路1：6）时，显然它这样说是指律法本身的性质而言，而不是指那些行为本身。ᶜ然而，我们要再留意以上所说的，即我们不能把原则建立在圣经希腊文翻译者的大意上。这是希腊文圣经翻译者的错误，而不是路加想改变圣灵所给他的启示（参阅路1：3），我不想再继续争辩这一点。神称律法的诫命为义，但除非人遵守全部的诫命，否则人无法因此称义，而且人每一次的过犯都在违背这律法。既然律法所命令的只有义，所以就律法本身而言，它的每一条诫命都是义的。但我们若考虑行这些诫命的人，他们既然在许多事上都犯罪，就不能因遵守任何的诫命而受称赞，因为他们所有的义行都是不完全的。

8. 义行在神面前的双重价值

ᵇ我现在要面对特别难解释的第二类经文。保罗最能证明因信称义的证据就是他所说关于亚伯拉罕的话，即"亚伯拉罕信神，这就算为他的义"（罗4：3；加3：6）。既然圣经说非尼哈的行为"就算为他的义"（诗106：31），据此我们就能推断保罗对信心的教导也能运用在行为上。因此，我们的论敌就如他们已经打败了我们，说人的确不是在信心之外称义，但也不是唯独因信称义，而是人的善行完成信心所开始的义。⑨我在这里劝敬虔的人，既然知道义的真准则唯独由圣经决定，就要与我一同恭敬、迫切地思考如何在这事上有对圣经前后一致的解释。

既然保罗知道因信称义是承认自己没有义之人的避难所（参阅罗 5 章），他大胆地推断一切因信称义的人都完全不再因行律法称义。那么，既然所有的信徒都是因信称义，保罗也一样肯定地推断没有人能因行律法称义（参阅罗 3∶20），相反，人称义不凭任何行为的帮助。然而，讨论行为本身有何价值是一回事，而谈到在人称义后之行为的价值又是另一回事。

我们若考虑行为本身的价值，就必须说任何人的行为在神面前都站立不住；因此，人在神面前没有任何可夸的行为，而且因他的行为无法帮助他称义，所以他完全是因信称义。我们对称义的定义是：罪人被接纳与基督相交，借着他的恩典与神和好，因基督的血被洁净、蒙赦罪，披戴基督的义，如同自己的义，因此他能坦然无惧地站在神的审判台前。

神对人在蒙赦罪之后所行的善有另一种判断的标准。基督的善行遮盖他们行为一切的瑕疵，基督的纯洁也洁净他们所有的污秽，好让他们在审判台前无可指责。因此，当神涂抹人一切的过犯，就是拦阻人讨神喜悦的罪，并且洁净一切玷污信徒善行的污秽之后，信徒所行的善在神面前才被算为义（罗 4∶22）。

9. 因信称义是义行的根据

ᵇ若任何人企图用信徒的善行反驳因信称义，我要先问他：人是否因一两个善行而称义，虽然他在他一生的其他行为上是罪人？这是极

---

⑨ 注意加尔文在第七、八、十节中对唯独因信称义的坚持。善行完成人的称义，这观点经常被路德的论敌用来攻击他，也是特兰托公会议（在他们教令的第 xxiv 条关于称义的法规里）清楚认可的教义（Schaff, *Creeds* II. 115）。

其荒谬的！接下来我也要问他：人是否能因许多善行称义，如果他只有一些少数的过犯？这两种情况他都不敢表示同意，因他知道律法记载：凡不常照律法书上所记一切之事去行的，就被咒诅（申 27：26）。之后，我就要进一步问他：人是否有任何不是因不洁或不完全而应受咒诅的行为？其实，既然在神眼前就连星星都不洁净（伯 25：5），天使也不算为义（伯 4：18），那人怎能有这样的行为呢？如此，他不得不承认人任何的善行都因伴随着过犯以及它本身的不洁，而不能被称为义行。但我们若能因为因信称义的教义而肯定地推断一些不纯洁、不洁净、不完全、不值得神注目，更不配得神爱的行为被算为义，那么他们为何仍企图借夸耀行为上的义，毁坏因信称义？因为在因信称义之外，一切的行为都是污秽的。

然而，这是不敬虔之人的教导，难道他们要做毒蛇的儿女吗？⑩ 他们无法否认因信称义就是人义行的开始、根基、起因、证据和本质。但他们却仍推断人不是唯独因信称义，因为神也称人的善行为义。

我们不需要再讨论这些不值一提的事，而要面对事实。既然任何行为上的义依靠因信称义，那么这不但不是排斥后者，反而是肯定它，甚至更彰显它的功效。我们也千万不可将人在白白称义之后所行的善高举到仿佛它参与人的称义或与信心一同使人称义。因为，除非人完全坚持唯独因信称义的教义，否则人行为上的污秽很快会显露出来。此外，人借因信称义不但使自己被神称为义，他的行为也会超出它们的价值一同被称为义。

10. 人的罪蒙赦免之后，他的行为才被悦纳*

ᶜ在这意义上，我们不只相信某种行为上部分的义，就如我们的论敌

---

⑩ 为了解释得更清楚，VG 在这里加上 "*que les enfans meurtrissent leur mère*"。

所主张的那样，⑪我们甚至相信信徒的善行蒙神悦纳就如是完全无瑕的。只要我们考虑支持这些善行的根基，则一切的难题都解决了。人的行为得饶恕才能开始蒙悦纳，那么这饶恕出自何处，难道不就是神在基督里看到我们和我们所有的一切吗？所以，就如我们被嫁接到基督身上之后在神面前称义，因基督的无罪遮盖我们一切的罪孽，同样地，我们的行为也被称为义，而且神之所以这样看待它们，是因为这些行为上的任何不洁都被埋在基督的纯洁下，神也不将之定罪。因此，我们有极好的根据说：不只是我们自己，就连我们的行为也都唯独因信称义。如果这行为上的义，不管我们如何描述它，完全依靠信心和神白白的称义，也是信心和称义的结果，那它就包含在信心和称义之下，附属于信心和称义，就如结果附属于原因一样，更何况我们绝不能将之高举到毁坏因信称义或用它来取代因信称义。

ᵇ如此，保罗为了说服我们自己的福分是在乎神的怜悯，并不在乎自己的行为，特意向我们强调大卫所说的这段话："得赦免其过、遮盖其罪的，这人是有福的。耶和华不算为有罪的，这人是有福的。"（诗32∶1—2；诗31∶2，Vg.；参阅罗4∶7—8）假设有人插入无数因行律法称义的话，譬如："敬畏耶和华……这人便为有福"（诗112∶1；诗111∶1，Vg.）；"怜悯贫穷的，这人有福"（箴14∶21）；"不从恶人的计谋……这人便为有福"（诗1∶1）；"忍受试探的人是有福的"（雅1∶12）；"凡遵守公平……这人便为有福"（诗106∶3，KJV）；"行为完全……的，这人便为有福"（诗119∶1；参阅 Vg. 诗118∶1，Knox tr.）；"虚心的人、温柔的人、怜恤人的人，有福了"（参阅太5∶3、5、7）。这些经文与保罗所教导的真理并无冲突。因为除非神将以上的善行运行在人心里，人就不能因此蒙神悦纳，这就证明除非人蒙赦罪并从这悲惨中得释放，否则就永远在悲惨的光景中。既然就未蒙赦罪之人而论，他们与圣经所载一切的祝

---

⑪ Fisher, *Confutatio*, p. 492.

福无分,所以他们无法因这些美德获益,除非他们因蒙赦罪而获得祝福,使他们能行出这些美德,这就证明罪得赦免不但是最崇高和主要的福分,甚至是唯一的福分,除非你说它所带来的福分消弱了它。

我们更没有理由反对圣经常用"义"称呼信徒。我当然承认他们被称为"义"是因为他们圣洁的生活,但因他们是正在寻求义,而不是实际达到义,所以他们的义是从因信称义而来。

11. 雅各反对保罗吗?

ᵇ然而,我们的论敌说我们的立场与雅各的立场截然不同。[12]因他教导就连亚伯拉罕也是"因行为称义"(雅2:21),并教导所有的信徒"称义是因着行为,不是单因着信"(雅2:24)。这如何解释呢?难道他们是说雅各反对保罗吗?他们若视雅各为基督的仆人,那么他所说的话与基督借保罗所说的话不可能有冲突。圣灵借保罗的口宣告亚伯拉罕因信称义,并非因行律法称义(罗4:3;加3:6)。我们也教导众信徒都是在行为之外因信称义。同一位圣灵也借雅各的口教导亚伯拉罕和我们自己的信心都包含行为,不单只有信。既然我们确信圣灵不会自相矛盾,那么要如何解释这两处经文呢?

我们的论敌若能根除因信称义的教义,必感到满足,我们却希望这教义能在众信徒心里扎根。他们并不在乎人的良心是否能得平安。由此可见,他们的确攻击因信称义,但却没有设立使人的良心得平安之义的标准。那就任凭他们夸胜吧!只要他们承认他们的胜利是借着夺去一切人对称义的确据。当他们遮蔽真理的亮光,且神任凭他们到处传扬自己虚妄的黑暗时,他们就能获得这悲惨的胜利。但神的真理在哪里被相

---

[12] 《雅各书》中的这段经文显然是反对因信称义之人热爱的经文之一,特别是因为马丁·路德认为《雅各书》与约翰和保罗的作品相比较"真是稻草书信"("*ein recht strohern Epistel*")(1522)。参阅 Kaspar Schatzgeyer, *Scrutinium divinae Scripturae pro conciliatione dissidentium dogmatum* (1522) 2 (CC 5. 27); De Castro, *Adversus haereses* X (1543, fo. 128 E); Fisher, *Confutatio*, p. 76; Aquinas, *Summa Theol.* II IIae. 4. 4 (tr. LCC XI. 269)。

信，他们就在哪里一无所得。

他们像举着阿基里斯的盾牌⑬一样不断用雅各的话来攻击我们。我不认为这些话在任何方面支持他们的立场。为了证明这一点，我们首先要解释雅各的意思，之后指出他们的谬误何在。

在雅各的时代，有许多人忽视信徒所当有的善行，公然显出自己的不信，这是历代教会的现象。但他们却仍自称是有信心的人，因此雅各嘲笑这些人毫无根据的确信。雅各并无意在任何方面削弱真信心的力量，相反，他想证明的是，这些无聊的人以虚假的信心为傲，就大意地放纵自己的私欲。

只要我们了解这一点，要发现指出我们论敌的谬误是轻而易举的。他们有双重的谬误：一个是对"信心"的误解，一个是对"称义"的误解。

当雅各称人虚假的信为"信心"时，这与他所辩论的并无冲突。他从一开始就解释："我的弟兄们，若有人说自己有信心，却没有行为，有什么益处呢？"（雅2：14）他并不是说："若有人有信心，却没有行为"，而是说："若他说……"他之后的解释更清楚，因他说：这"信心"不如魔鬼的知识（雅2：19），甚至称它是"死的"（雅2：20）。但从他对信心所下的定义，我们就十分清楚他的意思。他说："你信神只有一位。"（雅2：19）显然，若这"信心"只是相信神的存在，那么它无法使人称义并不奇怪！而且说这信心不能使人称义时，我们不要以为这对基督教的信心有所威胁，因为基督教的信心与此截然不同。难道真信心不就是借着使人与基督联合，好让人因此享有基督的义而称义吗？因此，它之所以使人称义，并不是因为它相信神的存在，而是因为它确信神的怜悯。

---

⑬ 这里是指后荷马时代之传说，即埃塞俄普斯（Aethiopsis）的故事。在这故事中，阿基里斯身上唯一可被打中，使其受重创以致死亡之处，就是他母亲把他浸入水中时所抓住的脚跟。

12. 雅各和保罗分别从不同的角度解释"称义" *

ᵇ我们现在要解释他们的第二个谬误，即雅各教导：人的行为对称义有参与。⑭我们若相信雅各在此的话与他的其他教导前后一致，并与整个圣经的教导毫无冲突，我们就必须将雅各所说的"称义"与保罗所说的"称义"做区分。因保罗教导称义就是神不再记念我们的不义，并同时算我们为义。若雅各也是和保罗从同样的角度论述，那么他引用摩西的这话是不可思议的："亚伯拉罕信神。"（创15：6；雅2：23）其上下文是：亚伯拉罕之所以因他的行为称义，是因为他毫不犹豫地遵守神的命令献上自己的儿子（雅2：21）。这就应验了圣经的话："亚伯拉罕信神，这就算为他的义。"（雅2：23）若说结果在起因之前荒谬，那么要么摩西说亚伯拉罕信神就算为他的义是错的，要么亚伯拉罕献以撒所表现的顺服不足以使他称义。在以实玛利未成胎以前，亚伯拉罕早已因信称义。但以撒出生时，以实玛利已经是少年人。那我们怎能说亚伯拉罕因过了很长一段时间之后的顺服而被称为义呢？所以，或雅各错误地颠倒了这次序——但这是邪恶的想法——或他说亚伯拉罕称义的意思并不是他的行为使他被称为义。那如何解释雅各的话呢？显然，他说的是亚伯拉罕的行为就证明他已被称义，而不是他因自己的行为被称为义。他就如在说："那些因真信心称义的人，借着顺服和善行证明自己的义，而不是神因人空洞的、表面上的信心称他们为义。"综上所述，雅各在此并不是教导人是如何称义的，而是坚持信徒必须拥有结善果的义。保罗宣告：人称义不在乎遵行律法，而雅各教导：没有善行的人不可能是已被称义之人。

---

⑭ 保罗和雅各之间的差别不是在教义上，而是他们在不同的意义上使用"称义"一词。参阅 Cadier, *Institution* Ⅲ. 282, note 1。加尔文在他的 *Sermons on Various Passages of Genesis* 中（第三篇有关亚伯拉罕的称义）提到某种双重的称义。首先是神赦免他所呼召之人的罪，其次是"连我们的行为也以无伪的信心蒙神称义"（CR 23, 718-719）。参阅 Comm. Rom. 8：30，加尔文在那里将拣选和呼召与称义的其他方面区分开来，这另外的部分是指信徒到死为止继续蒙神祝福。卡迪耶（Cadier）说保罗在前一个意义上讨论称义，雅各则在后一个意义上讨论称义。

我们只要稍微思考雅各的上下文，这疑惑就会消失。我们的论敌错误地以为雅各在解释人是如何称义的，但事实上他只是在设法摧毁那些以虚妄的信心为借口藐视善行之人的邪恶自信。所以，不管他们如何强解雅各的话，雅各只是在教导两件事情：虚假的信心无法使人称义，以及真信徒因不满意只有表面上的信心，就以善行表明他的义。

13. 《罗马书》2：13

ᵇ他们也同样引用保罗的话："不是听律法的为义，乃是行律法的称义"（罗 2：13 p.），但这也不能支持他们的谬论。我不想用安波罗修的解释来逃避这问题，即保罗在这里的意思是：相信基督等于遵守律法。⑮这只是在逃避，其实这解释很简单，根本无须逃避。保罗在此是在摧毁犹太人愚昧的自信。他们宣称唯有他们自己才明白律法，虽然他们当时是最藐视律法的人。所以，保罗告诉他们：人若想靠律法称义，不是只要知道律法，也要行律法，免得只以律法的知识为满足。我们并不怀疑律法上的义在乎行为，也不怀疑义在乎行为的价值和功德，但除非他们能举出一位曾经完全遵守律法的人，否则他们无法证明人能因行律法称义。

保罗的上下文充分证明他就是这个意思。当他因外邦人和犹太人都是不义的而定他们的罪时，他更仔细地解释说："凡没有律法犯了罪的，也必不按律法灭亡"，这是指外邦人说的。他还说："凡在律法以下犯了罪的，也必按律法受审判"（罗 2：12），这指的是犹太人。他们既因轻看自己的过犯，而完全以自己拥有律法为傲，保罗极为恰当地加上：神颁布他的律法并不是要人只听律法而称义，人要遵守律法才能称义。他就

---

⑮ 艾克和其他的罗马天主教徒曾经在这个意义上引用过《罗马书》2：13，*Enchiridion*，ch. 5（1533 edition，fo. 23a）。安波罗修被读成"安波罗修注释者"，后者是伊拉斯谟用来指称被认为是安波罗修所写的著作之作者（"Ambrosiaster"）。安波罗修注释者与安波罗修是同时代的教父，很长时间被视为 *Commentary on Paul's Epistles* 的作者。参阅他对《罗马书》2：13 的解释（MPL 17.67）。

如在说："你寻求在律法上称义吗？你不要以听过律法为傲，这不是最主要的，你反而当有善行好证明神为你颁布律法不是徒然的。"既然他们都没有这些善行，那么他们以律法为傲是完全没有根据的。因此，保罗的意思恰恰与他们的相反：律法上的义在乎完全的行为，无人能夸口说自己的行为满足了律法的要求，因此，律法无法使人称义。

14. 信徒为何敢求神鉴察自己的义行？

ᵇ他们也用其他经文支持自己的立场。这些经文是信徒求神鉴察自己的义行，他们也求神根据这些行为判断他们。譬如："耶和华啊，求你按我的公义和我心中的纯正判断我"（诗7：8 p.）；"耶和华啊，求你听闻公义"（诗17：1）；"你已经试验我的心，你在夜间鉴察我；你熬炼我，却找不着什么。我立志叫我口中没有过失"（诗17：3；参阅诗16：3，Vg.）；"耶和华按着我的公义报答我，按着我手中的清洁赏赐我，因为我遵守了耶和华的道，未曾作恶离开我的神……我在他面前作了完全人，我也保守自己远离我的罪孽"（诗18：20、21、23，17：21、22、24，Vg.）；"耶和华啊，求你为我伸冤，因我向来行事纯全"（诗26：1；25：1，Vg.）；"我没有和虚谎人同坐，也不与瞒哄人的同群"（诗26：4；诗25：4，Vg.）；"不要把我的灵魂和罪人一同除掉，不要把我的性命和流人血的一同除掉"（诗26：9；诗25：9，Vg.）；"他们的手中有奸恶，右手满有贿赂。至于我，却要行事纯全"（诗26：10—11；参阅诗25：10—11，Vg.）。

我以上讨论过，圣徒似乎单单因自己的行为所获得的确据。⑯至于上面的经文，只要我们了解这些经文的上下文（περίστασιν，complexum），就会发现它们与我们的教导毫无冲突。它们的意思是双重的，他们并不是求神根据他们一生的行为定他们的罪或判他们无罪，反而这指的

---

⑯ III. 14. 18-20.

是某种特殊的情况——他们宣称自己的义并不是根据神完全的准则，而是与恶人做比较。

首先，就人称义而论，神不仅仅要求人在某件事上无罪，而是要求他在一生中拥有完全的义行。但圣徒虽然求神判他们无罪，却不是自以为在各方面毫无罪恶；虽然他们将得救的确据完全放在神的慈爱上，却仍然相信神替被恶待的穷人和受患难之人伸冤，并将之交托在神手中。另一方面，当他们在神的审判台前将自己的行为与恶人互相比较时，他们并不是夸口自己无罪，符合神所要求的纯全，而是虽然恶人恶劣、不诚实、诡诈和邪恶地对待他们，他们仍确信自己的真诚、正直、单纯和纯洁是神所知道和喜悦的。因此，他们坦然无惧地求神判断自己与恶人。因此，当大卫对扫罗说"耶和华必照各人的公义诚实报应他"（撒上 26∶23 p.），他的意思并不是主应当照人的行为审判和奖赏各人，而是在宣告自己与扫罗的邪恶相比是何等无辜。而且，当保罗以自己无愧的良心为荣，并因他在神的教会中真诚和正直的行为夸口（林后 1∶12；参阅徒 23∶1）时，并不是表示他能因此在神面前夸口，他是在不敬虔之人的毁谤下，被迫为自己的忠心和正直辩护，因他晓得虽然恶人恶待他，但他确信他的行为在爱他的神面前蒙悦纳。因保罗在另一处说，他不觉得自己有错，却也不能因此得以称义（林前 4∶4）。因他知道神自己的审判远超过人不公正的判决。敬虔之人虽然能求神做证人，求他在不敬虔之人的假冒为善下替他们辩护，但当自己在神面前时仍呼喊：ᵉ"主耶和华，你若究察罪孽，谁能站得住呢？"（诗 130∶3；129∶3，Vg.）又说：ᵇ"求你不要审问仆人，因为在你面前凡活着的人没有一个是义的。"（诗 143∶2 p.）他们也因不信靠自己的善行而歌颂："你的慈爱比生命更好。"（诗 63∶3 p.）

15. 信徒完全吗？

ᵇ另外还有许多经文与以上的相似，或许也有人会用来证明人是因行律法称义。所罗门说：行为纯正的人是义人（箴 20：7）。同样地，"在公义的道上有生命，其路之中并无死亡"（箴 12：28）。在同样的意义上，以西结也宣告："按诚实行事。这人……必定存活。"（结 18：9、21；参阅 33：15）我们既不否认也不藐视这些经文。然而，难道任何亚当的后裔能以这样的正直为荣吗？若不能，那么他们或离开神的面沉沦，或投靠神怜悯的避难所。

此外，我们并不否认，就信徒而论，虽然他们的正直只是部分，也是不完全的，但这却是他们迈向永生的一步。然而，这正直的源头难道不就是，神将人纳入恩典之约时并没有考察他们的行为，看他们是否有功德，却以父亲般的慈爱迎接他们吗？我在此的意思不仅仅是经院神学家们所教导的——行为因神"悦纳之恩"才有价值。他们的意思是，圣徒的行为虽然没有完全到能根据律法之约使他们蒙救恩，却因神悦纳这些行为，就被视为有足够的价值使他们称义。[17]但我认为，那些行为因圣徒的其他过犯以及这些行为本身所带有的污秽是没有价值的。只有因神赦免他们一切的过犯和义行中的瑕疵，并白白地称他们为义，他们的义行才有价值。

保罗的祷告表达了他是何等希望信徒得以完全，成为圣洁，无可指责。他们迫不及待地将这些祷告推到我们面前（西 1：22；参阅弗 1：4；林前 1：8；参阅帖前 3：13，5：23）。在过去的时代中，色勒斯丢（Coelestius）的门徒很积极地用这些经文宣称人能在今世达到完全的程度。[18]我们深信奥古斯丁的话足以驳倒他们：所有的圣徒都应当有这样的目标，即总有一天在神面前成为无瑕疵的（参阅西 1：22，参阅 Vg.）。但既然在今世就连最圣洁的生活也只是达到这目标的过程，那么我们就只能

---

[17] 法兰西斯派（Franciscan）的经院神学家司各脱（Duns Scotus）和奥卡姆（Ockham）发展了 gratia acceptans（悦纳之恩）这教义。艾克（*Enchiridion*, ch. 5）和其他当时的神学家也接受了这教义。

[18] Augustine, *On Man's Perfection in Righteousness* 1 (MPL 44. 292 f.; tr. NPNF V. 159 f.). 色勒斯丢是帕拉纠的一个同事；参阅 II. 1. 5，注释 8。

在脱去这邪恶的肉体完全与神联合时,才会达到完全的目标。[19c] 我也不会吹毛求疵地与那称圣徒为"完全"的人争辩,只要他以奥古斯丁的话来定义这完全。奥古斯丁说:"当我们将圣徒的美德称为完全时,这完全也包括我们谦卑和诚实地承认它们的不完全。"[20]

---

[19] Augustine, *On Man's Perfection in Righteousness* 9.20 (MPL 44.301 f.; tr. NPNF V.165 f.).
[20] Augustine, *Against Two Epistles of the Pelagians* III.7.19 (MPL 44.602; tr. NPNF V.411).

e第十八章 人将得奖赏并不能证明人是因行律法称义

奖赏的经文并不教导行为是蒙救恩的起因（1—4）

1. 何谓"照各人的行为报应各人"

b我们现在要思考哪些教导是神将照各人的行为报应各人的经文（太16：27），①其中几处是："叫各人按着本身所行的，或善或恶受报"（林后5：10）；"将荣耀、尊贵、平安加给一切行善的人……将患难、困苦加给一切作恶的人"（罗2：10，9）；"行善的复活得生，作恶的复活定罪"（约5：29）；"你们这蒙我父赐福的，可来承受……因为我饿了，你们给我吃；渴了，你们给我喝"（太25：34—35，与42节合并，参阅Comm.和Vg.）。

接着我们也要思考那些称永生是善行的奖赏的经文，譬如："要照自己手所行的受报应"（箴12：14；赛3：11，Vg.）；"敬畏诫命的，必得善

---

① 这句与Ⅲ.14.14的头一句有关。参阅Ⅲ.16.2，注释3。把功德和奖赏相提并论（"*ubi merces ibi merita*", Cochlaeus, *Philippicae* Ⅲ.65, fo. N 2b）是当时天主教普遍的教导。参阅De Castro, *Adversus omnes haereses* IX (1543, fo. 150)；"*Quomodo toties auditur praemium, ubi prorsus nullum est meritum？*"

报"（箴13∶13）；"应当欢喜快乐，因为你们在天上的赏赐是大的"（太5∶12；路6∶23）；"各人要照自己的工夫得自己的赏赐"（林前3∶8）。

"神必照各人的行为报应各人"（罗2∶6），解释这经文并不困难，因这经文所表明的是次序而不是起因。无疑地，神借这些怜悯的步骤完成我们的救恩。他将自己预先所定下的人召来，"所召来的人又称他们为义，所称为义的人又叫他们得荣耀"（罗8∶30 p.）。换言之，神唯独借自己的怜悯收纳他的选民，使他们得生命，但神也借他们迫切的行善，引领他们获得这生命，使他们照他所预定的次序，完成他在他们身上的工作。所以，圣经说他们将照自己的行为被加冕并不奇怪。因神无疑借这些行为给他们预备得永生的冠冕。然而，圣经说：他们"作成自己得救的工夫"（腓2∶12 p.），也是极为恰当的，因在热心为善时，他们就在默想永生。这与另一处经文相似，在他们借着信基督得生命时，他们得到的盼咐是"要为那存到永生的食物劳力"（约6∶27），但这里立刻接着说，"就是人子要赐给你们的"（约6∶27）。由此可见，"劳力"这一词与恩典并无冲突，指的是信徒的努力追求。所以，我们不能推断是信徒自己使自己得救，或救恩是因他们的善行而来。那要怎么解释呢？他们一旦借对福音的认识和圣灵的光照被呼召得以与基督相交，永生就在他们身上开始了。神在他们身上动了善工，也必成全那工，直到耶稣基督的日子（腓1∶6）。当他们在义和圣洁上与他们的天父相像，而证明自己在本性上是神的儿女，这工在他们身上就得以成全。

2. 奖赏是"基业"

[b(a)] 我们没有根据说"奖赏"这一词证明人的行为是他们蒙救恩的起因。首先，我们当确信天国不是奴仆的酬劳，而是儿女的基业（弗1∶18），而且这基业唯有被主收养为儿女的人才能享有（参阅加4∶7），而且他们之所以能拥有这基业，完全是因为神收养他们（参阅弗1∶5—6）。因为使女的儿子不可与自主妇人的儿子一同承受产业（加4∶30 p.）。在这

些经文中，圣灵虽然应许人因自己的行为将得永远的荣耀，但他既然将之称为"产业"，就证明有行为之外的另一个起因。基督列举他以天堂回报（太25：35—37）并用来呼召他选民的行为，但他同时补充说这奖赏是他们的产业（太25：34）。同样地，保罗也吩咐仆人当忠心尽本分并盼望神的赏赐，但他同时也说这是他们的"基业"（西3：24）。使徒用"产业"这不可能令人误会的词，为了警告我们不可将我们永恒的福分归给自己的行为，乃要归于神的收养。

那么，他们为何同时提到行为呢？我们只要查考一节经文，答案就十分清楚了。在以撒出生前，神应许亚伯拉罕地上的万国都必因他得福，他的后裔必像天上的星和海边的沙那样多（创15：5，17：1 及以下，参阅18：18）。许多年之后，亚伯拉罕照神的吩咐预备将自己的儿子献为祭（创22：3）。在他顺服神之后，神这样应许他："耶和华说：'你既行了这事，不留下你的儿子……我便指着自己起誓说：论福，我必赐大福给你；论子孙，我必叫你的子孙多起来，如同天上的星，海边的沙。你子孙必得着仇敌的城门，并且地上万国都必因你的后裔得福，因为你听从了我的话。'"（创22：16—18 p.）圣经是怎么说的呢？难道亚伯拉罕因自己顺服的功德，应得神在吩咐他之前所应许赐给他的福分吗？由此可见，在信徒还未想到他们的善行之前，神早已赐给他们福分，神正是以这些福分奖赏他们的善行，因为，除了他的怜悯以外，他没有祝福他们的理由。

3. 奖赏是恩典

[b]然而，当神告诉我们，他将以他善行行出之前就白白赐给我们的福分奖赏我们的善行时，他并不是在欺哄我们。因为神喜悦借善行操练我们默想他应许的应验，并借着行善仰望我们在天上的基业。因此，神将应许的果实归给我们的行为，因我们的善行结他所应许的果子。保罗很巧妙地向歌罗西信徒表达这两种意义。他说他们为了神所应许他们在天

上的基业，尽爱众圣徒的本分，也说这基业的盼望是他们从前在福音真理的道上所听见的（西1：4—5）。因当保罗说他们借福音明白他们的盼望是在天上时，这也意味着这盼望不是出于行为，而是唯独借基督赐给他们的。彼得下面的话也有同样的含义。他说神的大能借着信心保守他们得蒙所预备、到末时要显现的救恩（彼前1：5 p.）。当保罗告诉我们信徒因这缘故劳力时，他的意思是：为了获得这盼望，信徒必须一生劳力。

然而，基督借比喻教导我们，免得我们误会神所应许我们的奖赏是我们的行为所应得的。在这比喻中，神自己是家主，雇用他所碰到的人，进他的葡萄园做工。他在第一个小时、第二个小时、第三个小时，以及第十一个小时都雇用人，到了晚上他付给他们一样的工资（太20：1及以下）。那位古时的神学家——不管他是谁——所写《外邦人蒙召论》(De Vocatione Gentium，有人认为是安波罗修写的)，简洁而正确地解释这比喻。我要引用他的话："基督借这比喻表明神对各种人出于恩典的呼召……显然，那些在第十一个小时被雇用的人所领的工资与那些整天工作的人一样，代表神的怜悯也赏赐给垂暮之年的人，好彰显他卓越的恩典。他并不是报答他们的劳力，而是证明他以厚恩待他在行为之外所拣选的人。同样地，那些汗流满面劳力的人，既因所领的与最后一个小时才来的人一样，也应当明白他们所领受的是出于神恩典的赏赐，而不是他们作工所应得的奖赏。"②

最后，这也值得我们留意：当永生在圣经中被描述为行为所得的奖赏时，这不只是指我们现在与神所享有的交通，也是指父神末日在基督里，将赏赐他所应许我们的福分。基督自己所说的话也如此宣告："在来世必得永生"（可10：30），他又说："可来承受那……为你们所预备的

---

② Pseudo-Ambrose，*The Call of the Gentiles* I. 5（MPL 17. 1091）。普罗斯珀（Prosper）在 MPL 51 中的文本没有这些话。参阅 II. 2. 5，注释 27。

国。"（太25：34，Vg.）因这缘故，保罗将"儿子的名分"视为在复活之日才显明的儿子的名分（参阅罗8：18及以下），他之后也将儿子的名分视为"我们的身体得赎"（罗8：23）。此外，就如与神疏远等于永死，[③] 同样地，当人被神悦纳，与他交通、与他联合时，他就出死入生——唯独是因儿子的名分。而且，若我们的论敌顽梗地坚持人得的奖赏是出于自己的行为，我们就可以用彼得的话反驳他们，即信心的果效是救恩（彼前1：9）。

4. 神应许奖赏的目的

[a]所以，我们不要以为圣灵给我们的这应许，证明我们的行为应得奖赏，因圣经教导我们在神面前毫无被高举的理由。圣经的整个目的反而是要约束我们的骄傲，苦炼我们，使我们谦卑，完全伏在神面前。但我们若没有这盼望和安慰，就会因自己的软弱崩溃。

首先，我们要在自己内心思考：离弃自己一切的财产，甚至离弃自己有多困难。但这是基督用来苦炼他门徒的第一个功课，此后他在他们的一生中以十字架苦炼他们，免得他们寻求或依靠今世的福分。简言之，他通常待他们的方式，是要他们在世上无论环顾何处，尽都是绝望。因此保罗告诉我们："我们若靠基督只在今生有指望，就算比众人更可怜。"（林前15：19 p.）在这样大的患难中，神与他们同在，劝他们仰望神并看透这些逆境，使他们在神里面找着他们在世上所找不到的福分，免得他们在这样大的患难下丧胆。神称这福分为"奖赏"、"赏赐"和"回报"（参阅太5：12；6：1及以下，等等），但这并不表示这是他们的行为所应得的福分，而是表示这是他们所受的痛苦、患难以及毁谤的回报。因这缘故，依照圣经（参阅林后6：13；来10：35；11：26），我们有极好的理由称永生为"回报"，因神借着永生，将他的百姓从劳力带

---

③ 参阅 III. 25. 12。奥古斯丁相关的教导，参阅 Smits II. 43。

入安息;从患难带入兴旺;从忧伤带入喜乐;从贫困带入富足;从羞辱带入荣耀。综上所述,神以更大的福分取代他的百姓所受的一切苦待。我们也要一样正确地说:圣洁的生活虽然不能使我们获得天上的荣耀,但的确是神自己用来引领他选民获得这荣耀的方式。因神喜悦使他所称为义的人得荣耀(罗8:30)。

ᵇ但我们要远离诡辩家对于功德和奖赏彼此间关系的解释,因他们没有考虑我们以上所教导的盼望。④当神呼召我们仰望这盼望,但人却往另一处看时,这是何等的荒谬!十分清楚的是,神应许我们因行善获得奖赏,借此安慰帮助我们肉体的软弱,并不是要我们虚荣地在心里自高自大。所以,人若在这教导下推论人因自己的善行有功德,ᵉ或说他的奖赏是自己的行为所赢得的,ᵇ那他就是远离了神自己的目标。

答复对这立场的反驳(5—10)

5. 奖赏根据赦免

ᵇ因此,当圣经说:"有公义的冠冕为我存留,就是按着公义审判的主到了那日要赐给我的"(提后4:8 p.),我首先引用奥古斯丁的话回答:"若慈悲的父神没有赏赐恩典,那么那公义的法官将给谁加冕呢?且除非神首先赏赐人那'称罪人为义'的恩典,否则人怎能称义呢?而且,神怎能将这些福分视为是人所应得的,除非他首先赏赐人他所不应得的福分?"⑤但我也要强调一点:神怎能将义归给我们的行为?除非他的慈爱遮盖我们行为一切的不义。且他怎能视这些行为应得奖赏?除非他以自己无限的爱除掉一切应得惩罚的罪。奥古斯丁习惯将永生称为"恩典",因为虽然神以之回报人的行为,但这些行为也是神白白的恩

---

④ Aquinas, *Summa Theol.* I IIae. cxiv. 1 (tr. LCC XI. 203 f.); Cochlaeus, *Philippicae* III. 65.

⑤ Augustine, *On Grace and Free Will* 6. 14 (MPL 44. 890; tr. NPNF V. 449)。艾克引用《提摩太后书》4:8, *Enchiridion*, ch. 5 (1533 edition, fo. 26a)。克里特托在他的 *Improbatio quorundam articulorum Martini Lutheri* (1533) 引用这经文并接着说,"义行难道就不是功德吗?"(*Quid sunt nisi merita*?)参阅 Fisher, *Confutatio*, art. 1, p. 66; Herborn, *Enchiridion* 5 (CC 12. 33)。

赐。然而，圣经使我们更加谦卑，并同时高举我们。因为圣经不但禁止我们因自己的行为夸口（因这些行为是神白白的恩赐），它同时也教导：我们的行为总是有污秽的渣滓，以至于若这些行为照神的标准受审，就无法取悦神，°但为了使我们不丧胆，圣经教导说：我们的行为借着赦罪就能讨神喜悦。°虽然奥古斯丁在另一处所说的与我们略微不同，但他在《给卜尼法斯的第三本书》(Third Book to Boniface) 中的教导，证明他的意思与我们的教导大同小异。他在这作品中将两个人互相比较：第一位有几乎完全圣洁和完美的生活，第二位虽然诚实和道德，却远不如第一位完全。他最后下结论："第二位虽然与第一位在道德上似乎差距颇大，但却真正地信靠神，并在这信心之下行事为人，甚至在他一切的过错中自责，并在他一切的善行中赞美神、谦卑自己和荣耀神，并从神那里蒙赦罪，得爱行义的心，这人在离开世界后将立刻进入与基督的交通，难道他不就是靠信心这样行事为人吗？虽然没有行为的信心无法使人得救，这样的信心是堕落的，不能使人生发仁爱（参阅加5：6），但人唯独出于信心才能蒙赦罪，因'义人因信得生'（哈2：4）。若没有这信心，则一切似乎是善行的行为至终都算为罪。"⑥他在此明确地教导我们所强调的重点：行为因神的赦免才算为义。

6. 天上的财宝

ᵇ以下的经文与上面所引用的意思相似，"要借着那不义的钱财结交朋友，到了钱财无用的时候，他们可以接你们到永存的帐幕里去"（路16：9）；"你要嘱咐那些今世富足的人，不要自高，也不要倚靠无定的钱财；只要倚靠那厚赐百物给我们享受的神。又要嘱咐他们行善，在好事上富足⋯⋯为自己积成美好的根基，预备将来，叫他们持

---

⑥ Augustine, *Against Two Letters of the Pelagians* III. 5. 14 (MPL 44. 598; tr. NPNF V. 409).

定那真正的生命"(提前6∶17—19)。⑦圣经将善行比作我们在永恒的福分中将享有的财富。我确信除非我们留意圣灵在此教导我们的目的，否则我们永远不能完全明白何谓善行。"你的财宝在哪里，你的心也在那里。"(太6∶21 p.)若基督所说的这句话是真实的：那么，就如今世之子迫切地寻求那能使他们享受今世生活的事物，同样地，信徒在发现今世就如梦快要过去时，也当不顾一切地设法将他们所要享受的，转移到他们将享有永生之处。

如此，我们应当效法那些决心搬到长久的居所居住之人的榜样。他们把财宝都运到将要去住的地方，也不因现时的缺乏感到沮丧，因他们相信自己的财富累积越多，未来的日子越舒坦。同样地，我们若相信天国是我们长久的住处，我们应当宁愿将自己的财富转移到那里去，也不要将之留下来，使之在我们被接去时变成虚无。但我们要如何将之转移呢？乃是借着照顾穷人的需要，因我们做在他们身上的一切，神都视为做在他自己身上（参阅太25∶40）。神因此给我们这宝贵的应许："怜悯贫穷的，就是借给耶和华。"(箴19∶17)同样地，"多种的多收"(林后9∶6)。因我们出于爱心奉献给弟兄的一切算是献给神。神是最忠心的保管者，总有一天会加上丰厚的利息还给我们。难道我们的责任在神眼中不是如此重要，就像存在神手中的财宝吗？谁会犹豫承认这事实，因为这是圣经常常公开教导的。

但若有人企图将神白白的慈爱强解成是人行为上的功德，这些经文绝不会支持他的谬论，因为这些经文的教导只能使我们推论神对我们白白的怜悯。为了激励我们行善，虽然我们对神的服侍毫不值得他的关注，但他仍奖赏我们每一点的服侍。

---

⑦ De Castro, *Adversus haereses, s.v. "opera"*, 11 (1543, fo. 140 A); Latomus, *De fide et operibus (Opera* [1550], fo. 133a), on Luke 16∶9 and 1 Tim. 6∶17-19.

7. 在患难中忍耐有奖赏吗?

ᵇ保罗的话所教导的更多。当他安慰正在受患难的帖撒罗尼迦信徒时,他教导神给他们预备这样的患难,使他们能被视为配得神的国度,因他们为这国度受苦(帖后1:5)。他说:"神既是公义的,就必将患难报应那加患难给你们的人;也必使你们……与我们同得平安。那时,主耶稣……从天上在火焰中显现。"(帖后1:6—7)《希伯来书》的作者也说:"神并非不公义,竟忘记你们所作的工和你们为他名所显的爱心,就是先前伺候圣徒。"(来6:10)⑧

我对第一处经文的解释是:这里的意思并非指功德,只是父神喜悦他所拣选得儿子名分的人效法基督——他长子的样式(罗8:29)。就如基督要先受苦,之后才进到神所预定他得的荣耀中(路24:26),同样地,"我们进入神的国,必须经历许多艰难"(徒14:22 p.)。所以,当我们为基督的名受患难时,就如神给我们打上烙印,使他能认出他所有的羊。神这样使我们配得他的国,"因为我们身上带着耶稣的印记"(加6:17 p.),而且这些印记是做神儿女的证据。以下的经文也有同样的含义:"身上常带着耶稣的死,使耶稣的生也显明在我们身上。"(林后4:10)我们和他一同受苦,效法他的死,或者我们也得以从死里复活(腓3:10—11)。

保罗加上这个理由并不是要证明我们的行为有价值,而是要坚固我们对神国度的盼望。他就如在说:"既然神因你仇敌的逼迫为你伸冤是公义的,同样地,神使你们在受苦之后得安息,也合乎他的公义。"第二处经文(来6:10)教导神不轻看他儿女们的侍奉,这与他的公义相称,甚至几乎在暗示:神若不记念他们的侍奉,是不公义的。这表示神为了刺激我们脱离自己的懒惰,应许信徒为主名的荣耀所受的一切患难必不是

---

⑧ 赫尔本(Herborn)在这意义上引用《希伯来书》6:10,*Enchiridion* 5 (CC 12.33)。特兰托会议也在同样的意义上引用这经文,ch. 16 (Schaff, *Creeds* II. 107);"永生……神必定因人的善行和功德信实地将之赐给他们为奖赏。"

徒然的。我们应当总是留意这应许，就如神所有的应许那般，若不是根据神白白怜悯之约就必定落空。我们蒙救恩的确据完全倚靠这恩约。我们既因完全倚靠这盟约，就当确信虽然自己的侍奉不配献给神，但神出于自己的慷慨必将奖赏我们。为了使我们进一步地信靠这盼望，使徒宣告神是信实的，必定成就他的应许。这公义指的是神信守他的盟约，而不是他回报我们所应得的奖赏。奥古斯丁常说的这名言也有同样的含义，而且既然这敬虔的人认为这话值得留意，我也如此相信。他说："神是信实的，他使自己成为我们的债务人，并不是因他向我们借任何财物，而是因他应许赐给我们万物。"⑨

8. 借着爱称义

ᵇ我们的仇敌也引用保罗以下的经文支持自己的立场："我若有……全备的信，叫我能够移山，却没有爱，我就算不得什么"（林前13：2）；"如今常存的有信，有望，有爱；这三样，其中最大的是爱"（林前13：13 p.）。还有，"在这一切之外，要存着爱心，爱心就是联络全德的"。（西3：14 p.）ᵇ⁽ᵃ⁾我们的法利赛人对手以这两处经文争辩说，既然爱无疑是最大的力量，我们是借着爱而不是借着信心称义。⑩但我们能轻而易举地驳倒这似是而非的论调。ᵃ我们以上已解释过第一处经文的教导与真信心无关。⑪第二处则是指真信心。保罗之所以说爱比信心更伟大，并不是因为爱具有更多的功德，而是因它结出更丰盛的果实，因它更长阔高深，因爱更能使人服侍神，也因爱兴旺到永远，而信心只是人暂时拥

---

⑨ Augustine, *Psalms*, Ps. 32. 2. 1. 9；Ps. 83. 16；Ps. 109. 1 (MPL 36. 284；37. 1068；37. 1445；tr. LF [Ps. 33] *Psalms* I. 317 f.；[Ps. 34] IV. 164；[Ps. 110] V. 229 f.)；*Sermons* 158. 2. 2 (MPL 38. 863；tr. LF *Sermons* II. 779).

⑩ Fisher, *Confutatio*, p. 63；De Castro, *Adversus haereses* VII, s. v. "gratia" (1543, fo. 128ab, 132b)；Lombard, *Sentences* III. 23. 5 (MPL 192. 811)；Aquinas, *Summa Theol.* I IIae. 113. 4, reply to obj. 1；II IIae. 23, 27 (tr. LCC XI. 342-368). 参阅 Augustine, *Enchiridion* 31. 117 (MPL40. 287；tr. LCC VII. 409)。

⑪ III. 2. 9-13.

有的。ᵇ若我们谈的是卓越，那么神的爱被排在第一名是对的，但保罗并不是指卓越。事实上，他强调的是这个重点：我们应当借彼此相爱在主里互相造就。然而，假设爱在各方面都胜过信心，ᵃ难道任何理智清楚的人会推论说，这就证明爱比信心更能使人称义吗？信心所拥有使人称义的力量并不在乎它所拥有的任何功德。我们称义完全出于神的怜悯和基督的功德，而且，因为信心接受这两者，所以圣经说信心使人称义。

ᵇ你若问我们的论敌他们在何种意义上说爱使人称义，他们会这样回答：因为这本分讨神喜悦，神接受爱的功德，义就因此归给人。这么看他们的辩论十分有道理。我们说信心使人称义，并不是因为信心本身的价值值得神称我们为义，而是因我们借着信心这媒介白白地获得基督的义。他们忽略神的怜悯和基督全备的义，因而争辩是爱的功德使我们称义，因为爱胜过信心。这就如有人说君王比皮鞋匠更会做鞋子，因他比皮鞋匠伟大得多。这逻辑充分证明所有索邦的经院都对因信称义没有丝毫概念。

ᵃ但若有吹毛求疵的人在此插嘴问：我们为何在这两处如此接近的经文中，对信心有不同的解释，我很容易就能证明我有极好的根据。因为虽然保罗所列举的恩赐在某种程度上不如信心和盼望，但因它们都与认识神有关，所以他为了做总结，将它们都包括在信心和盼望的范围之内。⑫他就如在说："说预言、说方言、翻方言和知识都有益于引领我们认识神。但我们在今世唯有借着盼望和信心才能认识神。因此，当我提到信心和盼望时，我同时也包括这一切的恩赐。""如今常存的有信，有望，有爱"（林前13：13a），也就是说，不管神赏赐人多丰富的恩赐，他们都包括在这三样之内——"其中这些恩赐最大的是爱"（林前13：13b）。

---

⑫ "κατ' ἀνακεφαλαίωσιν."

ᵇ他们以第三处经文推论：若"爱心是联络全德的"（西3：14），必是指义，因为义就是全德。⑬首先，即使我在此不反对保罗在这里所说的全德是指真教会会友彼此的合一，也承认我们在神面前以爱变得完全，但难道他们就能因此捏造爱使人称义这新的教导吗？除非我们完全尽到爱所要求我们一切的本分，否则我们无法因此称义。我由此推论，既然所有的人一点都达不到尽到爱的本分，那么他们就没有达到完全的希望。

9.《马太福音》19：17

ᵇ我没有打算讨论这些愚昧的索邦神学家的错误。他们遇到什么经文，不分青红皂白就用来攻击我们。因为当中有几节荒谬到我若提出来，自己也要被视为愚昧的人。我只要解释他们所特别爱强解的基督的一句话就够了。律法师问基督他该做什么善事才能得永生，基督的答复是："你若要进入永生，就当遵守诫命。"（太19：17）他们说：当恩主劝我们遵守诫命，为了获得神的国时，难道还有比这更充分的证据吗？⑭仿佛基督不是很明显按照问他问题之人的需要回答他！在此，这律法师不但问主如何获得永生，甚至问他该做什么善事才能得永生。问问题的人和他所问的问题都促使主这样回答他。律法师既因习惯以为律法上的义能合乎神的要求，就这样相信善行而弄瞎了自己的心眼。于是他唯独寻求救恩所要求的义行。所以主恰当地叫他面对律法——那完全公义的准则。

我们也一样大声地宣告：若有人想借善行寻求永生，他就必须遵守这些诫命。基督徒也必须知道这教义，因除非他们明白自己已经从生命

---

⑬ 参阅 III. 17. 15；Duns Scotus, *On the Sentences* I. 17. 3. 22 (*Opera omnia* X. 82)；Cochlaeus, *Philippicae* III. 10。

⑭ De Castro, *Adversus haereses* VII (1543, fo. 128 C B；K. Schatzgeyer, *Scrutinium divinae Scripturae pro conciliatione dissidentium dogmatum* (1522) 2 (CC 5. 26)；Cochlaeus, *Philippicae* III. 55, fo. M 3b；Clichtove, *Improbatio*, fo. 14a (on Matt. 19：12)。

的道路上落入死亡,否则他们怎会寻求基督?除非他们知道那条生命道路的位置,否则他们怎么知道自己偏离生命之道多远?唯有当他们能分辨自己的行为与遵守神律法的义距离有多远,他们才会发现基督是蒙救恩唯一的避难所。

总之,我们若想借行为蒙救恩,那么我们就必须遵守那教导我们如何完全行义的诫命。但我们若坚持靠行为称义,就只能半途而废,因为没有人能完全遵守神的诫命。所以,既然因行律法称义是不可能的,我们就必须寻求另一个帮助,即信靠基督。因这缘故,就如在这经文中,主因知道教律法的人对行善有虚妄的自信,因此自高、自大,主就故意叫他行善,好让他发现自己是罪人且对行善无能为力,要受永死的可怕审判;同样地,主在另一种情况下连提都没有提到律法,反而仅以恩典的应许安慰那些已经因律法知罪的人:"凡劳苦担重担的人,可以到我这里来,我就使你们得安息……你们心里就必得享安息。"(太11:28—29)⑭x

10. 不能用同样的原则衡量义和不义

ᵇ当他们对强解经文感到厌倦之后,就开始用狡猾和奸诈的方式。他们说在某些经文中,信心被称为"工"(约6:29)。他们以此推断:我们错误地将信心与行为敌对。⑮就如信心既因在某种意义上是对神旨意的顺服,就能使人称义。其实,信心是接受神在福音上所提供的怜悯,将基督的义印在信徒心里。请读者们原谅我不在此停下来详细反驳他们的谬论,因他们的立场不攻自破。

但我至少要反驳他们的一个似是而非的异议,免得不成熟的信徒受害。我们的论敌说:常识告诉我们,既然每一个罪都算为我们的不义,

---

⑭x 这些话出自1545年的版本。

⑮ Eck, *Enchiridion*, ch. 5; "*Fides opus vocatur*" (1533 edition, fo. 25b), 他引用《约翰福音》6:29。参阅加尔文, Comm. John 6:29。

同样地，神也应当将我们的每一个善行都算为我们的义。我不同意对这异议的其中一个答复，即人之所以被定罪完全是出于他们的不信，并不是因为他们个别的罪行。⑯我完全同意不信是万恶之根，因为不信是人离弃神时第一个犯的罪，而且这罪之后也导致许多不同的罪。然而我不同意的是，他们以同样的方式衡量人的义行和恶行，因为律法上的义是完全遵守律法。所以，除非你一辈子毫不间断地遵守这正直的准则，否则你无法因行律法称义。你一旦偏离这道路，就马上开始行不义。由此可见，人无法因一两个义行被算为义，而是要一生不间断地遵守律法。但衡量不义却非如此，因为强盗或淫乱的人只要犯一个罪就应被判死刑，因他违背了神的威严。这些攻击我们的诡辩家之所以弄错，是因为他们忽略了雅各的话："凡遵守全律法的，只在一条上跌倒，他就是犯了众条。原来那说不可奸淫的，也说不可杀人。"（雅 2：10—11 p.）所以，当我们说人所犯的每一个罪都值得被判死刑时，这是完全正确的，因为每一个罪都应得神公义的愤怒和报应。但你若因此推断人也应该因他的一件善行使自己与神和好，这是荒谬的！

---

⑯ 加尔文在这里的观点与马丁·路德不同。参阅 Luther, sermons on Mark 16：14, May 29, 1522, and Mark 8：1, July 19, 1523 (*Werke* WA X. 3. 141 f.；XII. 637；参阅 XXI. 1. 360)。

ᵉ第十九章　基督徒的自由

基督徒的自由这教义是必需的，也有三个部分，第一部分记载在《加拉太书》(1—3章)

1. 我们必须对基督徒的自由这教义有正确的了解*

ᵃ我们现在要开始讨论基督徒的自由。若要概括福音的基本教导，这主题是不可省略的，因为这是基要的教义，而且人若不了解这教义，则他们不管做任何事，良心都会充满疑惑，他们会在许多事上犹豫和退缩；他们总是摇动和惧怕。ᵉ但自由是称义所特别带来的副产品，大大地帮助我们明白称义的力量。事实上，那些真敬畏神的人必定享受这教义所带来的无比福气，虽然不敬虔和卢奇安派（Lucianic）的人①嘲讽之。他们心灵昏暗、肆意妄为。所以，我们现在开始讨论这主题是对的。之前我们虽然多次略提过这教义，ᵃ但现在开始更详细地解释对我们更有益。②

我们一旦提到基督徒的自由，除非我们立刻治死自己的私欲，否则

---

① "*Lucianici homines*,"譬如与撒摩撒他的卢奇安（Lucian of Samosata, d. ca. 200）志趣相投的人们。他在他的 *De morte Peregrini* 中讽刺基督教信仰和基督徒的行为。
② Ⅱ.7.14, 15; Ⅲ.11.17, 18.

这些私欲或某些失控的冲动会败坏神所赐给我们最好的福气。有人以这教义作为不顺服神命令的借口而放纵自己的私欲。又有人藐视这教义，误以为它夺去人一切的节制、秩序和选择。那么我们在这样大的难题下应当怎样做呢？为了避免面对这些危险，难道我们应该废掉基督徒的自由吗？但就如我们以上所说，除非我们明白这教义，否则我们无法正确地认识基督、福音的真理，或内在的平安。我们反而应当谨慎，免得丧失这么重要教义的任何部分，但同时也必须反驳人们习惯提出的荒谬异议。

2. 律法上的自由

ᵃ在我看来，基督徒的自由包括三个部分。③首先，信徒的良心在寻求称义的确据时，应当在律法之外寻求，完全弃绝律法上的义。就如我们以上证明过，在律法下无人能称义，或者我们对称义完全绝望，或者我们应当从律法的辖制下得释放，并接受称义与善行无关。因我们若以为为了称义，自己的行为必须有所参与，这样想就是叫自己欠全律法的债。所以，当我们想到称义时，我们不应该想到律法的要求或自己的善行，反而要唯独接受神的怜悯，不再倚靠自己而唯独仰望基督。因为称义的问题不是我们如何成为义人，而是既然我们是不义和不配的，如何才能被算为义。人的良心若想在称义上获得确据，就应当完全弃绝律法。

但我们也不能因此推断：对于信徒而言，律法毫无用处。④律法不断地教导、劝勉和激发信徒行善，虽然善行在神的审判台前与他们的称义

---

③ Melanchthon, *Loci communes* (1521), ed. H. Engelland, *Melanchthons Werke in Auswahl* II. 1. 129；tr. C. S. Hill, pp. 214 f.. 1559 年的版本（*Loci praecipui*）教导基督徒的自由有四个不同的阶段（*gradus*）：赦罪、圣灵的光照、政治生活不受摩西律法的限制，以及良心在非神所命令之事上的自由（ed. Engelland, *op. cit.*, II. 2. 764-772）。
④ 参阅 Servetus, *On the Righteousness of Christ's Kingdom* (1532) 3, "a comparison of the law and the gospel", D 7a-8b (tr. Wilbur, *Two Treatises of Servetus*, pp. 239-241)。

完全无关。既然这两件事情截然不同,我们就必须正确和认真地对它们做区分。基督徒一生都应当操练行善,因神呼召我们成为圣洁(帖前4:7;参阅弗1:4;帖前4:3)。在成圣上,律法的功用是教导信徒尽自己的本分和激励他们热心追求圣洁。但当我们的良心在神面前思虑如何蒙神悦纳,思虑若到神面前受审,应当如何答复他、在他面前坦然无惧地站立,在这事上我们不可靠守全律法,而要唯独靠基督,因基督远超过任何律法的完全,唯有他是我们的义。

3.《加拉太书》的教导*

ᵃ整卷《加拉太书》几乎都在教导这一点。那些误以为保罗在这书信中只是教导人在礼仪律上得着自由的人是荒唐的解经家,保罗论述中所引用的经文都十分清楚地证明这一点。譬如:"基督既为我们受了咒诅,就赎出我们脱离律法的咒诅。"(加3:13)又如:"基督释放了我们,叫我们得以自由,所以要站立得稳,不要再被奴仆的轭辖制。我保罗告诉你们,若受割礼,基督就于你们无益了。我再指着凡受割礼的人确实地说,他是欠着行全律法的债。你们这要靠律法称义的,是与基督隔绝,从恩典中坠落了。"(加5:1—4 p.)这些经文的确不只包括仪式上的自由。ᶜ我当然承认保罗在这经文中是在谈基督教的仪式,因他所反驳的是某些虚假的使徒。他们企图重新将基督所废掉旧约中的预表强加于人。然而为了讨论这问题,保罗必须谈到这整个辩论的大原则。首先,那些旧约中的预表拦阻信徒清楚地明白福音。所以保罗是在证明基督成就了摩西所颁布的一切礼仪律。此外,因当时那些假冒为善的人邪恶地欺哄百姓,以为人遵守礼仪律就应得神的恩典,所以,保罗在此强调:信徒不要以为自己能借任何律法上的行为在神面前称义,更不用说借着遵守礼仪律的影子称义!他同时也教导:若非基督的救赎,所有人都在律法的咒诅之中;借着基督的十字架,信徒脱离了律法的咒诅(加4:5),这样信徒就能因全然投靠基督而获得确据。这教导与我们的主题有密切的关系。保罗最后声明：信徒的良心已得自由，在一切不必要的事上不受约束。⑤

第二部分，良心的自由使人能在律法的辖制之外，甘心乐意地顺服神（4—6）

4. 信徒的真顺服在一切律法的辖制之外

ᵃ第二部分是根据第一部分，就是人的良心遵守律法，并不是因受律法的约束，而是因从律法的轭下得释放，就甘心乐意地顺服神的旨意。⑥既然一切仍在律法辖制下的人都生活在恐惧中，所以，除非神释放他们，使他们自由，否则他们就不会乐意顺服神。我举个例子，可以使我们更清楚地明白这一点。律法的盼咐是："你要尽心、尽性、尽力爱耶和华你的神。"（申6∶5）为了如此行，我们必须先离弃一切其他的情感和思想以及一切的私欲，且我们一切的力量都要集中在这一点上。那些在遵守这盼咐上比其他人有长进的人，离这目标仍然很远。即使他们从内心深处真诚地爱神，但他们内心大多仍过分地在乎肉体的私欲，而且这些私欲拦阻他们快跑跟随神。他们虽然努力地争战，但自己的肉体削弱他们的力量，也诱惑他们离开神。他们深感没有比遵守律法更艰难的事，在这光景之下该怎么办？他们愿意、渴望、努力，却达不到律法所要求的完全。他们若考虑自己所行的律法就深信自己一切的行为都受咒诅。若有人推论他的行为既然只是不完全，就不能说是完全邪恶，而且神悦纳好的部分。但这是在自欺⑦，除非我们轻看律法的严厉性，律法要求对神完全的爱，同时也咒诅一切的瑕疵。人要在这真理之下省察自己

---

⑤ 加尔文在 "*in rebus non necessariis*" 中声明基督徒良心上的自由。参阅 Rupert Meldenius（Peter Meiderlin），*Paraenesis votiva pro pace ecclesiae* (1626), motto at end；"*In necessariis unitas, in non necessariis libertas, in omnibus caritas*" (McNeill, *Unitive Protestantism*, pp. 267 f., note 12；311.)。

⑥ 参阅 Melanchthon, *Loci communes*, ed. Engelland, p.137；tr. Hill, p.224："圣灵驱使一切在基督里的人遵守律法……"

⑦ Fisher, *Confutatio*, art. 31, p.492.

的行为（他从前以为有部分的良善），他就会发现这些行为既因不完全，就是律法上的过犯。

5. 从律法的约束下得释放，使我们能甘心乐意地顺服

ᵃ由此可见，只要以律法的准则衡量我们的行为，这些行为都在律法的咒诅之下！然而，我们这样悲惨的人怎能甘心乐意地行律法？因我们知道一切律法上的行为都是被咒诅的。但我们若从律法严厉的要求下得释放，而听到父神慈悲的呼召，就会甘心乐意地听从他的带领。总之，那些负律法之轭的人，就如主人每天给自己的奴仆某些吩咐。这些奴仆对自己所做的工没有自信，且除非他们完全尽了本分，否则就不敢来到主人面前。但父亲更慷慨和坦白地对待儿子，儿子虽然知道自己的行为不完全、半途而废，甚至有瑕疵，仍坦然地面对父亲，因相信虽然他们没有将父亲的吩咐做到完全，父亲仍将悦纳他的顺服和甘心乐意的心。我们应当做这样的儿女，坚定相信我们慈悲的父神将悦纳我们对他的服侍，不管我们的服侍有多微小、无关紧要或不完全。ᵇ神也借先知这样安慰我们："我必怜恤他们，如同人怜恤、服侍自己的儿子。"(玛3：17)在这里，"怜恤"的意思显然是"宽容或仁慈地不看他人的过错"，⑧但先知同时也提到"服侍"。ᵃ且我们迫切需要这确据，因为若没有，我们一切所做的都是枉然。因除非我们以敬畏的心服侍神，否则神不将之视为对他的尊敬。但我们若在惧怕中服侍神，不知道我们的侍奉是冒犯还是尊荣他，如此我们怎能有敬畏神的心呢？

6. 信徒蒙恩得释放后，无须担忧内心仍有的罪ˣ

ᵃ这就是为何《希伯来书》的作者说，所记载一切古时圣徒的善行都

---

⑧ "Parcere pro indulgere vel humaniter ad vitia connivere" (VG；"dissimulant les vices"). 加尔文在 Comm. Jer. 15：5；Comm. Joel 2：18 中说希伯来文的 חמל 本意是"宽容或爱惜"，所以正确的翻译是"赦免或怜悯"。

是凭信心而行的，也说他们有善行完全是出于信心（来11：2及以下，11：17，等）。《罗马书》中有一段教导基督徒自由的著名经文。保罗在那里教导罪不应当在我们身上做王（罗6：12、14），因我们不在律法之下，乃在恩典之下（罗6：14）。他劝信徒"不要容罪"在他们"必死的身上作王"（罗6：12和6：14，经文合并），也不要将自己的肢体献给罪做不义的器具，"倒要像从死里复活的人，将自己献给神，并将肢体作义的器具献给神"（罗6：13）。但为了避免他们误以为自己仍有充满私欲的肉体，且罪恶仍然居住在他们里面，保罗以律法上的自由安慰他们。他就好像是在说："虽然他们还不十分清楚地感觉到罪已不再在他身上作王，或神的义居住在他们里面，他们仍没有害怕和丧胆的根据，就好像他们内心残存的罪仍不断地冒犯神似的。"这是因为恩典救他们脱离了律法的辖制，以至于神不再以律法的准则衡量他们的行为。至于那些推断我们既因不在律法之下就仍能犯罪的人，要明白他们与这自由完全无分，因这自由的目的是要鼓励我们行善。

《罗马书》（7—9章）证明"无关紧要之事"的自由

7. 基督徒自由的第三部分

基督徒自由的第三部分是指：至于外在的"无关紧要之事"[9]，在神面前我们没有任何信仰上的限制拦阻我们随意使用它们。而且我们确信这自由对我们而言是必需的，因若不相信这一点，自己的良心就得不到安息，并且迷信会多到无可限量的地步。今日有许多人认为我们坚持讨论吃肉、守节、穿衣等等无关紧要之事的自由是荒谬的。

---

[9] "$\dot{\alpha}\delta\iota\dot{\alpha}\varphi o\rho o\iota,$"无关紧要之事，这在加尔文的时代是神学家从各种角度普遍探讨的教义。参阅 Melanchthon's *Apology of the Augsburg Confession* XV. 52（*Concordia Triglotta*，pp. 328f.；"因爱的缘故，我们不拒绝与别人一起遵守无关紧要之事。"）斯特里特（T. W. Street）的博士论文研究加尔文对这教义的立场，*John Calvin on Adiaphora，an Exposition*（doctoral dissertation. Union Theological Seminary，New York，1954）。斯特里特博士指着这一段说，就加尔文而论，基督徒在无关紧要之事上的自由是重要的（pp. 66 f.）。参阅 IV. 10. 22. 也请参阅 R. S. Wallace，*Calvin's Doctrine of the Christsan Life*，pp. 309 f.。

但这些事比一般人所认为的更重要，因当人的良心被捆绑时，就陷入蜿蜒复杂、无法自拔的迷宫里。若有人开始怀疑他是否被允许使用棉花做的床单、衬衫、手巾和餐巾，他之后也会怀疑其他的质料，也会开始怀疑餐巾对聚餐是不是必需的，或他是否真需要手帕。若有人认为较昂贵的菜是不被允许的，那他到最后吃黑面包或一般的蔬菜，心里也得不到平安，因他必定会想到他能吃比这更粗淡的食物。他若犹豫喝高级的葡萄酒，那么当他喝最普通的酒时，他的良心仍会搅扰他，而至终不敢碰比其他水更洁净和甘甜的水。总之，他会到无所不怕的地步。⑩

这是极富争议性的辩论，因我们所讨论的是：既然神的旨意应当决定我们一切的计划和行为，那么他是否允许我们用这些或那些东西。结果，有人因感到绝望就陷入迷惑中，又有人因开始藐视神而不再敬畏他，且至终自取灭亡。因为一切被这疑惑缠扰的人，不管他做什么都会得罪自己的良心。

8. 为神的缘故使用恩赐的自由*

ᵃ保罗说："凡物本来没有不洁净的；惟独人以为不洁净的，在他就不洁净了。"（罗 14：14）保罗的话给了我们使用万物的自由，⑪只要我们在心里确信这自由是来自神。但我们若被任何迷信捆绑，某些本身洁净的事物对我们而言也就污秽了。因此他接着说："人在自己以为可行的

---

⑩ 加尔文在这里极有智慧的评论，即人的良心能落入某种在行为上对自己越来越严厉的旋涡里，可以比较他对基督徒该如何使用今世之福分的教导，III. 10. 1-4。某些早期修道士的作品劝信徒应当在这事上谨慎免得极端，特别在禁食上。Cassian, *Conferences* 21. 13, 14 (MPL 41. 1187-1190; CSEL 13. 587-590; tr. NPNF 2 ser. XI. 508 f.); *Sayings of the Fathers* X. 1 (LCC XII. 105)。然而狄奥斯库若 (Dioscorus of Namisias) 在饮食上严格地限制自己被视为是很好的榜样：*Sayings of the Fathers* IV. 13 (LCC XII. 50)。

⑪ "*Res omnes externas libertati nostrae subiicit.*" 参阅 III. 10. 4；"*in rebus externis libertas.*" 在这一段和下一段中，加尔文表达一个对无关紧要之事的基督教观点。然而这并不是否定斯多葛派学者帮助他更清楚地明白这教义。参阅 E. F. Meylan, "The Stoic Doctrine of Indifferent Things and the Conception of Christian Liberty in Calvin's *Institutio Christianae Religionis*" (*Romanic Review* VIII [1937], 135-145)。

事上能不自责,就有福了。若有疑心而吃的,就必有罪。因为他吃,不是出于信心;凡不出于信心的都是罪。"(罗14:22—23 p.)

在这么困难做决定的光景中,若大意或随己意行事,难道不是违背神吗?然而那些从内心敬畏神的人,当被迫行任何违背良心的事时,都会感到沮丧和惧怕。在这光景下,人无法心存感恩地领受神的恩赐,但保罗见证心存感恩是唯一使事物成为圣洁的方式(提前4:4—5)。我说的是那在神的恩赐中能认出他的慈爱和良善而心存的感恩。因的确有许多人了解他所使用的这些事物是出于神的恩赐,也为神所创造的一切感谢他,若他们不确信这些事物是神赐给他们的,他们怎能感谢神呢?

总之,我们因此明白这自由的用处,即我们应当毫不自责地照神自己的意思,使用他所赐给我们的恩赐。在这样的信心之下,我们将会与神和睦,并承认他对我们的慷慨。这也包括一切圣经没有直接吩咐的仪式,我们的良心不要被迫遵守这些仪式,而是要牢记这些仪式是出于神的爱,为了造就我们。

9. 反对滥用基督徒的自由,放纵肉体的私欲

[a]然而,我们应当留意基督徒的自由从各方面说都是件属灵的事。它全部的作用都在于使惊恐的良心在神面前得以平静,不论他们可能是为罪得赦免感到不安,是为他们被肉体玷污的不完全行为是否蒙神悦纳而焦虑;还是为要不要使用无关紧要之物而困扰。所以,用这自由作为放纵私欲、滥用神恩赐的借口是邪恶的,毫不顾虑到软弱的弟兄而使用这自由,也是邪恶的。

在今日,前者是更大的问题。几乎所有富裕者都喜悦奢侈豪华的宴会,华丽的服饰,气派的装潢,无非想夸耀自己的富足胜过邻舍,以及夸耀自己的富足。且他们用基督徒的自由来掩饰这一切,他们说这一切都是中性的。我也承认,只要他们将之视为中性的来使用。但当人贪恋这些事物,以它们为傲,并奢侈地使用,那么神所允许的就会因这些罪

受玷污。

保罗的这段话最精彩地分辨无关紧要之物："在洁净的人，凡物都洁净；在污秽不信的人，什么都不洁净，连心地和天良也都污秽了。"（多1∶15，参阅 Vg.）富足的人受安慰、饱足、喜笑（路6∶24—25）；躺卧在象牙床上（摩6∶4）；"以地连地"（赛5∶8）；"在筵席上弹琴、鼓瑟、击鼓、吹笛、饮酒"（赛5∶12），为何说他们受咒诅呢？的确，象牙、黄金和一切的丰盛都是神称为好的受造物，也都是他的护理所允许人，甚至吩咐人使用的。且神从未禁止我们喜笑、饱足、以地连地、欣赏音乐，或喝酒。这是真的！但当我们富足时，我们若在喜乐中打滚、暴饮暴食，并沉醉于今世的宴乐，总是追求新的娱乐，这绝不是妥当使用神的恩赐。

因此，我们应当离弃不节制的欲望、奢侈、虚荣和傲慢，以清洁的良心使用神的恩赐。人在哪里自我节制，就必在哪里妥当使用神所赐的福分。但人若没有这节制，就连普通基本的享受，也属于过度。俗语说：在破烂的衣服下常包着骄傲的心，[⑫]而在丝绸和紫色的衣服下常包着谦卑、单纯的心。这也是真的！因此，每一个人都当在自己的岗位上尽本分，不管是贫穷、小康，还是富裕的人，好让我们牢记神滋养我们是为了我们的生活，而不是给我们放纵肉体的机会。我们同样也应当将此视为基督徒自由的原则，即与保罗一同学习，不论在什么景况中都可以知足；"知道怎样处卑贱，也知道怎样处丰富，或饱足、或饥饿、或有余，或缺乏"（腓4∶11—12）都能满足。

基督徒的自由与软弱者和绊倒人彼此的关系（10—13）

10. 不许滥用基督徒的自由，伤害软弱的人！

ª许多人在这自由上犯错；他们放纵和不明智地使用这自由，仿佛别

[⑫] 我们不知道这句话出自何处。

人没有看见,这自由就不完整。他们如此毫无顾忌,就常常得罪软弱的弟兄。在这时代,许多人似乎认为:除非他们礼拜五吃肉,否则就无处表现基督徒的自由。⑬我并不怪他们吃肉,但他们必须除掉表现的心态。他们应当将这视为是在神面前而不是在人面前的自由,而且他们要在使用和不使用上都得自由。只要他们明白在神面前吃肉或蛋、穿红色或黑色的衣服都是一样的就够了。这就叫我们的良心得以自由,且这也是神给我们自由的缘故。因此,即使人在得救后一辈子禁止自己吃肉,或每天穿同样颜色的衣服,他们一样也是自由的。事实上,他们既因自己是自由的,所以以自由的良心限制自己。但若他们没有顾虑到弟兄的软弱,这就是很大的罪,因我们应当在乎弟兄的软弱,以至于不做任何伤害他们的事。

然而,有时在人面前宣告自己的自由是必要的。但我们必须留意这一点:我们不能假借自由忽略对软弱之人的关心,因神严严地吩咐我们当关心他们。

11. 绊倒

ᵃ我现在要讨论可能绊倒人的行为⑭及如何分辨会绊倒人的行为,哪些是该避免的,哪些是属于基督徒的自由。我们这样思考之后,就能决定我们在人面前自由的范围如何。我也喜欢那普遍对于绊倒人和被人绊倒的区分,因有圣经的支持,也可以清楚地解释圣经的教导。

你若过于轻率、放荡,或不够照规矩做任何事,而因此绊倒愚昧和单纯的人,这过犯要归在你身上,因这是由于你自己的错误而来。且一

---

⑬ 在1522年,苏黎世的某些市民在礼拜五举行专门吃肉的聚餐,为了庆祝他们基督徒的自由,并且在圣灰星期三(Ash Wednesday),印刷商克里斯托弗·弗罗绍尔(Christopher Froschauer)和其他的人在茨温利的面前吃了两条干香肠。这里可能指的就是这些事。

⑭ "*De scandaliis.*" 加尔文在他的短论 *De scandalis* (1550) (OS II. 162-240;CR VIII. 1-84; tr. A. Golding, *A Little Booke Concernyng Offences*, 1567) 中讨论人在宗教的仪式上得罪他人这主题。参阅 Melanchthon, *Loci communes* (1521) at end; ed. Engelland, *op. cit.*, pp. 161 ff.; tr. Hill, *op. cit.*, pp. 265 ff.。

般来说,当人犯错而别人因此被绊倒时,这就是绊倒人。

但经常有人说他被绊倒,其实他人并没有恶意或不妥当地对待他,反而是因他心怀苦毒,将之扭曲成他人对他的绊倒。⑮在此,他人并不算"绊倒"他,而是因他邪恶的心毫无根据地视之为绊倒。第一种过犯是绊倒软弱的人,第二种则是所谓得罪心怀苦毒和法利赛人式的骄傲的人。所以,我们将前者称为对软弱弟兄的绊倒,将后者称为对法利赛人的得罪。我们应当为了弟兄的软弱节制自己的自由,却无须理会法利赛人的假冒为善!

保罗在许多经文中清楚地教导信徒当如何关怀软弱的弟兄。他说:"信心软弱的,你们要接纳。"(罗 14:1 p.)他还说:"我们不可再彼此论断,宁可定意,谁也不给弟兄放下绊脚跌人之物。"(罗 14:13 p.)本章还有许多类似的其他经文。我在此不再引用这些经文,读者可以自己参看。总而言之,"我们坚固的人应该担代不坚固人的软弱,不求自己的喜悦。我们各人务要叫邻舍喜悦,使他得益处,建立德行"(罗 15:1—2 p.;15:2,参阅 Vg.)。他也在另一处说:"只是你们要谨慎,恐怕你们这自由竟成了那软弱人的绊脚石。"(林前 8:9 p.)又说,"凡市上所卖的,你们只管吃,不要为良心的缘故问什么话"(林前 10:25);"我说的良心不是他的,乃是你的⑯……不拘是犹太人,是希腊人,是神的教会,你们都不要使他跌倒"(林前 10:29、32 p.)。还有另一处经文:"你们蒙召是要得自由,只是不可将你们的自由当作放纵情欲的机会,总要用爱心互相服侍。"(加 5:13)我们的自由不是要用来伤害自己的邻舍,因我们对他们的爱,迫使我们在万事上服侍他们,这自由反而使我们因与神和睦,就能在行事为人上与他人和睦。

---

⑮ 在这段中,加尔文以同样的意义毫无分别地使用 "*offensio*" "*offendiculum*" 和 "*scandalum*" 这三个词。参阅梅兰希顿:"绊倒的定义是在行为上得罪邻舍的爱或信心。"(ed. Engelland, *op. cit.*, p. 161; tr. Hill, *op. cit.*, p. 265 f.)

⑯ 加尔文在这里颠倒了《哥林多前书》10:29 经文,然而他在第十六节中正确地引用了这段经文。

基督自己教导我们如何看待法利赛人指控我们得罪他们，主吩咐我们当任凭他们，因他们是瞎眼领路的（太 15∶14）。主的门徒告诉他，法利赛人因他所讲论的感到被得罪，主吩咐门徒不要理会他们。

12. 如何正当地使用和避免使用基督徒的自由

ª但除非我们明白谁是软弱的弟兄，谁是法利赛人，否则我们就不知如何使用基督徒的自由。我们若不分辨，就会处于用自由得罪弟兄的危险中。然而，我相信保罗的教导和榜样都清楚地表明在得罪人的可能性中，何时当使用或避免使用自己的自由。⑰当保罗接受提摩太与他同工时，就给提摩太行施割礼（徒 16∶3）。但他并没有给提多施行割礼（加 2∶3）。这是不同的行为，却是一样的原则。即在给提摩太施行割礼的时候，他虽是自由的，无人辖管，然而甘心做了众人的仆人，他也"向犹太人，就作犹太人，为要得犹太人；向律法以下的人……还是作律法以下的人……为要得律法以下的人"（林前 9∶19—20 p.）；他"向什么样的人，就作什么样的人。无论如何，总要救些人"（林前 9∶22 p.）。我们若能在对弟兄有益时约束自己的自由，就是善用我们的自由。

保罗告诉我们他强烈拒绝给提多施行割礼的原因："但与我同去的提多虽是希腊人，也没有勉强他受割礼，因为有偷着引进来的假弟兄，私下窥探我们在基督耶稣里的自由，要叫我们作奴仆。我们就是一刻的工夫也没有容让顺服他们，为要叫福音的真理仍存在你们中间。"（加 2∶3—5 p.）若假使徒不正当地要求让软弱弟兄的良心落在危险中，我们与保罗一样必须坚持自己的自由。

我们应当在万事上爱邻舍、造就他。保罗在另一处说："凡事都可行，但不都有益处；凡事都可行，但不都造就人。无论何人，不要求自

---

⑰ "Vel moderanda... vel offendiculis redimenda." 这问题的答案是我们当留意仁慈和邻舍的益处。第十三节教导我们如何避免假冒为善——对这原则的毁坏。

己的益处,乃要求别人的益处。"(林前10:23—24 p.)没有比这更清楚的原则:我们的自由若造就邻舍,那这自由是允许的,但若对邻舍毫无帮助,那我们就不应当坚持这自由。有一些人假装效法保罗的榜样而拒绝坚持自己的自由,但却不效法保罗使用自由爱邻舍。为了自己的益处,他们喜悦忘记自由的教义,但有时候用自己的自由造就和帮助邻舍,就如有时约束自己的自由造就和帮助他一样。然而敬虔的人应当相信神在外在的事上给他这自由,装备他尽一切爱邻舍的本分。

13. 我们不可假意爱邻舍而得罪神*

ª我以上所教导的避免绊倒他人的事,指的是无关紧要之事。因神不允许我们因为怕得罪人就不遵守他的吩咐。就如我们的自由必须伏在爱心之下,同样地,爱也应当伏在纯洁的信心之下。ª的确,我们诚然要考虑对邻舍的爱,甚至在祭坛上献礼物时(参阅太5:23—24),但我们当避免为了邻舍的缘故得罪神。我们一方面不能效法那些到处制造麻烦之人的不节制,他们宁愿粗暴行事,也不愿循规蹈矩。但另一方面,我们也不要理会那些在各种恶行上误导人,却同时声称我们应当谨慎,免得得罪邻舍的人(参阅林前8:9),仿佛他们不是正在害邻舍的良心犯罪,因为他们再三顽梗地犯同样的罪,也无法自拔。这些人真是温柔啊!不管邻舍所需要的是教义或榜样,他们都说我们必须用奶喂养他们,其实他们是在以最邪恶和致命的看法毒害人。保罗陈述他用奶喂哥林多信徒(林前3:2),但若那时有天主教的弥撒,难道他会举行弥撒为了喂他们奶吗?绝不会,因为奶不是毒药。所以,当他们宣称他们是在喂信徒奶时,这是他们的谎言,他们其实是在奉承的掩饰下残忍地杀害人。假设他们的这诡计真如他们所宣称的那般,那么他们打算用奶喂自己的小孩到几时呢?因这些人若没有早晚成长到至少能吃点干粮,这就证明他们从未被喂过奶。

我没有更严厉地反驳他们有两个原因:首先,他们无聊的辩论几乎不值得我们反驳，因为任何有理智的人都会藐视他们的辩论；其次，我也不想重复我已在别处充分证明过的事。[18]我只要读者们留意这一点：不管撒旦和世界用什么障碍拦阻我们，或叫我们离弃神的吩咐，或叫我们拖延遵守，我们都必须勇往直前。而且，不管遭受何种危险，我们也不可稍微离开神的吩咐，也不可以任何借口做神所不允许我们做的事。

自由和良心与传统和政府彼此间的关系（14—16）

14. 在一切人的法律下，我们的良心是自由的

ᵃ我们之前论述过，信徒的良心已得自由，因基督所赐给他们的这自由，他们无须陷入神要他们脱离的网罗，即遵守神没有吩咐的仪式。据此我们推断，信徒不受任何人的权柄的辖制。我们不应该面对基督的厚恩忘恩负义，也不应使我们的良心失去基督所赐的恩惠。我们也千万不可藐视基督以重价所买来的救恩，因他所付的代价并非是金银等物，而是他自己的血（彼前1：18—19）。保罗毫不犹豫地宣告我们若屈从人的权柄，基督的死对我们而言是徒然的（参阅加2：21）。在《加拉太书》的几章经文中，保罗唯一的目的是要教导：除非人的良心坚守自由，否则基督对我们毫无益处。但我们的良心若在人的吩咐下受律例和章程的辖制[19]（参阅加5：1、4），它就从这自由上坠落了。但既因这是值得我们明白的事，所以我需要用更长的时间进一步解释。因为一旦我们提出废掉人的律例时，好争辩的人和毁谤者就立即制造许多纷争，仿佛这等于是废掉人一切的顺服。

---

[18] 这些作品包括：*Epistolae duae de rebus hoc saeculo cognitu apprime necessartiis*（Basel，1537）（OS I. 287-362；Epistle 1 tr. in Calvin，*Tracts* III. 360-411；*On Shunning the Unlawful Rites of the Ungodly*）；*What a Believer Ought to Do... Among the Papists*（1543）（CR VI. 537-578；tr. R. G. [1548]：*The Mynde of John Calvyne*，*What a Faithful Man Ought to Do*，*Dwelling Among the Papists*）；*Excuse of John Calvin to the Nicodemites*（1544）（CR VI. 589-614）；*On Avoiding Superstition*（1549）（CR VI，617-640）；*De scandalis*（1550）（OS II，161-240）。

[19] 加尔文在这里所说的"章程"是指他在IV. 10. 8，9中所说的教会章程。

15. 两种国度

ᵃ因此，为了避免任何人在此跌倒，我们应当先考虑神对人有双重的管理：一是属灵的，在这管理下，人的良心受敬虔和敬畏神的教导；二是政治的管理，这种管理教导人尽他做人和公民的本分。这两种管理通常贴切地被称为"属灵"以及"暂时"的管理。[20]前者的管理在乎人的灵魂，而后者的管理则关切今世之事——不只在乎饮食和衣裳，也同样在乎制定法律，使众人过圣洁、尊荣和节制的日子。前者在乎人心，而后者只约束人外在的行为。我们可以称前者为属灵的国度，称后者为政治的国度。我们必须分别地思考这两种国度，当我们思想其中一种，就必须暂时不考虑另一种。就如在人身上有两个世界，而这两个世界有不同的君王和不同的法律管理。

这区分教导我们不可将属灵的自由误用在政治上，如：基督徒因自己的良心在神面前得释放，就不顺服政府和人的法律；或因有属灵的自由，就不用在社会上服侍。

因为在政治的国度里，某些事有时被误会是属于属灵的国度，在这些事上，我们也必须分辨神话语所教导和所禁止的是什么。我们之后将详细讨论政府的管理。[21] ᵉ⁽ᶜ⁾关于教会的ᶜ法规，我ᵉ⁽ᶜ⁾也打算在第四卷中详细地讨论，在那里我将教导教会的权柄。[22]

我现在就要做结论。就如我以上所说，ᵈ这问题本身并不是很模糊或复杂。但许多人心里仍受搅扰，因他们对外在的国度和良心的国度分辨得不够清楚。[23]此外，当保罗吩咐我们：不但是因为刑罚，也是因为良心

---

[20] 参阅罗马天主教自我宣称的 *"plenitudo potestatis in temporalibus et in spiritualibus"* 以及帕多瓦的马尔西利奥（Marsiglio of Padua）和奥卡姆的威廉（William of Ockham）对此宣称的反驳。请特别参阅 Ockham, *De imperatorum et pontificum potestate*, ed. C. K. Brampton, chs. 1-4, pp. 5-10; ch. 11, p. 24。

[21] IV. 20.

[22] IV. 10, 11.

[23] *"Conscientiae forum."* 参阅 IV. 10. 3. See R. J. Deferrari and others, *A Lexicon of St. Thomas Aquinas*, s. v. *"forum"*, p. 443; *Catholic Encyclopedia*, art. "forum"。

的缘故顺服政府时，这问题就变得更大（罗 13：1、5）。这似乎表示人的良心也伏在政府的法律之下，但若是这样，则我们以上所说的，及现在所要教导的关于属灵国度的一切就被推翻了。

为了解决这问题，我们要先思考良心是什么，要从它的语源上下定义。就如人借着自己的思想和理解力获得对事情的知识，这被称为"知道"，这就是"知识"的语源。同样地，当人们对神的审判有意识，就如证人向他们做见证那般，且这证人不允许他们在这法官的审判台前掩饰自己的罪，这意识被称为"良心"。㉔良心是某种在神与人中间的桥梁，因它不允许人在心里压抑他所知道的事，反而紧追不舍他，直到他知罪。当保罗教导良心向人做见证，且他们的思念互相较量，或以为是，或以为非时，就是这个意思（罗 2：15—16）。若在人心里的只是某种单纯的知识，这知识就不会搅扰人。所以，人需要这驱使人来到神审判台前的良心做他的监护人，寻出他一切的隐秘事，将之照耀出来。就如那古时的箴言所说："良心是千万个见证人。"㉕因同样的缘故，彼得教导"无亏的良心"（彼前 3：21）是基督徒在确信基督对他的恩典时，就坦然无惧地来到神面前的平安。而且，当《希伯来书》的作者说："良心就不再觉得有罪"（来 10：2）时，他的意思是我们已得释放，以至于罪无法再指控我们。

16. 良心的捆绑和自由

ᵈ因此，就如行为关系到人，同样地，良心指向神。由此可见，无亏的良心就是诚实的心。保罗以同样的意义告诉我们：命令的总归就是

㉔ 参阅 HDRE IV, art. "conscience," opening paragraph, and section "Greek and Roman," esp. pp. 39 ff.; Cicero, *Nature of the Gods* III. 35. 85 (LCL edition, pp. 370 f.); Plutarch, *Moralia* 476 (LCL Plutarch, *Moralia* VI. 234 f.); Aquinas, *Summa Theol.* I. lxxix. 13; I IIae. 19. 5; *De veritate* 17. 5 (A. T. Gilby, *St. Thomas Aquinas*: *Philosophical Texts*, p. 115); and literature cited in W. F. Arndt and F. W. Gingrich, *A Greek-English Lexicon of the New Testament*, s. v. "συνείδησις".

㉕ Quintilian, *Institutes of Oratory* V. 11. 41. (LCL Quintilian II. 294 f.). 参阅 Comm. Seneca, *On Clemency* I. 13; "*magis vis conscientiae*" (CR V. 102).

爱，并爱是从清洁的心和无亏的良心，无伪的信心生出来的（参阅提前1∶5）。之后在同一章经文中解释良心与知识的不同时，他说有人丢弃了良心，就好像"在真道上如同船破坏了一般"（提前1∶19）。这就教导我们：无亏的良心是对服侍神的活泼渴慕和过敬虔、圣洁生活的真诚努力。

有时良心也包括我们在人面前的心态，就如根据路加所说：保罗"对神对人，常存无亏的良心"（徒24∶16）。他之所以这样说，是因无亏的良心所结的果子也影响到我们与别人的关系。然而，实质上就如我们以上所说，良心唯独指向神。

所以，当我们说律法捆绑人的良心时，意思是这捆绑完全不涉及或考虑他人。譬如，神不但吩咐我们当保守我们的心，使之清洁，不受任何私欲的玷污，他也同样禁止我们有任何污秽的言语或放荡的行为。我的良心不能不遵守这律法，即使没有其他的人生活在这世上。所以当我们不节制地行事为人时，我们不但因在人面前做坏榜样而犯罪，也因我们的良心知道我们在神面前有罪。

在无关紧要的事上，我们应当从另一个角度来看。因我们应当避免做任何冒犯别人的事，也要同时保守无亏的良心。所以关于祭偶像的食物保罗这样教导。他说："若有人对你们说'这是献过祭的物'，就要为那告诉你们的人，并为良心的缘故不吃。我说的良心不是你的，乃是他的。"（林前10∶28—29）㉖若信徒在被劝诫之后仍吃祭偶像的食物，这是他自己的罪。虽然他为了弟兄的缘故必须不吃，因这是神吩咐的，但他的良心在神面前仍是自由的。由此可见，神的这吩咐虽然约束人外在的行为，却不捆绑人的良心。

㉖ 参阅第十一节，注释16。

ᵉ第二十章 祷告是信心主要的运用，也是我们天天领受神恩赐的方式①

祷告的性质和价值（1—3）

1. 信心和祷告

ᵃ根据以上所有的教导，可见在人里面完全没有良善，心里也没有任何能帮助他蒙救恩的事物。所以，他若寻求帮助，就必须完全在他自己之外寻求。我们也解释过神在基督里甘心乐意向我们启示他自己。因在基督里，神提供我们一切的幸福取代我们的悲惨，一切的富足取代我们的贫困；神在基督里向我们敞开天上的宝库，好让我们以信心仰望他的爱子，完全期待他，使我们一切的盼望专靠基督。这就是那隐秘、看不

---

① 本章对祷告的教导，既深刻充分，又充满敬虔的热情，是历史上论祷告最杰出的作品之一。其他杰出的作品有德尔图良的 *De oratione* (CCL Tertullian I. 257-274；tr. ANCL XI. 178-204)；Origen, II ερὶ εὐχῆς (MPG 11. 415-562；tr. LCC II. 238-287；ACW XIX. 3-140)；Gregory of Nyssa, *On the Lord's Prayer* (MPG 44. 1119-1194)；奥古斯丁（MPL 47. 1113-1127）和圣维克多的休的短论（Hugh of St. Victor）(MPL 176. 977-988)。华莱士（R. S. Wallace）在他的 *Calvin's Doctrine of the Christian Life* 第271—295页中专门用一章讨论加尔文对祷告的教导。他在本章中引用加尔文许多作品对祷告的教导。

见之智慧，②无法用逻辑推出。但所有被神打开心眼的人完全明白这智慧，也在他的光中必得见光（诗36：9）。

当信心教导我们一切的需要和丰盛都在神里面，也在主耶稣基督里，因为神喜欢叫一切的丰盛在基督里面居住（参阅西1：19；约1：16），好让我们从这丰盛中支取我们所需用的，就如不断涌出的泉源那般时，我们就当在祷告中寻求在神里面的丰盛。否则我们知道神是万物的主人和赏赐者，且喜欢我们向他要求这些，却仍不仰望他或向他祈求，就如一个人虽然知道一块田里埋着财宝，却不理会一样。ᶜ因此，保罗为了证明真信心必定求告神，为我们立定这原则：信心由福音而生，信心就操练我们的心求告神的名（罗10：14—17）。而且这与他先前的教导一致：赐给我们儿子名分的圣灵，就是将福音的见证印在我们心中的灵(罗8：16)，使我们坦然无惧地在神面前表明自己的渴望，用说不出来的叹息替我们祷告（罗8：26），以至我们能放胆呼叫："阿爸！父！"（罗8：15）

ᵃ我们现在要更详细地讨论信心对祷告的影响，因我们之前没有深入地讨论。③

2. 祷告的必要性

ᵇ如此，我们借着祷告领受父神给我们存留在天上的丰盛。信徒因与神交通就进入天上的帐幕，照神的应许求告他，使他们经历他们所相信的神的应许不是徒然的，虽然神只在言语上应许他们。由此可见，神所应许要给我们的，他也吩咐我们在祷告中求告他赏赐我们。信徒也借祷告将主的福音所报告和我们的信心所看见的财宝挖掘出来。

---

② 参阅加尔文对基督教哲学的教导，p. 6，注释8；III. 7.1，注释1，以及他提到哲学家的地方：I. 5. 12；I. 15. 6；III. 7. 2；III. 6. 1，3；III. 8. 9。
③ 参阅关于儿子名分的教导：II. 7. 15；II. 14. 5-7；III. 1. 3；III. 2. 11，22；III. 11. 6；III. 14. 18；III. 17. 6；III. 28. 2。

言语难以诉尽祷告的必要性，以及祷告在多少方面使我们获益。的确，天父宣称呼求他的名是我们唯一安全的保障（参阅珥2：32）不是没有理由的。我们借着祷告，求神护佑我们，看顾和保守我们；求神以他的大能托住我们，在我们软弱、近乎被压垮时扶持我们；求神以恩慈待我们，当我们悲惨地被罪重压时，接纳我们进入他的恩典；总之，我们借着祷告，求神向我们显明他完全的同在。在祷告后，我们经历到良心上的平安和安慰。因为当我们将所挂虑的卸给神之后，我们因确信没有任何的困苦向神是隐藏的，也确信他愿意和能够看顾我们到底，就得安息。

3. 异议：祷告不是没有必要的吗？必须祷告的六个原因[†]

[b]但也许有人会说，神本来就晓得，无须我们提醒他我们在哪方面受搅扰，我们需要什么，所以在某种意义上，向他祷告似乎是没有必要的，否则仿佛神在打瞌睡甚至沉睡，需要我们祷告的声音唤醒他一样。然而，这样说的人是不晓得神吩咐他百姓祷告的目的为何，因他命令我们祷告并不是为他自己的缘故，而是为了我们。[c]神出于他的主权吩咐人借祷告承认他们一切所渴望的和一切对他们有益的，都是来自神，因此将神所应得的荣耀归给他。我们向神所献祷告的祭，也是我们对他的敬拜，同时也使我们获益。因此，敬虔的信仰先辈越肯定神对自己和其他圣徒的祝福，就越被激励去祷告。我们只要举以利亚的例子就够了，在他告诉亚哈王神应许下雨之后，他仍将脸伏在两膝之中，迫切地祷告，并派他的仆人七次去看天空（王上18：42），这并不是他怀疑神的应许，而是因他知道将需求交托神是自己的本分，也会增加他的信心。

[b]所以，即使我们对自己的需求和缺乏迟钝、无知，神仍看顾我们，甚至有时在我们的祈求之外帮助我们，但求告神还是极为重要的：首先，祷告让我们的心火热，热切地寻求神、爱神和侍奉神，因为使我们习惯在需要的时候奔向神如同抓住神圣的锚。其次，好使我们到神面前不怀任何让我们感到羞耻的私欲，因为我们学习将自己一切的渴望和挂

虑交托给神。第三，祷告使我们预备自己以感恩的心领受神一切的祝福，因为祷告提醒我们这一切都来自神（参阅诗145：15—16）。第四，当我们获得所求告的，并确信是神应允我们的祷告，我们就因此受激励而更热切地默想神的慈爱。第五，祷告使我们学习以更喜乐的心接受我们借此所获得的祝福。最后，[e(b)]祷告的操练和经验让我们发现神照着我们的软弱，赐下[b]他的[e(b)]护理，[b]因为我们越来越明白神不但应许总不撒弃我们，在我们最需要的时候乐意为我们开道路，使我们可以求告他，甚至主动伸手搭救我们，不只在言语上安慰我们，[④]而且给我们当下所需要的帮助。

[b]如此，我们慈悲的天父，虽然不打盹也不睡觉，却经常给我们他就在睡觉或打盹的感觉，好刺激我们这懒惰的人为了自己的益处寻求和求告神。

那些胡诌既然神的护理掌管万事，所以求告神是没有必要的[⑤]人，不过在证明自己的愚昧。因为相反地，神宣告："凡诚心求告耶和华的，他便与他们相近。"（诗145：18，参阅Comm.和Vg.）也有人胡说：求告神给我们他本来就要给我们之物是没有必要的，然而，神喜悦我们承认他出于自己的慷慨所赐给我们的一切，是借我们的祷告而来。[c]《诗篇》中那众所周知的经文和其他类似的经文都证明这一点："因为主的眼看顾义人，主的耳听他们的祈祷。"（彼前3：12；诗34：15；参阅诗33：16，Vg.）这经文不但称颂神的护理——因他主动关心敬虔之人的救恩——也强调信心的本分，因为信心除掉人心的懒惰。神不但帮助瞎子，更愿意垂听我们叹息中的祷告，好证明他对我们的爱。所以，这两件事都是真的："保护以色列的，也不打盹也不睡觉"（诗121：4，参阅Comm.），但他有时让我们感觉到他在打盹或睡觉，就如他忘记了我们一样，这是为了刺激我们这懒惰的人求告他。

---

④ *"Nec lactare eos verbis."* 参阅 VG：*"Et qu'il ne les allaite point de vaines parolles"*。

⑤ 参阅 Seneca, *Epistles* 31.5 (LCL Seneca, I. 222 f.)。

正确的祷告原则（4—16）
第一个原则：当存敬畏的心（4—5）

4. 与神交谈必须心存敬畏

ᵃ为了正当和正确地向神祷告，第一个原则是：ᵇ无论在心智（mind）还是心灵（heart）上，我们都必须有适合与神交谈的心态。⑥只要我们除掉一切在默想神时诱惑我们分心之肉体的私欲，就能有正确的心态。这样，我们不但能专心地祷告，甚至能在某种意义上被提升而胜过这世界。我在此并非要求人在祷告中完全不被任何忧虑搅扰，因为，忧虑有时更激发我们迫切地向神祷告。如此，圣经记载：神圣洁的仆人从深渊之处甚至在奄奄一息中，悲叹地求告神时备受苦恼的折磨和搅扰（参阅诗130：1）。但我们必须除掉一切属世的挂虑，因为这些事情诱惑我们易于飘荡的心智去思念地上的事而不思念天上的事。我的意思是我们应当在某种意义上被提升而胜过世界，免得我们将任何因我们盲目和愚昧的心智习惯捏造的东西带到神面前，或免得我们自己限在虚妄的范围内求告神，我们的祷告必须与圣洁的神相称。

5. 当避免一切不规律和不敬虔的祷告†

ᵉ这两件事值得我们留意：首先，祷告的人应当尽己所能专心祷告，而不受分心的干扰，虽然这是很普遍的趋向，没有任何事物比轻浮更有悖于对神的敬畏，因为轻浮的心肆意妄为，毫无敬畏。在祷告中，我们越不容易专心，就当越努力地让自己专心，因为连最专心祷告的人都会被许多不相关的思想干扰而中断或耽延他的祷告。我们在此要思想：当

---

⑥ 加尔文的这说法，即祷告是与我们所认识之神的交谈（"*colloquium*"；参阅 "*alloquium*"，第五节）来自奥古斯丁（*Letters*, cxxx；MPL 33. 502-509），Cassian（MPL 49. 769），Benedict（MPL 66. 329），the *Vitae Patrum*, story of Barlaam and Josaphat 20（MPL 73-520）。这也是阿奎那的教导（*Contra gentes* 4. 22）。加尔文非常谨慎，免得有人认为这样祷告不够敬虔，对神不礼貌或过于轻率。参阅下文第十六节的头几句话。

神欢迎我们与他亲密交通时,我们若将属世和圣洁的思想混杂,是何等冒犯神的大爱,因为这样就与一般人聊天一样,不专心而容自己的思绪飘来飘去。

我们当因此明白:唯有那些被神的威严感动而脱离一切属世的忧虑和私欲的人,才是真正预备好心祷告的人。且旧约中举手祷告的习惯是为了提醒人,除非我们在祷告时思念天上的事,否则我们与神仍是疏远的。就如《诗篇》告诉我们:"耶和华啊,我的心仰望你。"(诗25:1;诗24:1,Vg.)圣经也常常这样形容祷告:"扬声祷告"(例如:赛37:4),免得一切希望祷告被垂听的人"享安逸"(参阅耶48:11;番1:12)。简言之,神如此慷慨地对待我们,温柔地劝我们将一切的忧虑卸给他;若神无与伦比的恩惠没有比万事更激励我们,使我们专心和迫切地向他祷告,我们就完全是无可推诿的。但除非我们与这些诱惑争战并胜过它们,否则我们不可能专心祷告。

我们以上也指出另一个重点:我们不可求告超过神所允许的。因神虽然吩咐我们迫切地向他祈求(诗62:8;参阅145:19),他却不允许我们将愚昧和邪恶的期望带到他面前;且他虽然应许垂听敬虔之人的祷告,但他也不会屈从他们的任意妄为。ᵇ但信徒在这两方面都极大地得罪神,因为许多人轻率、无耻、悖逆,甚至亵渎地将自己的妄想带到神的宝座前。他们迟钝或愚昧到胆敢将即使在人面前提及都会感到羞耻的私欲带到神面前。ᶜ某些世俗的作家⑦曾经嘲笑,甚至痛斥这大胆的行为,然而这罪至今仍很普遍。因此有野心的人选择朱庇特做他们的神;贪婪的人选择墨丘利;知识分子选择阿波罗;作战的人选择玛尔斯;淫荡的人则选维纳斯。就如我刚才所说,人在朋友面前开玩笑或说闲话比在神面前祷告更有节制。但神却不允许我们藐视他温柔的对待,反而公义地使

---

⑦ 参阅 Horace, *Satires* I. 8. 1-3 (LCL edition, pp. 96 ff.); Isa. 44:10-17; Erasmus, *Colloquies*, "The Shipwreck" (tr. C. R. Thompson, *Ten Colloquies of Erasmus*, pp. 6 ff.)。

我们的渴望伏在他的大能之下，借此约束我们。因这缘故，我们应当牢记使徒约翰的话："我们若照他的旨意求什么，他就听我们，这是我们向他所存坦然无惧的心。"(约一5：14)

圣灵帮助我们正确地祷告

$^{e(b)}$但因我们的能力远不能达到这样高的标准，我们就应当寻求帮助。我们不但要在思想上专心，也要在心灵情感上迫切地求告神。但我们的思想和情感都无法达到神对我们的要求，反而时常软弱甚至带我们到相反的方向。所以，为了帮助我们的软弱，神赐圣灵做我们祷告的教师，教导我们如何正确地祷告，也引领我们的情感。^{b}因为"我们本不晓得当怎样祷告，只是圣灵亲自用说不出来的叹息替我们祷告"(罗8：26)。这并不是说圣灵本身在祷告或叹息，而是唤起我们里面的确据、渴慕以及叹息，使我们理解我们的肉体所无法理解的事。^{c}保罗称信徒在圣灵的引领下所发出来的叹息为"说不出来"的，不是没有理由的。⑧因那些真正会祷告的人并非不晓得他们被众多的搅扰困惑到几乎不知道当如何祈求才妥当的地步。事实上，他们一开口祷告就感到困惑，并因此犹豫。由此可见，正确的祷告是一种稀有的恩赐。$^{e(b)}$但保罗这样教导并不是要我们放纵自己的懒惰而将祷告的本分交给圣灵，屈从我们生来不警醒的倾向。^{b}某些不敬虔之人教导我们应当被动地等候圣灵胜过占据我们的混乱的思想。其实，我们反而应当厌恶自己的懒惰和迟钝，而寻求圣灵的帮助。^{e}事实上，当保罗吩咐我们用灵祷告时（林前14：15），他也没有停止劝我们要警醒祷告。他的意思是：圣灵的感动虽然给我们祷告的力量，却没有拦阻我们尽自己的努力，因神喜悦操练我们在祷告中的信心。

---

⑧ "*Duce Spiritu.*" 就如我们借圣灵明白圣经 (I. 7. 4，5)，同样圣灵的催促也引导我们祷告。

第二个原则：我们应当因真正感到自己的缺乏而祷告，也要认自己的罪（6—7）

6. 真正感到自己的需要就避免形式化

e(b/a) 第二个原则是：在向神祈求时，我们应当深感自己的无能为力，并迫切思考我们有多需要我们所祈求的一切，而在祷告中热切地——即心里火热地——想获得我们所祈求的。⑨e 因为许多人以形式化的心态祈祷，就如不得已而向神尽本分。他们虽然承认祷告对解决自己的问题是必需的（因为没有他们所求告之神的帮助是致命的错误），但他们却仍用形式化的态度祷告，因他们的心是冷漠的，也没有认真思考他们所祈求的。其实，有种一般和模糊的感觉刺激他们祷告，但这感觉并没有激励他们在目前的实际中关切自己的缺乏是否得着满足。e(b/a) 人若求神赦免自己的罪，b(a) 却仍不相信或不承认自己有罪，难道在神面前有比这更可憎恶的事吗？毫无疑问地，这是愚弄神！b 但就如我刚才所说，人充满罪恶到经常形式化地求神给他们许多自己确信在神的慈爱之外能从别处获得或自己已经拥有的事物。

e 另一个看起来似乎不那么严重，却一样是神所憎恶的罪，就是另一些人因相信读经祷告能平息神的愤怒，就心不在焉地向神祷告。e(b) 所以敬虔之人当谨慎，免得在神面前只是形式化地祈求e(b) 而不是真正从心里渴求，b 却又同时想从神那里获得他们所求的。a 事实上，在我们唯独为了荣耀神的祈求上，e 虽然表面上这与照顾自己的需要无关，a 但我们仍要抱着迫切和期待的心祈求。譬如当我们祈求"愿人都尊你的名为圣"（太6:9；路11:2）时，我们应当从心里渴望人将神的名分别为圣。

---

⑨ 奥利金同样也强调信徒不应该仅仅背诵祷文，而是应当从心里祷告，*On Prayer* 12 (LCC II. 261 f.)。
参阅 Aquinas, *Summa Theol.* I IIae. 33. 13 (专心使得祷告变得有功效); Luther, *Larger Catechism*, part 3 (主祷文之序言) (*Bekenntnisschriften der Evangelisch - Lutherischen Kirche*, p. 668); *Treatise of Good Works*, Third Commandment, 第四节 (*Werke* WA VI. 232, tr. *Works of Martin Luthur* I. 225 f.)。

7. 祷告是否有时靠我们的心情？

ᵉ若有人反对说：圣经并没有吩咐我们在所有的情况下都一样迫切地祷告，我也同意。使徒雅各的话在这方面帮助我们做区分："你们中间有受苦的呢，他就该祷告；有喜乐的呢，他就该歌颂。"（雅 5∶13 p.）我们的常识也告诉我们，神因我们的懒惰就借特别的情况刺激我们迫切地祷告。大卫称这些特别的情况为神"可寻找的时候"（诗 32∶6；31∶6，Vg.），因就如他在其他经文中所教导的那般（例如：诗 94∶19），艰难、痛苦、惧怕和试炼越厉害地攻击我们，就越帮助我们来到神面前，就如神借这些逆境呼召我们归向他。

同时这也与保罗的话完全一致，即我们必须"不住地祷告"（弗 6∶18；帖前 5∶17）。因为即使万事如意，且我们所遭受的一切都令我们快乐，我们仍需要时刻祷告。若有人酒和五谷都有余，既然他在神的祝福之外无法享有任何饮食，所以他的酒酢和谷仓不会拦阻他求神赐给他日用的饮食。只要我们考虑有多少危险时时可能临到我们，连惧怕本身都教导我们不可在任何时候忽略祷告。

然而，在属灵的事上，这是更明显的事实。难道我们不需要因众多的罪在任何时刻求神的赦免吗？我们所面临的诱惑何曾允许我们不求告神的帮助呢？此外，我们不应该间断而是要一直为神的国度和荣耀焦急，因此也需要一直祷告。这样看来，圣经吩咐我们不住地祷告不是没有道理的。我现在所说的不是圣徒的坚忍，我之后将更为详细地讨论这主题。⑩圣经吩咐我们"不住地祷告"（帖前 5∶17），就是在指控我们的懒惰，因我们不晓得自己有多需要警醒。ᵉ⁽ᵇ⁾根据以下另一个原则，神禁止我们假冒为善和诡诈地祷告！神应许与那诚心求告他的人相近（诗 145∶18，参阅 Comm.），也宣告专心寻求他的人必寻见（耶 29∶13—14），ᵉ所

---

⑩ 下文的第五十一节。值得注意的是，第七节与 1541 年、1560 年的法文版有很大差别。后一个版本，参阅 Benoit, *Institution* III. 483 f., note (*a*)。

以，那些以自己的污秽为乐之人不能仰望神。由此可见，蒙神悦纳的祷告少不了悔改。圣经因此常告诉我们，神不垂听恶人的祷告（约9：31），且他们的祷告（参阅箴28：9；赛1：15）就如他们的献祭（参阅箴15：8，21：27），对神而言都是可憎恶的。因不真诚之人的祷告不蒙神垂听是理所当然的，且那些硬着颈项激怒神的人，没有感到与神和睦也是理所当然的。在《以赛亚书》中，神这样威胁我们："就是你们多多地祈祷，我也不听。你们的手都满了杀人的血。"（赛1：15，参阅Vg.）耶利米也说："我……是从早起来，切切告诫他们……他们却不听从……他们必向我哀求，我却不听。"（耶11：7、8、11）因为恶人一生侮辱神的圣名，却同时以神的约夸口，神视此为最可憎恶的。因此，在《以赛亚书》中，神埋怨以色列人"用嘴唇尊敬我，心却远离我"（赛29：13 p.）。神不只恨恶不诚实的祷告，他也宣告：任何虚假的崇拜对他而言也是可憎恶的。雅各的话与此相似："你们求也得不着，是因为你们妄求，要浪费在你们的宴乐中。"（雅4：3）其实，我们以后也将进一步教导⑪，敬虔之人的祷告之所以蒙垂听，完全不是因为这是他们配得的。然而，约翰的教导也是必要的，"我们一切所求的，就从他得着，因为我们遵守他的命令"（约一3：22），但败坏的良心拦阻神垂听我们的祷告。由此可见，唯有真诚敬拜神的人才是神所喜悦的，且他们的祷告才蒙垂听。因此，我们每一个人在开始祷告时，应当感到对自己罪的厌恶，并以一无所有且完全不配的心态（这不可能在悔改之外发生）来到神面前。

第三个原则：我们当弃绝一切的自信并以谦卑的心恳求神的赦免（8—10）

8. 我们当谦卑地来到神面前求怜悯*

e(a) 第三个原则是：当我们来到神面前祷告时，要谦卑地将一切的荣耀

---

⑪ 下文的第八节。

都归给神，弃绝一切的自夸和自我价值。总之，我们应当除掉一切的自信，[b]免得我们认为自己有丝毫可称赞的方面，就变得自高、自大，以至神掩面不听，圣经上有许多这样的例子。当神的仆人来到神面前时，他们的自卑除掉一切的骄傲，且他们越圣洁，当来到神面前时，越感到自卑。[b(a)] 但以理是极好的例子，虽然神自己大大地称赞他，[a] "我们在你面前恳求，原不是因自己的义，乃因你的大怜悯。求主垂听，求主赦免，求主应允而行，为你自己不要迟延。我的神啊，因这城和这民，都是称为你名下的。"（但 9 : 18—19 p.）他也不像一般人习惯以某种诡诈的口头禅，将自己当作众人的其中之一。他反而以个人的身份在神面前认罪，并投靠神的赦免，他有力地宣称表达："我承认我的罪和本国之民以色列的罪。"（但 9 : 20）大卫的榜样也劝我们自卑："求你不要审问仆人，因为在你面前，凡活着的人没有一个是义的"（诗 143 : 2；参阅 Comm. 以及诗 142 : 2，Vg.），[b]以赛亚也做了同样的祷告："你曾发怒，我们仍犯罪……我们都像不洁净的人，所有的义都像污秽的衣服；我们都像叶子渐渐枯干，我们的罪孽好像风把我们吹去，并且无人求告你的名，无人奋力抓住你；原来你掩面不顾我们，使我们因罪孽消化。耶和华啊，现在你仍是我们的父！我们是泥，你是窑匠；我们都是你手的工作。耶和华啊，求你不要大发震怒，也不要永远记念罪孽。求你垂顾我们，我们都是你的百姓。"（赛 64 : 5—9，参阅 Comm.）你要记住，神的仆人完全不依靠别的，他们依靠的是：既然自己是属神的人，所以不怀疑神将看顾他们。同样地，耶利米说："耶和华啊，我们的罪孽虽然作见证告我们，还求你为你名的缘故行事。"（耶 14 : 7）[b(a)] 某位作家曾经有以下既真实又圣洁的陈述，据说是先知巴录写的：[a]"因自己的大罪忧伤和自责的人，感到自卑和无力……主啊，饥饿、眼睛干瘪的人将荣耀归给你。主啊——我们的神，我们并不是因族长的义向你祈求，而是在你眼前求怜悯"（巴录书 2 : 18—19 p.，参阅 Vg.），因你是怜悯的神，"求主怜悯我们，因为我们得罪了你"（巴录书 3 : 2）。

9. 求赦免是祷告中最主要的部分

ᵉ总结：正确祷告的起始，甚至正确祷告的预备是：谦卑和真诚地向神认罪并恳求赦免。任何人不管他以为自己有多圣洁，除非神已白白地叫他与自己和好，否则他不能从神那里得着什么，神也无法恩待他所未曾赦免的人。因此，《诗篇》中多处经文都告诉我们，信徒如此开始祷告是不足为怪的。因大卫的目的虽然不是要求神的赦免，却仍这样说："求你不要记念我幼年的罪愆和我的过犯。耶和华啊，求你因你的恩惠，按你的慈爱记念我。"（诗25：7）又说："求你看顾我的困苦、我的艰难，赦免我一切的罪。"（诗25：18 p.）这也教导我们，即使我们天天向神认当天的罪仍是不够的，我们也当在神面前提说我们早已忘记的过犯。

大卫在另一处经文中，虽然是在神面前承认他的一个大罪，但他同时也提及他在母腹中就有了罪（诗51：5），他并不是要因自己的罪性推卸责任，而是要揭发自己一生的罪，为了更严厉地责备自己，好让神能垂听他的祷告。但即使圣徒在祷告中没有直接指出自己的罪，只要我们查阅圣经所记载的祷告，就清楚地知道我在此的教导：他们都将神的怜悯作为祷告的根据，所以一开始就平息了神的愤怒。因若任何人省察自己的良心，他就不会坦然无惧地来到神面前并向神祈求，除非他完全投靠神的怜悯和赦罪，否则他每一次亲近神就会战兢。

有另一种特殊认罪的祷告。当信徒求神不刑罚他们时，也同时求神的赦免。因为求神除掉罪的结果而不同时求他除掉罪的起因是荒谬的。我们当谨慎，免得效法一些愚昧的病人，他们唯独在乎病状，而完全忽略疾病的根源。我们最要在乎的是神喜悦我们，而不要神以外在的象征表示他对我们的接纳，因为这是神所预定的次序；人的良心若没有深感神在他身上的愤怒已经平息了，而因此能将神视为无限可爱的那位（歌5：16），即使给他外在的益处也没有帮助。基督的话也提醒了我们这真理，他在决定医治瘫子之后，说"你的罪赦了"（太9：2），他这样刺激我们的心留意我们当最在乎的事，即神接纳我们进入他的恩典，然后再帮助我们，就证明我们已经与他和好。

然而，除了信徒特别要求赦罪的祷告之外，即他们求神赦免他们一切的罪和刑罚，我们不可忽略那使我们一切的祷告蒙垂听的原则，即除非我们的祷告建立在神白白的怜悯之上，否则神必不垂听。约翰的这段话与此有关："我们若认自己的罪，神是信实的，是公义的，必要赦免我们的罪，洗净我们一切的不义。"（约一1∶9，Vg.）因这缘故，在律法之下，圣徒的祷告必须用血洁净（参阅创12∶8，26∶25，33∶20；撒上7∶9），好蒙悦纳，神因此宣告他们不配有祷告那么大的特权，除非神洁净他们的污秽，而他们唯独出于神的怜悯，才能坦然无惧地来到神面前并向他祷告。

10. 圣徒有时在祷告中宣称自己的义

^b有时圣徒在祷告中，看起来似乎表示他们之所以能求告神的帮助是根据自己的义。譬如大卫说："求你保存我的性命，因我是虔诚人。"（诗86∶2 p.）希西家同样也说："耶和华啊，求你记念我在你面前怎样存完全的心，按诚实行事，又作你眼中所看为善的。"（王下20∶3 p.；参阅赛38∶3）然而，他们如此祷告是在表明借着重生，神视他们为仆人和儿女，并应许施恩给他们。我们以上说过⑫，神借着先知教导："耶和华的眼目看顾义人；他的耳朵听他们的呼求。"（诗34∶15；参阅诗33∶16，Vg.）以及借着使徒约翰教导说："我们一切所求的，就从他得着，因为我们遵守他的命令。"（约一3∶22 p.）在此神并非教导我们人的祷告靠自己的功德，反而他是在确立一切知道自己有无伪的正直和单纯之心（所有的信徒都应该知道）的信徒在祷告中的确据。事实上，《约翰福音》中那得看见的瞎子所说的话——神不听罪人（约9∶31）——就是在教导这真理，只要我们按照圣经一般的教导来解释"罪人"，即那些在自

---

⑫　上文的第三节。

己的罪中沉睡而不渴慕义的人。因为没有人能真诚地求告神，除非他切慕敬虔。因此，圣徒在祷告中宣称自己的纯洁和正直与神的应许有关，他们渴慕经历神给他所有仆人的应许。

此外，当他们在神面前将自己与仇敌做比较，求神救他们脱离仇敌的罪孽时，经常这样向神祷告。那么，他们若在这比较中宣称自己的义和单纯，好证明他们的求告是公正的，希望借此更感动神帮助他们，这并不足为怪。敬虔的人在神面前有无亏的良心，也因此证明他与神用来安慰和支持真敬拜他之人的应许有分。总之，我在此的目的并非想将确据这福分从敬虔之人的心里夺去，我所要表达的是他对自己的祷告将蒙应允的确据完全依靠神的赦免，一点都不在乎他的个人功德。

第四个原则：我们应当在祷告中抱着信心和盼望（11—14）

11. 盼望和信心胜过恐惧*

°第四个原则是：当我们心里充满真实的谦卑而虚己时，我们应当被激励祷告，因确信神必定应允我们。°这两件事看起来似乎互相矛盾：一方面相信神喜悦我们，另一方面也相信我们的罪应得神的报应；但只要我们明白神出于他的慈爱，抬举一切因自己的恶行而感到自卑的人，就不会认为这两者有冲突。根据我们以上的教导，即悔改和信心是密不可分的，虽然前者使我们感到惧怕，而后者使我们快乐，⑬两者都必须在我们的祷告中存在。大卫简洁地教导这真理："我必凭你丰盛的慈爱进入你的居所；我必存敬畏你的心向你的圣殿下拜。"（诗5：7）大卫提到神的慈爱，证明他有信心，但他的信心同时也包括惧怕。不但神的威严使我们敬畏他，我们自己的不配也除去我们一切的骄傲和自信，并使我们敬畏。

ᵇ我在此所说的"确据"并不是那安慰我们的心并令我们感到某种甘

---

⑬ Ⅲ. 3. 1-5.

甜的安息，释放我们脱离一切的忧虑。因当我们万事皆如意，没有任何担忧、渴望和惧怕时，才会有这样的安息。但就圣徒而言，最能激励他们求告神的情况就是他们深感自己的需要，心里受搅扰深感不安，甚至无所适从，直到神适时地赐给他们信心。因为在这样的患难中，他们仍深感神的慈爱，即使他们因当时的困苦感到疲乏而叹息，也害怕将遭遇更大的艰难，却因依靠神的慈爱，就卸下这重担，心里得安慰并盼望将来得释放和拯救。如此，敬虔之人的祷告包括这两种情感是正常的。即他在现在的痛苦中叹息，也惧怕将来遭遇更大的痛苦，却同时投靠神，毫不怀疑神将愿意伸出他援助的手。我们若求告神的救助，却不相信神必定帮助我们，这将大大地激怒神。

祷告和信心

[e(b)] 因此，没有比这原则与祷告的性质更相称，即人不要随便开口向神祷告，而是要跟随信心的带领。基督提醒我们这原则：[b]"所以我告诉你们，凡你们祷告祈求的，无论是什么，只要信是得着的，就必得着。"（可 11：24 p.）[14][e(a)] 他在另一处经文中也同样教导："你们祷告，无论求什么，只要信，就必得着。"（太 21：22）雅各的教导也与此相似："你们中间若有缺少智慧的，应当求那厚赐予众人、也不斥责人的神……只要凭着信心求，一点不疑惑。"（雅 1：5—6 p.）他在此将信心与疑惑做对照，极为恰当地表达了信心的力量。但我们也要强调他接下来所说的话，即那些在疑惑中求告神的人，不确定神会垂听他们，就不会从神那里得着什么（参阅雅 1：7），[a]他也将这些人比作被风吹动翻腾的波浪（雅 1：6）。[15][e] 雅各在另一处经文中称正确的祷告为"出于信心的祈祷"（雅 5：15），[a]且既然神经常宣告他照人的信心给人成全（太 8：13，9：29；

---

⑭ 参阅 Luther, *Enchiridion piarum precationum* (*Werke* WA X. 2. 395); *Treatise of Good Works*, loc. cit。

⑮ 参阅 Luther, *Enchiridion piarum precationum* (*Werke* WA X. 2. 396)。

可11∶24），神借此暗示我们在信心之外一无所得。

^b综上所述，使祷告应允的是信心，这就是保罗名言的含义："人未曾信他，怎能求他呢?^c未曾听见他，怎能信他呢?"（罗10∶14 p.）由此"可见，信道是从听道来的，听道是从基督的话来的"（罗10∶17），^{e(b)}虽然没有智慧的人完全不予理会。保罗在此逐步地推断信心是祷告的起始，^b也明确地宣告唯有^b那些借着福音的宣讲，明白乃至熟谙^{e(b)}他慈爱和温柔的人，才会真诚地求告神。

12. 反驳那些否定信徒能确信神垂听自己祷告的人[†]

^c我们的仇敌毫不考虑神要求我们在祷告中的信心。所以，当我们劝勉信徒要坚信神喜悦和恩待他们时，我们的仇敌认为这是最荒谬的。然而，只要他们曾经真正祷告过，他们就会了解：人若不确信神的慈爱，就不可能正确地求告神。既然除非人在内心经历过信心的力量，否则不可能明白何为真信心，所以与这种人争辩毫无意义。显然他们所宣称的一切都是虚空的幻想，因为人只能在求告神当中，发现我们所要求的确据的价值和需要。不明白这一点的人表示他的良心极为迟钝。我们也无须理会这种心盲的人，只要坚守保罗的教导：唯有从福音中认识到神的怜悯（罗10∶14），并确信这怜悯是神为他们预备的人，才会求告神。

那这是怎样的祷告呢？"主啊！我怀疑你是否真愿意垂听我的祷告。但因我的担忧迫使我投靠你，因我相信只要我配得，你就能帮助我"。圣经上记载的圣徒祷告并非如此，且圣灵也没有借使徒这样教导我们。使徒盼咐我们当"坦然无惧地来到施恩的宝座前，为要……蒙恩惠"（来4∶16 p.）；也在另一处教导我们"因信耶稣，就在他里面放胆无惧，笃信不疑地来到神的面前"（弗3∶12）。我们若愿意有效地祷告，就应当双手抓住神将应允我们祷告的确据，因这是神亲口盼咐的，也是众圣徒的榜样教导我们的。因为唯有出自确实的信心和坚定不移的盼望的祷告，才是蒙神喜悦的。^e使徒可以只单纯提到信心的条件，但他不但加上确

据，更进一步地加上坦然无惧，好叫我们与非信徒有别，因为他们也与我们一样向神祷告，却是随随便便的。在《诗篇》中教会也是这样祷告："求你照着我们所仰望你的，向我们施行慈爱！"（诗33：22，Comm.）先知也在另一处提到同样的条件："我呼求的日子……神帮助我，这是我所知道的。"（诗56：9，Comm.）同样地，"早晨我必向你陈明我的心意，并要警醒！"（诗5：3，参阅Comm.）我们从以上经文的教导推论，我们的祷告包括信心，就如在瞭望台上等候神一样。保罗对我们的劝勉也与此相似，在他劝圣徒"随时多方祷告祈求；并要在此警醒不倦"（弗6：18）之前，他先吩咐他们"拿着信德当作藤牌……并戴上救恩的头盔，拿着圣灵的宝剑，就是神的道"（弗6：16—17）。

e(b) 读者们要记得我以上所说：承认自己的悲惨、绝望和污秽与信心毫无冲突。⑯e(a) 因为不管信徒感到多劳苦、担重担，虽然他们深知自己没有任何能取悦神的，事实上，他们晓得因自己许多的过犯，神是极为可怕的神，但他们仍不断地来到神面前；并且，这可怕的感觉也不拦阻他们来到神面前，因这是唯一来到神面前的方式。ª因为神命令我们祷告，不是要我们自高、自大地来到他面前，或认为自己在神面前有任何可夸的，乃是要我们在承认自己的罪之后，将我们的挂虑带到神面前，就如孩子们告诉父母自己的痛苦那般。e(a) 事实上，我们众多的罪足以驱使我们e(b) 以类似先知的祷告来到神面前："求你怜恤我，医治我，因为我得罪了你。"（诗41：4）e(a) 我承认若没有神的帮助，致命的箭将置我们于死地。但我们慈悲的父神出于他无比的慈爱，使我们在心灵困苦中得平安，安慰我们的担忧，除去我们的惧怕，温柔地吸引我们到他面前，事实上，神除掉一切的障碍，铺平我们到他那里去的道路。

---

⑯ III. 2. 22-26.

13. 神的吩咐和应许成为我们祷告的动机

^{e(a)} 首先，我们若没有遵守神对我们祷告的吩咐，我们就是硬着颈项的。⑰^{e(b/a)} 没有比《诗篇》的这吩咐更清楚的，"要在患难之日求告我"（诗50：15，49：15，Vg.），既然在圣经中没有比祷告更常见的吩咐，我就无须再花更多的时间讨论。基督吩咐我们："寻找，就寻见；叩门，就给你们开门。"（太7：7）但他在这吩咐上也加上应许，这也是必需的，虽然所有的人都承认自己应该听从这吩咐，但若神没有应许他必垂听祷告，大多数的信徒在听到神的呼召时都必逃跑。

^{e(a)} 在我们明白这两件事情之后，我们若仍不愿意直接来到神面前，这不但证明我们的悖逆和顽梗，也证明我们的不信，因这是不信靠神的应许。我们应当更留意祷告的吩咐，因为假冒为善的人以谦卑为借口傲慢地藐视神的吩咐和他对我们的邀请，甚至夺去应当归给神的主要敬拜。神在旧约中弃绝了当时以色列人认为最能充分证明人是否敬虔的献祭（诗50：7—13），他接着宣告百姓在患难之日求告他，是他看为最宝贵的事（诗50：15）。所以，当神要求本属于他的，并激励我们热心顺服他时，不管我们认为我们的不信有多合理，都是完全无可推诿的。^e因此，圣经对于我们多次求告神的吩咐，就如许多摆列在我们眼前的旗帜，好激励我们求告他。若非神吩咐我们向他祷告，我们擅自来到神面前就是任意妄为。所以神亲自给我们开一条路："我要说：'这是我的子民。'他们也要说：'耶和华是我们的神。'"（亚13：9 p.）由此可见，是神先吩咐我们敬拜他，并喜悦我们遵守这吩咐，所以，我们不要因恐惧而拒绝这悦耳的声音。

---

⑰ 第十二至第十五节在1536年和1539年的版本里写得比较详细。在1539年的版本里有句话："神不但给我们对自己不快乐光景之知觉的刺（aculeum），他同时也使这刺伴随着祷告的吩咐以及应允祷告的应许。" 参阅 Luther, *Enchiridion piarum precationum*（Werke WA X. 2. 395）；*Treatise of Good Works*，第三诫，第四、第五节（Werke WA VI. 233 f.；tr. *Works of Martin Luther* I. 226-227）。他接着提出经文为根据。他说《出埃及记》20：7 不但禁止我们妄称耶和华的名，这诫命同时也暗示我们当用神的名荣耀他，将一切的能力、财富、力量和保守所应得的称赞都归给他——当我们求神赐给我们这一切并等候他赐下时（OS IV. 313，脚注）。

我们特别需要想到"神"这至高的称号，因我们倚靠这称号就能轻易地胜过一切的障碍："听祷告的主啊，凡有血气的都要来就你。"（诗65：1—2）就祷告而论，难道有比这更有吸引力的称号吗？因这称号使我们确信：应允信徒的祷告与神的属性完全一致。先知因此推论，神并不是只向少数人开启祷告之门，乃是向众人开启，因这段话是向众人所说的："要在患难之日求告我，我必搭救你，你也要荣耀我。"（诗50：15）根据这原则，大卫将这应许应用在自己身上，使自己获得他向神所求的："万军之耶和华……因你启示你的仆人……所以仆人大胆向你如此祈祷。"（撒下7：27，参阅Vg.）我们由此推论：若没有神这鼓励他的应许，他必定感到惧怕。他在另一处也用这原则坚固自己："敬畏他的，他必成就他们的心愿。"（诗145：19，144：19，Vg.）在《诗篇》中，诗人经常在祷告中不由自主地开始赞美神的大能、慈爱，或神应许的可靠性。或许有人会认为大卫不恰当地插入这些赞美神的话，中断了自己的祷告。然而，信徒祷告的经验告诉他们，除非有新的燃料，否则自己的祷告就不会火热。因此，在祷告时默想神的属性和他的话语绝非多余。所以，我们应当效法大卫的榜样，设法更新自己的祷告，使之更活泼。

14. 信徒应当有信心、坦然无惧却心存敬畏向神祷告*

*奇怪的是，虽然神赏赐我们这样甘甜的应许，我们若非仍然冷漠，就是几乎没有受任何影响，以至我们当中的许多人宁愿在迷宫里徘徊，离弃神活水的泉源，为自己凿出破裂不能存水的池子（耶2：13），也不愿接受神白白赐给我们的丰盛。所罗门说："耶和华的名是坚固台，义人奔入，便得安稳。"（箴18：10 p.）e(b) 约珥在预言以色列人将遭受灾难之后，加上这句值得记念的话："凡求告耶和华名的就必得救。"（珥2：32；罗10：13）我们都晓得这指的是福音（徒2：21）。百人当中几乎没有一人[18]受感动来

---

[18] 参阅 I. 4. 1；I. 5. 8；III. 24. 12。

到神面前。神自己借以赛亚的口说:"你们尚未求告,我就应允。"(赛65:24)他在另一处也教导:祷告的尊荣属于整个教会,因这是基督一切肢体的特权:"他若求告我,我就应允他;他在急难中,我要与他同在;我要搭救他,使他尊贵。"(诗91:15)⑲然而,就如我刚才所说,⑳我并不打算引用所有的经文,而只想引用一些最关键的,使我们清楚地明白神极为温柔地吸引我们到他面前,并同时使我们明白自己的忘恩负义,神虽然如此激励我们,我们却因自己的迟钝一再拖延。因此,我们当经常提醒自己:"凡求告耶和华的,就是诚心求告他的,耶和华便与他们相近。"(诗145:18;参阅144:18,Vg.)我们以上所引用的以赛亚和约珥的话也有同样的含义,即神使我们确信他垂听我们的祷告,且当我们"将一切的忧虑卸给神"时,就如献祭的馨香之气蒙神悦纳(参阅彼前5:7;诗55:22,54:23,Vg.)。当我们毫不犹豫也不恐惧地向神祷告时,神的应许就必定在我们身上得以应验。我们因神称自己为我们的天父而相信这真理,虽然在这称呼之外,他的威严必定使我们恐惧到极点。

因此,既然神多方面地激励我们,就充分证明神必垂听我们的祷告,ᵉ⁽ᵃ⁾因我们的祷告不依靠自己任何的功德,这些祷告全部的价值和成就的盼望,都是根据神的应许,也依靠这些应许。㉑我们的祷告也不需要到处寻找其他的支持,我们也当确信:即使我们没有圣经所称赞敬虔的族长、先知和使徒那样高贵的圣洁,但既然我们与他们都从神那里受祷告的盼咐,也与他们有共同的信心,所以只要我们依靠神的话语,就是他们的弟兄姊妹。因为神(就如我以上所说㉒)既然宣告他以温柔和慈爱待众人,就使悲惨的人能够盼望他们向神所求的。因此,我们就当留意圣经所给我们关于祷告的形式,因为在这种形式之下,神必不排斥任何

---

⑲ "*Clamavit ad me.*" In Comm. Ps. 91:5,加尔文译为"*Invocavit me*,"武加大译本译为"*clamabit ad me*,"现代圣经的翻译在此也用未来式。
⑳ 上文的第十三节。
㉑ Luther, *Enchiridion piarum precationum* (Werke WA X. 2. 395).
㉒ 上文的第十二节。

人，只要我们以真诚的心、对自己不满的心、谦卑的心，并带着信心来到神面前，免得我们假冒为善地以诡诈的心求告神而亵渎他的名。我们慈悲的天父必不撇弃他所劝勉，甚至以各种方式激励而来到他面前的人。[e(b)] 这就是为何大卫以这样的形式祷告："万军之耶和华……因你启示你的仆人……所以仆人大胆向你如此祈祷：'主耶和华啊，惟有你是神。你的话是真实的，你也应许将这福气赐给仆人……主耶和华啊，这是你所应许的，愿你永远赐福与仆人的家！'"（撒下 7：27—29，参阅 Vg.）以及："求你照着应许仆人的话，以慈爱安慰我。"（诗 119：76 p.）且当以色列人以记念神的盟约坚固自己时，就充分证明祷告既依靠神的吩咐，我们就不应当抱着恐惧的心来到神面前。他们这样说是效法族长的榜样，尤其是雅各。他虽然承认自己一点都不配得神所施的一切慈爱（创 32：10），但仍下决心向神求更大的事，因为这是神所应许他的（参阅创 32：12—13）。

[e] 不管非信徒寻找怎样的借口，若他们在需要的时候拒绝投靠神、寻找他和求告他的帮助，这就是窃取神的荣耀，就如雕刻偶像一样，因他们如此做就是在否定神是万福之源。另一方面，没有任何事物比这思想更能除掉敬虔之人一切的疑惑，即只要他们顺服神的诫命，就没有什么拖延能拦阻他们归向神，因神宣告他最喜悦的是人的顺服。

这就更证明我以上所说的一点都不荒谬：在祷告中，坦然无惧的心与敬畏和恳切之心并行不悖，而且神喜悦高举一切仆倒在他面前的人。如此，这些似乎互相矛盾的论点却奇妙地完全一致。耶利米和但以理说他们在神面前恳求（原文是将祷告摆在神面前）（耶 42：9；但 9：18）。耶利米在另一处说："求你准我们在你面前祈求，为我们这剩下的人祷告"（耶 42：2 p.）。另一方面，圣经常常记载信徒向神"扬声祷告"（王下 19：4），这是希西家王恳求先知在神面前替他代求的祷告。大卫希望自己的祷告"如香"升到神那里去(诗 141：2)。信徒虽然确信神父亲般的慈爱，而甘心乐意将自己交托在神手中，也毫不犹豫求告神所白白应许他们的帮助,但他们却不会因无知的自信感到得意,仿佛忘记自己的羞耻,而是依靠神的应许逐渐靠近神。如此,他们在自己的眼目中,仍是卑微求告神的人。

神也垂听有瑕疵的祷告(15—16)

15. 垂听有瑕疵的祷告

ᵉ我们在此当做一些分辨,因圣经记载神曾应允某些来自不平安或不镇静之心的祷告。约坦虽有正当的理由,却被烈怒和报复的心激动,就起誓神将以烈火烧灭示剑人(士9:20);神既然应允约坦对示剑人的咒诅,似乎神喜悦不节制的怒气。参孙也曾这样发怒,他说:"耶和华,求你赐我这一次的力量,使我在非利士人身上报那剜我双眼的仇。"(士16:28 p.)虽然他心里也有某种程度的义怒,但他仍被报复仇敌的暴力心愿所控制。神应允了他的祷告,由此看来,我们似乎能推断:有时候祷告虽然不符合圣经的原则,却仍蒙神垂听。

我的答复是,几个例外无法驳倒普遍的原则;此外,有时神赐给某些人与众不同的冲动,因此神对他们的判断与一般人不同。我们在此当留意基督对门徒的答复,他们当时不假思索地求主效法以利亚的榜样,主对他们说,他们的心如何他们并不知道(路9:55)。

然而,我们要进一步说明:神所应允的祷告不一定都是他所喜悦的。圣经上的教导充分证明这原则:神帮助可悲的人,并垂听那些被恶待而求告他之人的祷告,因此他根据可悲之人的祈求施行审判,虽然这些人一点都不值得从神手中获得什么。因为神经常刑罚不敬虔之人的残忍、抢夺、暴力、情欲,以及其他的罪,而借此制止他们的大胆和暴怒,并推翻他们专制的权力,同时也启示他帮助那些被恶待的人,虽然他们当时是向自己仍不认识的神祷告。《诗篇》也清楚地教导,有时没有信心的祷告仍然蒙垂听。《诗篇》将非信徒和信徒不由自主的祈求放在一起,且最后的结果证明神怜悯那些非信徒(诗107:6、13、19)。难道神的这宽容证明这些祷告蒙他悦纳吗？不，神只是借此机会彰显自己的怜悯，因他有时不拒绝垂听非信徒的祈祷，他也喜悦以此激励真敬拜他的人多向他祷告，因他们发现有时连非信徒的呼喊也蒙垂听。

然而，这并不能证明信徒应当因此不遵守神所给他们的吩咐，或羡慕非信徒，仿佛非信徒的祷告蒙垂听，证明他们获得极大的利益。我们以上说过，虽然亚哈王的悔改是虚假的，神却仍垂听他的祷告（王上21：29）[23]，为要证明当他的选民真实地悔改、求告他时，他有多乐意垂听。因此，在《诗篇》106篇中，神责备犹太人，因他们虽然知道神垂听他们的祈求（诗106：8—12），却在不久之后又表现出他们与生俱来的顽梗（诗106：43，参阅诗106：13及以下）。《士师记》也证明这一点：每当以色列人流泪时，虽然他们的泪水是虚假的，神却仍救他们脱离他们仇敌的手（参阅士3：9）。就如神叫日头照好人也照歹人（太5：45），同样地，他也不轻看那些被恶待之人的泪水。然而，神虽然听恶人的祷告，这却与救恩毫无关联，就如他将五谷赐给那些藐视他良善的人。

亚伯拉罕和撒母耳的祷告更困扰我们。前者虽然没有神的吩咐，却为所多玛人祷告（创18：23）；后者虽然被神禁止，却为扫罗祷告（撒上15：11）。耶利米同样反对神的意思而求神不要毁灭耶路撒冷（耶32：16及以下）。他们虽然被拒绝，但我们若说他们的祷告没有信心，这对他们是不公平的。我相信这解释会满足理智的读者们：他们根据一般的原则，即神吩咐我们怜悯那些不值得怜悯的人。因此，他们的祷告并非完全没有信心，虽然在这些事上，他们的看法蒙蔽了他们。奥古斯丁曾经智慧地说过："有时当圣徒祈求那与神的预旨相背的事时，为什么说他们的祷告是出于信心呢？这是因为他们按照神的旨意祷告，不是照他隐藏、不改变的旨意，而是照神所运行在他们心里的旨意，好让神出于他

---

[23] III. 3. 25.

的智慧,以另一个方式垂听他们。"[24]的确如此,神照他测不透的旨意调整事情的结局,好让圣徒的祷告(虽然祷告中掺杂着信心和错误)至终不至落空。但这却不应该成为我们在祷告中所效法的榜样,也不应该成为替圣徒开脱的借口,虽然我并不否认他们的祷告越过了界限。因此,当我们不是照神清楚的应许祷告时,就必须求神照他的意思应允。大卫的这祷告是很好的例子:"求你为我兴起,你已经命定施行审判。"(诗7:6 p.)大卫在此表示他所寻求暂时的福分是根据神特殊的圣言,否则他不会肯定神的垂听。

16. 我们的祷告唯有借着神的赦罪才能蒙垂听

°这也值得我们留意:以上我所说关于祷告的四个原则并不是指神严厉要求到一个程度,若信徒没有完美的信心或悔改并完全照神的旨意热烈祈求,神就会拒绝他们。

我以上说过,[25]虽然祷告是敬虔的人与神亲密的交谈,但我们也当抱着敬畏和节制的心,免得我们放荡地随便求告神,或祈求超过神所应许的;此外,我们也应当从心里纯洁地尊荣神,免得我们藐视神的威严。

从来没有人照神所要求的那般正直地祷告过,连大卫在神面前都有那么多不节制的埋怨,更何况一般的信徒了!这并不是说大卫故意与神争吵,或反对神的审判,而是因自己的软弱即将丧胆时,唯一得安慰的方式是将自己一切的痛苦都交托给神。然而,神宽容我们的不足,且当我们不小心说不该说的话时,神也赦免我们的无知,因我们若没有这怜悯,就无法自由地向神祷告。虽然大卫想完全顺服神的旨意,也热心又有耐心地向神祈求,但他有时从心里爆发出一些偏激的情感,与我所说

---

[24] 这是奥古斯丁在 *City of God* XXII. 2. 1-2 (MPL 41. 753; tr. NPNF II. 499 f.) 中的话,虽然是稍微不同的表达方式。

[25] 上文的第四、五节。

的第一个祷告原则有冲突。

当我们研读《诗篇》39 篇时，就能看见大卫这圣洁的人无法抑制他极度的痛苦。他说："使我在去而不返之先。"（诗 39：13，Comm.）这个绝望中的人在此似乎愿意在神的帮助之外在痛苦中衰残。但这并不是说他故意放任自己到这不节制的光景中，或像恶人故意远离神，他只是感受到神的愤怒是无法忍受的。圣徒在试炼中也经常献上一些不完全合乎圣经的祷告，这也表示他们没有好好地考虑何为合乎神旨意的祷告。一切有这样瑕疵的祷告都应当被神拒绝；然而，只要圣徒懊悔自己的罪、自责和悔改，神就赦免他们。

圣徒也在第二个原则上得罪神，[26]他们经常因自己冷漠的心挣扎，且他们的需要和悲惨也不能激励他们热切地向神祷告。他们也经常不专心，甚至几乎不想到神，因此在这方面，他们也需要神的赦免，免得他们懒洋洋、支离破碎、分心、笼统的祷告被拒绝。人生来就知道这原则，即唯有专心仰望神的祷告才合乎神的旨意。我以上所说举手祷告的习惯[27]证明这事实，这是所有时代以及所有种族的人共同的习惯。但几乎所有的人都知道在他举手时，他仍旧有某种程度的冷漠，因他的心没有跟着他的手一同仰望神！

至于求神赦罪，虽然没有任何的信徒忽略这祈求，但即使最会祷告的人也清楚自己的祷告远未达到大卫所说的这标准："神所要的祭，就是忧伤的灵。神啊，忧伤痛悔的心，你必不轻看。"（诗 51：17，参阅 Vg. 和 Comm.）如此，信徒在两方面都需要赦罪：首先，他们虽然知道自己的许多罪，但却不像神所要求的那般感到自责。其次，既然神赏赐他们悔改和敬畏他的心，他们也因自己的过犯而谦卑，因此他们就当恳求审

---

[26] 上文的第六节。
[27] 参阅上文的第五节。也请参阅下文的第二十九节；Comm. Ps. 63：4；Comm. Acts 20：36；Comm. 1 Tim. 2：8。举双手祷告在古时是常见的（HDRE X. 185, 201），而且这成为在修道院和在教会的悔罪中所使用的姿势之一。参阅 McNeill and Gamer, *Medieval Handbooks of Penance*, pp. 33 f., 144, 146。加尔文允许在公众崇拜中使用跪的姿势，IV. 10. 30。

判官免除他们所应得的惩罚。

若非神的怜悯托住他们，最拦阻他们祷告的是信心的软弱或不完全，这是因为神经常用苦难操练他们，似乎故意想打击他们的信心，因此神赦免他们软弱的信心并不足为怪。最大的试炼就是信徒不得不呼喊说："你向你百姓的祷告发怒，要到几时呢？"（诗 80：4；参阅 79：5，Vg.）仿佛祷告本身得罪了神，所以当时耶利米说，"他使我的祷告不得上达"（哀 3：8），这证明他深感焦虑。圣经上有众多类似的例子，这就证明圣徒的信心经常混杂疑惑，他们在相信和盼望的同时仍表现出信心的不足。既然他们没有达成他们所渴望的目标，就应当更努力地想要改善自己的错误，并一天比一天更接近完全相信神的祷告。同时，他们也应当深深地感觉到在解决问题中制造更大的问题有多邪恶，以及面对一个事实：若神没有赦免信徒祷告的瑕疵，则没有任何的祷告不受他公义的憎恶。我这样说并不是要信徒不理会自己在祷告中的瑕疵，而是要他们严厉地自责，使自己努力并设法克服祷告中的障碍；虽然撒旦想尽办法拦阻他们祷告，但他们却要突破这一切，因确信他们的祷告虽然仍有障碍，却蒙神悦纳。神也接受他们的祈求，只要他们努力地想达到他们目前无法达成的目标。

基督的代求（17—20）

17. 奉主耶稣的名祷告

[a]既然没有人配来到神面前，天父自己为了除掉那使我们感到绝望的羞耻和惧怕，赐给我们他的儿子——我们的主耶稣基督，做我们在神面前的中保（约一 2：1；提前 2：5；参阅来 8：6，9：15）。我们在他的引领下能坦然无惧地来到神面前，并因他做我们的代求者，我们就相信我们奉他的名所祈求的一切，神都会赏赐我们，因为父神绝不会拒绝他。[e]这与我们以上对信心的教导有关，既然神应许赐基督做我们祷告的中保，除非我们祷告蒙应允的盼望倚靠他，否则我们无法借我们的

祷告获益。

$^{e(a)}$因我们一旦想到神可怕的威严，㉘除非基督做我们的中保，将神可怕、荣耀的宝座变成恩典的宝座，否则我们因自己的不配，将颤抖地从神面前逃走。使徒也教导^{a}我们当坦然无惧地来到神面前，为要得怜恤，蒙恩惠，做随时的帮助（来4：16）。且神给我们求告他的原则，也应许一切如此求告他的人必蒙垂听，同样地，神也特别吩咐我们要奉基督的名求告他；^{b}而且，他也应许我们将获得奉基督的名所祈求的一切。基督说："向来你们没有奉我的名求什么，如今你们求，就必得着"（约16：24，Comm.）、"到那日你们要奉我的名祈求"（约16：26，Vg.）、"你们奉我的名无论求什么，我必成就，叫父因儿子得荣耀"（约14：13，参阅 Comm. 和 Vg.）。

^{a}因此，那些奉别的名求告神的人，是顽梗违背神的诫命，并藐视他的旨意，所以他们与神的应许无分。事实上，就如保罗所说："神的应许不论有多少，在基督都是是的"（林后1：20），即它们必将成就。

18. 复活的基督是我们的中保

^{e}我们也应当特别留意，基督吩咐他的门徒在何时依靠他的代求，就是在他升天之后。他说："到那日，你们要奉我的名祈求。"（约16：26）

我们确定从一开始，唯有借着中保之恩祷告的人才蒙垂听，因这缘故，神在旧约中教导：唯有进入圣所的祭司才能在肩上佩戴以色列十二支派的名字，在胸牌上佩戴代表十二个支派的十二个宝石（出28：9—21），但百姓必须站在院子里保持距离，在那里与祭司一同向神祷告。事实上，祭司的献祭也有助于认可和坚固以色列人的祷告。因此，这律法之下预表㉙基督的仪式教导我们，众人都不准来到神面前，且因此需要

㉘ "Horribilis Dei maiestas." 参阅 III. 23. 7；"decretum... horribile"。

㉙ "Umbratilis," 参阅 II. 7. 1，16；II. 8. 28；II. 9. 3，4；II. 11. 2-6。

一位中保。这中保将代替我们来到神面前，将我们佩戴在肩上和胸前，使我们的祷告借着他蒙垂听；[30]此外，我们的祷告借他所洒的血得洁净，因我们的祷告在基督的血之外是污秽的。由此可见，当时的信徒将祷告蒙应允的盼望建立在献祭之上，因他们确知献祭是神垂听祷告的方式，大卫说："愿他……记念你的一切供献，悦纳你的燔祭。"（诗 20∶3 p.，参阅 Comm.）由此可见，基督的代求从一开始就平息神的愤怒，使神悦纳敬虔之人的祈求。

那么，基督为何设立新的时间，并吩咐他的门徒从那时才开始奉他的名祈求，难道不就是因现今这更荣耀的恩典值得我们更看重吗？且基督稍前所说的也有同样的含义："向来你们没有奉我的名求什么，如今你们求……"（约 16∶24）这并不表示他们以前对中保的职分完全无知，因为这些仪式是犹太人众所周知的，而是因为他们还不十分明白基督在升天后是教会更确实的中保。所以，基督为了以特殊的福分在他离开之后安慰门徒，就教导他将亲自担任中保的职分，这也表示在这之前他们没有这特殊的福分，但如今神要将之赐给他们，使他们借基督就能更坦然无惧地求告神。因此，使徒教导说：这新的道路是用基督的血分别为圣的（来 10∶20）。除非我们以双手迎接神专门为我们预备的这无比珍贵的福分，否则我们的顽梗是无可推诿的。

19. 甚至在信徒彼此的代祷上，基督也是唯一的中保

ª既然基督是众圣徒唯一来到父面前的道路（参阅约 14∶6），所以那些离弃和弃绝这道路的人，就没有什么可以引他们到神面前来；神的宝座对他们而言只有愤怒、审判和恐惧。此外，既然父神印证基督（参阅约 6∶27）做我们的君王（太 2∶6）和元首（林前 11∶3；弗 1∶22，4∶15，5∶23；西 1∶18），那么，那些在任何方面拒绝他的人，就是在尽力毁坏

---

[30] 参阅 Comm. *Harmony Four Books of Moses*, Exodus 28∶9-21。

神自己所设立的印记。^b如此，基督被设立为唯一的中保，而且他为我们的代求，使我们能坦然无惧地来到父的施恩座前祈求。

保罗的确教导圣徒要彼此代求（提前 2：1），将对方的救恩交在神手中，然而，这彼此的代求不但没有窃取基督的荣耀，反而单靠基督的代求。这些代祷出于信徒彼此的爱，因信徒甘心乐意彼此接纳做这身体的肢体，这些代祷也都是出于他们的元首。且当信徒奉基督的名彼此代祷时，难道不就证明在基督的代求之外，祷告对众人没有任何帮助吗？基督的代求与我们在教会里彼此的代祷毫无冲突。^e所以，我们应当以此作为坚定的原则，即我们在教会里一切的代祷，都专靠唯一能替我们代求的基督。这原则也更定我们忘恩负义的罪，因为神不但赦免我们这些完全不配的人，允许我们为自己祷告，也允许我们彼此代祷。神既然在教会中指派代求的人，且这些代求者若只为自己的需要祷告，就是不称职的；另一方面，我们若滥用神的祝福，以教会的代求者取代基督，就窃取基督的荣耀，这是极其任意妄为的罪。

20. 基督是永恒的中保

^b诡辩家们的这话纯粹是胡诌，即基督是救赎的中保，而信徒则是代求的中保。[31]好像基督从前一次做中保只是为了将这职分永远交给他的仆人！难道他们以为这只是稍微窃取基督一点点的荣耀吗？但圣经的教导并非如此，圣经不理会这些诡诈之人。圣经单纯的教导应当能满足所有敬虔的人。当使徒约翰说："若有人犯罪，在父那里我们有一位中保，就是那义者耶稣基督"（约一 2：1）时，他的意思是基督只做我们一次性的中保，还是基督不断地为我们代求？为什么保罗宣称基督"在神的右

---

[31] Clichtove, *De veneratione sanctorum* (Paris, 1523) I. 10 (fo. 26b-29b); Eck, *Enchiridion*, ch. 14 (1533 edition, fo. 47b, 49a); Latomus, *Adversus M. Bucerum de controversiis... altera plenaque defensio* (Cologne, 1545), fo. I 1b-M 4b. Latomus 引用奥古斯丁的 *City of God* XXII. 10 和其他的文章来宣称奥古斯丁同意圣徒的居间代求 (fo. L 1a-2b)。

边，也替我们祈求"？（罗 8：34 p.）然而，当保罗在另一处经文中称基督为在神和人中间唯一的中保（提前 2：5）时，难道他指的不就是在信徒的代求上他是唯一的中保（提前 2：1—2）吗？因为保罗在吩咐信徒要为万人恳求之后，为了肯定这句话，他加上"只有一位神……只有一位中保"（提前 2：5）。

^c奥古斯丁有相似的解释："基督徒的确彼此代求，但那位为众圣徒代求却无须别人代求的，才是唯一的真中保。"使徒保罗虽然在元首之下是与众不同的肢体，然而，因他是基督身体的一个肢体，也因他知道教会最伟大和最真实的大祭司进入至圣所不是只为了做预表，他甚至进入天堂的会幕到神永恒的圣洁中，因此保罗劝其他的信徒为他代祷（罗 15：30；弗 6：19；西 4：3）。他也不将自己当作在神和百姓中间的中保，但他仍劝基督身体的众肢体彼此代祷，因为"肢体彼此相顾。若一个肢体受苦，所有的肢体就一同受苦"（林前 12：25—26，参阅 Vg.）。因此，一切肢体彼此的代祷就升上天堂——这身体的元首那里，因"他为我们的罪作了挽回祭"（约一 2：2，Vg.）。若保罗自己是中保，那么其他的使徒也是中保，且我们若有许多的中保，保罗的这句话就不是真的："只有一位神，在神和人中间只有一位中保"（提前 2：5），我们也"在基督里成为一身"（罗 12：5），只要我们"竭力保守圣灵所赐合而为一的心"（弗 4：3）。同样地，奥古斯丁在另一处说："你若寻求祭司，他就在天上。那在地上为你受死的基督，正在天上替你代求。"（参阅来 7：26 及以下）^㉜

^b其实，我们并不相信他如哀求者跪在神面前为我们代求，我们的立场反而与保罗的一样，即基督既已进入天上的至圣所，就将自己百姓的祈求（参阅罗 8：34）摆在父神面前，直到世界的末了（参阅来 9：24 及以下），而百姓则在远处的院子里等候。

㉜ Augustine, *Against a Letter of Parmenianus* II. 8. 16 (MPL 43. 60); *Psalms*, Ps. 94. 6 (MPL 37. 1220 f.; tr. LF [Ps. 95] *Ps.* IV. 389).

对于圣徒居间代求这谬论的反驳（21—27）

21. ^a相信圣徒居间代求的人，窃取基督做中保的荣耀

至于已经离世却在基督里仍活着的圣徒，即使我们认为他们仍然在祷告，也不可因此幻想：除了借基督这唯一到神那里去的道路（约14：6）之外，有另一个向神祈求的方式。圣经教导我们，基督是唯一的中保，且天父喜悦使万有都在基督里面同归于一（西1：20；弗1：10）。^{b（a）}所以，若不择手段地想在基督之外透过圣徒进到父面前，就是愚昧，甚至是疯狂的，因为除了基督之外没有另外一条道路。

^b谁敢否认这是历史上某些时代普遍的现象，且如今在天主教里仍非常普遍？为了获得神的祝福，他们不断地求告圣徒的功德，奉他们的名向神祷告，且大多时候都忽略基督。难道这不就是将基督代求的职分转移到圣徒身上吗？

而且，我们也该问：到底是天使还是魔鬼向他们启示他们所捏造圣徒居间代求的教义？因为这根本不是圣经的教导。那么他们凭什么捏造这教义呢？的确，当人心一直寻求没有圣经支持的帮助时，这只不过证明人的不信。但我们若质问^{b（a）}那些热切相信圣徒居间代求的人，我们会发现这道理来自他们焦虑的心，^a好像基督仍然不够或不好打交道。首先，他们借着这迷惑的教义使基督蒙羞并夺去他唯一中保的职分，虽然这是父神亲自赐给他的特权，不应该被转移到另一位的身上。其次，借此教义他们抹去基督诞生的荣耀，甚至叫他的十字架落空；总而言之，他们夺去基督一切的事工和他所受的苦，以及所应得的称赞！因为基督所做和所忍受的一切都证明他应当被视为唯一的中保。他们同时也夺去神的仁慈，因他借着基督启示自己是父亲。且除非他们将基督视为自己的弟兄，否则神就不是他们的父亲。^㉝但如果他们不相信基督是最温柔和

㉝ 参阅下文的第三十六节。

亲密的弟兄，他们就是在否认基督是他们的弟兄。因此，圣经唯独提供基督做我们的中保，叫我们借着他向神祷告，并教导我们唯有在他里面才能与神交通。安波罗修说："他是我们用来与父交谈的口；他是我们用来看见父的眼睛；他也是我们用来将自己献给父的右手。除非基督替我们代求，否则我们和众圣徒都不能与神交通。"㉞ᵉ 他们若辩解说：会众在教会里祷告时最后一句都是"奉基督——我们主的名"，这是极为肤浅的回避。㉟因为当我们将基督的代求与死人的祷告和功德混为一谈时，这与单独求告死人是一样大的亵渎。事实上，在他们一切冗长的祷词、诗歌和其他的短文仪式㉟ᵃ当中，他们将一切的尊荣都归给已死的圣徒，却连提都不提基督。

22. 对圣徒的敬畏

ᵇ然而，他们已经愚昧到迷信的地步。一旦挣脱缰绳，就放荡不羁。当人们开始向圣徒祈祷之后，也逐渐开始将专门的职分分给各圣徒，以至于他们有时为某事求告某位圣徒，有时为了另一件事求告另一位圣徒。到最后，每一个信徒都特选某位圣徒作为他的保护者，并将自己交托给他。他们不仅按照都市的数目，甚至按人口的数目捏造一样多的神，虽然古时的先知已因这罪责备过当时的以色列人（耶2：28，11：13）。

但ᵃ既然圣徒唯独渴慕神的旨意、思想，并居住在神的旨意当中，我们若幻想他们有任何除了求神的国降临之外的祷告，这是愚昧、属肉体，甚至藐视圣徒的思想。ᵇ⁽ᵃ⁾但这些人所捏造关于圣徒的代求是：每一位圣徒都偏爱敬拜他的人。㊱

㉞ Ambrose, *On Isaac or the Soul* 8.75 (CSEL 32.694；MPL 14.520).

㉟ Eck, *Enchiridion*, ch.14 (1533 edition, fo.49b)，引用《罗马书》15：30。

㉟ᵃ "*Prosis*"是礼拜中用来唱的诗句韵文或在书信与福音书间用来朗读的短文。参阅 *Oxford English Dictionary*, s.v. "Prose. 2. Ecclesiastical"。

㊱ 参阅注释31中之引证；J. Faber, *De intercessione sanctorum, adversus J. Oecolampadium* (*Opuscula* [1537] II, first title), c 1b-f 4a, esp. e 1a。

ᵇ最后，有许多人不但求告圣徒的帮助，甚至也亵渎地相信这些圣徒决定人的救恩。这充分证明可悲之人若离开圣经真道，即神的话语，就堕落到极点。

ᵉ我略而不谈一些更能证明这些人的不敬虔的表现，虽然神、天使以及理智的人都恨恶这些行为。他们跪在巴巴拉（Barbara）、凯瑟琳（Catherine）等圣徒的石像或画像面前说："我们的父。"牧者不但没有禁止或拦阻这疯狂的行为，反而因贪财的缘故赞同之。他们虽然拒绝承认自己在这样污秽的行为上有任何过犯，但他们要用什么借口替自己如下的行为辩护：他们求告埃利吉乌斯（Eligius）和梅达尔（Medard）㊲在天上侧耳听他们并帮助他们，或求圣洁的童贞女，要求她的儿子照他们的话去做？古时的迦太基教会会议禁止信徒在祭坛前向圣徒祷告，㊳虽然当时敬虔的人无法完全根除这邪恶的习俗，但他们至少在会众的祈祷中根除类似以下的玷污："圣彼得，求你替我们代求。"但这属魔鬼的悖逆已经扩散到人普遍地将唯独属神和基督的职分归给死人。

23. 强解圣经支持圣徒的代求*

ᵇ那些主张圣徒的代求有圣经根据之人的辩论是枉然的。

他们说圣经常记载天使的祷告也记载天使将信徒的祷告献与神。㊴但他们若想将离世的圣徒与天使相比，他们必须证明这些圣徒是服役的灵，奉差遣为那将要承受救恩的效力（来1∶14），在我们所行的一切道路上保护我们（诗91∶11），在我们的"四围安营"（诗34∶7）警告我们，令我们快乐，并照顾我们。这些都是神交给天使，而不是交给圣徒的职分。圣经将天使与离世的圣徒极为清楚地区分开来，ᵉ这表示他们的

㊲ 埃利吉乌斯（卒于660年）和梅达尔（卒于545年），加尔文的出生地努瓦永的著名圣徒和早期主教。

㊳ "*Semper ad Patrem dirigatur oratio*"；Third Council of Carthage (397), canon 23 (Mansi III. 884). Augustine, *City of God* VIII. 27, 1；22. 10 (MPL 41. 255, 772；tr. NPNF II. 164 f., 492)；*Against Faustus* 20. 21 (MPL 42. 384 f.；tr. NPNF IV. 262).

㊴ Eck, *op cit.*, fo. 48b.

借口是极其荒谬的。除非人先有律师的资格,否则他不敢在法官面前替人辩护。那么这些地上的虫凭什么擅自教导圣徒的代求,他们有什么圣经根据吗?神喜悦差派天使照顾我们的救恩。他们因此参加天上的聚会,且对他们而言,教会是某种剧场,他们在这剧场内对神诸般、丰盛的智慧感到惊奇(弗3:10)。那些将神特别派给天使的职分转移到人身上的人,是在混乱和颠倒神所设立的秩序。

他们也同样狡猾地引用其他经文支持他们的谬论。[b]神对耶利米说:"虽有摩西和撒母耳站我面前代求,我的心也不顾惜这百姓。"(耶15:1)他们问:若神不允许死人替活人代求,那么他怎能这样描述他们呢?[40] 我的推论反而是,既然这经文显然没有记载摩西或撒母耳替以色列人代求,就证明神不允许任何已死的圣徒替人代求。既然摩西已死,就不再为百姓的救恩劳力,因他在世时无人比他劳力,那还会有什么已死的圣徒仍在为百姓的救恩劳力呢?他们若继续坚持这样的胡诌,即既然神说"虽有他们代求",就证明死人的确为活人代求(参阅耶15:1,参阅VG 1560),那我也可以比他们更理智地这样争辩:在百姓迫切需要时,摩西并没有替他们代求,因为神说:"虽有摩西站在我面前代求"。所以,最大的可能是其他已死的圣徒也没有为百姓代求,因为众圣徒在温柔、善良和父亲般的关怀上都比不上摩西。显然,这些人的辩解使他们到最后用他们以为能攻击我们的武器伤害了自己。

他们这样强解这句话是非常荒谬的,因神在此只是宣告他绝不会忘记百姓的过犯,即使摩西或撒母耳替他们代求,虽然他从前常垂听他们的祷告。《以西结书》中也有另一处经文与此相似:"其中虽有挪亚、但以理、约伯这三人,他们只能因他们的义救自己的性命"(结14:14 p.),而非能救自己的子孙。这里的意思毫无疑问是:"若其中两个人从死里复活",因为当时但以理——圣经明确记载他是无比敬虔的人——仍活着,

---

[40] Eck, *op. cit.*, fo. 46b; Aquinas, *Summa Theol.* III. Suppl. 72. 3.

神也不会因他们以百姓为无罪。⑩ˣᵇ 所以我们没有根据说已死的旧约圣徒能替人代求。因这缘故,当保罗提到大卫时,他并没有教导:大卫借自己的祷告帮助他的后裔,而是说他服侍了自己那一世的人（徒13:36）。

24. 离世的圣徒不再忙地上的事*

ᵇ他们又反对说:"难道他们已经没有任何敬虔的意念,虽然他们在世时一生过着敬虔、怜悯他人的日子?"㊶我不想过度好奇他们正在忙什么或想什么,ᵇ⁽ᵃ⁾然而最大的可能是他们已不被各样的渴望干扰,而是坚定不移地等候神的国,神的国不但包括拯救信徒,也包括毁灭恶人。但若是这样,无疑已死圣徒的爱也局限在基督身体的范围之内,不能越出他们与基督之间交通的性质。ᵃ我虽然承认他们在这意义上为我们祷告,但他们仍没有ᵉ放弃自己的安息而被卷入属世的事,因此我们更没根据经常求告他们!

我们也不能根据圣徒在世时彼此的代求而向已死的圣徒祷告（参阅提前2:1—2；雅5:15—16）。圣徒在世时彼此代求是互相担当重担,以及培养彼此的爱。ᵇ他们这样做也是根据神的诫命和应许——祷告中的两个最主要的根据。至于已死的圣徒,ᵇ⁽ᵃ⁾我们完全没有这根据,当神将他们从我们中间接去时,我们就不再知道他们的事（传9:5—6）,且据我们所知,他们也不知道我们的事。

然而若有人说:他们既然以同一信仰与我们联合,那么他们不再爱我们是不可能的,但谁能保证他们的耳朵能听见我们的声音,或他们的眼睛能看见我们的需要呢?我们的仇敌的确在自己的黑暗中胡诌:神脸上的光照在已死圣徒身上,使他们能从天上如同从镜子中看见我们。㊷但他们这样大胆地相信,难道不就是希望借自己的幻想在神的话语之外参

---

⑩ ˣ"For the third… godliness." 1553 addition.
㊶ Eck, *op. cit.*, fo. 49a；De Castro, *Adversus haereses*（1543 ed., fo. 164 B, E）.
㊷ Eck, *op. cit.*, fo. 47a-48a. 参阅 Aquinas, *Summa Theol.* II IIae. 83. 11。

透神奥秘的事，并践踏神的道吗？圣经常常宣告我们肉体的智慧与神的智慧互相敌对（罗8：6—7，Vg.）。圣经说人有虚妄的心（弗4：17）和不可靠的理智，也吩咐我们要唯独仰望神的旨意（参阅申12：32）。

25. 圣经中记念已死族长之名的祷告并不支持向已死的圣徒祷告*

ᵇ他们也邪恶地强解其他他们用来支持自己谬论的经文。他们说雅各希望自己的后裔能继续求告他的名和他祖先亚伯拉罕和以撒的名（创48：16）。㊸首先，我们当思考在以色列人中这是怎样的求告，他们并不是求告自己祖先的帮助，而是求告神记念他的仆人亚伯拉罕、以撒和雅各。所以，这个例子一点也不支持向已死圣徒祷告的立场。

但既然这些迟钝和愚昧之人不晓得何谓求告雅各之名，也不晓得为何当求告他，所以，当他们连祷告的方式都误解时，并没有什么可惊讶的！这是圣经多处的记载。以赛亚说当女人有丈夫并在丈夫的关怀和保护下时，她就归在丈夫名下（赛4：1）。所以，以色列人求告亚伯拉罕的名，意思是他们承认亚伯拉罕是第一个祖先并尊荣他为自己种族的元首和生他们的父。雅各这样做并不表示他希望自己的名能流传万代，而是因他知道自己的后裔将要得的基业完全在乎神与他们的祖先所立的约。因他知道他的后裔将受最大的祝福，所以他希望这些人能被算为自己的后裔，他只是希望他们能获得神盟约的基业。至于他要他的后裔在祷告中记念他，不是要他们恳求已死之人为他们代求，而是提醒他们神曾与他所立的约，且慈悲的父神借此约应许为了亚伯拉罕和以撒、雅各的缘故恩待他们。

先知借着教会共同的心声证明圣徒在祷告中并没有依靠祖先的功德："亚伯拉罕虽然不认识我们，以色列也不承认我们，你却是我们的父。耶和华啊，你是我们的父……我们的救赎主。"（赛63：16）他们虽

㊸ De Castro, *Adversus haereses* (1543, fo. 164 B, C).

然这样说，却同时加上："耶和华啊……求你为你仆人的缘故转回来"（赛 63：17 p.），这不是在恳求已死圣徒为他们代求，而是在求神记念他的约。但既然我们如今拥有主耶稣，且神在他身上与我们立施怜悯的约，甚至向我们确认这约，所以我们应当奉谁的名祷告呢？

ᵉ既然这些所谓善良的教师教导：这经文证明神设立已死的族长为我们的代求者，那么，我想知道他们在已死的众多族长中，为何根本不提亚伯拉罕——教会之父。我们都知道他们从什么样的恶人中挑选自己的代求者。我想知道为何亚伯拉罕，神摆在第一位的族长，也是神最高举的一位，却被他们离弃和忽略了！其实，既然古时的教会显然没有求告已死的族长，他们为了掩饰这新的捏造，就没有求告古时的族长，就好像求告其他不同人之名能为他们这败坏的新习惯开脱。

又有人说：先知求告神"因大卫的缘故"怜悯百姓（参阅诗 132：10），然而，这不但没有支持他们的谬论，反而彻底反驳他们的谬论。我们应当思考大卫具有什么样的品格，神将他分别出来与他立约。所以，先知所指的是神的约，而不是大卫本身，且大卫预表基督代求的职分。既然大卫在此是预表基督，所以我们就不能将这运用在别人身上。

26. 古时的圣徒只是我们祷告的榜样*

ᵃ又有人因圣经记载神垂听古时圣徒的祷告而认为这支持他们的谬论。㊹古时圣徒的祷告为何蒙垂听呢？因为他们祷告。先知说："我们的祖宗依靠你……你便解救他。他们哀求你，便蒙解救；他们依靠你，就不羞愧。"（诗 22：4—5；参阅 21：5—6，Vg.，些微的改变）我们也应当效法他们的榜样向神祷告，使自己的祷告蒙垂听。

然而，我们的仇敌既不恰当又荒谬地推断：唯有祷告蒙垂听过之人的祷告才会蒙垂听，但雅各却非如此说，他说："以利亚与我们是一样性

㊹ Eck, *op. cit.*, fo. 49a；De Castro, *op. cit.*, fo. 198 A.

情的人，他恳切祷告，求不要下雨，雨就三年零六个月不下在地上。他又祷告，天就降下雨来，地也生出土产。"（雅 5：17—18 p.）$^{b(a)}$ 为什么呢？难道他的意思是以利亚有某种与众不同的特权，且我们应当因此投靠他的祷告吗？断乎不是！他反而教导敬虔、纯洁的祷告总是大有力量，也劝勉我们当效法以利亚的榜样祷告。^{b} 除非我们因这启示更坚定相信神的应许，否则我们就是在邪恶地误解这启示。神在他的应许中并非宣告他将垂听这人的祷告，或少数人的祷告，而是凡求告他之人的祷告。

^{c} 他们的这无知更是无可推诿的，因他们好像故意藐视圣经众多的教导。神以自己的大能再三地搭救大卫，难道神这样做是要大卫支取这大能，而我们能因此透过他被搭救吗？大卫的解释反而与此相反："义人必环绕我，因你是用厚恩待我。"（诗 142：7；参阅 141：8，Vg. 和 LXX）同样地，"众人……要明白他的作为。义人必因耶和华欢喜，并要投靠他"（诗 52：6；64：10），"我这困苦人呼求，耶和华便垂听"（诗 34：6）。㊺《诗篇》中有许多与此类似的祷告。大卫求告神垂听他的呼求，好让义人不至羞愧，反而因他的榜样更盼望神。我只要再引用另一处经文就够了："凡虔诚人都当趁你可寻找的时候祷告你。"（诗 32：6，31：6，Vg.）我更愿意引用这经文，因为这些吹毛求疵的人大胆地替天主教辩护，宣称这经文证明死人的代求，㊻就好像大卫的意思不是神出于他的慈爱和温柔垂听信徒的祷告，而使这些祷告蒙应允！

我在此也希望我们能留意这一般的原则：当我们在自己的身上经历到神的恩典，或看到他人蒙恩时，这就极大地帮助我们更相信神的应许。大卫也经常提醒自己神对他的祝福，使自己能更相信神。我不打算列举这些经文，因为阅读《诗篇》的人应当对此非常熟悉。

㊺ 这里所引用的句子似乎与 Vg. 版本中的《诗篇》51：8 和《诗篇》65：11（与 KJV 经节编排相同）混合。

㊻ Eck, *op. cit.*, fo. 47b 引用《诗篇》32：6。

雅各借着自己的经验，曾经教导过同样的真理："你向仆人所施的一切慈爱和诚实，我一点也不配得。我先前只拿着我的杖过这约旦河，如今我却成了两队了。"（创32：10）他在此不仅提到神的应许，同时也提到这应许的应验，好让自己以后更勇敢地相信神将同样恩待他。因为神不像必死的人，他们不总是有慷慨的行为，有时会陷入经济的困境。我们反而要照神自己的本性相信他，就如大卫在此智慧的榜样。大卫说："耶和华诚实的神啊，你救赎了我。"（诗31：5 p.）

当他因自己蒙拯救并称赞神之后，他接着诉说神是诚实的神。因他若不是永远前后一致的神，我们就无法因他的祝福，肯定地推论自己以后当信靠和求告他。但我们若确知神每一次帮助我们时，他就在举例说明，甚至证明他的良善和他对我们的好意，我们就无须害怕到最后我们的盼望将落空或被欺哄。

27. 对圣徒代祷最后的反驳

ᵉ综上所述，圣经教导我们敬拜神最主要的部分就是祷告。因此，他既然要求我们尽这敬虔的本分，且众献祭与这本分相比是次要的，那么，除神之外若有另一个祷告对象，这是公然的亵渎。此外，《诗篇》也记载："倘若我们向别神举手，神岂不鉴察这事吗？"（诗44：20—21，43：21—22，Vg.）我再说一次，唯有出于信心的祷告才蒙神喜悦，且神明确地吩咐我们：祷告必须合乎他真道的要求。最后，建立在真道上的信心是祷告之母；如此看来，祷告一旦偏离这真道，就必定是败坏的。但我们以上已证明过，[47]只要我们明白整个圣经的教导，就会晓得唯有神自己才有听祷告的尊荣。圣经也教导我们神将代求的职分专门归给基督，[48]且除非祷告受这中保的洁净，否则无法蒙神悦纳。然而，即使信徒

---

[47]　上文第二十六节。
[48]　上文第十七至第十九节。

在神面前彼此代祷，我们已证明这与基督独特的代求毫无冲突。㊾因为一切祷告的人都靠基督的代求将自己和别人交托给神。此外，我们以上也教导过，㊿将代求的职分归给死人是错误的，因为圣经没有教导神吩咐他们替我们代求。圣经常常劝我们彼此代祷，却根本没教导过死人的代求。事实上，雅各借这两次的劝勉——当彼此认罪，以及当互相代求（雅5：16）——暗示死人没有替我们代求。

因此，这一个理由足够驳倒这谬论：正确的祷告出于信心，信心则出于听神的道（罗10：14、17）。然而，神的道并没有提到这虚假的代求，这些非神所差派的代求者，不过是人出于迷信的轻率捏造的。虽然圣经充满了各种不同祷告的形态，却根本没有记载这种代求，然而天主教相信祷告在这代求之外不存在。此外，这迷信显然是由于人的不信，他们若不是认为基督不足以担任这职分，就是否定基督的这职分。他们的无耻也证明这一点，因为当他们宣称信徒需要已死圣徒的代求时，他们所强调的是信徒自己不配来到神面前。(51)信徒的确不配来到神面前，然而我们的结论是：视基督的代求在乔治（George）和希波律陀（Hippolytus）以及其他类似幽灵(52)的帮助之外为无用，就是在废掉基督代求的职分。

祷告的种类：私祷和公祷（28—30）

28. 私祷*

e (a) 虽然将祷告局限于祈求和代祷是对的，然而，祈求与感谢彼此的关系密切到我们能将两者都包括在同一种祷告的范围之内。保罗所提到

㊾ 上文第二十节。
㊿ 上文第二十一节。
(51) Aquinas, *Summa Theol.* III. Suppl. 82. 2; Eck, *op. cit.*, fo. 50b; De Castro, *Adversus haereses*, fo. 197 E.
(52) 卡帕多西亚的乔治（George of Cappadocia）于303年殉道。跟随他的人在理查德·莱恩赫特（Richard Lionheart）的布道会之后分散在英国。第三世纪里有两位名叫希波律陀的圣徒。这里所指的是一位在罗马教会中知名的学者和有争议性的人物。他曾被逐出教会，后来复归，于236年殉道。

的祷告都是属于前者（参阅提前 2∶1）。在祈求的时候我们将自己的希望摆在神面前，恳求那些将荣耀归给神，且将他的名显为大的事，以及求那些对我们有益的福分。在感谢时，我们称赞神对我们的祝福，并将自己一切所领受的益处归功于神的慷慨，因此，大卫将两者摆在同一个范围之内："要在患难之日求告我，我必搭救你，你也要荣耀我。"（诗 50∶15）[53]

圣经有极好的理由吩咐我们不断地向神祈求并感谢他。因我们在之前已说过，我们极大的穷困和自己的经验都宣告四面所压迫我们的患难既多又大，[a]以至于我们都当不断地向神叹息，并求告他。[e]因为即使信徒没有遭受任何患难，他们自己的过犯所应得的审判和他们所遭受无数的诱惑也应当激励甚至最圣洁的信徒求告神的帮助。然而，若我们不想得罪神，我们就当不断地赞美和感谢他，因神不断地对我们恩上加恩，是为了激励我们迟钝、懒惰的人心存感恩。[a]简言之，神的祝福既大又多到几乎湮没我们，且四围众多和大能的神迹也应当感动我们一直不断地赞美和感谢神。

更详细地说，根据以上的证明，[54]我们一切的盼望和财富都在神里面，甚至我们以及自己的财产在神的祝福之外都无法兴旺。因此，我们应当常常将自己和我们所有的一切都交托给神（雅 4∶14—15）。我们也应当下决心将自己一切的思想、言语和行为都摆在神的管理和旨意下，换言之，摆在盼望神的协助之下。因为神宣告一切因信靠自己或他人而决定并施行自己一切计划的人都在他的咒诅之下，他们若做或尝试做任何在神旨意之外的事，或忽略求告他，也都在他的咒诅之下（参阅赛 30∶1，31∶1）。

[e(a)]且既然就如我们一再重复的，[55]当我们承认神是万福之源时，我

---

[53] "In die necessitatis,"显然出自《便西拉智训》6∶10。
[54] 上文第一节。
[55] 上文第一节。

们就在将他所应得的尊荣归给他，[a]这就证明我们应当抱着不断感恩的心，领受他所赐给我们的万物。除非我们继续不断地赞美和感谢神，否则我们没有任何正当的理由享受他出于慷慨所赐给我们的福分。当保罗教导我们这些福分都是因神的道和人的祈求成为圣洁（提前 4：5）时，这就暗示没有神的道和祷告，这一切对我们而言不是圣洁的（在这里，按修辞学中的转喻而言“神的道”显然指的是“信心”）。[b]因此，当大卫感觉到神对他的慷慨时，奇妙地宣告：他使我口唱新歌（诗 40：3）。这就暗示：我们若没有因神的祝福赞美神，我们的沉默就是恶意，因为神每一次祝福我们，就赐给我们赞美他的机会。

[e]同样地，以赛亚宣告神荣耀恩典的同时劝信徒当向耶和华唱新歌（赛 42：10）。大卫在另一处以同样的意义说：“主啊，求你使我嘴唇张开，我的口便传扬赞美你的话！”（诗 51：15，50：17，Vg.）希西家和约拿也以同样的方式见证他们得释放，他们将在圣殿里颂赞神的慈爱（赛 38：20；拿 2：9）。大卫也以同样的原则教导众圣徒：“我拿什么报答耶和华向我所赐的一切厚恩？我要举起救恩的杯，称扬耶和华的名。”（诗 116：12—13；参阅 Comm. 和诗 115：12—13，Vg.）这也是教会在另一篇诗篇中的见证：“耶和华我们的神啊，求你拯救我们……我们好称赞(56)你的圣名，以赞美你为夸胜。”（诗 106：47，105：47，Vg.）以及“他垂听穷人的祷告，并不藐视他们的祈求。这必为后代的人记下，将来受造的民要赞美耶和华……使人在锡安传扬耶和华的名，在耶路撒冷传扬赞美他的话。”[诗 102：17、18（Comm.）、21；参阅诗 101：21，Vg. 和 LXX]

事实上，每当信徒求告神为他自己的名行事时，他们同时也在承认自己不应得什么，也在承认感谢是必需的，并承诺借着传扬神的慈爱，正当地使用他的祝福。何西阿在预言教会将来的救赎时说：“求你除净罪

(56) “*Confiteamur*,” 参阅 III. 4. 9，注释 19。

孽，悦纳善行，这样，我们就把嘴唇的祭代替牛犊献上。"（何14：3，Vg，见Comm.）

神的祝福不但本身应受称赞，这些祝福自然也赢得我们的爱。大卫说："我爱耶和华，因为他听了我的声音和我的恳求。"（诗116：1；参阅Comm.和诗115：15，Vg.）他在另一处记念神对他的帮助而说："耶和华，我的力量啊，我爱你！"（诗18：1 p.）我们的赞美若不是出于这甘甜的爱，[57]就无法蒙神悦纳。此外，保罗告诉我们，我们的祈求若没有随着感谢而献上，都是邪恶和恶意的。保罗说："要凡事借着祷告、祈求和感谢，将你们所要的告诉神。"（腓4：6 p.）他的意思是：许多人的祷告都受自己的不悦、无聊感、不耐烦、苦毒和惧怕影响，所以他劝信徒当克制自己的情感，一方面等候神的赏赐，一方面快乐地赞美神。既然神严厉地吩咐我们在自己不悦时仍要心存感恩，那么当神垂听我们的祷告时，我们就更应当怀着敬畏的心称赞他。

我们在上面教导过：基督的代求洁净我们的祷告，而在他代求之外，我们一切的祈求都是不洁的，同样地，使徒在吩咐我们借着基督将赞美献给神（来13：15）时告诫我们：除非基督祭司的职分替我们代求，否则我们的嘴唇就不洁净而无法赞美神。由此可知，天主教徒是受欺哄的，因他们大多数人居然不知道基督为何被称为"中保"。

[a]保罗之所以吩咐我们当不住地祷告和感谢神（帖前5：17—18；参阅提前2：1、8），显然是因为，既然神不断地赏赐我们极为充分的理由赞美他和向他祷告，那么保罗就希望万人能常常、随时随地、在一切的情况下，将自己的需求交托给神，盼望神将万物赏赐我们，且之后将他所应得的赞美归给他。

---

[57] "*Ex hac dulcedine amoris.*"参阅"*tanta dulcedine*"，上文的第十四节。*dulcedo*（甘甜）这个词，对中世纪的神秘主义者来说是重要的。使用者包括了伯尔纳（Bernard）、圣维克多的理查德（Richard of St. Victor）、罗勒（Rolle）和吕斯布鲁克（Ruysbroeck）。已翻译的一些短文可参阅LCC 13. 68 ff.，105 f., 210 f., 235, 313 ff.。

29. 公祷的必要性和注意事项

ᵇ⁽ᵃ⁾神吩咐我们不住地祷告,虽然主要在乎的是我们的私祷,却仍与教会的公祷有关。ᵃ然而,公祷不可能是不住的,甚至也受限于大家所公认的教会次序。因这缘故,虽然不是出于神的吩咐,但为了人的方便,教会当决定一些固定祷告的时间,使众信徒都得益处。也要遵守保罗给我们的吩咐,即"凡事都要规规矩矩地按着次序行"(林前 14∶40)。ᵇ但这并不表示各教会不应该在有迫切的需要时花更多的时间,并更迫切地求告神。不住的祷告与圣徒的坚忍有密不可分的关系,我将在本章末尾更详细地教导圣徒的坚忍。⁵⁸

我上面所说的一切与基督在祷告中所禁止的重复话⁵⁹无关(太 6∶7)。因为基督所禁止的并不是很长的祷告、经常向神祷告,或迫切的祷告,而是禁止我们自以为能以啰唆的言语迫使神厌烦而屈从我们的要求,仿佛我们能说服神,好像神和必死之人一样。ᵉ假冒为善的人既因不思考祷告的对象是神,⁶⁰就在祷告中表现自己的傲慢,仿佛在战争中得胜那般。那位感谢神说自己不像其他人那样的法利赛人(路 18∶11),无疑是在人面前称赞自己,就如他想借祷告使人知道自己出众的圣洁。如今在天主教会里的重复话也因同样的缘故受欢迎。有人再三地重复琐屑的祷告,有人在会众面前以许多啰唆的言语自夸。既然这样的啰唆既幼稚也是嘲笑神,难怪教会禁止之,为要避免一切不是出自内心迫切的祷告。

基督也禁止另一种与此类似的败坏祷告:假冒为善的人为了炫耀,渴望有许多的听众听他们祷告,因此他们宁愿去市场祷告,也不愿他们的祷告缺乏听众(太 6∶5)。ᵃ既然我们以上已经解释过祷告的目的——信徒当迫切赞美神或求告他的帮助——由此可见,祷告主要的部分在乎人

---

⑤⑧ 下文第五十一节。
⑤⑨ "βαττολογίαν."
⑥⓪ "Negotium cure Deo." 参阅 I. 17. 2;III. 3. 6;III. 3. 16;III. 7. 2,并附加的注解。

的心和思想。(61)换言之，祷告是人将心里的感觉(62)诚实地献给那位鉴察人心的神（参阅罗 8 : 27）。因此，就如我们以上说过的，当那位天上的教师喜悦为我们设立祷告最好的准则时，他吩咐我们要进自己的内屋，关上门，向在暗中的父祷告，且父在暗中察看必然报答我们（太 6 : 6）。因当主禁止我们效法假冒为善之人的榜样——他们希望借虚妄、卖弄的祷告吸引人的称赞——时，他同时也吩咐我们更重要的事：要进自己的内屋，关门而向神祷告。我深信他的这话教导我们当私下向神祷告，因这会帮助我们全心全意、深入地与神交通。他保证当我们出自内心亲近神时，神因我们的身体是他的圣殿，也将亲近我们（参阅林后 6 : 16）。

他的意思并不是说我们不应当在别的地方祷告，而是教导我们祷告是私人的事情，主要在乎我们的心，也要求我们离弃一切使我们分心的事物，得以进到神面前。[b]因此，主自己想要更迫切地祷告时，他习惯离开众人的嘈杂寻找安静的地方，不是没有道理的。他这样做是要我们效法他的榜样，不要忽略这些能帮助我们软弱的心更迫切祷告的方法。此外，既然他有时也适时地在人群中祷告，所以，我们也要效法他的榜样，举起圣洁的手随处祷告（提前 2 : 8）。(63)

最后，我要指出拒绝公祷的人不明白何谓私人、私下的祷告。此外，忽略私祷的人，不管他是否从不错过任何公祷的机会，他的公祷也是虚妄的，因他在乎人的看法胜过神隐秘的判决。

此外，神在古时为教会的公祷取了极为光荣的称号，免得他的选民开始藐视祷告。其中一个是神称圣殿为“祷告的殿”（赛 56 : 7；太 21 : 13）。

---

(61) 上文第四节。

(62) “*Cordis affectum*.” 参阅 III. 1. 3，注释 6；Bucer，*Enarrationes in quatuor Evangelia*（1536），p. 157。

(63) 加尔文引用基督作为私祷和公祷的榜样，在此转向论述教会中的公祷，这是第三十至第三十三节的主题。20 世纪在法国和瑞士的改革宗教会兴起的教会礼拜仪式运动，它们挣脱了加尔文所设的限制。特别参阅 J. – D. Benoit，*Liturgical Renewal*：*Studies in catholic and Protestant Developments on the Continent*，pp. 9-68。

他的这称号教导我们祷告是敬拜神主要的部分，且神设立圣殿使信徒能一同祷告。他也加上一个独特的应许："神啊，锡安的人都等候赞美你，所许的愿也要向你偿还。"(诗65:1, Comm.) 先知在此教导我们，教会的祷告从不落空，因神借祷告使他的百姓欢喜快乐。然而，虽然旧约里的影子已经过去了，但既然神喜悦借祷告的仪式使他的百姓在真道上合而为一，无疑这应许也属于我们。基督亲口认可这应许，保罗也宣告它永远有效。

30. 不是教堂而是我们自己才是神的殿[*]

[b]既然神吩咐信徒有公祷，所以我们就应当有公共的圣殿，好让我们方便遵守这诫命。如此，那些拒绝在祷告中与神的百姓交通，而说我们能在自己的房间里遵守神诫命的人，完全无可推诿。因当主应许有两三个人奉他的名求告他，他必成全他们的祷告（太18:19—20）时，就在见证他不藐视公祷，只要我们弃绝一切的虚饰和自取荣耀的行为，从内心表现对神真诚和真实的爱。

既然举行公祷是教堂正确的作用，[64]我们就当谨慎，免得以为教堂是神的居所，因此在那里我们能更亲近他——这是教会几百年前所编造的迷信——或以为教堂有某种奥秘的圣洁，使我们的祷告更圣洁。但既然我们自己才是神真正的圣殿，我们若想要在神的圣殿里求告他，就必须出自内心向神祷告。就让犹太人或异教徒继续愚昧地相信这迷信吧！因主吩咐我们在各处"用心灵和诚实"求告他（约4:23）。

在古时，神吩咐以色列人为了祷告和献祭将圣殿献给他，那时神的真理隐藏在这神秘的预表下，但如今神已清楚、活泼地显明这真理，所以我们的祷告更不需要依靠物质的建筑物。神原本为犹太人设立圣殿也不是要他们以为能把神的同在局限在这建筑物中，而是要训练他们思考

---

[64] "Templorum usus." 参阅 Comm. Acts 9:31, "For the church is the temple and the house of God"。

何谓真圣殿。所以，以赛亚和司提反严厉斥责人误以为神住在人手所造的殿里（赛66：1；徒7：48—49）。

歌唱和言语（31—33）

31. 言语和歌唱的祷告

[a]由此可见，不管是言语或歌唱方式的祷告，除非是出自内心，否则在神面前毫无价值。(65)但若我们的祷告只是嘴唇和喉咙的动作，反而激怒神，因为这样的祷告玷污神的圣名并藐视他的威严。[e(a)] 这就是以赛亚所斥责的罪，虽然它所包括的范围更广。他说：[a]“这百姓亲近我，用嘴唇尊敬我，心却远离我；他们敬畏我，不过是领受人的吩咐”（赛29：13；参阅太15：8—9），“所以，我在这百姓中要行奇妙的事，就是奇妙又奇妙的事。他们智慧人的智慧必然消灭，聪明人的聪明必然隐藏”（赛29：14 p.，参阅Vg.）。

然而，我们在此并非责备言语和歌唱的祷告方式，而是劝人要如此祈祷，只要是出自内心，因为这样的祷告帮助我们专心默想神。我们的心若没有外在的帮助，是善变、容易动摇、懒散、容易分心的。此外，既然神喜悦人的各部分肢体都荣耀他，所以舌头不管是借歌唱或言语，都特别适合将荣耀归给神。因为神特别创造舌头就是为了述说和宣扬神的美德。而公祷就是舌头最主要的作用，因为公祷是信徒聚会时献给神的。在公祷时，众人如同一人同声赞美、荣耀神，同心敬拜他。公祷的

---

(65) 茨温利为了避免在宗教改革前对于崇拜中唱诗的滥用，因此以经文的朗读来替代唱诗（1525）。康拉德·格列伯（Conrad Grebel）也对崇拜中唱诗持有相同的看法。可以从他对于托马斯·闵采尔（Thomas Müntzer）引进了553首在教会崇拜中唱的诗歌（LCC XXV. 75）不遗余力的攻击看出他的立场。对在公开的崇拜仪式中唱诗，加尔文的看法与路德一样，是毫不犹豫且坚定支持的，而加尔文所用的诗歌是法文韵体的诗篇。参阅 L. Wencelius，*L'Esthétique de Calvin*，pp. 250-303；F. Blume，*Die evangelische Kirchenmusik*；C. Garside，Jr.，“Calvin's Preface to the Psalter，a Reappraisal，” *The Musical Quarterly* XXXVII（1951），566-577。加尔文认为唱诗在于心意上的虔敬。加尔文劝勉人在唱诗时心思和意念要专注，这一点出现在许多更早的基督徒的作品中，特别是在圣本笃（Benedict）的 *Monastic Rule* 19：“*Ut mens nostra oncordet voci nostrae*”；J. McCann，*The Rule of St. Benedict in Latin and English*，p. 68。

目的是要众人以一位代表，共同表现教会的信仰，且受激励更坚定地相信神。

32. 在教会中的歌唱

ᶜ在教堂里唱诗不但是古老的习惯，甚至也是使徒的习惯，保罗的这句话可以证明："我要用灵祷告，也要用悟性祷告。"（林前 14：15）保罗也对歌罗西的信徒说："用诗章、颂词、灵歌彼此教导，互相劝诫，心被恩感，歌颂神。"（西 3：16 p.）保罗在第一处经文中教导我们当从心里用声音歌颂；在第二处经文中则劝我们用灵歌彼此造就。

然而，奥古斯丁却见证，在教堂里歌唱不是当时普遍的现象。他说米兰教会到了安波罗修的时代才开始唱诗，主要是在瓦伦提尼安（Valentinian）的母亲查士丁娜（Justina）猛烈地攻击正统基督教信仰时，教会为了更专心警醒祷告就开始唱诗。之后，西方教会也效法米兰教会的榜样，因为他在前面告诉我们这是东方教会⑥⑥的习俗。他也在他的《订正录》（Retractations）第二册中告诉我们，非洲的教会是在他的时代才开始唱诗的。他说："一位名叫希拉利（Hilary）的护民官到处恶劣地斥责当时在迦太基教会里刚开始的习惯，即在聚会时或在领圣餐前或正在领圣餐时，用诗篇唱诗。我因一些弟兄的请求答复他。"⑥⑦

我们若抱着在神和天使面前应该拥有的敬畏的心态，我们就会更认真、严肃地敬拜神，这也会大大地激发我们热心、迫切地求告神。然而我们也当谨慎，免得旋律比歌词更感动我们。奥古斯丁在另一处陈述这危险烦扰他，乃至他有时希望教会能设立阿塔那修（Athanasius）的习惯。阿塔那修吩咐领会的人在唱诗时要控制声音到唱诗像念经而不像音乐。然而，当他想到唱诗大大地帮助他敬拜神时，他就改变主

---

⑥⑥ Augustine, *Confessions* IX. 7. 15（MPL 32. 770；tr. LCC VII. 187）.
⑥⑦ Augustine, *Retractations* II. 11（MPL 32. 634）.

意了。⑱所以，教会在唱诗时节制，无疑是圣洁，也是对众信徒很有帮助的习惯。另一方面，那些只为了悦耳的目的所作的歌曲与教会的威严极不相称，也极其激怒神。

33. 应当用共通的语言祷告

ᵃ根据同样的原则，显然我们的公祷不应该效法拉丁人用希腊文或法国人和英国人用拉丁文祷告的榜样，我们反而应当用当地人共通的语言祷告，使所有参加敬拜的人都能明白。因公祷的目的是要造就教会，若我们用人所不明白的话祷告，谁都无法获益。那些不留心爱或仁慈的人，他们至少应多少被保罗的权柄说服。他的这段话再清楚不过了。他说："你用灵祝谢，那在座不通方言的人，既然不明白你的话，怎能在你感谢的时候说'阿门'呢？你感谢的固然是好，无奈不能造就别人。"（林前 14∶16—17 p.）ᵇ那么，在使徒保罗公开地斥责之后，天主教徒仍然放荡大胆地用外国语言祷告，难道这是可以被接受的吗？他们自己都一无所得，也不希望别人明白！

然而，保罗的吩咐并非如此。他说："这却怎么样呢？我要用灵祷告，也要用悟性祷告；我要用灵歌唱，也要用悟性歌唱。"（林前 14∶15）ˣ ⁽ᵇ⁾他所说的"灵"是指方言的恩赐，虽然他们当中有人拥有这恩赐，因为将之与悟性截然分开，因而滥用了这恩赐。⑱ˣᵃ但是，我们应当确信不管是公祷或私祷，舌头若不配合悟性，就是神所厌恶的。此外，人的悟性应当热切地默想真理，甚至远超过舌头所能述说的。

最后，对于私祷而言，我们应当主张舌头并不是必需的，只是有时心里的感觉需要舌头来感动我们，或我们在心里激动到舌头自然而然地

---

⑱ Augustine, *Confessions* X. 33. 50 (MPL 32. 800；tr. LCC VII. 230 f.). 奥古斯丁在他的书里说他"有时候"希望禁掉所有诗歌本中的歌曲，认为它们对于敬拜是没有帮助的。然而就如加尔文一样，他决定接受诗歌上的改革，而非完全拒绝。

⑱x 1539 年版本里："他所说的……与悟性"这句话在 1553 年得以修订。

被感动,虽然有时最好的祷告是沉默的,但有时我们心里感动时,舌头就毫不虚饰地发言,而其他的肢体也一同反应。无疑地,哈拿声音模糊不清的祷告就是如此(撒上1:13),ᵇ这也是众圣徒在祷告中的经验。

至于在祷告中身体的姿势,如跪在地上和脱下帽子,它们能帮助我们更敬畏神。

主祷文:前三项的解释(34—43)

34. 主祷文是我们不可缺少的帮助

ᵃ我们不但应当追求更好的方法,也要留意祷告的形式,即父神借着他爱子所教导我们的形式(太6:9及以下;路11:2及以下),这形式帮助我们承认神丰盛的慈爱和赦免。神吩咐和劝勉我们在一切的需要中寻求他,就如小孩在遭受任何痛苦时投靠父母的保护那般。此外,既然神知道我们不够清楚自己的穷困,不晓得神允许我们求什么,或哪些事对我们有益,所以,他屈就我们的无知,并补足我们能力不足的方面。主所给我们的形式包括他一切允许我们求告他的事、一切对我们有益,以及我们一切所需要的。神的这慷慨成为我们极大的安慰,因为我们在这形式下就能确信自己所求的没有任何荒谬、奇怪或不适宜的。简言之,不求告任何神所不喜悦的事,因为我们几乎是用他自己的话向他祈求。

ᵇ当柏拉图发现人在求告神时,严重地表现出自己的无知,以致若获得他们所求的也将对他们不利,他宣称这来自古时诗人的祷告,是最佳典范:"朱庇特君王,不管我们求不求,请赏赐我们上好的事物,且即使我们求告对我们有害的事物,恳求你千万不要给我们。"⁶⁹这外邦人的确有某种程度的智慧,因他知道照自己的贪心求告神是极有害的;他同时也揭示出人的不幸,因为除非圣灵教导我们正确祷告的形式,否则我们在神面前开口都成为自己的危险(罗8:26)。ᶜ既然神的独生子为了免去

---

⑥⑨ Plato, *Alcibiades* II. 142 E, 143 A (LCL Plato VIII. 249).

我们一切的疑惑，赏赐我们祷告的言语，我们就应当更看重祷告这特权。

35. 祷告的结构和内容

ᵃ祷告的形式包括六个不同的项目，也有人说祷告包括七个不同的项目，[70]但我并不以为然。这是因为马太用"但"这连接词，意思好像是要将两个子句连在一起（中文省略了这连接词）。他仿佛在说："不要容试探压迫我，反而要帮助我们的软弱而保守我们，免得跌倒。"古时的神学家也同意我们的立场，[71]所以我们应当把第七个项目包括在第六个之内。

虽然在整个祷告中，我们都应该把荣耀神当作我们的首要考虑，但前三项专门教导我们如何恳求神的荣耀，而且在这三项中，我们应当完全在乎神的荣耀，而不考虑自己的利益。其他三项似乎教导我们应当如何关心自己，也特别教导我们为了自己的利益该求什么。所以，当我们说愿人都尊神的名为圣时，神喜悦借此试验我们是甘心乐意地爱和敬拜他，还是为了自己得益处。如此，我们完全不可考虑自己的利益，反而应当专心将神的荣耀摆在前头。而且，在其他两个类似的项目上也当如此行。

其实，我们在这一项上也获得极大的益处，因为当神的名照我们的祈求被尊为圣时，我们自己也同时被分别为圣。然而，我们在这一项上应当完全不顾自己的利益。那么，即使我们完全没有获益的盼望，仍会不断地渴望并祈求神的名被尊为圣，以及其他在乎将荣耀归给神的事。在摩西和保罗的身上我们能看出，对他们而言，不顾虑自己不但没有令他们感到担忧，他们甚至迫切地宁愿自己灭亡，也不要神的荣耀和国度

---

[70] Augustine, *Enchiridion* 30. 115 f. (MPL 40. 285；tr. LCC VII. 408). 路德称"救我们脱离凶恶"为第七个祈求事项。in *Eine kurze Form* (*A Short Exposition of the Decalogue, the Apostles' Creed, and the Lord's Prayer*, 1520 [*Werke* WA VII. 229；tr. *Works of Martin Luther* II. 384]；参阅 *Enchiridion piarum precationum*, 1529 [*Werke* WA XXX. 1. 264 ff., 306 f.]）。

[71] Pseudo-Chrysostom, *Homilies on Matthew*（未完成之作品）, hom. 14 (MPG 56. 715)。

受损（出 32∶32；罗 9∶3）。另一方面，当我们求主将日用的饮食今日赐给我们时，虽然我们所求的是自己的利益，但我们应当主要求神因此得荣耀，甚至下定决心若神没有因此得荣耀，我们就不求。[72]ᵇ 我们现在要开始解释祷告的内容。

"我们在天上的父"

36. "我们的父"

ᵃ首先，一开始我们就被提醒我以上所说过的[73]：我们应当将一切的祷告都奉基督的名献与神，因为若是奉别的名，神绝不会悦纳。因当我们称神为"父"时，我们同时也提到基督的名，否则谁擅敢称神为"父"呢？谁敢轻率地将神儿子的职分归在自己身上，除非借着基督被收养为神恩典之子。基督虽然是神独一的真实儿子，却自愿被差派成为我们的兄弟，[74]好让他本性中一切的丰盛，借着儿子的名分成为我们的，只要我们以真诚的信心接受这极大的福分。所以，约翰告诉我们：凡信神独生子之名的人，神赐他们权柄与基督一同做他的儿女（约1∶12）。

所以神称自己为我们的父，也要我们这样称呼他。神借这奇妙甘甜的名，除掉我们的疑惑，因为没有人比父亲有更大的爱。ᵇ所以，没有比使我们得称为他的儿女，更能够表现他对我们测不透的爱（约一3∶1）。ᵃ神既然在良善和怜悯上超过万人，同样他的爱比我们众人父母的爱更伟大和光荣。因此，即使全世界的父亲都离弃自己的小孩，不再担任父亲的职分，神也绝不离弃我们（参阅诗 27∶10；赛 63∶16），因为他不能背乎自己（提后 2∶13）。因我们有神的应许："你们虽然不好，尚且拿好东西给儿女，何况你们在天上的父（太 7∶11p.）?"ᵇ以及"妇人焉能忘记她吃奶的婴孩……即或有忘记的，我却不忘记你。"（赛 49∶15 p.）然

---

[72] 参阅 Bucer, *Enarrationes in quatuor Evangelia* (1536), p. 209。
[73] 参阅第二十一、三十七、三十八节。
[74] 参阅以上第二十一节。

而，如果我们是他的儿女，我们若自愿把自己交给陌生人或外国人抚养，就是在埋怨自己的父亲是残忍或是贫困的，同样地，我们若在神之外求告任何帮助，就是在控告神贫穷、残忍或过度严厉。

37. "我们的父"：这称呼应当成为我们的勉励

ᵃ我们也不可说我们知罪使我们害怕亲近神，因为罪天天使我们仁慈和温柔的父亲对我们不悦。既然就人而论，儿子在父亲面前不可能有比自己更好的律师为他辩护和代求，只要他怀着恳求和自卑的心承认自己的罪过和祈求父亲的怜悯，父亲不可能不因此受感动，那么那"发慈悲的父，赐各样安慰的神"（参阅林后 1 : 3）又将会如何呢？难道他不是宁愿留意他儿女恳求他的呼声和叹息（尤其是因他自己请他们和劝他们如此行），也不愿听那些怀疑父亲的温柔和赦免的儿女——他们害怕甚至绝望地请别人替之在父亲面前辩护——吗？他在这比喻中表现自己父亲般丰盛的慈爱（路 15 : 11—32）：一个儿子离弃了父亲，放荡地浪费了他所有的财产（13），在各方面大大地得罪父亲（18），但父亲却以拥抱欢迎他回来，并没有等他求赦免，却主动地接他回来，从远处认出他，自愿去迎接（20）、安慰和悦纳他（22—24）。神之所以给我们这父亲伟大之爱的榜样，是要教导我们确信他自己更丰盛的爱。因神不但是父亲，甚至是最好和最仁慈的父亲，只要我们投靠他的怜悯，虽然我们是忘恩负义、悖逆和顽梗的儿女。且为了使我们更确信他对我们是这样的父亲，只要我们是基督徒，他喜悦我们不只称他为"父"，甚至称他为"我们的父"。仿佛他喜悦我们这样说："父啊，你既然以丰盛的大慈爱待你的儿女们，并愿意赦免他们，我们是你的儿女，因此求告你，并确信你纯粹以父亲的爱待我们，虽然我们完全不配有这样的父亲。"

ᵉ但我们因心胸狭窄而无法明白神无限的恩惠，神不但给我们基督做儿子名分的凭据和保障，他也赏赐我们圣灵，向我们见证这儿子的名分，好让我们因这身份能自由和大声地呼叫："阿爸，父。"（加 4 : 6；罗

8∶15）因此，每当我们犹豫是否来到神面前，我们要记住求神除掉自己的害怕，并赐给我们圣灵，使我们坦然无惧地向他祷告。

38. "我们的父"：这称呼教导我们与其他弟兄交通

ᵃ然而，神并不是教导我们各人称他为自己的父，而是共同称他为我们的父。这教导我们要对弟兄有何等大的爱，ᵉ因神之所以怜悯和白白地赐给我们他的爱，ᵃ是因我们一样都是他的儿女。若神是我们众信徒共同的父（太23∶9），且我们所领受的一切福分都来自他，我们就不应当有任何不乐意与众弟兄分享的事物。

既然我们应当乐意伸手帮助众弟兄，那我们对弟兄最大的帮助就是将他们交托给那最好的父亲的护理，因他若是仁慈和爱我们的神，难道我们还别有所托吗？事实上，这是我们对父亲所欠的债。就如珍爱家庭之父的人，同时也爱并善待他的全家，同样地，我们也应当对他的子民、他的家庭产业表示同样的热忱和爱。因神给他儿女的尊荣大到称他们为他独生子所充满的（弗1∶23）。但愿基督徒们能照这准则祷告，承认自己与众儿女们合而为一，并接纳一切在基督里的弟兄，不只那些他所能看见的，而是神在全世界的儿女们。我们虽然不晓得神对他们的计划如何，然而希望他们将蒙神最大的祝福，既仁慈又敬虔。我们应当以特殊的爱去爱信徒一家的人，因保罗特别吩咐我们在万事上关心他们（加6∶10）。综上所述，我们每逢祷告都要记住神国度和家庭的和睦。

39. 祷告和施舍的比较*

ᵃ然而，这并不表示我们不应该特别为自己和我们所认识的少数信徒祷告，只要我们记住所有的祷告都离不开整个教会。我们虽然有各人的祷告，但既然一切各人的祷告都有共同的目标，所以我们的祷告都合而为一。我们举例就能更清楚明白这一点。神给我们照顾穷人的一般吩咐，然而遵守这命令的人也只能关心到他们所知道或所看见的穷人，虽然他们因不知道或钱财有限的缘故忽略许多同样需要的穷人。如此，当知道和在乎教会和睦的信徒，在祷告中只为自己或神所叫他知道的其他圣徒代祷时，并不算违背神的旨意。

祷告与施舍有所不同，因我们只能向自己知道的人施舍。但在祷告中我们甚至能帮助我们根本不认识的人，不管我们与他们的距离有多远。当我们为神的众儿女们祷告时，我们就在如此行。[e]当保罗吩咐众信徒当举起圣洁的手，随处祷告时，也有同样的含义（提前2：8）。他之所以警告他们纷争使他们的祷告不蒙垂听，是要他们合一地将自己的祈求献与神。

40. “我们在天上的父”

[a]主加上“在天上的父”（太6：9）并不表示神受空间的约束。因所罗门教导我们，就连天和天上的天尚且不足他居住（王上8：27）。神自己也借先知说天是他的座位，地是他的脚凳（赛66：1；徒7：49；参阅17：24）。神显然借此表明他不受空间的约束，是无所不在的。(75)只是若不用这样的隐喻，我们迟钝的心就无法明白神难以言喻的大荣耀。神之所以用“天”，是因我们无法想象比天更威严和更光荣的地方。[b]我们虽然习惯将每一样东西局限在我们的感官所能感觉到的地方，但我们无法将神局限在任何地方；因此，我们若想要寻求神，就必须超越自己身体和心智的范围寻求他。其次，“在天上”也表示神不受玷污，不改变。最后，这片语也表示神拥抱、托住和以自己的大能掌控全宇宙，[a]就如说神是无限量伟大、至高至上、本质无法测透、全能和永恒的。当我们这样思想神时，我们的思想必须提升到顶点；我们不可将任何世俗或属肉体的属性归给他，不可以自己的标准衡量他，或以为他的旨意与我们的意志相

(75) “*Diffundi per omnia*”；VG：“*ains qu'il par tout et remplit toutes choses.*”

同。ᵇ我们要同时因这启示加倍地相信神，因知道神以自己的护理和全能统治天地。

ᵉ综上所述，神以"父"这称号向我们启示自己的形象，使我们以坚定的信心求告他，且"父"这亲密的称呼不但增加我们对他的信心，也有效地帮助我们远离敬拜假神的诱惑。因此，我们敬拜的对象是独生子的父，众天使和教会至高的父神。其次，既然他的宝座建立在天上，所以，他统治全宇宙的这事实很有说服力地提醒我们来到神面前不是偶然的，因他甘心乐意随时向我们提供他的帮助。使徒告诉我们："到神面前来的人，必须信有神，且信他赏赐那寻求他的人。"（来11：6 p.）基督在此宣告关于父的这两件事：他是我们信心的对象，以及我们应当确信他必不忽略我们的救恩，因为他居然屈尊护理我们。保罗借这简单的教导预备我们的心正确地向神祷告。因为他在吩咐我们向神祈求之前（腓4：6），先说："应当一无挂虑"（腓4：6），"主已经近了"（腓4：5）。由此可见，那些不确信"耶和华的眼目看顾义人"（诗34：15；参阅彼前3：12）的人，在祷告时心里仍充满怀疑和迷惑。

41. 第一个祈求事项

ᵉ⁽ᵃ⁾第一个祈求事项吩咐我们尊神的名为圣（太6：9），这吩咐证明人的羞耻。我们的忘恩负义、对神的恶意、任意妄为和疯狂的悖逆窃取神的荣耀，难道有比这更悲惨的吗？即使一切不敬虔之人都放荡地亵渎神，神圣洁的名仍是毫无玷污的。先知贴切地宣告："神啊，你受的赞美正与你的名相称，直到地极！"（诗48：10）人在哪里认识神，神必定在那里彰显自己的属性：全能、良善、智慧、公义、怜悯、真理，这些属性应当令我们惊讶，并激发我们赞美神。既然世人污秽地亵渎神的圣洁，因此，即使我们无法宣扬这圣洁，我们至少被吩咐在祷告中在乎这圣洁。

综上所述，我们应当希望神得到他所应得的尊荣，人们总当要以最高的敬畏想到神或提到他。这与世人从一开始到如今普遍对神的亵渎刚好相反。我们因此需要这项提醒，虽然若人心仍存丝毫的敬虔，神就无须这样吩咐我们。但若将神的名从万名中分别出来而荣耀他，才是尊他的名为圣，神在这事项上不但吩咐我们求他使他的圣名不被藐视和玷污，也吩咐我们求他使全人类都敬畏他的名。[76]

既然神部分借他的话语，部分借他的作为向我们彰显他自己，除非我们在这两方面将他所应得的荣耀归给他，才算是尊他的名为圣，因为如此我们才是从心里接受他一切有关自己的启示。我们应当因神的严厉称赞他，就如因他的怜悯称赞他一样，因为神一切丰盛的作为都见证他的荣耀，这些作为也应当吸引万人称赞他。如此，我们才算承认圣经的权威，且没有任何事物能拦阻我们将神在他所统治的全宇宙中所应得的颂赞归给他。但这项祈求也有另一个目的：神吩咐我们除掉一切亵渎他圣名的玷污，也吩咐人不要再窃取他的荣耀和嘲笑他，且在神除掉一切对他名的亵渎之后，他的名才能越显为大。

42. 第二个祈求事项

[e]第二个祈求事项是"愿你的国降临"（太6∶10）。虽然这事项没有什么新的内容，神却有极好的理由将之与第一个事项区分开来，因为只要我们思想自己在最主要的事上迟钝，就能明白为何神强调我们本来就应该知道的是必需的。所以，当神吩咐我们求告他征服和毁坏使他圣名受玷污的一切之后，他加上另一个类似甚至一模一样的吩咐：[e(a)]"愿你的国降临。"（太6∶10）

我上面已对神的国下过定义，[77]我现在仍要简洁地重复：人在哪里舍己，及轻看世界和世俗的生活，以向神承诺寻求他的义，为渴慕属天

---

[76] "*Humanum genus*,"第四十一至第四十二节里，说明了加尔文对于未来基督国度在全人类中得胜的看法。这看法常常在他的解经书中出现。参阅 Comm. Ps. 2∶8, 21∶8, 28∶57, 45∶16, 47∶8, 72∶8, 110∶2; Matt. 6∶10, 12∶31; John 13∶31 f.; Wallace, *Calvin's Doctrine of the Christian Life*, p. 110 f.。

[77] III. 3. 19; III. 6-10.

的生活，神就在那里统治人。由此看来，这国度有两个部分：首先，神借着圣灵的大能除去一切我们肉体用来攻击他的私欲；其次，神使我们一切的思想都归在他的统治之下。

因此，作此祷告的一个合适秩序是，祷告的人自己首先要洁净一切搅扰神国度平安及玷污这国度圣洁的污秽。因为神的道就如君王的令牌，他在此吩咐我们恳求他使众人的心思意念自愿遵守他的道。神借圣灵隐秘地运行，彰显他话语有效的大能，使他的话处在应得的荣耀地位。之后，我们也要讨论不敬虔的人，即那些悖逆和疯狂抵抗神权柄的人。神借着让世人谦卑来建立神的国度，却以不同的方式成全这工。他驯服放荡的人，使骄傲的人羞愧。我们应当天天求告神，从世界各地召集自己的教会归向他，使他的教会向外扩展并在数量上增长；求神赏赐教会诸般的恩赐；并在教会间建立合宜的秩序；另一方面，也求神打败一切纯正教义和信仰的仇敌；求神使他们的阴谋和计划都落空。由此可见，神吩咐我们要热切地祷告他的国度天天扩展并不是徒然的，因为对于人类而言，没有什么比罪恶的污秽被摈弃和除掉、正直全然兴盛更好的。但直到基督的再临，神的国才会完全来到。那时，就如保罗所教导，“神将在万物之上，为万物之主”（林前 15：28）。(78)

如此，这祷告应当使我们离弃一切世俗的败坏，因为这些败坏叫我们与神隔绝，以至于他的国度无法在我们心里兴盛。这祷告同时也应当激励我们治死自己的肉体，以及教导我们如何背十字架，因神喜悦这样扩展他的国度。我们不应当对肉体的毁坏感到失望，只要内心一天新似一天！（林后 4：16）因这就是神国度的光景：当我们服在神的义之下时，他使我们在他的荣耀中有分。神已将自己的光明和真理逐渐照耀出

(78) 参阅 IV. 1. 17；殉道者彼得（Peter Martyr Vermigli），*Loci communes* II. 17. 14（1576 年版本，462 页），加尔文对于神国度得胜的观点在弗勒利希（K. Fröhlich）的 *Gottesrelch*, *Welt und Kirche bei Calvin*, pp. 19-28 中讨论过。参阅 H. Quistorp, *Calvin's Doctrine of the Last Things*, pp. 114 ff.。加尔文的末世论在此节最后几句概略地提及。

来并成全这件事，因神借此使撒旦国度的黑暗和谎言变为虚无。同时神保守自己的选民，借他的圣灵引领他们成为正直的人，并加添力量使他们坚忍到底。但他却推翻仇敌邪恶的阴谋、破坏他们的诡计和企图、抵挡他们的恶毒、压制他们的悖逆，直到他至终用口中的气灭绝敌基督，并用降临的荣光废掉一切的不义（帖后 2∶8）。

43. 第三个祈求事项

e(a) 第三个事项是"愿你的旨意行在地上，如同行在天上"（太 6∶10 p.）。虽然这事项完全依靠神的国，也与神的国密不可分，但因我们的无知，主却有极好的理由加上这事项。因我们不容易明白神在世上做王的含义如何。正确的解释是：当世人都顺服神的旨意时，神就统治全世界。

这事项指的不是神隐秘的旨意。神隐秘的旨意就是他用来掌管万有，使一切受造物成全他的美意。⁷⁹虽然撒旦和罪人猛烈地攻击神，他却以自己测不透的计划抵挡他们的攻击，甚至决定他们的行为，并借着他们完成他的预旨。

主在此指的是神的另一个旨意，即人自愿顺服的旨意；因此，神在此将天堂与今世做对照。因就如《诗篇》所说，天使自愿顺服神，并主动遵守他的命令（诗 103∶20）。因此神在这里吩咐我们应当希望世人除掉一切的傲慢和邪恶，就如天使一样完全遵守神的旨意，彼此和睦并圣洁地行事。

当我们求告这事项时，我们就在弃绝自己肉体的私欲，因人若非从心里顺服神的旨意，就是在极力抵挡他的旨意，因人心里所存的一切都是邪恶的。这事项也迫使我们舍己，使神随己意统治我们。不只要神统治我们，也要神为我们造清洁的心（参阅诗 51∶10），除去一切我们自己的渴望，使我们唯独渴望遵守神的旨意。综上所述，神要借此使我们唯

---

⁷⁹ 参阅 I. 18. 3；III. 24. 17。

独希望圣灵统治我们的心，且神借圣灵的教导使我们学习如何爱神所喜悦的，并恨他所厌恶的。因此我们也当希望神胜过我们一切敌对他旨意的心思、意念。

第一部分的结论

[a]以上是主祷文前半部的三个事项。当我们恳求这三个事项时，我们应当完全在乎神的荣耀，并同时不考虑自己的需求或利益，虽然我们这样求告神必定获益，然而神在此不允许我们求自己的益处。即使我们没有思考或求告神这样行，这一切也必定会照神所预定的时间发生，但神仍要我们希望，甚至求告他成全这些事。而且，我们如此祷告意义重大，因我们这样求告神，证明我们是神的仆人和儿女，也热切地尽我们所能将神所应得的尊荣归给他，这是我们欠自己的主和父神的债。因此，人若没有以这希望和热忱将荣耀归给神，求告神的名被尊为圣、神的国降临，且神将成就自己的旨意，就不应当被视为神的儿女和仆人；而且既然这一切在他们的求告之外也都将得应验，所以当神的国降临时，他们只会感到迷惑并至终灭亡。

最后三个祈求事项的解释（44—47）

44. 第四个祈求事项

[e]以下是主祷文的后半部分，是关乎我们自己的事，但并不表示要忽略神的荣耀。保罗教导我们，连吃、喝都要为荣耀神而行（林前 10：31），神也要我们只求我们所需要的。我以上(80)已指出前半部和后半部的差别是：神吩咐我们专门为他自己的缘故求告前三个事项，并因此考验我们的敬虔。在后半部，神允许我们求自己的益处，只是这样限制我们：我们不可为自己求任何不是同时荣耀神的，因对我们最有益的事就

---

(80) 上文第三十五节。

是要为他活和为他死（罗 14：7—9）。

ᵃ我们在这事项上求告神赏赐我们身体所需要的一切物质（加 4：3），不只是饮食和衣裳，也包括一切神视为对我们有益的，使我们天天平安地吃他赏赐我们的饮食。简言之，我们借这事项将自己交托给神，并依靠他的护理，好让神能喂养和保守我们。因我们慈悲的天父甚至掌管和保守我们的身体，好在这些事上操练我们的信心，并训练我们从神那里祈求所有的一切，包括每一片面包和每一杯水。既然我们这样或那样因自己的邪恶而愁苦，在乎身体的需要更胜过灵魂的，许多把自己的灵魂交托给神的人仍过多在乎自己身体的需要，担心吃什么、穿什么，且除非他们有足够的粮食，否则就挂虑、战兢，这就证明我们在乎那如影儿般转眼即逝的性命更胜过永生。那些因投靠神而彻底弃绝肉体上担忧的人，随即期待神赐给他更美之物，甚至救恩和永生。由此看来，盼望神赐给我们原来为之担心的需要，是对我们信心很大的操练，且我们若能脱去这与生俱来的不信，这将成为我们极大的益处。

ᵇ有人猜测主在此指的是抽象的饮食[81]（太 6：11，Vg.），我认为这不是经文的意思；ᵉ⁽ᵃ⁾事实上，我们在祷告中若没有承认神是这转眼即逝生命的滋养者，我们的祷告必定是不完全的（太 6：11.）。ᵉ他们的理由是，这样做太世俗了：神的儿女们本该是属灵的人，自己却不仅在乎肉体的需要，而且把神也牵扯进去，这是极不妥当的。[82]仿佛饮食不能证明神的祝福和父亲般的慈爱。如此，保罗所写的这句话就是徒然的："敬虔……有今生和来生的应许。"（提前 4：8）

虽然赦罪比身体的滋养重要得多，然而基督将这事项摆在第一位，为了逐渐带领我们留意在乎属灵生活的最后两个事项，主这样是屈就我

---

[81] 加尔文在他的福音书注释中，指出把武加大译本里的《马太福音》6：11 解释成抽象的饮食（*panis supersubstantialis*）是"极其荒谬的"，并且称伊拉斯谟的辩护是"毫无用处的"。

[82] 德尔图良在 *On Prayer* vi（CCL Tertullianus I. 260 f.；tr. ANF III. 683）里辩称"日用的饮食"应该从属灵的角度来理解，因为基督是生命的粮（约 6：35）。参阅 Augustine, *On the Sermon on the Mount* II. 7. 25-27（MPL 34. 1279 ff.；tr. NPNF VI. 41 f.）。

们的迟钝。主吩咐我们求神赏赐日用的饮食，好让我们满足于天父的分配，而拒绝采用非法的方式获得。同时，我们必须相信这一切是神自己的赏赐，因就如摩西所说，自己的力量和自己的手在神的祝福之外不能使我们获得什么（利26∶20；参阅申8∶17—18）。事实上，即使我们有丰富的饮食，除非神喜悦它们成为我们的滋养，否则它们对我们没有任何的益处。由此看来，富足的人和穷人一样需要神的慷慨，因为即使富足人的仓库都装满五谷，除非神出于自己的恩典喜悦他们享受这一切，否则他们仍是贫穷、饥饿的人。[83]

e(a) 主用"今日"和"日用的"这两个形容词约束我们对易逝物品毫不节制、没有限量的私欲，这些私欲也导致我们犯其他的罪。因为若神赐给我们超过我们日用的需要，我们就会虚荣地滥用在娱乐和外在的装饰上。所以主只吩咐我们求告神赏赐我们足以满足当天的需要，并要我们确信我们的天父既然今日滋养我们，明天也必不会忽略我们。如此，不管物品多丰盛地流向我们，即使我们的仓库装满五谷时，我们还是要求神赐给我们今日的饮食，因为我们应当深信，除非神倾倒给我们的祝福不断加添，否则这一切都是虚无。此外，就连我们已拥有的事物对我们也毫无益处，除非神时时刻刻分给我们这一切，并允许我们使用它们。[b]既然对人的骄傲而言，没有比接受这事实更困难的，所以，神借在旷野中喂养他的百姓吗哪，使他们知道人活着不是单靠食物，乃是靠耶和华口里所出的一切话（申8∶3；太4∶4）时，就是在向每一个时代的人证明人天天对他的倚赖。神在这件事上证明人的生命和力量都由他的大能所保守，虽然他借着可见的方式赐给人。同样地，神也常借着负面的事情教导我们同样的功课，他随己意折断人的杖，使人吃也吃不饱（利26∶26），喝也喝不足（参阅结4∶16—17，14∶13）。

[a]然而，那些不满足日用饮食，反而极为放荡地照自己的私欲贪婪地

---

[83] 参阅I.16.7。

索要物品的人，或耽于自己的富足的人，或因自己积攒的财富一无挂虑的人，若他们如此祷告，只不过在嘲弄神。前者求神赐给他们日用的饮食，就是在求他们不愿意得的，甚至是他们所厌恶的，也是在神面前掩饰自己的贪心，虽然真诚的祷告是要将自己一切的心事（包括隐秘的事）在神面前说出来。后者则求神赐给他们自认为他们不需要的，即他们以为自己已经拥有的。

当主吩咐我们将之称为"我们的"，这就更显示出神的慷慨，因神使原本不属于我们的成为我们的（参阅申 8：18）。[b]然而我们同时也当留意我以上说过的：这事项只在乎人借着正当的劳力和对别人毫无害处的工作所得到的，并不在乎人以欺哄或抢劫的方式所得来的，因我们借害人所得来的一切仍是属于别人的。

[a]我们求神赐给我们这些，表示这一切是神白白的恩赐，不管神使我们借何种方式获得，包括我们用自己的技艺和劳力所得到的，或用自己的手做出来的。因为我们一切的劳力完全依靠神的祝福，才能使我们获益。

45. 第五个祈求事项

[c]接下来是"免我们的债"（太 6：12）。基督将我们一切属灵的需求都包括在后两个事项之下，因为神为了教会的救恩所立的属灵的约，唯独依靠这两个应许："我要将我的律法写在他们心上"，以及"我要赦免他们的一切罪"（耶 31：33 p.，参阅 33：8）。然而，基督在此先指出赦罪，之后才加上第二种恩典：愿神以圣灵的大能保佑和帮助我们胜过一切的试探。

[e(a)] 他之所以称罪为"债"，是因我们因自己的罪欠神的债，[a]且除非神豁免我们，否则我们无法偿还。这赦免出于神白白的怜悯，且借这怜悯，神极为慷慨地赦免我们一切所欠的债。神不要求我们偿还我们所欠的债，反而借着他在基督里的怜悯，满足他自己律法的要求。基

督从前一次舍自己做万人的赎价（参阅罗3：24），因此，那些相信自己或别人的功德能满足神和买赎神的赦免的人，[84]与这白白的恩赐无分。且当他们如此求告神时，不过是在指控自己，甚至以自己的见证定自己的罪。因在这祷告中，他们承认自己是债务人，除非借着赦罪的福分被释放，但事实上他们并非如此相信，反而恨恶之，因他们将自己的功德和满足塞给神。他们如此行不是在恳求神的怜悯，而是在要求他的审判。

°那些幻想自己的行为完全到无须神赦免的人，[85]让他们在耳朵发痒，容易陷入异端的人中寻找门徒吧，只要他们晓得自己所吸引的门徒已经离弃了基督，因为基督既然教导众人认自己的罪，就表示他唯独接受罪人，并不是要我们以奉承助长自己的罪，而是教导我们：神虽然赦免我们，但只要我们的肉体尚未脱去，我们永远不可能不犯罪，能免受神的审判。我们应当希望自己能尽本分到完全的地步，并要努力甚至仔细地如此行，使自己能毫无瑕疵地来到神面前。然而，既然神喜悦逐渐恢复他在我们身上的形象，所以，他要我们如此祷告是必要的。既然基督根据父神赐给他的权柄，吩咐我们一生在祷告中求神赦免我们的罪，那么谁能容忍这些新派的神学家，诱惑单纯的人相信我们在今世能治死罪恶到完全的地步？然而根据使徒约翰说的，他们如此行等于是将神当作说谎的（约一1：10）！

这些可恶的人也以同样的方式想使神的盟约落空。他们企图将盟约所教导关于救恩的部分废掉。他们如此弃绝圣经的教导不但亵渎神，也是残忍地使许多悲惨的人落入绝望的旋涡中。事实上，他们是在自欺欺人，因为他们的教导至终会导致与神的怜悯相悖的懒惰。然而他们的异

---

[84] 参阅 III. 15, 16, 18。
[85] 这里指的是属灵派或放纵派。参阅 *Sermons on Galatians* 2（加1：1—5）："有一些好幻想的人，凭空想象一种完全的景况，以为人在重生之后就不再需要赦罪了。"（CR L. 298）*Contre la secte phantastique des Libertins* 18（CR VII. 205）。加尔文在这里特别指的是那些跟随昆丁（Quintin）的昆丁派（Quintinists）。昆丁于1530年在图尔奈（Tournai）被烧死。参阅 III. 3. 14，注释30。

议，即当我们祈求神的国降临时，我们同时也当希望神除去我们一切的罪，这是非常肤浅的。因为神在这祷告的前半部为我们描述完全的光景，但在后半部却描述人的软弱。因此，两者奇妙地协调一致，毫无冲突，免得我们在努力达成这目标时，忽略自己所需要采用的方式。

"如同我们免了人的债"

ᵃ最后，我们求告神"免我们的债，如同我们免了人的债"（太6：12），即我们当赦免那些在任何方面伤害我们的人，不管是在行为上不公正地对待我们或在言语上侮辱我们的人。这并不表示我们拥有赦罪的能力，因这唯独属于神！（参阅赛43：25）我们免了人的债是愿意从心里除去一切的愤怒、恨恶、报复人的欲望，完全不再记念别人对我们的亏欠。因这缘故，除非我们赦免一切曾经得罪我们之人的罪，否则我们没有根据求神赦免我们的罪。我们若在心里仍怀着对人的恨恶，或计划报复人或期待有机会伤害他们，或我们不想澄清仇敌对我们的误会、善良地对待他们，并设法与他们和好，我们就是在求神不要赦免我们的罪。因我们在这事项上求神待我们就如我们待他人一样（参阅太7：12）。除非我们赦免别人，否则我们确实是在求神不要赦免我们。难道拒绝赦免别人的人不就是在这祷告上增加神对他们的愤怒吗？

最后，我们必须强调这条件——神"免我们的债，如同我们免了人的债"（太6：12）——的意思，并不是因我们赦免别人，所以我们应得神的赦免，仿佛我们赦免别人是神赦免我们的起因。神至少在一方面有意借这句话安慰我们软弱的信心。神将这句话当作我们赦免别人就证明我们已得赦免的证据，只要我们已除去一切的恨恶、嫉妒和报复。另一方面，神也借此证明，那些习惯报复人，不愿赦免人，对人一直怀着敌意，要让别人承受自己祈求逃避的愤怒之人，他们不是他的儿女。神这样做是要禁止这种人称他为父。ᶜ基督在《路加福音》中也有力地表达同样的意思（路11：4）。

46. 第六个祈求事项

ᵃ就如我们以上说过,第六个祈求事项(太6:13)与神应许将他的律法刻在我们心里有关(箴3:3;林后3:3)。既然信徒顺服神必须经过许多争战,所以信徒需要求神赐给他话语,装备他保护他,使他至终得胜。这也教导我们不但需要圣灵的恩典赏赐我们柔软的心,叫我们能顺服神,也需要他的帮助,使我们能有效抵挡撒旦一切的诡计,并胜过它一切暴力的攻击。撒旦ᶜ的确有ᵃ各式各样引诱我们的方式。在心里诱惑我们违反律法的邪恶思想,不管是出于自己的私欲,或直接来自魔鬼,都是一种试探。另外还有许多本身并不邪恶的事物,却因魔鬼的诡计成为对我们的试探,引诱我们远离神(雅1:2、14;参阅太4:1、3;帖前3:5)。这些试探或从右或从左攻击我们。从右来的试探是财富、权力、尊荣,这些试探因本身的光芒和表面的益处经常叫人眼花,并以奉承吸引人,使人至终沉醉于这虚空的甘甜而忘记神。从左来的试探是穷困、羞辱、被轻视、患难等等。人被这些痛苦和艰难击败之后,就丧胆,失去确据和盼望,至终远离神。

我们借这祷告求神不要让我们屈服于这两种试探,不管是来自自己的私欲或来自魔鬼诡诈的攻击。我们求神以自己的膀臂保守和鼓励我们,好让我们因他的全能得以刚强,能站稳和抵挡我们恶劣仇敌一切的攻击,不管它以怎样的思想攻击我们。我们也求神让我们不管遭到何种攻击都能得益处,即在富足中避免自满自足,在患难中不致丧胆。

其实,我们在此并不是求神不容我们遭遇任何试探,因为我们有时也需要试探激励和刺激我们,免得我们因安逸而闲懒。大卫甚至希望受试探(参阅诗26:2),且神有极好的理由天天试验他的选民(创22:1;申8:2,13:3,Vg.),以羞辱、穷困、患难和其他的难处管教他们。然而神的意思与撒旦的用意却截然不同。撒旦诱惑人是要毁坏、指控、使人迷惑、叫人丧胆。但神试验自己的儿女们是要考验他们的真诚,并因这样的训练使他们刚强,主要是为了治死、洁净和炼净他们的肉体,因他们的肉体若没有受这样的约束，将会变得极其放荡和骄傲。此外，撒旦攻击那些不穿戴军装、没有装备自己的人，使他们一不小心就完全被试探击败。神却为他们开一条出路，使他的百姓能忍耐他容许临到他们的试探（林前10：13；彼后2：9）。

ᵇ不管我们对"凶恶"的解释是魔鬼还是罪都大同小异。的确，撒旦是企图夺去我们性命的仇敌（彼前5：8），而且，它以罪为武器攻击我们。ᵃ我们在此的祈求是：求神不要容我们因任何的试探被击败，而是要靠神的大能在一切攻击我们的凶猛权势下站立得住。换言之，我们求神不容我们落在试探的权势下，使我们在他的保守下能胜过罪恶、死亡、阴间的权柄和魔鬼一切的权势；换言之，求他救我们脱离凶恶。

我们在此必须留意，我们没有力量与魔鬼那大壮士作战，或抵挡它的权势和攻击。我们若求神给我们自己已拥有的力量就是没有意义或是嘲弄神。显然那些自信已装备好自己作战的人不够明白他仇敌的权势和它的凶猛。⑧⑥我们求神救我们脱离撒旦的权势，就如脱离一只疯狂咆哮的狮子的口一样（彼前5：8）；若神没有救我们脱离死亡，我们必定被它的牙齿和爪子撕裂并吞吃。然而我们知道，若神帮助我们，并替我们作战，"我们依靠神才得施展大能"（诗60：12；参阅107：14和Comm.）。让他人随意相信自己的才能和所谓的自由意志吧！然而就我们而论，唯独靠神自己的大能就够了。

ᵇ然而，这祷告比它表面的教导更深奥。因若神的灵是我们与撒旦作战的大能，那么若非我们因圣灵充满而胜过一切肉体的软弱，我们就永远无法得胜。所以，当我们求神救我们脱离撒旦和罪恶的权势时，我们期待神一直赏赐我们新的恩典，直到我们因充满这恩典至终胜过众

---

⑧⑥ 路德所为人熟知的诗歌《坚固保障》（Ein' feste Burg）(text in Werke WA XXXV. 455 f.) 生动地描绘出仇敌的险恶力量：它的"狡诈和权势"。参阅H. Obendieck, *Der Teufel bei Martin Luther*, pp. 53-59，165-170。约翰·班扬在他的《丰盛的恩典》（*Grace Abounding*）以及《天路历程》（*The Pilgrim's Progress*）里描述了基督徒与魔王（Apollyon）的战争，有力地表达了基督徒的心灵与恶魔之间的冲突。

罪恶。

ᵉ对某些人而言,求神不叫我们遇见试探是不恰当的祈求,因为就如雅各告诉我们的,试探我们与神的属性相悖(雅1:13)。我们已经部分地回答过这问题,因我们以上说自己的私欲是一切击败我们之试探的起因(雅1:14),因此是应当责怪的。雅各的意思是,我们若将自己的罪归咎于神,是毫无意义和邪恶的。我们反而必须因这些罪责怪自己,因深知一切的罪都是出于自己。然而,神有时仍出于他的美意将我们交给撒旦,任凭我们存邪僻的心、放纵情欲,以他公正却隐秘的意志叫我们遇见试探。人经常不明白神这样做的目的。由此可见,这祷告是恰当的,因神经常借试探弄瞎被遗弃之人的心眼和使他们的心刚硬,充分证明他报应罪恶。

47. 结论

ᵃ我们在这三个祈求事项上专门将自己和所有的财产交托给神,这些事项也证明我们以上的教导[87]:公祷是众信徒的本分,且他们在公祷上应当造就教会,促进信徒的团契。因为各信徒并不只求神赐福他个人,乃是我们众人一同求神赏赐我们日用的饮食、罪得赦免、不遇见试探和救我们脱离凶恶。

此外,主也说明我们为何应当坦然无惧地祈求,并确信神将赐给我们这些。他说"因为国度、权柄、荣耀,全是你的"(太6:13)。他在此加上这句话是非常妥当的,甚至是不可省略的,ᵇ虽然拉丁文译本省略这句话。[88]这是我们信心坚定的根基和我们的大安慰,因若祷告蒙垂听是靠我们自己的价值,那谁敢在神面前开口呢?但不管我们是多可悲、无用、不值得称赞的人,我们总是有向神祷告的根据,也无人能夺去我们

---

[87] 上文第三十八、第三十九节。
[88] 结尾的祝福并未出现在最初的新约圣经或拉丁文版圣经中。

的确据，因为谁都无法夺去神的国度、权柄和荣耀。

主最后加上"阿门"（太 6∶13，marg.），这词表示我们热切地想获得我们向神所求的一切。这词也使我们更确信神已经成全这一切，且必定赐给我们这一切，因为是那位不能说谎之神所应许我们的。[89]这也与我们以上引用过的祷告形式完全一致："我们在你面前恳求，原不是因自己的义，乃……为你自己。"（参阅但 9∶18 — 19）[90]圣徒这样说不但表示他们祷告的目的，也表示除非垂听的理由在神自己，且圣徒的祷告将蒙应允的确据完全建立在神的属性上，否则他们的祷告完全不配蒙垂听。

最后的思考：主祷文的充足性，以及
用代用语的自由（48 — 49）

48. 主祷文是圣徒必须遵守的准则

[a]我们能够求神以及应当求神给我们的一切，都包括在这祷告的形式和准则之内。这祷告也是父神所差派为老师的主基督亲自赐给我们的准则，且神喜悦我们唯独听从他（太 17∶5）。因基督既是神永远的智慧（赛 11∶2），又因成为人是那位赐给我们奇妙谋略之神的使者（赛 9∶6，与 28∶29 合并；耶 32∶19）。

而且这祷告在各方面都是完全的，甚至我们若想再添加什么，就是不敬虔也是不配蒙悦纳的。[91]因在这大纲上，神告诉我们何为与他的属性相称、他所喜悦，和我们需要求告他的一切。总之，神告诉我们他喜悦赐给我们的事。

因此，那些擅敢在这范围之外祈求的人：首先，他想将自己的思想添加在神的智慧之上，这简直是狂傲的亵渎；其次，他拒绝约束自己在

---

[89] 路德在 *Enchiridion piarum precationum*，Exposition of the Catechism (1529) (*Werke* WA XXX. 1∶308) 论及主祷文中的"阿门"时，也使用过类似的语法。拉丁文比德文更清楚："*Certo tibi omnia illa donabuntur*"。

[90] 上文的第八节。

[91] 参阅 Augustine，*Letters* 130. 12. 22 f.（MPL 33. 502 f.; tr. FC 18. 393）。

神的旨意之内，反而藐视神的旨意，并因自己毫不节制的私欲更远离神；最后，他永不可能从神那里得什么，因他们的祷告不是出于信心。这样的祷告的确不是出于信心，因为它没有神真道的根据，就是信心唯一的根据。然而，那些忽略主的准则，并在祷告中放纵自己私欲的人，不但没有神的道这祷告唯一的根据，反而竭力攻击这道。[b]因此，德尔图良真实和贴切地称这祷告为“合乎律法的祷告”，㊾这暗示其他的祷告都在神的律法之外，因此都为神所禁止。

49. 我们不是被主祷文的用词，而是被它的内容约束

[a]我们并不是教导主约束我们照本宣科地用这祷告。因为圣经也记载许多与此用词不同的祷告，却是出自同一位圣灵的感动，效法这些祷告对我们有极大的益处。[b]同一位圣灵在圣经上给我们许多在用词上截然不同的祷告，[a]所以，我们的教导是：没有任何人有权利祈求、期待，或要求神给他任何在这祷告范围之外的事物，即使用词不同，但内容却一定要相同。由此看来，圣经上所有的祷告，以及一切敬虔之人的祷告与这祷告的内容是完全一致的。的确，没有任何其他的祷告能与这祷告相比，更不用说超越它。这祷告包括我们赞美神所需要的一切，也包括人自己所需要的一切。事实上，这祷告已臻完全，期待比这更完美的祷告是不可能的。综上所述，我们应当牢记这祷告是出于神自己的智慧。神照自己的旨意教导我们，而我们的需要与他的旨意是一致的。

特殊时刻的祷告和如何在祷告中坚忍到底（50—52）

50. 祷告要有固定的时间[†]

[a]我们虽然在上面说过，(93)信徒应当一直仰望神，而且不住地祷告，

---

(92) Tertullian, *On Flight in Persecution* 2. 5 (CCL Tertullian II. 1138; tr. ANCL XI. 359).

(93) 上文的第四节。

但因我们的软弱，我们在祷告中需要各式各样的帮助，我们也非常迟钝，常常需要被刺激，所以，我们每一个人都需要固定祷告的时间。我们不可在这些时刻忽略祷告，且每当祷告时当全心全意地向神祈求。这些时刻是：早上起床时、开始工作前、吃饭和睡觉之前。

然而我们也当谨慎，免得这成为某种迷信的习惯，并因此以为我们既然按时祷告，在其他的时候就能忙自己的事。我们反而应当将之视为我们时刻需要克服自己的软弱。我们应当留意：每当自己或别人遭受患难时，立刻就仰望神，而不是跑去某一个地方，反而当从心里热切地求告神。我们也应当谨慎，免得认为自己或别人的富足是理所当然的，因此忽略以赞美和感谢承认是神自己的祝福。

最后，在我们一切的祷告中，我们应当留意，我们的意图并不是在任何情况下强迫神做什么，或约束他在什么时间之内应允我们，或坚持神用怎样的方式垂听我们。如此，主在这祷告中教导我们不可给神设定任何垂听祷告的准则，或强加给他任何条件，而是要完全交托给神，让神随意以自己的方法、自己的时间和他所选择的地点垂听我们。[94]所以，主教导我们在求自己的任何益处之前，应当先求神成全他自己的美意（太6：10）。我们这样祷告是将自己的期望伏在神的旨意之下，并约束自己，免得任意妄为地想要控制神，我们应承认神决定我们一切的祈求并照他自己的旨意应允。

51. 在祷告中坚忍到底

[a]我们若在祷告中决定顺服神自己的旨意，并将自己伏在神的护理之下，我们就能学习如何在祷告中坚忍到底，将自己一切的渴望交托给神，耐心地等候他。这样我们就能确信，虽然我们看不见神，但他总是与我们同在，且神将照自己的时间使我们知道他总是垂听我们认为他已

---

[94] 参阅 Luther, *Enchiridion piarum precationum* (Werke WA X. 2. 397)。

忽略的祷告，这将成为我们永久的安慰。神若没有对我们第一次的祈求有所反应，我们也不至丧胆或感到绝望，但有些人习惯因自己急躁的心不耐烦地求告神。神若没有在他们第一次求告时应允他们，他们就以为神对他们不高兴，甚至与他们敌对，后来因绝望就不再求告神。^b我们反而应当冷静地等候神，并根据圣经的吩咐在祷告中坚忍到底。^c《诗篇》经常启示大卫和其他的信徒在祷告中几乎耗尽心力，他们就如向空气打拳，似乎是向一位耳聋的神祈祷，却仍不住地祷告（诗22∶2）。因除非我们在祷告中的信心超过我们所遭受的一切景况，否则我们就是不承认神话语的权柄。

^a此外，我们也不要试探神并因自己堕落的行为激怒他。一些要求神在某种条件下垂听他们的人就是如此，仿佛神是他们私欲的奴仆。神若没有立刻听他们的，他们就生气。他们与神争辩、抗议、抱怨，甚至向神发怒。神有时在他的愤怒中应允他们，就如他有时出于自己的怜悯拒绝他所喜悦的人那般。以色列人就是充分的证据，当时宁愿神不垂听他们的祷告，也不要在吃自己贪心所求的肉时吞吃神的愤怒（民11∶18、33）。

52. 未蒙垂听的祷告

^a即使过了很长久的时间，我们的感官仍感受不到神应允我们的祷告，然而我们的信心仍会确信肉体所无法感受到的，即神已赐给我们一切所需的。^b因神经常和真实地应许在患难中照顾我们，只要我们当时求告他。^a他使我们在贫困中富足，并在患难中得安慰，因我们即使在万事上失败，神却永不离弃我们，因他绝不会使他百姓的盼望和忍耐至终落空。到时他自己将取代一切，因为一切的福分都居住在他里面，并将在审判之日，在他彰显自己的国度时，向我们清楚启示。

^e此外，即使神应允我们的祷告，他也不一定完全照我们的意思给我们。他有时容我们继续等候，却以某种奇妙的方式让我们确信自己的祷告不是徒然的。这就是使徒约翰所说的："既然知道他听我们一切所求

的，就知道我们所求于他的，无不得着。"（约一5：15 p.）这听起来是啰唆的，但这经文却对我们特别有帮助，因为它告诉我们，即使神没有照我们的意思应允我们，他仍然垂听并喜悦我们的祈求，如此，神总不叫倚靠他话语的人失望。然而，信徒总是需要耐心的支持，因若没有耐心，他们过不久必定跌倒，因神经常以严厉、各种不同的试炼操练我们。他常常容我们在泥淖里打滚很长一段时间，才让我们尝他祝福的美味。就如哈拿所说："耶和华使人死，也使人活；使人下阴间，也使人往上升。"（撒上2：6 p.）信徒除非在受难、被轻视，甚至奄奄一息时，想到神看顾他们并将救他们脱离一切的苦难，否则就会丧胆，甚至完全绝望。[b]然而，不管他们有多确信自己的盼望，他们仍然不住地祷告，因除非我们在祷告中坚忍，否则我们的祷告是徒然的。

ᵉ第二十一章　永恒的拣选:神预定一些人得救,另一些人灭亡①

明白预定论的人不会任意妄为，也不会不敢教导这教义（1—4）

1. 神拣选的必要性和它所带来的益处；对此教义好奇的危险†

ᵇ实际上，生命的约并不是传给所有的人，且听到这信息的人也不都

---

① 预定论是加尔文相当重视的一个教义，但是对预定论的正式讨论，没有被放在神论的章节中，而是放在救恩论中来讨论，而且直到救恩的主要教义已经讨论完了以后，才来处理有关预定论的问题。加尔文本着圣经为预定论辩护，并从奥古斯丁许多的作品中得到帮助。要进一步了解奥古斯丁有关预定论及相关教义的发展，请参阅 Smits I. 45f., 61f., 104f., 109。加尔文对此教义的立场，实际上早就出现在中世纪，特别是 14 世纪奥古斯丁学派的人中，如 Thomas Bradwardine、Gregory of Rimini。参阅英译本导言第十节，注释 54-59。在众多的研究资料中，下列的书籍会对相关立场的定论有帮助：J. B. Mozley, *A Treatise on the Augustinian Doctrine of Predestination*；K. Ermisch, *Predestination, an Historical Sketch*；P. Vigneau, *Justification et Prédestination au xiv*ᵉ *siécle: Duns Scot, Pierre d'Auriole, Guillaume d'Occam, Grégoire de Rimini*, ch. 4.；H. A. Oberman, *Archbishop Thomas Bradwardine, a Fourteenth-Century Augustinian*；G. Leff, *Bradwardine and the Pelagians*。早期重要的改革宗神学家的讨论有哲罗姆・赞基（Jerome [Girolamo] Zanchi），*De Praedestinatione*（1562），和 J. Piscator, *Disputatio theological de praedestinatione*（Herborń in Nassau, 1595）。赞基的著作有许多被托普雷狄（A. Toplady）翻译，收于 *The Doctrine of Absolute Predestination*（London, 1769）一书中，作为对卫斯理（Wesley）——18 世纪阿明尼乌主义者的代表——在他的 *Dialogue Between a Predestinarian and His Friend* 及其他相关作品的答复。当代的加尔文主义作品有沃菲尔德（B. B. Warfield），*The Plan of Salvation*；伯特纳（L. Boettner），*The Reformed Doctrine of Predestination*；K. Barth, *Gottes Gnadenwahl*（Theologische Existenz Heute, No. 47）。温德尔（Wendel）也有讨论加尔文预定论教义的作品 *Calvin*, pp. 199-216。其他的书目可参考他的附注 100 on p. 200。

会有同样的反应,而这不同的反应彰显神深奥的智慧,这差别就证明神永恒的拣选。然而,若神只将救恩提供给一些人,而其他的人没有得救的机会,是完全根据他的美意,我们立刻就必须面对既大又难回答的问题。然而,只有当我们(敬虔的人)坚定相信神的拣选和预定,我们才能回答这些问题。对许多人而言,这是令人感到困惑的问题,因他们认为在全人类当中,神预定一些人得救,却预定其他人灭亡,这是互相矛盾的。②然而,我们以下就能看清他们在这教义上错误的辩论。此外,虽然这教义使他们感到困惑,但我们却能看见这教义的大功用,也能看见它所结的美好果子。除非我们先了解神永恒的拣选,否则我们无法像我们应当确信那般,确信我们的救恩是出于神白白的怜悯,神的拣选以此对比阐明了他的恩典:神并没有将救恩的盼望赐给所有的人,而是只赐给一些人,不赐给其他人。

众所周知,对这教义的无知极大地减损了神的荣耀,拦阻人学会真正的谦卑。然而,保罗告诉我们,虽然人很需要知道这教义,但除非神完全在人的行为之外拣选人,否则人无法明白。保罗说:"如今也是这样,照着拣选的恩典,还有所留的余数。既是出于恩典,就不在乎行为;不然,恩典就不是恩典了。"(罗 11:5—6)③既然为了证明救恩完全出于神的怜悯,我们必须重新思考神的拣选,所以,那些拒绝相信这教义的人,是在竭力恶意地抹去人应当引以为荣和大声宣告的教义,也同时在拔除谦卑。保罗清楚地教导,当圣经说神所留的余数,是照着拣选的恩典时,我们才明白神出于他自己的美意,拯救他所喜悦的人,而且这不是他所欠人的债,因神不可能欠人什么。

那些故意不给别人机会听到这教义的人,不但得罪神,也是得罪人。

---

② 在许多持这个观点的人中,加尔文首先想到的,应该是伊拉斯谟、艾克和艾伯特·皮修斯,他们都著书为自由意志辩护,并攻击路德预定论的教义。参阅 Jerome Bolsec (1551) 辩护的相关文章 (CR VIII. 145)。

③ 参阅阿奎那对这段经文的解释 *Summa Theol.* I. 111, 2; 114, 5。加尔文强调谦卑来解释预定论,谦卑也被当作最高的美德,参阅 II. 2,注释 49。

因除此教义外,没有任何事物能使我们谦卑,或让我们深深地感受到我们有多亏欠神。并且就如基督所教导的那般,这也是得救确据的唯一根基。基督应许我们父神所交托他看管的每一位必定安全(约10:28—29),是要我们在许多的危险、陷阱和威胁我们性命的争战中不至惧怕,并使我们至终得胜。我们以此推论,一切不晓得自己是否属神的人,不但在惧怕中,而且是悲惨的。因此,那些因对我们以上所列举的三种福分④盲目而企图拆毁我们救恩根基的人,不但害众信徒,也害自己。难道拣选这教义不就是教会的源头吗?伯尔纳正确地教导:"教会的源头不可能来自任何受造物,因神将这源头隐藏在他预定得永生和预定遭灭亡的人中。"⑤

　　ᵇ但在我开始讨论这教义之前,我要先描述两种人。

　　人的好奇使预定论这本身不那么容易明白的教义变得令人困惑,甚至危险。没有人能约束这好奇心,使它不偏离正路,去探究神所禁止的范围。若被许可,人的好奇也将设法探究神最大的奥秘。当我们看到许多在其他方面敬虔的人,⑥却到处迫不及待地忙着这大胆、邪恶的事,我们必须提醒他们,神在这事上所要人尽的本分。

　　首先,他们应当牢记当他们出于好奇询问关于预定论的事,就是在擅闯神智慧的至圣所。若任何人擅自闯入,他的好奇心绝得不到满足,反而就如误入找不到出口的迷宫。因神不许人毫无节制地询问他喜悦隐藏在自己里面的事物,也不许我们擅自描述他永恒至高的智慧。神要我们敬畏这智慧,却不喜悦我们详细探究他不打算向我们启示的,因他也

---

④ 也就是我们已经谈过的:上帝白白的怜悯、上帝的荣耀和我们真诚的谦卑。参阅 Cadier, Institution III. 394。

⑤ Bernard, *Sermons on the Song of Songs* 78.4 (MPL 183.1161; tr. Eales, *Life and Works of St. Bernard* IV. 480 f.)。

⑥ "许多在其他方面敬虔的人"(写于 1539 年)的这句话所指的是茨温利和他的著作 *On Providence*(主题为预定论)。加尔文在 1552 年 1 月回给布林格的密信中,谴责茨温利的思想。布林格曾在 1551 年 12 月写了封私信给加尔文 (CR XIV. 215, 253; OS IV. 370, note 4)。加尔文在信中说:"若你认为我错了,我愿意接受你的指正。"

要我们在这事上相信他是奥妙的。神已在他的话语上启示他喜悦我们明白关于他美意的奥秘。他决定向我们启示这些奥秘，因他知道这些奥秘与我们有关，也对我们有帮助。

2. 唯有圣经教导预定论*

ᶜ奥古斯丁说：＂我们既然已经上了信心的道路，就当在这道路上坚忍到底。这道路引领我们到君王的宝库，在那里藏着一切智慧和知识。当主基督告诉他拣选的伟大门徒：'我还有好些事要告诉你们，但你们现在担当不了'（约16：12）时，他并不是轻看他们。我们必须行走、必须前进、必须成长，好让自己的心之后能明白我们现在无法测透的事。在最后之日前夕，我们若仍有不明白的，到了最后之日我们将明白。＂⑦ᵇ只要我们确信唯有神的道，才能引领我们明白一切神许可我们知道关于基督的事，以及这道是唯一光照我们认识基督的亮光，这就会保守我们避免一切的轻率。因这样我们就会知道自己一旦离开神话语的范围，就行走在黑暗中，也必在这黑暗中摸索、滑倒。我们应当牢记这真理：任何在神真道之外寻求关于预定论的知识都是荒谬的，就如人决定在荒废、无路之地漂流（参阅伯12：24），或确信自己在黑暗中能看见一样荒谬。我们也无须以对这事无知为耻，因这也算是我们的智慧。⑧我们反而要自愿约束自己想获得这种知识的欲望，因为这样的私欲既愚昧又危险，甚至是致命的。但我们若被某种放荡不羁的好奇心所搅扰，ᵉ⁽ᵇ⁾就当用这思想约束自己：就如吃蜜过多是不好的，同样地，考究自己的荣耀也不是我们的荣耀（箴25：27，参阅 Vg.）。ᵇ我们有极好的理由远离这样的任意妄为，因为至终它只会使我们灭亡。

---

⑦ Augustine, *John's Gospel* 53.7 (MPL 35.1777; tr. NPNF VII. 293).

⑧ "*Docta ignorantia.*" 参阅 III. 23. 8。这个词始于奥古斯丁, *Letters* 130, 15. 28 (MPL 33. 505; tr. FC 18, 398)。在加尔文的前一个世纪，库萨的尼古拉（Nicolas of Cusa）为了研究对神的认识，立了一个重要的哲学标题，*De docta ignorantia*（1440），ed. P. Rotta; tr. G. Heron, *Of Learned Ignorance* (*John Rylands Library Bulletin* XXI [1937], 2)。

3. 第二种人：因过分谨慎而闭口不谈拣选的教义

ᵇ又有一些人为了避免过分好奇的罪，几乎对预定论只字不提；事实上，他们教导人避免讨论这教义，就如航行的船尽量避免触礁一般。⑨虽然他们在这事上的节制应得称赞，因他们深信人当谨慎讨论这些奥秘，但因他们几乎都不谈，就无法有效地影响好奇之人的思想，因为这种好奇是不容易被约束的。所以，为了在这教义上有正确的平衡，我们必须查考神的道，因它是思想的正确原则。圣经是圣灵的学校。圣经没有省略任何人需要知道并对人有益的事，同样地，它一切的教导都是我们应该知道的。所以，我们必须避免忽略教导信徒任何圣经已启示关于预定论的事，免得我们邪恶地拦阻他们受神喜悦赐给他们的祝福，或指控和嘲笑圣灵启示一些对人不利的事。

我们应当允许信徒接受神向我们启示的一切，只要是神所没有启示的，他也不再探究。最理智的自制就是在学习中总是跟随神的带领，但当神停止教导时，我们也应当停止追问。我们不应该因人认为神的一些启示对人不利，就不看重神的圣言。ᶜ所罗门的这句话是众所周知的："将事隐秘，乃神的荣耀。"（箴25：2，Vg.）然而，敬虔和常识都告诉我们这句话不是绝对的。我们必须做区分，免得在谨慎和节制的伪装下，满足于愚蠢的无知。摩西清楚简要地教导这一点："隐秘的事是属耶和华我们神的；惟有明显的事是永远属我们和我们子孙的。"（申29：29，参阅Vg.）由此可见，摩西在此唯一劝诫百姓学律法的根据是：这是天上的预旨，是神喜悦向我们启示的话语；摩西也以这话语约束百姓，因为人不被允许探究神隐秘的事。

---

⑨ 参阅 Melanchthon, *Loci theologici* (1535) (CR Melanchthon XXI. 452); Cadier, *Institution* III. 395, 注释6。参阅第四节, 注释12。

4. 反驳这教义对人不利的说法＊

ᵇ我承认不敬虔的人特别喜欢批评、咒骂、吼叫或嘲笑预定论。但若我们因他们的无耻就犹豫传讲这教义，那我们就得对其他基督教基要的教义闭口不谈了，因为这些教义大部分也是他们和他们的党类所亵渎的。悖逆的人听到在神的本质里有三个位格，与听到当神创造人时，他预先知道一切将发生在人身上的事时，也有同样傲慢、咒骂的反应。且当他们听到自从神创造宇宙至今只有五千年的历史，他们也一样会嘲笑，因他们想知道神为何拖延那么久才开始发挥自己的大能。⑩总之，圣经所教导的每一个教义都被他们嘲笑。难道为了阻止他们所说的一切亵渎的话，我们就要停止教导圣子和圣灵的神性，或停止教导神对宇宙的创造吗？绝不！神的道在这教义和所有的教义上都是全能的，也因此无须惧怕恶人的毁谤。

这与奥古斯丁在他的作品《坚忍的恩赐》(*The Gift of Perseverance*) 中所坚持的教导一样。在新约时代，假使徒无法因侮辱和控告保罗正统的教义使保罗感到羞耻。我们的仇敌说这整个教义对敬虔之人有害，因这教义拦阻我们劝勉人，动摇人的信心，也搅扰人的心使人感到恐惧。然而，这是胡说八道！奥古斯丁说，人经常因同样的缘故指控他太开放地教导预定论，但他却轻而易举地反驳他们的指控。⑪既然许多人对此教义有各式各样荒谬的指控，我们将在恰当的时候一一反驳。⑫我在此只要承认我们不应当好奇地探究神的隐秘事，并同时不忽略他已向我们启示的事，好避免过分的好奇心或忘恩负义。奥古斯丁也精妙地表达同样的含义：我们能毫不胆怯地学习圣经，因圣经对我们的教导就如母亲按照小

---

⑩ 参阅 I. 14. 1。
⑪ Augustine, *On the Gift of Perseverance* 14-20 (MPL 45. 1013-1020; tr. NPNF V. 538-547，奥古斯丁的标题为 "dono"，但 1559 年的版本为 "bono")。参阅 Melanchthon, *op. cit.* (CR Melanchthon III. 337, 452)。
⑫ 这些 "见解" 都在 III. 23 中受到反驳。

孩的理解力教导他一般。⑬ᵉ至于那些谨慎或惧怕伤害信心软弱的信徒⑭而对预定论绝口不提的人，他们要用什么掩饰自己的骄傲，因他们这样就间接指控神是愚昧、无深虑的，仿佛神没有预测到他们自以为有智慧所看见的这危险。如此看来，咒骂预定论的人就是公开侮辱神，仿佛神不谨慎地教导了对教会有害的教义。

预定论的定义以及它与以色列国和各人的关系（5—7）

5. 预定论和神的预知；神对以色列的拣选

ᵉ没有任何希望被看待成敬虔的人敢直接否定预定论，即神赏赐一些人永生的盼望，而判其他的人永死。然而，我们的仇敌（特别是那些主张神的预知是预定论起因的人）对这教义有许多吹毛求疵的异议。⑮我们承认这两个教义都是神所教导的，但若说预定论是根据预知，这是荒谬的！

当我们提到神的预知时，我们的意思是，万物从永远到永远都在神眼前，所以对他的知识而言，没有未来也没有过去，反而万事都是现在进行式。且这意思是神不但用意念思考万事，就如我们思考我们所记住的事一般，他也看万事就如这一切正在他眼前，且这预知包括全宇宙的每一个受造物。我们称预定论⑯为神自己决定各人一生将如何的永恒预旨，因神不是以同样的目的创造万人，他预定一些人得永生，且预定其他的人永远灭亡。因此，既然每一个人都是为了这两种目的其中之一被

---

⑬ Augustine, *On Genesis in the Literal Sense* V. 3, 6 (MPL 34. 324).

⑭ 这被巴特和尼塞尔（Niesel）视为伯尔尼政策（policy of Bern）。伯尔尼的牧师和法官都要在1551年12月7日向日内瓦当局回应是否同意预定论的教义。因此，他们呼吁为"维护教会的宁静与和平"而"终止讨论"预定论（CR Ⅷ. 237-242）。

⑮ Pighius, *De libero arbitrio* Ⅳ (in *Controversiarum praecipuarum... explicatio*, 1542), fo. 64b f.; Ⅸ. 2, fo. 159b. 参阅 Ⅲ. 22. 1-8; Ⅲ. 23. 6。下面加尔文会清楚地阐明预知与预定的不同。温德尔（F. Wendel）曾引述加尔文与奥古斯丁、阿奎那、路德、布塞、司各脱立场的异同（Wendel, *Calvin*, pp. 202, 206 f.）。

⑯ 这个简短的定义，参阅第七节的后半段。又参阅 Wendel, *Calvin*, pp. 211 f.。

创造，所以我们说他被预定得生命或受死。

°神启示他的预定包括所有的人，也以亚伯拉罕的整个后裔作比方，证明各国的未来都是他决定的："至高者将地业赐给列邦，将世人分开……耶和华的份，本是他的百姓；他的产业，本是雅各。"（申32：8—9 p.，参阅 Vg.）这分开是显而易见的，在亚伯拉罕身上，就如神选择了已枯萎的树干，他特别拣选了一个种族，而拒绝了其他种族。他没有启示其理由，只是摩西教导以色列之所以与众不同，完全是出于神白白的慈爱，免得亚伯拉罕的后裔自夸。他宣告神拯救他们的原因是：神爱族长，"所以拣选他们的后裔"（申4：37）。

他在另一章中更详细地教导说："耶和华专爱你们，拣选你们，并非因你们的人数多于别民……只因耶和华爱你们。"（申7：7—8 p.，参阅 Vg.）摩西经常重复同样的教导说："看哪，天和天上的天，地和地上所有的，都属耶和华你的神。耶和华但喜悦你的列祖，爱他们，从万民中拣选他们的后裔，就是你们。"（申10：14—15，参阅 Vg.）同样，摩西在另一处劝他们成圣，因神拣选他们做他的子民（申7：6）。在另一处经文中，他又宣告神保护他们是出于他的爱（申23：5）。信徒也都一生宣告这真理："他为我们选择产业，就是他所爱之雅各的荣耀。"（诗47：4，参阅 Comm.）所有神赏赐属灵恩赐的人都承认这些恩赐是出于神白白的爱，因他们知道这一切不是他们应得的，也知道连雅各这圣洁的族长自己的美德仍不配神赏赐他和他的后裔这崇高的尊荣。神自己也说他们完全不应得这福分，因他们是顽梗、硬着颈项的百姓（出32：9；参阅申9：6），他这样说是为了更有效地根除他们的骄傲。此外，先知经常提醒犹太人他们是神的选民，为要提醒他们：他们已从这拣选上堕落了（参阅摩3：2），虽然这激怒犹太人。

无论如何，我要请一切主张神的拣选是人的善行所应得的人留意，既然圣经记载神爱一国胜过其他国，也记载神所拣选的是卑贱，甚至邪恶、顽梗的人，难道他们要因神喜悦彰显自己的怜悯而指控他吗？但他们的咆哮必不能拦阻神的事工，他们对天怒骂也无法使神的公正受玷污。这些辱骂反而将落在他们自己身上！此外，当神要以色列人感谢他，或盼望来世的永生时，他就提醒他们这白白所赐盟约的原则。⑰先知说："我们是他造的，并不是自己造的；我们是他的民，也是他草场的羊。"（诗100：3，参阅Comm.，诗99：3，Vg.）他加上"不是自己造的"并不是多余的，因这不但教导我们神是他们一切丰盛福分的来源，也告诉我们他善待他们的理由在于他自己，因他们完全不应得这大尊荣。

先知也以这句话劝他们以神白白的恩赐为足："他仆人亚伯拉罕的后裔，他所拣选雅各的子孙。"（诗105：6，诗104：6，Vg.）并且当先知记载神不断的祝福是他拣选的果实后，他的结论是神如此慷慨，"都因他记念他的圣言"（诗105：42）。教会所唱的诗也与这教义完全一致："因为他们不是靠自己的刀剑得地土，也不是靠自己的膀臂得胜，乃是靠你的右手、你的膀臂和你脸上的亮光，因为你喜悦他们。"（诗44：3）我们应当留意"地土"是某种象征，代表神将他们分别为圣，收养他们。大卫在另一处也一样劝百姓感谢神："以耶和华为神的，那国是有福的！他所拣选为自己产业的，那民是有福的！"（诗33：12）撒母耳也以此教义劝他们盼望神："耶和华既喜悦选你们作他的子民，就必因他的大名不撇弃你们。"（撒上12：22 p.）当大卫的信心受攻击时，他也以这教义与魔鬼作战："你所拣选的人……必住在你的院中。"（诗65：4，参阅Comm.，64：5，Vg.）此外，因神的拣选（这奥秘是以色列人从埃及和巴比伦被释放以及神对他们一切的祝福所证实的）以赛亚这样运用"拣选"这个词："耶和华要怜恤雅各，必再拣选以色列。"（赛14：1 p.，参阅Vg.）在描述以色列的未来时，以赛亚宣告：虽然神似乎撇弃了以色列人，但他

---

⑰ 关于恩典之约，参阅 I. 6. 1，注释 3；II. 10. 1，注释 1；II. 11. 4，注释 6；III. 14. 6，注释 6；III. 17. 6；和以下的第六、第七节。又参阅 L. Goumaz, *La Doctrine du salut*, pp. 151 ff.；Heppe RD, ch. 16，T. F. Torrance, *The School of Faith*, *Introduction*, pp. I, 63, 73, 120 f.。

却要将剩下的余数聚集归一,且这将证明他的拣选必不落空,虽然当时这拣选看起来是落空了。当神在另一处说:"我拣选你,并不弃绝你"(赛41:9),神在强调他一直以父亲般的爱不断慷慨地恩待以色列人。《撒迦利亚书》中的天使更清楚地表明这真理:"耶和华……也必再拣选耶路撒冷。"(2:12)这就如在说,神更严厉的管教证明他弃绝了以色列,或以色列被掳中断了神对他们的拣选。但神的选召是没有后悔的,虽然我们有时看不见他拣选的证据。

6. 神对个别以色列人的拣选和弃绝

ᵉ我们现在要解释第二种更为狭窄的神的拣选,或那更显示出神特殊恩典的拣选,即神从同一个亚伯拉罕的种族中弃绝了一些人,却叫其他人做他的儿女,聚集他们到他的教会里。以实玛利在一开始与他的兄弟以撒有同等的地位,因神同样以割礼做他立约的印记。以实玛利之后被弃绝,再后来是以扫,最后是无数的群众,甚至几乎整个以色列都被弃绝了。从以撒生的才被称为神的后裔,这呼召也同样在雅各身上继续。神也在扫罗的身上彰显他的弃绝。《诗篇》奇妙地宣告这真理:"他弃掉约瑟的帐棚,不拣选以法莲支派,却拣选犹大支派。"(诗78:67—68,参阅 LXX,诗77:67—68,Vg. 和 Comm.)圣经多次记载这真理,好让我们在这区分中更清楚地明白神的恩典——这奇妙的奥秘。我承认以实玛利、以扫和其他被遗弃的人是因自己的过错和罪恶无法得儿子的名分。因神所设立的条件是要忠心谨守神的约,但他们却不信地违背了。但这并不影响神祝福他从万国中特选的以色列国,就如《诗篇》所记载的:"别国他都没有这样待过;至于他的典章,他们向来没有知道。"(诗147:20,参阅 LXX)

我们有极好的理由在此留意两种拣选。神拣选全以色列国时,就证明他的慷慨是自由的,不受任何辖制,免得我们毫无根据地要求神同样恩待每一个人。神之所以不同等恩待每一个人,就证明神的恩典是自由的。因这缘故,玛拉基强调以色列人的忘恩负义,因神不但从万国中拣选他们,也从亚伯拉罕圣洁的家族中特选他们做自己的百姓,但他们却不忠实,甚至亵渎地藐视神——他们慈爱的父。"以扫不是雅各的哥哥吗?我却爱雅各,恶以扫。"(玛1:2—3;罗9:13)神在此认为他们既都是同一位敬虔之父所生,都是他盟约的后嗣,简言之,是同一棵圣洁之树的两根树枝,所以雅各之子受这样大的祝福也就负更大的责任是理所当然的,但当神拒绝了长子以扫,而拣选了他们的父雅各做后嗣(虽然他生来的位分是较卑微的)之后,神指控他们加倍地忘恩负义,因他们弃绝了神双重的拣选。

7. 个人的拣选才是真实的拣选

ᵉ虽然我们迄今已确实明白神以他隐秘的计划照自己所喜悦的白白拣选某些人,而弃绝其他的人,但在我们解释个人的拣选之前,我们对神拣选的解释仍不完整。神不但提供他们救恩,而且为他们安排妥当,使救恩的结果确定无疑,这些人是保罗所说的神应许的后裔(参阅罗9:7—8;加3:16及以下)。神赐亚伯拉罕儿子的名分,虽然他许多的后裔被弃绝就如腐烂的枝子,然而为了证明神的拣选是有效和永久的,我们必须留意神所拣选的元首——主耶稣基督,因为父神在基督里将他的选民聚集归一,并以无法被破坏的联合使他们与自己和好。所以,虽然神慷慨地恩待亚伯拉罕的后裔,而拒绝恩待其他人,但在基督的肢体上,我们却看见神全能的恩典,因为基督的肢体一旦被嫁接在元首身上,就永远不会失去救恩。因此,保罗用以上《玛拉基书》中的经文极为巧妙地推论:神虽然建立永生之约并呼召以色列人归向自己,但他用了特别拣选的方式呼召他们中的一些人,就证明他不是以同等的恩典有效地拣选全部的以色列人(罗9:13)。虽然他说:"我爱雅各"(玛1:2)是指这族长所有的后裔,因为先知在此将他们与以扫的后裔区分开来,但这与神在雅各身上预表他有效的拣选并无冲突。保罗称这些人为"剩下的余数"（罗 9：27；11：5；参阅赛 10：22—23）不是没有理由的，因为我们的经验也告诉我们，在神所呼召的众多人当中，有许多人至终堕落，而剩下的余数才是神真正的选民。

要解释为何神对以色列人一般的拣选不一定是坚定和有效的并不困难。神与以色列人立约，却没有赐给每一个以色列人重生的圣灵，使他们在这盟约中坚忍到底。外在的邀请，没有使他们得蒙保守的内在恩典，介乎弃绝全人类与拣选少数信徒之间。虽然圣经称整个以色列国为"神的产业"（申 32：9；王上 8：51；诗 28：9，33：12；等等），然而当中有许多是外邦人。神应许以色列做他们的父和救赎者，虽然许多以色列人离弃了他。但神与他们立的约却不是徒然的，因为在他们当中，神保守了一些人做他真正的选民，这证明他的选召"是没有后悔的"（罗 11：29）。神之所以不断地从亚伯拉罕的后裔中，而不是从外邦国家中有效地将自己的教会呼召出来，是根据他的盟约。虽然大多数的以色列人违背了这约，但他却保守了剩下的余数，免得这盟约至终落空。简言之，神对亚伯拉罕整个后裔的收养，从一方来说是具体预表神对他们当中少数人更大的祝福。此即为何保罗很仔细地将亚伯拉罕肉身所生的儿女与他属灵的儿女，就是以以撒为代表的选民区分开来（加 4：28）的原因。这并不是说做亚伯拉罕的后裔是徒然、无益的，若这样说就是侮辱神的盟约！但神不改变的计划，就是他照自己的美意预定人归向他的计划，唯独在乎这些属灵的后裔。但在我引用许多经文充分证明这观点之前，请读者们不要先匆促做决定。

拣选教义的总结

ᵇ圣经明确地教导，神根据他永恒不改变的计划拣选了他预定赏赐救恩的人，以及遗弃他预定灭亡的人。我们深信对神的选民而言，这计划是根据他白白的怜悯，而不是人的价值。但神以他公正、无可指责却测不透的审判向他所预定灭亡的人关了永生的门。就神的选民而论，神的呼召证明他们被拣选。我们也深信他们的称义是另一个证据，直到他们得荣耀，就是这拣选的完成。然而，就如神借着他的呼召和称义见证他的选民，同样地，他拒绝使他所弃绝的人认识自己，或借着圣灵成圣，也据此彰显他们将受怎样的审判。我在此略而不谈许多愚昧者为了推翻预定论的教义所捏造的幻想。我们无须反驳这些幻想，因为它们本身就充分证明它们的错误。我只要稍微讨论知识分子攻击预定论的谬论，或可能绊倒单纯之人的谬论，或不敬虔之人用来攻击神公义的谬论。

^e第二十二章 圣经对于拣选教义的
证明

拣选并非出于神对人功德的预知，乃是出于
万军之耶和华的计划（1—6）

1. 比较拣选与对人功德的预知^e

^{e(b)}许多人不同意我们以上的立场，特别是神对信徒白白的拣选，然而这教义是坚定的。^b一般说来，我们的仇敌以为神根据他对人之功德的预知拣选人。①因此，神拣选他预先知道将配得他恩典的人；另一方面，他预定一切他预先知道将会犯罪和亵渎他的人遭灭亡。^e如此，他们以神的预知做帕子遮盖他的拣选，不但抹去这教义，也否定拣选真正的源头。^b而且这普遍的观念不只是平凡人的主张，各时代重要的神学家中持这种看法的也不乏其人。②我坦承这一点，免得有人误以为他们只要引用

---

① Wimpina, Conrad, *Sectarum errorum, hallutinationum, et schismatum... concisior Anacephalaeosis* (1528) III. *De praedestinatione* I. iii, fo. R 3a. 皮斯卡托（Piscator）花很长的篇幅讨论"拣选是否出于神对人预见的信心"这个问题，答案是否定的：*Disputatio theologica de praedestinatione*, pp. 88-172。参阅 J. Wolleb, *Christianae theologiae compendium* 21 (Basel, 1626), 如 Heppe 所引 RD p. 167。

② 下文第八节。

一些伟大之人的立场，就足以反驳我们。因为神的真理在这教义上清楚到无人能质疑，或尝试引用伟人的主张来反驳。

°至于其他不明白圣经的人，根本就不值得我们留意，虽然他们极邪恶地攻击这正统的教义，他们的悖逆是无法忍受的。因为神根据他自己的美意拣选一些人，而不拣选其他的人，他们就攻击神。③但这教义若是圣经明确的教导，那么他们与神争辩有何益处呢？我们一切的教导也是人的经验所证明的④：神总是有自由将自己的救恩赏赐他所喜悦的人。我不会问亚伯拉罕的后裔在哪方面比得过其他人，因我们知道神拣选他们的起因不在他自己之外。同样请他们回答，他们为什么是人而不是牛或驴。虽然神有能力创造他们做狗，但他却照自己的形象创造他们。难道他们能接受动物与神争辩自己的光景，仿佛神造它们为动物是不公平的？的确，他们不按自己的功德得享特权，这与神随己意分配各种祝福相比，并不算更公平！

他们若想以个人的例子证明他们的立场，他们至少应当思想基督自己的例子而颤抖，就可能不会这样大胆地在这奥秘之上争吵。他是大卫之子——拥有血肉之体的人。基督在母腹里有何美德配做天使的元首、神的独生子、神本体的真像和荣耀、光明、公义，以及世界的救赎主（参阅来1：2及以下）呢？奥古斯丁极有智慧地推论：教会的头是神拣选的明镜，免得我们这些身体上的肢体为拣选的教义烦恼；基督不是因他的义行而成为神的儿子，而是神白白地赐给他这尊荣，好让他之后能将自己的恩赐分给别人。⑤若有人在此想问为何我们不像基督？或我们

---

③ 参阅 Pighius, *De libero arbitrio* VII, fo. 118b f.。
④ 加尔文的预定论教义是根据圣经，且与其观察和经验相符：参阅 III. 24. 4，12，15；Doumergue, *Calvin* IV. 437；K. Barth, *Gottes Gnadenwahl*, pp. 12 f.。在加尔文所著 *Eternal Predestination of God* 一书中出现过许多类似的句子。举例来说，他认为"显而易见"被外在呼召的人当中，信的人很少。(CR VIII. 298 f.；tr. H. Cole, *Calvin's Calvinism*, p. 95.)
⑤ Augustine, *On Rebuke and Grace* 11. 30 (MPL 44. 934 f.；tr. NPNF V. 484)；*On the Gift of Perseverance* 24. 67 (MPL 45. 1033 f.，tr. NPNF V. 552)；*Sermons* 174. 2 (MPL 38. 941；tr. LF *Sermons* II. 891 f.). 在基督里被收养的主题是接续前一章 (ch. 21) 继续讨论。

与他的距离为何如此遥远？我们为什么是败坏的人，但基督却是纯洁本身？问这问题的人只是证明自己的癫狂和无耻。他们既然大胆地想夺去神白白拣选的自由，那他们岂不也想夺去神拣选基督的自由。

我们应当留意圣经对于人之价值的教导。ᵇ当保罗教导神"从创立世界以前"（弗1:4a）在基督里拣选了我们时，他就在否定人有任何的价值，他就如在说：既然天父上帝在亚当一切的后裔当中找不到任何值得他拣选的人，他就在他的受膏者基督身上拣选了基督的肢体作为他赏赐生命的对象。所以，众信徒都应当这样想：神在基督里收养我们得那永恒的基业，因我们自己本身不配得这样大的福分。

保罗在另一处经文中也有同样的教导，他劝歌罗西信徒感谢神，因神叫他们能与众圣徒同得基业（西1:12 p.）。为了使我们配得来世的荣耀，所以神的拣选先于他赏赐我们的恩典，那么怎能说神在人身上找得到任何感动他拣选我们的事物呢？保罗的另一处经文更清楚地表达我在此的意思。他说："神从创立世界以前，在基督里拣选了我们"（弗1:4a），也是"按着自己意旨所喜悦的"（弗1:5），"使我们在他面前成为圣洁，无有瑕疵，无可责备"（弗1:4b；西1:22）。保罗在此将"自己意旨所喜悦的"与我们的功德做对比。

2. 拣选虽先于创造，却非根据神预知人的功德*

ᶜ为了更充分地证明这真理，值得留意这经文的各个部分（弗1:4—5），各部分放在一起，就更确定无疑了。既然他称他们为神所拣选的，那么我们不可怀疑他指的是信徒，因他之后也如此证实；因此，若将神的选民只局限于传福音的时代就玷污了这教义。⑥保罗说他们是从创立世界以前被拣选的（弗1:4），就表示拣选并非根据他们的价值。因为对未

---

⑥ 加尔文在他的著作 *On the Eternal Predestination of God*（1552）中攻击这种观点（CR VIII. 255 f., 260, 344, tr. H. Cole, *op. cit.*, pp. 22 ff., 29, 181）。

曾存在以及之后同为亚当后裔之人做区分能有什么根据吗？那么若神在基督里拣选他们，这不但表示人是在自己的价值之外蒙拣选，也表示神将一些人从众人当中分别出来，因为并不是每一个人都是基督的肢体。

此外，他们之所以蒙拣选是为了"成为圣洁"（弗1：4b），这就充分地反驳了拣选是根据神的预知这谬论，因为保罗在此宣告：人所有的美德都是人蒙拣选的结果。我们若想追究更原始的起因，保罗告诉我们这是神所预定的，且这预定是"按着自己意旨所喜悦的"（弗1：5b）。他的这段话除掉一切关于神因人的缘故拣选人的幻想。因为根据保罗的教导，一切神赐给他新生命之人的福分都来自这一个源头，即神拣选了他所喜悦的人，并在他们出生之前个别为他们预备他将赐给他们的恩典。

3. 拣选为了成为圣洁，而不是因为圣洁而蒙拣选*

b若人确信神的拣选，就不会认为人的功德对拣选有任何参与。当然，保罗在这经文中没有将神的拣选和人的功德彼此对照，但他在另一处经文做了对照。保罗说："神救了我们，以圣召召我们，不是按我们的行为，乃是按他的旨意和恩典。这恩典是万古之先在基督耶稣里赐给我们的"（提后1：9 p.）。并且我们以上也证明过"使我们在他面前成为圣洁"（弗1：4，参阅Vg.）这词组是对此最清楚的教导。⑦你若说：因为神预先知道我们将会圣洁，就拣选了我们，这就是在颠倒保罗的次序。所以我们能肯定地如此推论：既然神拣选我们是为了使我们成为圣洁，那么他就不可能是因预知我们将会圣洁而拣选了我们。因这两个子句是互相抵触的：敬虔的人因被拣选而成为圣洁，以及神因他们的功德而拣选他们。他们常冒出来的异议，即神并非因人得救前的善行拣选人，却因他预知人得救后的善行而拣选人，⑧是完全错误的。因当圣经告诉我们，

---

⑦ 这里包括从第一节开始有关于《以弗所书》1：4 的辩论。
⑧ 参阅下文第二十二章第九节注释 21；Aquinas, *Summa Theol.* I. 23. 5；阿奎那认为上帝预定人得恩典，而且人可以靠善功得到荣耀（tr. LCC XI. 110）；Clichtove, *Improbatio*, fo. 8b。

神拣选信徒是为了使他成为圣洁，同时也暗示他们将来的圣洁来自神的拣选。难道说拣选的结果造成拣选不是互相矛盾吗？

保罗之后也进一步地强调"按着自己意旨所喜悦的"（弗1∶5, Vg.）这句话的含义。他说"都是照他自己所预定的美意"（弗1∶9）。又说"照自己所预定的美意"的意思是指神在定自己的预旨时，没有考虑任何在他自己之外的因素。因此，他立刻就加上神拣选我们的整个目的是要使自己荣耀的恩典得着称赞（参阅弗1∶6）。显然白白的拣选使我们唯独称赞神的恩典。然而，若人的善行成为神拣选我们的因素，这就不是白白的拣选。所以，基督对他的门徒所说的"不是你们拣选了我，是我拣选了你们"（约15∶16），也能运用在众信徒身上。这经文不但否定了人得救前的善行，也表示除非神先怜悯主的门徒，否则他们没有任何值得神拣选的因素。我们又该如何解释保罗的这句话："谁是先给了他，使他后来偿还呢？"（罗11∶35）他的意思是神的慈爱先于人，甚至他在他们身上找不到任何他们得救前或得救后能吸引他的爱的善行。

4.《罗马书》9—11章以及类似的经文

ᵇ保罗在《罗马书》中更进一步详细地教导这真理，ᶜ他在那里说，"从以色列生的不都是以色列人"（罗9∶6）。虽然他们都是蒙福的以色列人，但神的拣选并没有临到所有以色列人。保罗之所以探讨这问题是因犹太人的骄傲和虚妄的自夸。因当他们称自己为"教会"时，他们坚持说相信福音是依靠自己的决定。如今，天主教徒照样以自己的选择取代神的拣选。保罗虽然承认亚伯拉罕的后裔（因神与他们所立的约）是圣洁的，却仍辩论他们当中有许多人在这盟约之外。这不但是因为他们离弃了神而成了私生子，也是因为神特殊的拣选交于一切，唯有这拣选才能赐予人儿子的名分。若有人因敬虔拥有救恩的盼望，其他人因离弃神而与神的盟约无分，如此则保罗教导一切都是出于神隐秘的拣选就是荒谬的。既然是神的旨意使一些人与其他人不同，而且这旨意的起因完全不在神自己之外，以至于以色列的子民不都是真正的以色列人，所以我们若说人属灵的光景在乎自己，就是错误的！

e(b) 保罗借雅各和以扫的例子进一步阐发这真理。e因为虽然两者都是亚伯拉罕的子孙，也同在一位母亲的子宫里，然而神竟将长子的尊荣转移到雅各身上。保罗宣告这就证明神对雅各的拣选，以及对以扫的弃绝。当有人问其起因时，强调神预知的人教导这起因在于他们两人的美德或罪恶。他们如此狡猾地解释：神在雅各身上证明他拣选那些配得他恩典的人；在以扫身上证明他弃绝那些他预知不配得恩典的人。⑨他们的确这样大胆地辩论。然而保罗是如何教导的呢？b"双子还没有生下来，善恶还没有作出来，只因要显明神拣选人的旨意，不在乎人的行为，乃在乎召人的主。"神对利百加说："将来大的要服侍小的。"正如经上所记："雅各是我所爱的，以扫是我所恶的。"（罗9：11—13；参阅创25：23）e若神在这两兄弟身上所做的区分与他的预知有任何关联，那么他在此提到他们"还没有生下来"是不恰当的。

假设我们说神拣选雅各是因他将行的善而视他为配得，那么保罗为何要说神是在他未曾出生之前就拣选了他呢？加上"善恶还没有作出来"就毫无意义，因为根据神的无所不知，雅各将行的善都在他眼前。若是人的善行带来神的恩典，那么神在雅各出生前就应当已经确立他配得奖赏，就如他已成年一样。然而，保罗为了解答这难题，他教导雅各得儿子的名分不是出于自己的行为，而是出于神的呼召。他谈到他们的行为时，没有提到未来和过去，反而将他们的行为与神的呼召互相对照，说既是出于神的呼召就不在乎人的行为。他就如在说：唯一的考虑是神的美意，而不是人所做的。最后，"旨意"和"拣选"这两个术语推翻一切在神隐秘预旨之外人所习惯捏造的起因。

---

⑨ Pighius, *De libero arbitrio* VII, fo. 117ab; IX. 2, fo. 157 ff., Pighius 认为上帝预知那些被弃绝的人是不配得恩典的人。

5. 雅各和以扫的例子驳倒因行律法称义的辩论*

ᵇ那些将不管是过去或未来的善行当作神拣选之因素的人,怎能反驳保罗在此清楚的教导呢?因这等于是直接逃避保罗在这里的观点,即两兄弟的差别不在乎他们的任何行为,乃唯独在乎神的呼召,因他们之间的区别是在未出生之前就被决定的。而且他们这狡猾的辩论若有任何根据,保罗不可能不晓得。但因保罗确知神在人身上所预知的善行都是他早已决定借着他的拣选赐给人的,他就没有荒谬地教导善行先于导致善行的起因。保罗十分明确地教导,信徒的救恩唯独建立在神的拣选之上,而且这福分不是人的行为所应得的,而是来自神白白的呼召。保罗用这两兄弟做这原则的比方。⑩以扫和雅各是兄弟,由同一对夫妻所生,也在同一个子宫里。在他们出生前,他们所有的条件因素都是相同的,但神对他们的计划却截然不同,因他悦纳雅各而拒绝以扫。在他们出生时唯一的差别是以扫因长子的名分比雅各占优势。然而神推翻了以扫所占的优势,而将长子所应得的福分赐给次子。事实上,在其他人身上,神也故意藐视长子的权威,好夺去人一切自夸的理由。神不认以实玛利,却爱以撒(创21:12);他轻看玛拿西,却加倍地祝福以法莲(创48:20)。

6. 神拣选雅各并不是要赏赐他世俗的福分*

ᵇ然而若有人说:我们不应该推论得长子名分的人因此一生受神祝福,甚至至终得天上的基业。事实上,有许多人指控保罗在此强解他所引用的经文。⑪我要再次强调保罗在此并非疏忽或故意滥用经文⑫。只是他看到了他们所不敢想象的:神喜悦借肉体的象征宣告雅各属灵的拣选,因若非如此,这奥秘是人无法测透的。除非我们将神赐给雅各长子

---

⑩ "ὑποτύπωσιν."
⑪ Erasmus, *De libero arbitrio*, ed. J. von Walter, p. 54.
⑫ 参阅 III. 21. 4, 7。

的名分视为来世的祝福，否则它就是虚空，甚至是荒谬的福分。因这名分在世上所带给雅各的不过是[e(b)]各种患难、烦恼、悲惨的放逐、众多的悲伤以及许多的苦难。[b]所以，当保罗肯定地教导神借外在的福分证实神早已预备赏赐他的仆人在他国度里那属灵且永不衰残的福分时，就是在教导这外在的福分证明属灵的祝福（参阅弗1：3及以下）。[e]我们也应当提醒自己：迦南地是我们将来天上居所的凭据。因此，我们不可怀疑神借长子的名分将雅各就如天使一般嫁接在基督身上，使他与他们一同享有属灵的生命。

[b]所以，是神自己的预定拣选雅各和拒绝以扫，虽然两者的行为是一样的。你若问为什么，保罗告诉我们："因他对摩西说：'我要怜悯谁，就怜悯谁；我要恩待谁，就恩待谁。'"（罗9：15）这是什么意思呢？神在此清楚地启示他在人身上找不到任何祝福人的理由，于是就出于自己的怜悯祝福他们（罗9：16），所以他选民的救恩是他自己的工作。既然神说你的救恩唯独出于他自己，那么你为何在自己身上寻找根据呢？既然神说你的救恩唯独出于他的怜悯，你为何以自己的功德自夸呢？既然神坚持你只能将救恩的荣耀归与他的怜悯，你为何将部分的荣耀归给自己呢？

[e]我们在此要思考保罗在另一处所记载的神所预知的余数（罗11：2）。这预知并非如我们仇敌所幻想的在瞭望台上无所事事、无动于衷的观察，而是圣经对这一词常记载的含义。因当路加引用彼得的话说：基督"按着神的定旨先见被交与人"，并被钉在十字架上（徒2：23）时，他所描述的神并不是旁观者，而是我们救恩的创始者。此外，当彼得描述他写信的对象为照父神的先见被拣选者（彼前1：2）时，就明确地教导神所决定收养为儿女的人是出于他隐秘的预定（彼前1：2）。在同样的意义上，他用"定旨"这一词作为"先见"的同义词，既然"定旨"这一词的意思是坚定的决定，他无疑在教导我们：既然神是我们救恩的创始者，这救恩就在乎他自己而不在乎人。他也在同一章经文中，以同样的意义

记载基督在创世以前是预先被神所知道的（彼前1：19—20）。我们若说神在天上想从世上寻找世人蒙救恩的方式，难道有比这更荒唐的吗？因此，保罗所说的被预知的余数其实只是自称为神百姓之众多以色列人当中的少数人。他在另一处斥责那些有名无实并称自己为世上最敬虔的人，为了塞住他们的口，保罗说："主认识谁是他的人。"（提后2：19）简言之，保罗的这句话向我们指出两种人：一种是亚伯拉罕所有的后裔；另一种是神所分别出来向人是隐藏的余数。他无疑在重复摩西的教导，即神要恩待谁就恩待谁（出33：19），虽然当时似乎全以色列人都是神的百姓；他就如在说：神在他一般的呼召中特别恩待一些人，使他们成为更圣洁的百姓，且这和他与以色列人所立的盟约并无冲突。神为了表明他的恩典是白白的，并且他在这事上拥有主权，无可辩驳地宣告他照自己所喜悦的怜悯某人而不怜悯其他人。当神施恩给寻求他的人时，人虽然不否定这怜悯出自于神，但他却以为自己的行为先于这怜悯，或部分地将神所当得的称赞归在自己的身上。

反驳反对拣选之根据的人，这也是弃绝的根据（7—11）

7. 基督对拣选的见证

°我们现在要听那既是大君王、法官，也是主的那位对此的教导。基督因知道大多数听众刚硬的心，也深信他对他们的教导几乎完全是徒然的，为克服这障碍，他说："凡父所赐给我的人，必到我这里来。"（约6：37）"差我来者的意思就是：他所赐给我的，叫我一个也不失落。"（约6：39）注意！父神的赐福是我们蒙基督保守的起因。也许有人会在此反过来辩驳说，唯有靠信心自愿降服基督的人，才是神的选民，然而基督所坚持的是：即使千万人对他的离弃震撼全世界，神永不动摇的拣选的计划会比天更稳固。基督告诉我们，在神将选民赐给他的独生子之前，他们早已是属父的。你或许会问这是否根据他们的本性。答案是：不！因为神所吸引到他那里去的人本来是局外人。基督的这段话清楚到无人能反驳。他说："若不是差我来的父吸引人，就没有能到我这里来的……凡听见父之教训又学习的，就到我这里来。"（约6∶44—45）若所有的人都在基督面前屈膝，那么神的拣选就是普遍的，但既然只有少数人归向基督，这就证明神的拣选是特殊的。所以，基督在宣告神赐给他的门徒本属于神（约17∶6）之后，接着说："我不为世人祈求，却为你所赐给我的人祈求，因他们本是你的。"（约17∶9 p.，约15∶19）为何不是全世界的人都属于他们的造物主呢？难道不就是恩典从神的咒诅、愤怒和永死之下救赎这些若在神的恩典之外必定灭亡的人吗？但神任凭世人自取灭亡，因这是他所预定的。同时，虽然基督是我们的中保，但他却宣称自己与父同样有拣选的权柄。他说："我这话不是指着你们众人说的，我知道我所拣选的是谁。"（约13∶18）若有人问基督从哪里拣选他的选民，他在另一处经文中回答这个问题，"我从世界中拣选了你们"（约15∶19），且当基督在父面前为门徒代求时，他同时也摒弃世人（约17∶9）。我们必须相信的是：当基督宣告他知道他所拣选的是谁时，他指的是在全人类当中有某些与众不同的人，而且使他们与别人不同的不是他们自己的美德，而是神的预旨。

我们以此推论，无人能靠自己的劳力或努力与众不同，因基督宣称自己是拣选的创始者。他在某处将犹大算在选民之内，虽然他"是个魔鬼"（约6∶70），但这选择指的只是使徒的职分。虽然这职分确实表明神的恩惠，就如保罗常常说的那样（例：加1∶16；弗3∶7），但这恩惠本身不一定包括永生的盼望。因此，犹大堕落到不如魔鬼的地步，因他不忠心担任使徒的职分。然而基督必不容他从前一次嫁接到他身上的任何肢体灭亡（约10∶28），因基督在保守他们的救恩时，将行他所应许他们的事，即他将发挥那比万有都大的父神的大能（约10∶29）。[13] 因他之后说："你所

---

[13] 选民之所以能坚忍到底，是凭着上帝的权能（*Dei potentiam quae maior omnibus est*），是基督为了他们的缘故运行在他们身上。

赐予我的……其中除了那灭亡之子,没有一个灭亡的。"(约 17∶11 — 12)虽然这似乎似是而非,⑭然而它的意思是显然的。综上所述,神出于白白收养之恩,将儿子的名分赐给他所喜悦的人,然而这拣选的起因完全在乎他自己,因他喜悦照自己隐秘的旨意行万事。

8. 教父们(尤其是奥古斯丁)对神"预知"的解释

ᵇ但安波罗修、奥利金以及哲罗姆都主张:神照他所预知人会善用他的恩典,而将这恩典分配给人。⑮此外,虽然奥古斯丁也曾有这样的观点,但在他更明白圣经的教导之后,他不但承认自己明显的谬误,甚至勇敢地反驳这谬误。⑯在他悔改之后,他斥责帕拉纠主义者,因他们继续相信这谬论。他说:"若是如此,那保罗却没有这样教导不是令人感到很惊讶吗?因当他教导神在人出生前对人奇妙的拣选,并问:这样我们可说什么呢?难道神有什么不公平吗?"(罗 9∶14)他应当在此教导神预知谁有应得救恩的功德,但他却没有这样说,反而教导神的公正和怜悯。⑰

当奥古斯丁在另一处驳倒人的功德是神拣选人的因素之后,他说:"这经文完全反驳那些人的教导,他们使神的预知与他的怜悯敌对,并因此说,神之所以在创立世界之前拣选我们,是因他预先知道我们将为善,并不是因为他将使我们成为善。神的这句话:'不是你们拣选了我,是我拣选了你们'(约 15∶16),并不是教导神的拣选根据他预知人的良善。因为他若因预先知道我们将为善而拣选我们,他同样也会预先知道

---

⑭ "καταχρηστική."
⑮ Ambrosiaster (cf. III. 17. 13, note 15), *Commentary on Romans*, Rom. 8∶29 (MPL 17. 134); Origen, *Commentary on Romans* VII. 8 (MPG 14. 1126); Pelagius, on Rom. 8∶29 (in Jerome's *Works*) (MPL 30. 684 f.)。
⑯ Augustine, *Retractations* I. 23. 2-4 (MPL 32. 621 f.); *Exposition of Romans* 55, 60 (MPL 35. 2076, 2078)。
⑰ Augustine, *Letters* 114. 8. 35 (MPL 33. 886; tr. FC 30. 327); *On the Predestination of the Saints* 3. 7 (MPL 44. 964 f.; tr. NPNF V. 500)。

我们将选择他而因此得救。"⑱

ᵇ那些看重教父权威的人同样也应当留意奥古斯丁的这见证。ᶜ奥古斯丁不接受帕拉纠主义者指控他的教导与其他教父的不同，他甚至引用安波罗修的话说："基督呼召他所怜悯的人。"以及"神若愿意就能使不敬虔的人成为敬虔的；但神呼召他所喜悦的人，并使他所喜悦的人成为圣洁。"⑲虽然我可以只引用奥古斯丁的话写一本书，以此证明这是教父的教导，然而我不想如此增加读者的负担。

ᵇ然而，即使教父对此没有任何教导，我们自己也当面对这问题。有人曾经提出这难题：神只施恩给一些人是否公正？虽然保罗可以只用一句话证明是因人的善行，但他却没有这么做，反而做了复杂的解释。因为的确不是因人的善行，若真是因人的善行，那借他口说话的圣灵不会忘记这一点以至在此不提。因此他直白地回答：神随己意施恩给他的选民，他也随己意怜悯他们，因他说："我要恩待谁，就恩待谁；要怜悯谁，就怜悯谁"（出 33：19 p.）的意思是神之所以发怜悯，完全是因他喜悦发怜悯。如此，奥古斯丁的话是正确的："神的恩典并不是寻找配得蒙拣选的人，而是使他所拣选之人的行为与这恩典相称。"⑳

9. 神白白的恩典使人有善行，难道神的拣选不是根据神对这些人的善行的"预知"吗？

ᵇ我们不多谈托马斯·阿奎那狡猾的解释，即从神的角度来看，对善行的预知不是预定论的起因，但从人的角度来看，我们可以这样说，即

---

⑱ Augustine, *John's Gospel* 86. 2 (MPL 35. 1851; tr. NPNF VII. 353).
⑲ Augustine, *On the Gift of Perseverance* 19. 49 (quoting Ambrose, *Exposition of Luke's Gospel* 1. 10; 7. 27) (MPL 45. 1024; tr. NPNF V. 546); *On the Grace of Christ and Original Sin* I. 46. 51 (MPL 44. 383).
⑳ Augustine, *Letters* 186. 5. 15; "*electio gratiae, quae non invenit eligendos sed facit*" (MPL 33. 821; tr. FC 30. 202).

就如圣经教导，神根据人的功德预定人得荣耀，因为神决定赐给人他应得荣耀的恩典。㉑神既然喜悦我们相信他的拣选唯独来自他的慈爱，任何人若以为有其他的起因，就是虚妄的幻想。然而，我们也可以用和托马斯·阿奎那一样狡猾的说法来反驳他。他争辩：从某方面来说，神因他选民的功德预定他们得荣耀，神预定施恩给他们，使他们应得荣耀。但我反对他所说的，我主张神因拣选人得永生而预定施恩给他们，而这恩典来自神的拣选。换言之，神预定施恩给他早已预定得荣耀的人，因神喜悦借拣选之恩使他的选民称义。这就证明神预定人得荣耀是他预定给他们恩典的起因，而不是结果。然而，我们不打算陷入这种争辩的旋涡，因为对于坚信神真道之完备性的人而言，这些争辩都是多余的。一位古时的神学家说得好："那些教导神的拣选是根据人的功德者，是自以为聪明的。"㉒

10. 神的呼召是普遍性的，拣选则是特殊的

°有人反对说：神如果毫无分别地邀请众人归向他，却只接受少数人作他的选民，这样就是背乎他自己。对这些人而言，神应许的普遍性证明他的恩典不是特殊的。有一些人为了避免极端而这样说，并不是要阻挡真理，而是为了避免回答复杂的问题，以及限制人的好奇心。㉓他们的意图虽是好的，却仍不能被接受，因逃避总是无可推诿的。至于那些傲慢地谩骂神拣选的人，他们的异议是极其令人厌恶的，他们的错误是极其可耻的。㉔

㉑ Aquinas, *Commentary on the Sentences* I. 41. 1, art. 3；*Summa Theol.* I. 23. 5；参阅上文第三节，注释8。

㉒ 错误地归于 Pseudo-Ambrose（即 Prosper of Aquitaine），*The Call of the Gentiles* I. 2，但在米涅（Migne）的版本（MPL 17；MPL 51）中找不到这作品。

㉓ 参阅梅兰希顿于1543年5月11日给加尔文的书信（CR XI. 541；Herminjard, *Correspondance* VI-II. 343 f.）；Melanchthon, *Loci theologici*（1543）（CR Melanchthon XXI. 914 ff.）。加尔文为梅兰希顿在这本书的法文版（1546）所写的序言里，提及避免在拣选教义上的争议（CR IX. 849）。

㉔ 那些反对拣选教义，与加尔文争论的"谩骂者"如下：在1551年被逐出日内瓦的哲罗姆·博尔塞克（Jerome Bolsec）和著有三本对话集，分别讨论预定、拣选和自由意志的塞巴斯蒂安·卡斯泰利奥（Sebastian Castellio）。

我以上已教导过圣经如何解释这难题,即神借讲道呼召所有的人当悔改和相信福音,但神却没有将悔改和信心赐给所有的人。我之后将重复这教导。㉕我否认他们的教导,因它在两方面是错误的。就如神预言某个都市将下大雨,而另一个都市将有旱灾(摩4:7),并在某处将有听不到耶和华话语的饥荒(摩8:11),同样地,神并没有以定规约束自己必须呼召所有的人。而且神禁止保罗在亚细亚讲道(徒16:6),叫他越过庇推尼并引领他去马其顿(徒16:7及以下),证明他有权柄随意分配他福音的财宝。神借以赛亚的口更清楚地教导救恩的应许是特别给他选民的,因他宣告唯有他们而不是全人类要成为他的门徒(赛8:16)。显然,既然神只把救恩安排给自己的子民,所以人若教导这救恩对众人一样有效,就是在玷污这救恩。

我们现在至少可以这样说:虽然我们毫无分别地传福音给万人,但神只将信心的恩赐赐给少数人。以赛亚告诉我们为什么耶和华的膀臂并不是向所有的人显露(赛53:1)。他若说福音受人恶劣的攻击或藐视,是因他们悖逆并拒绝聆听,或许他们所教导神普遍的呼召有某种程度的说服力。但先知教导人的盲目是因耶和华不向他们显露自己的膀臂(赛53:1)时,他并无意减轻人的罪。他只是在教导:既然信心是神特殊的恩赐,所以在这恩赐之外,讲道对人毫无果效。我要请问这些博士,到底是讲道本身还是信心使人成为神的儿女。的确,如《约翰福音》第一章里的话:"凡接待他的,就是信他名的人,他就赐他们权柄,作神的儿女"(约1:12),这不是什么模糊的教导,神反而在此明确教导接待基督的人"不是从血气生的,不是从情欲生的,也不是从人意生的,乃是从神生的"(约1:13,Vg.)。

然而他们却说,信心与真道是互相平衡的。㉖这是有信心时的现象,

㉕ III. 3. 21; III. 24.
㉖ 参阅III. 2. 6, 7, 31; Melanchthon, *Loci theologici* 1535(1543)(CR Melanchthon XXI. 451, 916)。

然而最普遍的现象是种子落在荆棘里（13∶7）或落在土浅石头地上（太13∶5），这不但是大多数人表现对神顽梗不信的原因，也是因神并非赏赐所有人可见的眼和可听的耳。那么，神呼召一些他早知道不会归向他的人，怎么说不是背乎自己呢？我请奥古斯丁替我回答："你要与我争辩吗？你反而应当与我一同感到惊奇而说：'深哉'！但愿我们以敬畏的心接受这话，免得因自己的错误而灭亡。"㉗此外，根据保罗的教导，若拣选是信心之母，我们就能推论神的拣选既然是特殊的，那么信心就不可能是普遍的。这是非常合理的推论，因为当保罗宣告"神在基督里曾赐给我们天上各样属灵的福气，就如神从创立世界以前，在基督里拣选了我们"（弗1∶3—4 p.）时，这丰盛并不是所有的人都享有的，因神只拣选他有意要拣选的人。这也是为何保罗在另一处求神将信心赐给他的选民（多1∶1），免得任何人以为他能靠自己的努力获得信心。这反而是神自己的荣耀，即白白地光照他预先所拣选的人。伯尔纳正确地说："唯有主的朋友听进去这句话：'你们这小群，不要惧怕'（路12∶32），'因为天国的奥秘只叫你们知道'（太13∶11）。这些人是谁呢？'他预先所知道……预先定下效法他儿子模样'的人（罗8∶29 p.），且那些已明白神的伟大和隐秘计划的人：'主认识谁是他的人'（提后2∶19），神向他们启示他从永远所知道的计划。而且除了神预先所认识和预定成为他儿女的人之外，他也不叫其他人与这伟大的奥秘有分。"他的结论是："'耶和华的慈爱归于敬畏他的人，从亘古到永远。'（诗103∶17，102∶17，Vg.）从亘古是指神的预定，到永远是指信徒将得荣耀，前者没有起头，后者则没有尽头。"㉘其实我们无须伯尔纳的见证，因主亲口说："惟独从神来的，他看见过父。"（约6∶46）他的意思是：神脸上的光令所有未重生之人感到惧怕。信心的确与拣选密不可分，只要我们明白拣选先

㉗ Augustine, *Sermons* 26. 12, 13 (MPL 38. 177).

㉘ Bernard, *Letters* 107. 4, 5 (MPL 182. 244 f.; tr. Eales, *Life and Works of St. Bernard* I. 356-359).

于信心。基督在另一处也清楚地表明这次序:"差我来者的意思就是:他所赐给我的,叫我一个也不失落……我父的意思是叫一切见子而信的人得永生。"(约6:39—40)他若喜悦万人得救,就必定赐给所有人他的儿子,并以信心这圣洁的恩赐嫁接他们到他儿子身上。信心无疑是神的爱的独特凭据,特别分配给他所收养的一切儿女。因此基督在另一处经文中说:"羊也跟着他,因为认得他的声音。羊不跟着生人,因为不认得他的声音。"(约10:4—5,参阅 Vg.)这差别难道不就是主已开通他们的耳朵吗?[29] 因无人能使自己成为羊,这反而是天上的恩典所造成的。主也以同样的意义教导我们:救恩将永远坚固和稳妥,因神以他的大能保守之(约10:29)。因此,他的结论是:非信徒不是他的羊(约10:26),即他们不是神借以赛亚的口所应许成为他门徒的人(赛8:16,54:13)。我以上所引用的经文既因教导圣徒的坚忍,就同时证明神的拣选是不后悔的。

11. 弃绝同样也不是根据人的行为,乃是根据神的旨意

ᵇ我们现在要简略讨论神所弃绝的人,[30]因为保罗的教导也包括他们。就如雅各虽然没有任何配得蒙恩的善行却蒙恩;同样地,以扫当时虽然尚未被任何罪恶玷污,却被神恨恶(罗9:13)。因此,我们若以他们的行为解释他们之间的差别,就是在指控保罗,仿佛他完全看不见对我们而言是显而易见的事!他的确看不见他们之间的差别在于行为,因他强调在善恶还没有做出来之前,一个就蒙拣选,另一个则被弃绝,这就证明神预定的根基不在乎行为。而且当保罗替反对之人提出神是否不公正的异议时,他根本没有提到神照以扫的恶意报应他,而这原本是对神的公义最确定和清楚的辩护。他的结论是迥然不同的,即神兴起他所弃绝的人,好在他们身上彰显自己的荣耀。他最后加上这结论:"神要怜

---

[29] "Nisi quia divinitus perfornatae sunt illis aures." 这是描绘牧羊人在羊的耳朵上做记号的情景。
[30] 参阅 Wendel, *Calvin*, pp. 212 ff.。

悯谁，就怜悯谁；要叫谁刚硬，就叫谁刚硬。"（罗9：18）由此可见，保罗将怜悯和刚硬都归在神的预旨之下。我们不知道神为何施恩给他的选民，因这是神自己的旨意。同样地，除了神的旨意以外，我们也不知道他为何弃绝其他人，因当圣经告诉我们，神随意刚硬人的心或怜悯他们时，就是在警告我们不可在神的旨意之外寻找另一个因素。

ᵉ第二十三章　反驳这教义常遭到的错误指控

弃绝是拣选的反面，也同样出于神的旨意（1）

1. 难道有拣选却没有弃绝吗？

ᵇ当人属血气的心听到这教导，就爆发出毫无节制的悖逆，就如听到预备作战的号角声那般。ᵉ其实有许多人为了避免人指控神，就只承认神的拣选，而否认神对人的弃绝。但这想法是无知、幼稚的，因为拣选和弃绝是分不开的。圣经记载神将他所预定蒙救恩的人分别为圣，我们若因此说其他人要靠命运或自己的努力获得神只赐给少数人的救恩，这是极其荒谬的。①所以，神所越过的人是他所咒诅的，且他这样做的唯一理由是，他喜悦将他们排斥在他所预定赐给他选民的基业之外。而且人若拒绝以神的话语约束自己悖逆的心，这是不能被接受的，因为神的话语教导，就连天使也赞扬那测不透的计划。然而，我们已经教导过，②叫人

---

① 加尔文心里想到的是信义宗的观点。在 The (later) Epitome of the Formula of Concord XI 里，论及预定和拣选，第三、第四点说上帝的预知遍及全世界所有的人，但拣选只达到敬虔的人 (*Concordia Triglotta*, pp. 832 f.)。参阅 Melanchthon, *Loci theologici* (1543) (CR Melanchthon XXI. 915 f.)。
② II. 4. 4.

刚硬都在神手中，也是出于神的旨意，就像他的怜悯一样（罗9：14及以下）。保罗也不像我上面所说的那些人，迫不及待地设法为神的作为找虚妄的借口；他反而警告我们，泥与窑匠争辩是不恰当的（罗9：20）。那些不承认神咒诅任何人的人，要如何解释基督的话呢？"凡栽种的物，若不是我天父栽种的，必要拔出来。"（太15：13 p.）这里的含义显然是，一切为天父所不喜悦在自己田里栽种作为圣洁的树，都是他预定灭亡的树。他们若说这并不能证明弃绝的教义，那就没有任何能说服他们的了。

然而，即使他们不断地争辩，我们仍要冷静接受保罗的这劝诫：神若在一方面"要显明他的愤怒，彰显他的权能，就多多忍耐宽容那可怒、预备遭毁灭的器皿"，而在另一方面"要将他丰盛的荣耀彰显在那蒙怜悯、早预备得荣耀的器皿上"（罗9：22—23 p.），那我们就不可与神争辩。读者们当留意，保罗为了避免人对神的反感和责备，说神的弃绝出于他的愤怒和权能，因神若将这远超乎我们理解力的判决交付给我们，才是不公平的。我们仇敌的推论完全不合理：神没有完全弃绝他没有拣选的人，而是宽容他们，等待他们之后悔改。就如保罗的意思是神在忍耐、等候他早已"预备遭毁灭"之人的归正！（罗9：22）奥古斯丁对这经文的解释是正确的：既然神以他的权能和宽容对待他所没有拣选的人，就表示他们的结局不只是神被动允许的，也是神主动决定的。[③]我们的仇敌又接着说：保罗有极好的理由说将受毁灭的器皿是自己预备遭毁灭的，然而"得荣耀的器皿"是神自己早已预备的（罗9：22）。他们说保罗的说法教导我们：救恩的功德都归于神，然而，灭亡的责备都归于那些自取灭亡的人。我承认保罗在前面用比较委婉的语气，但我们若说"预备遭毁灭"不是出于神隐秘的计划，就不是前后一致的解释。

保罗在前面的经文中已表示过同样的含义：神兴起法老（罗9：17），

[③] Augustine, *Against Julian* V. 3. 13（MPL 44. 790 f.; tr. FC 35. 254 f.）.

然后,"要叫谁刚硬,就叫谁刚硬"(罗9:18)。由此看来,叫人刚硬是出于神隐秘的计划。至少在这方面我完全同意奥古斯丁的教导,即当神叫狼变为羊时,这是出于神大能的恩典,征服他们刚硬的心;另一方面,神也不改变被弃绝的人,因他拒绝在他们身上彰显这大能的恩典,虽然他能够随己意这样做。④

第一个异议:拣选的教义使神成为暴君(2—3)

2. 神的旨意是公义的准则*

ᵉ对于敬虔、自制和承认自己不过是人的人,我以上所解释的应当就够了。但因这些狂犬向神吠出不止一种毒气,所以我们要逐一地解答。

ᵇ愚顽人在多方面与神争辩,就如神有责任在他们的指控下向他们解释。因此,首先他们问神:为何在人尚未有任何激怒他的恶行之前向人发怒呢?因为随意预定人灭亡是善变的暴君,而不是公正法官的判决。所以他们认为若神唯独出于自己的决定,在人的功德之外预定人遭永远的灭亡,人就有极好的理由与神争辩。如果敬虔的人开始这样想,他们至少能如此抵挡这思想,即在神的旨意上追根究底是极其邪恶的。因为神的旨意是(也应当是)万事的起因。若神的旨意本身有起因,就表示有先于他的,仿佛神的旨意受制于它,但神不允许我们如此想象。因神的旨意是公义至高的准则,所以他所预定的一切必定是公义的。因此,当人问神为何这样做,我们就要回答:因这是他所预定的。⑤但你若进一步追究,神为何这样预定,你就在寻找比神的旨意更高的原则,然而这原则并不存在。人应当约束自己的轻率,不寻找不存在的,免得无法寻见真正存在的。这缰绳能有效地勒住任何想以敬虔的心默想神奥秘的人。神能在恶人大胆咒骂他时,以他的公义并在我们的帮助之外,充足

---

④ Augustine, *On the Predestination of the Saints* 2.4 (MPL 44.962; tr. NPNF V.499); Sermons 26.5.5 (MPL 38.173).

⑤ 奥古斯丁常见的用语;例如 *On Genesis, Against the Manichees* I.2.4 (MPL 34.175)。

地替自己辩护。他将除掉他们一切的借口，定他们的罪并判他们遭灭亡。

°我们也不主张那"绝对权能"(absolute might)的幻想，我们应当深恶痛绝这亵渎的想法，我们不相信某种没有律法、随意行万事的神。因就如柏拉图所说：被自己的私欲所困扰的人需要律法，而神的旨意不但没有瑕疵，也是公义最高的准则，更是一切律法中的律法。⑥但我们否认神必须向人解释，我们也否认人能靠自己的知识做判决，因此，我们若超过神为我们指定的范围，就应当默想《诗篇》的这段话："你责备我的时候显为公义，判断我的时候显为清正。"(诗51：4，参阅50：6，Vg.)

3. 神公义地对待被弃绝的人

°神无须开口就能征服他的仇敌。神的话语赏赐我们攻击他仇敌的武器，免得他们以为自己能毫不受罚地嘲笑他的圣名。因此，若有人这样问我们："神为何在创立世界以前预定一些人受死？他们既然未曾存在，就不可能值得这样的判决。"⑦我们当如此反问他们：神若根据自己圣洁、公义的本性审判人，他应当有怎样的判决呢？我们众人既受罪恶的玷污，在神面前就必定是可憎恶的，且这不是因神是残忍的暴君，而是因他公正的判决。然而，若神所预定遭灭亡的人，根据自己的本性伏在永死的审判之下，那么他们能抱怨神在哪方面对他们不公正呢？

请亚当所有的后裔在他们的造物主面前，为他们尚未存在前，神出于自己永恒的护理预定他们遭永恒的灾难辩护。当神叫他们在他面前交账时，他们能替自己说什么呢？他们若是从一团污秽的泥里被取出来，

---

⑥ 参阅 *Calumniae nebulonis cuiusdam de occulta providentia Dei*，回复 art. 1（CR IX. 288 f.；tr. H. Cole, *Calvin's Calvinism* [1856], pp. 266 f.）。"关于经院神学家对于上帝绝对或独裁的意志之观点，我不仅要驳斥，更深恶痛绝这种对上帝的认识，因为如此就把上帝的公义与他的统治权分开了。"在此加尔文驳斥了一种人常加在他身上的看法，这点在第四节中会继续讨论。见温德尔（F. Wendel）引用唯名论神学家的 *potentia absoluta* 的讨论，在当中他同时也指出唯名论神学家的误解之处（Wendel, *Calvin*, pp. 92 ff.）。参阅 Doumergue, *Jean Calvin* IV. 120 f.。

⑦ Augustine, *Unfinished Treatise Against Julian* I. 48；II. 8（MPL 45 1069 f., 1145）。

就难怪要遭灭亡！他们若出于神永恒的审判必定遭灭亡，就不应当指控神不公正。因他们自己知道（不管他们是否承认）这是他们的本性所应得的。ᵃ他们故意和邪恶地掩饰自己遭灭亡的起因——因他们不得不承认这起因在于他们自己——为了将责任推给神而逃脱审判。即使我千万次宣称他们的灭亡是神所预定的（而且这的确是真的），他们仍不能说自己是无罪的，因他们的良心不断地提醒他们的罪。

神的公义不受制于我们的判决（4—7）

4. 神的预旨隐藏在他的公义之下

ᵇ他们接着反对：难道不是神预定他们犯罪，而因这罪判他们遭灭亡吗？若是这样，那当他们因自己的罪遭灭亡时，他们只是在付亚当的堕落所带给他一切后裔悲惨的代价。并且这也是神所预定的。那么，神如此残忍欺哄自己的受造物不是不公正吗？⑧我当然承认亚当一切的后裔处在这悲惨的光景是出于神的旨意。这也是我从一开始所说的，⑨即我们到最后必须承认，一切都是出于神的旨意，且他的旨意向我们是隐藏的。但我们不能推论人这样责备神是神所应得的。我们反而要与保罗一同回答："你这个人哪，你是谁，竟敢向神强嘴呢？受造之物岂能对造他的说：'你为什么这样造我呢？'窑匠难道没有权柄从一团泥里拿一块做成贵重的器皿，又拿一块做成卑贱的器皿吗？"（罗9：20—21）

我们的仇敌会说我们这样不是正当地为神的公义辩护，而是企图掩饰真正的理由，就如那些无故行事之人所找的借口那般。他们也批评说难道我们不是说神以某种人无法抵抗的力量随意行事吗？其实并非如此。当我们去思想神的本性时，还能举出什么更有说服力的理由呢？因审判的主怎能容许人犯罪而毫不受罚呢？（参阅创18：25）若施行审判属于神的本性，

---

⑧ 参阅 Erasmus, *De libero arbitrio*, ed. Von Walter, p. 80。
⑨ 上文第二节。

那么他必定爱公义并恨恶不义。因此，保罗的这段话并非在找逃避现实的借口，仿佛他以自己的辩论为耻。这段话反而表示神公义的原则比人的准则和有限的知识所能测度的更高。保罗承认神的判断深奥难测（罗11：33）。甚至人的思想若想测透这判断将被吞灭。然而保罗同时也教导我们，若将神的作为贬低到一旦我们不明白他作为的理由，就立刻斥责它们，这是极不应该的。所罗门的这段话是众所周知的，虽然很少人真正了解："创造万物的主照愚昧的人和罪人所应得的报应他们。"（箴26：10，参阅日内瓦圣经）他在此述说神的伟大。虽然神没有赏赐愚昧人和罪人他的圣灵，但他仍有审判他们的权柄。人想以自己渺小的思想彻底明白无限的神，不过是在表现他们可怕的疯狂！保罗称没有堕落的天使为蒙拣选（提前5：21），若他们的坚固是根据神的美意，那么其他天使的背叛也证明他们被弃绝。除非神在他隐秘的计划中弃绝他们，否则没有另一个解释。

5. 神不允许我们查考隐秘的预旨，而要我们以顺服的心赞叹之

[b]假设现在有亵渎神护理的摩尼教徒或色勒斯丢（Coelestius）[10]在我面前，我要和保罗一同宣告：我们不应当寻找神护理的理由，因这护理伟大到远超过人的理解力（参阅罗9：19—23）。人若想限制神的力量，使他无法成就超过人思想所能测透的事，难道这不是极其荒谬的吗？我同意奥古斯丁的话：神创造了那些无疑他预先知道将遭灭亡的人。这是根据他自己的旨意。但我们不被允许知道他为何预定他们遭灭亡，因这是我们不能明白的，[11]且我们在神的旨意上争辩是极为不妥当的，因我们一提到他的旨意，就是提到神公义、至高的准则。为何以为公义本身有所不义呢？我们也应当效法保罗的榜样，当恶人责备神时，我们不要以塞住他们的口为耻："你这个人哪，你是谁，竟敢向神强嘴呢？"（罗9：20 p.）

---

[10] 文中以 "*Coelestinus*" 取代 "*Coelestius*"（此处加尔文误写为 "*Caelestinus*"）。参阅 I. 13. 1，注释 3；III. 17. 15，注释 18 和下文的第八节。

[11] Augustine, *Letters* 186. 7. 23 (MPL 33. 824; tr. FC 30. 207).

你为何指控神？因他拒绝将他伟大的作为贬低到你愚昧的程度吗？仿佛一切人无法测度的事都是邪恶的！神已明确启示他的判断是人无法测透的，你知道神称之为"深渊"（诗36：6）。同时你当思想，既然自己的思想很有限，那怎能明白神一切的预旨？你若不理智地想测度这"深渊"，你的理智会告诉你，你将因此遭灭亡，难道这对你有何益处吗？你为何不被惧怕约束，因为你明明知道约伯的历史和先知的书卷都宣告神测不透的智慧和可畏的权能，你心里若感到烦扰，不要以接受奥古斯丁的劝诫为耻："你这一个人竟想从我这另一个也是人的身上得到答案。其实，我们都当聆听这句话：'你这个人哪，你是谁？'（罗9：20）无知之人的信心远比轻率之人的知识来得好，你若寻找自己的功德将会寻见惩罚。'深哉！'（罗11：33）彼得不认主；强盗相信主。'深哉！'你寻找理由吗？我反而要在这深渊面前颤抖。你靠自己的理智吧，我宁愿赞叹；你争辩吧，我宁愿相信。我面对这深渊，并无法测透。保罗安静下来了，因他发现这是神的奥秘。他称神的判断'何其难测'。难道你想测度神的判断吗？他称神的踪迹'何其难寻'（罗11：33），你竟然以为自己能寻见吗？"[12]b我们若继续讲，对我们也毫无益处，因我们的解释不可能满足他们悖逆的心。神也不需要他的圣灵所启示之外的另一个辩护。圣灵借保罗的口向我们说话。我们在哪里不再与神一同说话，我们就在哪里开始说错话。

6. 第二个异议：拣选的教义否定人的罪和他的责任

b这些不敬虔之人也有另一个异议，这异议不是指控神，而是替罪人找借口。其实，我们若为神所定罪的人辩护，就是侮辱神。这些亵渎的舌头这样胡诌：神为何将他所预定发生的事归为人所犯的罪呢？他们想做什么呢？难道他们想与神的预旨抗争吗？然而，即使他们想这样做也不会成功，因为这是不可能的。他们说神若因他所预定发生在人身上的

---

[12] Augustine, *Sermons* 27. 3. 4；6. 6；7. 7 (MPL 38. 179-182).

事审判人,这是不公义的。在此我不采用教会神学家们常用的辩护,即神的预知与人因自己的罪受审没有冲突,因神所预知的是人的罪,而不是他自己的罪。这样的辩护不会阻止仇敌的争辩,他们反而会说:只要神愿意,他就能避免他所预知的恶行发生,而神之所以没有这样做,是因为神按照他预定的计划创造人,好叫他在地上如此行。且人若出于神的护理如此受造,并被预定处在这光景中,他之后一切的行为也被决定,那么神就不能责备人在他自己的旨意之内所无法避免行的事。⑬我们当如何答复这难题呢?首先,我们所有的人都应该同意所罗门所说的话:"神为自己创造万物,就是恶人也为祸患的日子所造。"(箴16:4,参阅 Vg.)看哪!既然万事的发生都在神手中,既然人得救或遭灭亡的决定都在他的权能之下,因此,他出于自己的美意和计划预定一些人出生为了遭灭亡,并因他们的灭亡荣耀他的圣名。若有人回答说:神并没有出于自己的护理预定人将来的结局,反而因他预先知道人将犯的罪,就创造他们处在这光景中,这答案仍没有完全答复这些难题。古时的神学家们有时如此答复,却仍不能肯定。⑭而经院神学家们则以为这是无法反驳的答复。⑮其实,我也承认神的预知并不决定他受造物的行为,但不是所有的神学家都这样主张。有的人说神的预知是万事的起因,然而我个人认为瓦拉 (Valla)ᵉ 虽然不是很懂神学,ᵇ 却看得比这些神学家更清楚,因他证明他们的立场毫无根据。因为人的生命和死亡都是出于神的旨意,而不是出于神的预知。⑯神若只预先知道人以后将发生的事,却不以自己的

---

⑬ Erasmus, *op. cit.*, p. 48.
⑭ 参阅 III. 22. 8,注释 15。
⑮ Lombard, *Sentences* I. 40. 4;I. 38. 4 (MPL 192. 632,628).
⑯ 加尔文独立追随路德,认为罗伦佐·瓦拉 (Lorenzo Valla, d. 1457) 是支持预定论的盟友。伊拉斯谟在他的著作 *De libero arbitrio* 中也承认,加上加尔文所表明的说:"瓦拉对那些有分量的神学家不具影响力。"(*op. cit.*, ed. von Walter, p. 13) 路德在这个主题上将瓦拉和威克里夫相提并论 (*Werke* WA XVIII. 640)。瓦拉的著作 *Dialogue on Free Will* (*De libero arbitrio*) 由安福济 (M. Anfossi) 编辑,经特林克豪斯 (C. Trinkhaus) 翻译加上有用的英译本导言,收录于 E. Cassirer, P. O. Kristeller, and J. H. Randall, *The Renaissance Philosophy of Man*, pp. 147-182. See esp. pp. 174-178。瓦拉的 *Dialogue* 1518 年于巴塞尔发行初版。

预旨预定这些事，我们就能问这问题：他的预知与这些事发生的必要性是否有关？但既因神预知未来的事完全是由于他预定这些事发生，那么他们有关预知的辩论就是枉然的，因为显然万事都出于神自己的决定。

7. 神也预定人的堕落

ᵉ他们说圣经没有直接启示神预定亚当因自己的背叛而灭亡。就如圣经所说，那"随自己的意旨行事"（诗115：3）的神可能以某种不确定的目的创造他最高贵的受造物。他们说亚当有自由的选择，好让他能决定自己的命运，且神唯一的预定就是要照人所应得的对待他。我们若接受他们这毫无根据的捏造，那么神的无所不能何在？因他借此照自己隐秘的计划掌管万物。

然而，不管他们是否承认，预定论彰显在亚当一切后裔的身上。因为罪从一人入了世界，使他一切的后裔与神的救恩隔绝，并不是自然发生的。他们为何在一人身上拒绝承认他们在众人身上不得不承认的事实呢？他们为何耗时费力地回避呢？圣经宣告因一人的过犯，永死就临到众人身上（参阅罗5：12及以下）。既然这不是自然发生的，显然是来自神奇妙的计划，那么这些所谓为神的公义争辩的好人，在小事上犹豫，却在大事上大胆地犯错，是完全荒谬的。

我要再问：亚当的堕落不可避免地牵涉到这么多人，包括婴儿，叫永死临到众人身上，难道不就是因这是神所喜悦的吗？他们喋喋不休的舌头，在这事上居然无话可说！我承认这是极其可畏的预旨⑰，ᵇ但无人能否认在神创造人前，他预先知道人将来的结局，且他知道这是因他借自己的预旨所预定的。若有人在此反对神的预知，是轻率和大胆的错

---

⑰ "Decretum quidem horribile, fateor." VG："Je confesse que ce décret nous doit épouvanter." 参阅 "horribilis Dei maiestas", III. 20. 17。加尔文虽然对此深感敬畏，但他却坚定地表示上帝是弃绝者的原因。在他的论文 On the Eternal Predestination of God 中有谈论（参阅 CR VIII. 316 ff., tr. H. Cole, Calvin's Calvinism, pp. 128 ff.）。

误。难道人因天上的审判官知道一切将发生的事而指控他,是合理的吗?因此,若有人仍有埋怨,他必须埋怨预定论。而且当我说神不但预先知道亚当的堕落,且他一切后裔将因此沉沦,他甚至照自己的美意预定这事时,人不应该视此为荒谬。

既然神出于他的智慧预先知道一切将发生的事,同样地,他出于自己的大能统治和掌管所有的一切。ᵉ奥古斯丁也巧妙地答复这难题:"我们全心全意承认我们正确相信的,即万物的神和主宰,就是创造美好万物的那位神(参阅创1∶31),预先知道邪恶将从良善中产生,也知道从邪恶当中再产生良善,比不允许邪恶进入世界更在乎他全能的良善……同样地,预定天使和人的生命是为了证明自由意志能做什么,且之后证明他恩典的福分和他公义的判决能做什么。"⑱

神不只允许,也预定亚当的堕落和他所弃绝的人,却仍保持自己的公义(8—11)

8. 神的旨意和神的允许没有两样!

ᵇ我们的仇敌也试图区分神的旨意和他的允许,他们这样做是要主张神允许恶人的灭亡而不是预定这件事。⑲但除非神预定这件事,否则他怎能"允许"呢?且这是不可能发生的事,即人只因神的允许自取灭亡,而不是因这是神所预定的,仿佛神不是早已决定他创造的杰作将有怎样的结局!我也不犹豫地同意奥古斯丁的这句话:"神的旨意就是万事发生的必要性"⑳,而且他所预定的一切必将发生,就如他所预先知道的事必将发生一样。所以,若帕拉纠主义者、摩尼教徒、重洗派或伊壁鸠鲁学派的人(在这教义上我们必须面对这四个教派)为了替自己和其他恶人

---

⑱ Augustine, *On Rebuke and Grace* 10. 27 (MPL 44. 932; tr. NPNF V. 482 f.)。加尔文重申亚当最初有自由意志(参阅 I. 15. 8),但同时强调亚当的堕落是出于上帝的意志,于是我们看见人意志的薄弱和恩典与审判的能力。参阅 Cadier, *Institution* III. 427,注释 2。

⑲ Erasmus, *De libero arbitrio*, ed. von Walter, p. 53.

⑳ Augustine, *On Genesis in the Literal Sense* VI. 15. 26 (MPL 34. 350).

找借口而说：根据预定论，他们不得不相信他们现在所相信的，㉑但这也无法使他们反驳这教义。既然预定论是神施行公正的方式——虽是隐秘却是无可指摘的公正——他们被预定处于这种状况并非不当得，而他们被预定将遭灭亡也同样显然是公正的。此外，他们的灭亡虽然依靠神的预定，但他们灭亡的起因同时也在乎他们自己。亚当堕落是因神视此为妥当，至于他为何视此为妥当则无人知道。但我们确定神视之为妥当，因他知道他能因此彰显他荣耀的名。

当你听到神的荣耀时，你当同时想到他的公正。因为配得称赞的一切必定也是公正的。因此，人堕落是根据神护理的预定，但人堕落是因他自己的罪。之前一点，神宣告："一切所造的都甚好。"（创1：31）所以那诱惑人离弃自己的神的邪恶来自哪里呢？为了防止我们以为这邪恶来自神的创造，神就向我们启示他所造的一切甚好。因此，人因自己邪恶的意图败坏了神赐给他的纯洁本性，并因自己的堕落，使他一切的后裔与他一同沉沦。所以，我们应当相信人受咒诅的起因是人自己败坏的本性，这也是我们确实知道的，而不要在神的预定中寻找某种向我们隐藏、根本测不透的起因。我们也不要以将自己的思想伏在神无限的智慧下为耻，好让我们能谦卑地接受他众多的奥秘。因我们对神未曾向我们启示，或他不允许我们知道的事无知，是有学问的无知，㉒坚持想知道则是疯狂。

9. 对第二个异议的简要反驳

ᵇ也许有人会说：到目前为止，我仍没有充分的证据能驳倒这邪恶的借口。我必须承认，我也无法成功地使一切不敬虔之人停止吼叫和埋怨。但对我而言，我的证据足以除掉一切对这问题的抗议和借口。被弃

㉑ 参阅 II. 3. 5；II. 5. 1, 2。
㉒ 参阅 III. 21. 2，注释 8。

绝之人深盼为自己的罪找借口说：根据神的预定自己犯罪是不得已的，但我们否认这是合理的理由，因他们所抱怨预定他们遭灭亡之神的预旨是公正的，虽然我们不知道，但必定是公正的。由此可见，他们将受的一切惩罚都是出于神公义的审判。因此，因自己的沉沦指控神隐秘的计划，却同时轻看自己败坏的本性（沉沦真正的起因）是邪恶的。神为自己的创造之工做见证，为了拦阻他们因自己的沉沦指控他。虽然出于神永恒的护理，弃绝之人受造是为了将来的沉沦，但这沉沦要完全归咎于他自己，而不是神，因他沉沦唯一的原因是：他从神圣洁的创造中堕落到败坏不洁的邪恶中。

10. 第三个异议：拣选的教义教导神偏待人

ᵇ神预定论的仇敌以第三个荒谬的异议侮辱预定论。我们主张神所悦纳为天国后嗣的人，从永远的灭亡中得以释放之唯一的理由是神的旨意，而我们的仇敌却以此推论：神"偏待人"，虽然这是圣经多处所否认的。他们也接着说：若不是圣经的教导互相矛盾，就是神的拣选根据人的功德。首先，圣经宣告神不偏待人的含义与他们的含义不同，他们所说的"人"不是指那人本身，而是指身上可见的东西，它们通常要么产生恩宠、仁慈和尊荣，要么引发恨恶、藐视和羞辱。这些是财富、权威、地位、职任、国籍、外貌等等（参阅申 10：17）；ᶜ以及穷困、贫乏、卑贱、污秽、恶意，等等。ᵇ因此，彼得和保罗都教导"神不偏待人"（徒 10：34；参阅罗 2：11；加 2：6），因为神不是根据种族接受犹太人而拒绝希腊人（加 3：28）。㉓如此，当雅各宣告神的审判不是根据人的财富时（雅 2：5），包含同样的意思。保罗在另一处经文中也称神在审判人时，并不考虑那人是奴隶还是自由的（西 3：25；弗 6：9）。因此，我们若说神完全不在乎人的功德，随己意拣选自己的儿女，同时弃绝其他人，并定他们的罪，

㉓ 参阅 III. 17. 4。

也无人能抗议。

然而,我们能更进一步地解释这教义。若有人问:假如两个人在功德上完全同等,那神在拣选中凭什么对他们做区分?我要反问他:"你认为蒙拣选之人本身有任何吸引神拣选的吗?"他们若承认没有可吸引神的事,而且他们必须这样承认,他们就要承认神的拣选不在乎那人,而是根据神自己的慈爱决定善待人。神之所以拣选一个人而拒绝另一个人完全不在乎人,乃唯独在乎他的怜悯,而且神随时随意彰显这怜悯。[24]另一处经文也记载:"蒙召的,按着肉体有智慧的不多,有能力的不多,有尊贵的也不多"(林前1:26 p.),免得有人在神面前自夸,这完全证明神不偏待人!

11. 神在预定中的怜悯和公义

^b因此,有人错误和邪恶地指控神的审判有成见,因为神不对所有人采取同样的态度。他们说:若万人都有罪,神就应当审判万人;若万人无罪,神就不应当审判任何人。但他们这说法若不是禁止神怜悯人,就是表示当神怜悯人时,他必须完全弃绝自己的公义。那么他们在要求什么呢?若所有人都有罪,所有人都当受同样的惩罚。我们承认所有人都有罪,却教导神仍怜悯一些人;他们说若要怜悯人就当怜悯所有人。但我们回答:神在审判人中彰显自己的公义是妥当的。他们之所以不接受这说法,不就表示他们若非想夺去神施怜悯的权柄,就是要求神在公义之外怜悯人吗?

奥古斯丁的这段话与我们的教导完全一致:"既然在首先的人身上全人类都落在神的咒诅之下……神所拣选做贵重器皿的人不是自义的器皿……而是神所怜悯的器皿,然而神也造其他人做卑贱的器皿(参阅罗

---

[24] Augustine, *Against Two Letters of the Pelagians* II. 7. 13-16 (MPL 44. 579-583; tr. NPNF V. 397-399).

9∶21),这不但不是不公义,反而是公义的。"㉕因为神所咒诅的人得他们所完全应得的审判,然而神所呼召的人却蒙他们所完全不应得的恩典,如此,神完全显为公义。就如债主有权不收一个债务人欠他的钱,同样地,也有权利要求另一个债务人还债。"神也能随意施恩给他所喜悦的人……因他是怜悯的神,也能决定不施恩给万人,因他是公正的法官。神借着赐给一些人他们所不应得的怜悯……彰显自己白白的恩典……神没有施恩给万人,就显明众人应得审判。"㉖ᵉ保罗说:"神将众人都圈在不顺服之中,特意要怜恤众人"(罗 11∶32;加 3∶22),同时他也能接着说:神不欠任何人的债,因没有人"先给了他,使他后来偿还"(罗 11∶35 p.)。

传讲预定论并无害,反而有益(12—14)

12. 第四个异议:拣选的教义熄灭一切想过正直生活的热忱

ᵇ为了推翻预定论,我们的仇敌也接着说:若预定论是真的,那行善所需的一切谨慎和热忱都将熄灭。他们说:人若听到神出于他永恒、不改变的预旨预定人得生命或遭灭亡,他们必定立刻推论自己怎样行事为人都无关紧要,因为自己再怎么努力也无法拦阻或改变神的预定。如此,人将不顾一切地放纵自己,放纵自己的私欲。㉗显然他们这样说不完全是错的,因为的确有许多猪猡污秽地亵渎预定论,并以这借口完全不理会一切的劝诫和指责。神知道他从前一次决定在我们身上将做的一切:他若预定我们蒙救恩,他会照自己的时间成就这事;他若预定我们灭亡,即使我们抵挡这事也是徒然的。㉘

㉕ Augustine, *Letters* 186.7.22; 6.18 (MPL 33.824, 823; tr. FC 30.206; 204).
㉖ Pseudo-Augustine, *On Predestination and Grace* 3.3 (MPL 45.1667 f.); Augustine, *On the Gift of Perseverance* 12.28 (MPL 45.1009; tr. NPNF V.536).
㉗ Erasmus, *De libero arbitrio*, p.10; J. Faber, *De absoluta necessitate* 17 (*Opuscula quaedam* [Leipzig, 1537], fo. e 4a).
㉘ 参阅他对昆丁派(Quintinists)的描述:*Contre la secte phantastique des Libertins* (CR VII.247).

然而，圣经要求我们以敬畏和敬虔的心相信这奥秘。圣经训练敬虔之人有截然不同的态度，并有效地反驳这些恶人疯狂的推论。因圣经教导我们，预定论并不是要激励我们大胆地以不敬虔的轻率揣测神测不透的奥秘，它反而要我们自卑，并因此在神的审判前战兢和看重他的怜悯，这是信徒的目标。但保罗叫这些发出咕噜咕噜声的猪安静，他们说预定论会使人继续刚硬地犯罪，因为他们若是神的选民，他们的罪也不会拦阻他们至终得生命。然而保罗教导神拣选我们的目的是：使我们在他面前成为圣洁，无有瑕疵（弗1：4）。既然拣选的目的是要我们成为圣洁，这教义应当激励和刺激我们迫不及待地顾念这事，而不是成为我们无所事事的借口。这两件事大不相同：因拣选使人得救而停止行善；因拣选使人得救而朝热心行善的目标迈进！我们当离弃仇敌亵渎的推论，因他们邪恶地颠倒拣选的顺序。㉙

他们说神所预定遭灭亡的人，若想以无罪、正直的生活在神面前蒙悦纳（参阅提后2：15），都是徒然的，这是更大的亵渎。他们这样说明显是无耻的谎言，因为过正直生活的努力唯独来自神的拣选。因为神一切所弃绝的人，既然是神创造作为卑贱的器皿（参阅罗9：21），不管怎样都会不断地犯罪激怒神，证明神的审判已预备临到他们身上。

13. 第五个异议：拣选的教义使一切的劝勉落空

ᵉ又有人恶劣、无耻地强解这教义，就如神的拣选与过敬虔生活的劝勉有冲突。㉚奥古斯丁曾经因这谬论受到很大的侮辱。然而他写的书《论斥责与恩典》（*On Rebuke and Grace*）除掉了这侮辱。㉛这本书的教导会满足一切敬虔和愿接受教导的人。我现在要强调几件事情，深盼这些会满

㉙ 参阅 III. 22. 2-3。
㉚ 参阅 II. 5. 4-5；*Congrégation sur l'élection éternelle de Dieu* (CR VIII. 107)；*Calumniae nebulonis cuiusdam de occulta providentia Dei* (1558), 11th charge (CR IX. 275-281；tr. H. Cole, *Calvin's Calvinism*, pp. 323-328)。
㉛ Augustine, *On Rebuke and Grace* (MPL 44. 915-946；tr. NPNF V. 472-491)。

足正直和不好争议之人。我们在上面说过，保罗坦然和公开地教导神白白拣选的教义，[32]难道他的劝勉和告诫因此是冷酷的吗？但愿这些良善的狂热分子将自己的热心与保罗的互相比较：他们的热心与保罗的比起来就像冰块。且保罗以下的话完全澄清这误会，他说："神召我们，本不是要我们沾染污秽"（帖前4：7），而是"要我们各人晓得怎样用圣洁、尊贵守着自己的身体"（帖前4：4）；他说："我们原是他的工作，在基督耶稣里造成的，为要叫我们行善，就是神所预备叫我们行的。"（弗2：10，参阅 Vg.）

综上所述，对保罗的教导稍微熟悉的人都知道，保罗很奇妙地证明神的拣选和劝诫完全一致，而不像他们所说的互相矛盾。基督吩咐我们相信他，然而当他告诉我们："若不是蒙我父的恩赐，没有人能到我这里来"（约6：65）时，他的这句话是真的，也与他的吩咐完全没有冲突。因此，我们要继续讲道，使人获得信心，并使他们不断地获益，在真道上坚忍到底。我们也不可停止传扬预定论，免得顺服神的人误以为自己有可夸的，而是要他们将一切的荣耀都归给神。基督有极好的理由说："有耳可听的，就应当听。"（太13：9）如此，当我们向那些有耳可听的人讲道和劝勉时，他们会甘心乐意地顺服神，然而那些没有可听之耳的人，这预言将在他们身上得应验："他们听是要听见，却不明白。"（赛6：9）然而奥古斯丁说："为何这些人有耳可听，但其他人却没有呢？'谁知道主的心？'（罗11：34）难道因自己不明白神所向我们隐藏的，就要否定神已向我们启示的吗？"我之所以引用奥古斯丁的话，是因为深盼他所说的话比我的有更大的权威。他接着说："若有人一听到神的拣选就为自己的懒惰所胜，停止迈向真理而开始完全放纵自己的私欲，难道这就能证明一切关于神预知的教导是错误的吗？神若预先知道他们将成为善良的人，难道他们不会成为善良者，不管他们现在有多厉害地犯罪吗？且神若预先知道他们将是恶人，难道他们将来不会成为恶人，不管他们

---

[32] II. 22. 1-6.

现在看起来有多善良吗？"根据这样的推论，"难道我们应当否认或不传关于神预知的真理，特别是我们若不传会导致其他的谬论？"他说："不传真理的借口是一回事，传真理的必要性则是另一回事。若要究察人一切不传真理的借口，这是耗时费力的；其中一个是：当我们希望明白真理之人更明白真理时，反而绊倒那些不明白真理的人。然而，若我们因传真理绊倒那些不能领受真理的人，或因拒绝传真理绊倒那些能领受真理的人，你说我们应当怎样行呢？难道我们不就应当传真理，好让那能领受真理的人领受这真理，而不是拒绝传真理，使这两种人都无法领受真理，甚至绊倒领受真理的人？因他若听到真理并领受之，就能帮助更多的人明白真理……我们不愿传圣经的见证，因我们害怕这样会得罪那不能领受真理的人。我们居然不怕因自己的闭口不言，那能领受真理的人会陷入错谬之中。"最后，他更简要清楚地说："因此，若使徒和在他们之后教会里的教师如此行，即以敬畏的心传扬神永恒的拣选，以及坚持信徒过敬虔的生活，那为何我们这时代的人虽同样负责传真理，却认为应当这样说：'即使圣经对预定论的教导是对的，然而我们不应当公开传讲这教义'？显然我们应当传这教义，好叫有耳可听的人可以听见（可4∶9；太11∶15；路8∶8）。然而，若非从那应许给人听真理之耳的那位所领受，谁有耳可听呢？""的确，不领受真理的人可以拒绝，但那领受真理的人可以接受这真理而得生命。就如我们应当传敬虔之道……叫人正当地敬拜神……同样地，我们也当传预定论……叫有耳可听神恩典的人不将荣耀归给自己，乃归给神。"㉝

14. 奥古斯丁是我们正当传预定论的好榜样

ᵉ然而，那敬虔的奥古斯丁，既因有造就信徒与众不同的热心，故尽

㉝ Augustine, *On the Gift of Perseverance* 14. 37；15. 38；16. 40 （MPL 45. 1016-1018；tr. NPNF V. 540 ff.）.

量调整他传真理的方式，免得他传的方式得罪人。他这样做提醒我们，我们不但应当传真理，同时也应当有传真理的正当方式。若有人这样讲道："你若不信，你不相信的理由是因神预定你将遭灭亡"，他这样传不但支持人的懒惰，同时也引诱人犯罪。他若接着说："现在拒绝听道的人之所以不相信，是因他们的罪已经定了。"这不是讲道，而是咒诅人。奥古斯丁因此正当地盼咐这样的人，不可继续在教会里讲道，因他们是愚昧的教师，或邪恶、攻击人的先知。㉞奥古斯丁在别处正确地教导："斥责只在一方面成为人的帮助，就是当那在斥责之外帮助人的神可怜和扶助他。但为何一个人获益，然而另一个人却得不到益处？我们千万不要说，这是你的决定，而不是窑匠所决定的！"他之后说："但当人们借着受责备走上或回到神公义的道路上，难道不就是那叫人生长的神将恩运行在他们心里吗？不管是谁栽种或浇灌（林前3：6—8），当神定意拯救他时，没有任何人的自由选择能抵挡。因此我们不可怀疑神的旨意，他是'在天上、在地下都随自己的意旨而行'的那一位（诗135：6 p.），他决定一切将发生之事（赛45：11）。神的旨意是人的意志所不能抵挡和拦阻的，因他照着自己的旨意掌管人的意志。"此外，当神叫人归向自己时，"难道他以铁链捆绑人吗？他反而在里面运行。他掌管人心，他感动人心，甚至以他自己所运行在他们心里的意志吸引他们。"同时我们也不应当省略他接下来所说的话："我们既然不晓得谁是神的选民或谁不是，我们应该希望所有的人得救。如此看来，我们希望叫自己一切所遇见的人，在神所赏赐我们的平安里有分。然而，我们的平安只会临到那些当得平安的人身上（路10：6；参阅太10：13）。因此，就我而论……我们应当以好意和严厉的斥责责备万人，免得他们自取灭亡，或在其他人的沉沦上有分。但唯有神才能叫那斥责在他所预知和预定的人身上有效。"㉟

㉞ Augustine, *op. cit.*, 20. 51；22. 61 （MPL 45. 1025，1030；tr. NPNF V. 546 f., 550）.

㉟ Augustine, *On Rebuke and Grace* 5. 8；14. 43，45；15. 46；16. 49 （MPL 44. 920，942-946；tr. NPNF V. 474. 489 ff.）. 参阅 Introduction X，注释59。

ᵉ第二十四章　神的呼召证明他的拣选；
　　　　　恶人注定灭亡是罪有应得

神有效地呼召他的选民，并将他们纳入
基督教会中（1—5）

1. 神的呼召根据他的拣选，并因此完全是他恩典的作为

ᵇ然而，为了更清楚地解释，我们不但要解释神对选民的呼召，也要解释他弄瞎恶人的心眼以及刚硬他们的心。

ᶜ我已经稍微讨论过前者，①是在我反驳如下谬论时：既然福音是传给所有的人，所以神的应许就涵括所有的人。神的拣选本来是隐藏的，ᵇ神借呼召证明他的拣选，因此呼召可以恰当地被称为他拣选的"证据"。"因为他预先所知道的人，就预先定下效法他儿子的模样"（罗8：29），"预先所定下的人又召他们来，所召来的人又称他们为义"（罗8：30），之后又叫他们得荣耀。虽然在神拣选自己的选民时，同时也赏赐他们儿子的名分，但在他们尚未蒙召前，他们仍未获得这大福分；然而一旦他们蒙召，就立刻开始享有拣选的福分。因这缘故，保罗将他们所

---

① Ⅲ. 22. 10-11.

领受的圣灵称为"儿子的心"（罗 8∶15）和"印记"及"得基业的凭据"（弗 1∶13—14；参阅林后 1∶22，5∶5）。因圣灵借着自己的见证设立并在信徒心里刻上他们将得蒙儿子名分的确据。

ᵉ虽然传福音是源自于神的拣选，但既然福音同样也传给恶人，就证明传福音的对象不都是神的选民。然而，神的确借福音有效地教导他的选民，使他们有信心。我们曾引用基督自己的话表达同样的意思②："惟独从神来的，他看见过父。"（约 6∶46 p.）以及"你从世上赐给我的人，我已将你的名显明与他们"。（约 17∶6）在另一处经文中，他说："若不是差我来的父吸引人，就没有能到我这里来的。"（约 6∶44）奥古斯丁很有智慧地解释这经文："既然神的真道告诉我们'凡学习的就到我这里来'（约 6∶45），那么不来的人显然没有学习父的教训……但我们不能因此推论：能够来的人是在神的预定和有效的运行之外来的。然而，一切学习父教训的人不但能够来，也必定来；而且他们也都有听父教训的优势，意志受感动、行为被改变。"③他在别处更清楚地解释："'凡听见父之教训又学习的，就到我这里来'（约 6∶45）是什么意思呢？即没有一位听见父并学习他教训的人不来就基督，那么既然每一位听见父之教训又学习的人都来就基督，显然每一个不来就基督的人就是没有听见或学习父的教训，因他若听见和学习，就必定来……父使人听见并教训人来就子，这教训与属肉体的知识截然不同。"他接着说："神所隐秘赏赐人的恩典是刚硬的心所无法领受的。神赏赐这恩典的目的是要先除掉人的石心。因此当人从心里听见父的声音……父就除掉他的石心并赐给他肉心（结 11∶19，36∶26）……他借此使他们成为他所应许的儿女以及蒙怜悯的器皿，就是他早已预备得荣耀的人（结 13）。神不教训所有的人使他们来就基督，因为神是出于他的怜悯教训人，而他拒绝教训是出于他

---

② III. 22. 10.
③ Augustine, *On the Grace of Christ and Original Sin* 14，15，31（MPL 44. 368，376 f.；tr. NPNF V 223 f.，225）.

的审判。因'他要怜悯谁就怜悯谁,要叫谁刚硬就叫谁刚硬'。"④(罗9:18,14)。

ᵇ因此,神称他所拣选的人为他的儿女,称自己为他们的父。神也借着呼召接受他们到他的家庭,使他们与他联合,叫他们合而为一。当圣经同时教导神的呼召和他的拣选时,就充分证明这呼召完全出于神白白的怜悯。我们若问他呼召谁,并为何呼召他们,神的回答是:他所拣选的人。此外,当我们思想神的拣选时,圣经一致的教导是,这完全出于神的怜悯。如此,保罗的话就很有意义:"这不在乎那定意的,也不在乎那奔跑的,只在乎发怜悯的神。"(罗9:16)这也不像一般人所认为的那样,即一方面在乎神的恩典,另一方面则在乎人的定意和奔跑。他们这样解释:除非神的恩典帮助人的意愿和努力,否则一切将会落空,但即使神出于他的祝福帮助人,人对蒙救恩也是有所参与。

我宁愿用奥古斯丁的话驳倒他们,而非用我自己的。"若保罗的意思只是:除非发怜悯的主与人同在,否则他奔跑或定意也是徒然的,那我们也可以反过来说:除非人的定意和奔跑与神同在,否则神发怜悯是徒然的。但如果这种说法显然是亵渎神,我们就不应当怀疑使徒将一切的荣耀都归给神的怜悯,并教导人的意愿或努力对救恩没有任何参与。"⑤这敬虔的人如此解释。他们却狡猾地说:除非人的努力和意志对救恩有参与,否则保罗就不会这样说。保罗在此并没有教导人对救恩的意愿如何,而是当他发现某些人在教导人的努力对救恩有参与时,他就在这经文的前半部分斥责他们的谬论,在后半部分则将救恩一切的荣耀都归在神的怜悯之下。况且旧约的先知不就是不断地教导神白白地呼召人吗?

---

④ Augustine, *On the Predestination of the Saints* 8. 13, 14 (MPL 44. 970 f.; tr. NPNF V. 505).
⑤ Augustine, *Enchiridion* 9. 32 (MPL 40. 248; ed. Scheel, pp. 21 f.; tr. LCC VII. 358). 这个荒谬的主张,是伊拉斯谟(*De libero arbitrio*, ed., von Walter, p. 49)及其他许多为自由意志辩护的人所提出的。

2. 神呼召人的方式清楚地证明完全是出于他的恩典

ᵇ此外，呼召的性质和方式也清楚地证明这事实，因为呼召不但包括传讲真道，也包括圣灵的光照。先知教导我们，神向什么样的人传扬他的话语："素来没有访问我的，现在求问我；没有寻找我的，我叫他们遇见；没有称为我名下的，我对他们说：'我在这里！我在这里！'"（赛65：1）神为了避免犹太人误会这慈爱只是针对外邦人的呼召，就提醒他们：当他喜悦施恩给他们的父亚伯拉罕时，亚伯拉罕是在怎样的光景之下：他当时与其他所有的族人都落在拜偶像的光景中（参阅书24：2—3）。当神开始以他话语的亮光光照不配的人时，就充分证明神白白的慈爱。ᶜ神借他话语的传扬彰显他无限的慈爱，但这并不表示神有意拯救所有的人，反而是他决定借传扬真道更严厉地审判被弃绝的人，因他们拒绝神爱的见证。而且神不提供他们圣灵有效的呼召，也是要彰显他自己的荣耀。因此这内在的呼召是无可置疑之救恩的凭据，这也是约翰在以下经文中的教导："我们所以知道神住在我们里面，是因他所赐给我们的圣灵。"（约一3：24，参阅4：13）然而，为了避免人的肉体夸口说：当神呼召并白白地将自己给他们时，他们至少对神有所反应，神宣告说他们没有可听的耳或可见的眼，除非神赐给他们。而且他不是根据人感恩的心，乃是根据他的拣选所赏赐的。《路加福音》记载了这真理极好的例子。犹太人和外邦人一同听保罗和巴拿巴讲道。虽然他们都领受了同样的真道，然而圣经记载："凡预定得永生的人都信了。"（徒13：48）我们怎能否认神的呼召是白白的，因为这呼召完全是出于神的拣选。

3. 信心来自神的拣选，而不是拣选根据信心

ᵉ⁽ᵇ⁾我们在此当谨慎避免犯两种错误：有人以为人与神同工，他们认为人的接受使神的拣选发生功效。对他们而言，神的计划不如人的意志，仿佛圣经教导神只是赏赐我们相信的能力，而不是赏赐我们信心本身！至于另一些人，虽然没有这么严重地削弱圣灵的恩典，却教导拣选

根据信心,仿佛神的拣选在信心之外是不确定和无效的。的确,信心肯定神的拣选是显而易见的;我们以上已教导过,神隐秘的计划借信心被彰显出来,ᵇ但我们当留意这说法的意思是:信心表明神从前向人隐藏的计划,就如信心是这计划的印记。但我们若说拣选在人接受福音之后才发挥功效,并说拣选根据信心,这是错误的!⑥ᵉ信心的确应当叫我们确信神的拣选,因我们若想测透神永恒的预定,这深渊将吞没我们。但当神向我们彰显他对我们的预定时,我们必须慎思,免得我们将结果高举为起因。圣经既然教导神只光照他所拣选的人,难道我们要荒谬和忘恩负义地拒绝将一切的荣耀归给神的拣选吗?同时,我也不否认救恩的确据主要是根据神的道,且这确据应当使我们称神为我们的父。因为有人为了确定神对他的计划〔虽然这计划离我们甚近,就在我们口中、心里(申30:14)〕仍邪恶地四处寻找这计划的证据。因此,我们必须靠信心勒住这任意妄为的倾向,好让神借着他外在真道的传扬,向我们丰盛地见证他隐秘的恩典,只要我们谨慎,免得我们将泉源所应得的荣耀,归给盛这泉源之水的器皿。

4. 获得拣选确据之正确和错误的方法

ᵇ因此,既然说神的拣选根据人对福音的信心是错误的(因为这信心只是让我们相信神对我们的拣选),所以在寻求自己被拣选的确据时,最正确的方法就是找出那些证明拣选的证据。撒旦使信徒丧胆之最难以抵挡和危险的诱惑就是叫他们怀疑自己的拣选而内心不安,并刺激他以邪恶的私欲在正当的途径之外寻求确据。我所说的"在正当的途径之外"就是指人妄想测透神无限的智慧,甚至想测透永恒,妄想知道神在宝座上从永恒对他的预定如何。这样做就会落入无底的旋涡并被吞灭,

---

⑥ 先提到的"有人",指的是罗马天主教的作者;"另一些人"则指的是信义宗的作者,特别是梅兰希顿。参阅 *Loci theologici* (CR Melanchthon XXI, 451, 914)。这个议题与第二节讨论的有关。

也使自己掉入许多无法自拔的陷阱中，如此将使自己埋藏在深渊里。当人因着自己愚昧的心，靠自己的力量企图测透神至高的智慧，而神以可怕的沉沦惩罚人时，神是公正的，因为人是罪有应得的。这诱惑之所以难以抵挡，也是因为这是所有人最容易屈服的诱惑。

很少人不会如是想：我的救恩难道不就是来自神的拣选吗？那么，神在哪儿向我启示我是他所拣选的呢？人一旦如是想，若不是不断地被这思想折磨，就是被这思想湮没。这经验充分证明这样的人对预定论有多可悲的想象，⑦因为没有比湮没和搅扰在神面前良心平安的谬论更有害。因此，我们若怕遭遇船难，就必须尽力避免碰触这礁石，因为从来没有船只碰触这礁石而不沉没的。虽然我们将讨论预定论比喻成危险的大海，然而在海上航行时，我们仍可享受平静安稳甚至愉快的航程，除非我们想故意伤害自己。因为那些为了更确信自己的拣选，企图在神话语之外，考察他永恒计划的人，至终陷入那致命的深渊。相反地，那些在圣经的教导下，正确鉴察自己是否被拣选的人，却获得那从神而来说不出来的安慰。因此，我们就当如此探询：以神的呼召作为起始和结束。

ᵉ但这却不会拦阻信徒感觉自己天天从神手中所领受的祝福是来自神对他隐秘的收养，就如《以赛亚书》中所说："你以忠信诚实行过奇妙的事，成就你古时所定的。"（赛25：1，参阅 Vg.）ᵇ因为神喜悦借这样的祝福，使我们知道他所允许我们晓得关于他对我们的计划。然而，为了避免这见证仍不足以说服我们，我们就当思想神对信徒的祝福，赏赐信徒何等大的确据。ᵉ伯尔纳对此的教导值得我们思想，在讨论过神所弃绝的人之后，他说："神的预旨是没有后悔的；他定意将平安赐给一切敬畏他的人，赦免他们的罪，并因他们的善行奖赏他们，借他奇妙的怜恤，不但好事，甚至一切的坏事都互相效力，叫他们得益处……'谁能控告神

---

⑦ 这又是一个诉诸经验的例子（参阅 III.22.1，注释4，和下文第六节）；凡是想在圣经以外寻找确据的人，良心必受极大的痛苦，只有住在神话语之内的人，才能得到安慰及确据。

所拣选的人呢?'(罗 8∶33)神与我同在,我就有一切所需要的义,因我唯独得罪了他。他决定不归给我的一切罪,就算是我从来没有犯过的。"他接着说:"这的确是安息之处,我甚至称之为与神交通之处!在这里我仰望的神并不是发怒的神,或因我的祈求被搅扰的神。我在此反而经历神善良、纯全、可喜悦的旨意!这样的异象没有使我感到害怕,反而安慰我;并不刺激我有急躁的好奇心,反而除掉之;他也没有叫我感到贫乏,反而安慰我的心,这是真正的安息。赐平安的神使万事都平静,并且看见神自己的安息就是我们的安息。"⑧

5. 我们唯有借着基督才能明白拣选

ᵇ我们若寻求神父亲般的慈爱,就当仰望基督,因神的灵唯独降在基督身上(参阅太 3∶17);我们若寻求救恩、生命,以及天国的永生,就不能投靠另一位,因唯有基督才是生命的源头、救恩的根基,以及天国的后嗣。难道拣选的目的不就是我们的天父收养我们,好使我们因他的恩惠获得救恩和永生吗?不管你从什么角度思考,这就是神拣选的范围。因此,圣经记载神所收养为他儿女的人,不是因自己的缘故蒙拣选,而是在基督里蒙拣选(弗 1∶4),因神唯有在基督里才能爱他们,且若非他们原本在基督里有分,神就不能以天国的产业尊荣他们。但神若在基督里拣选了我们,我们就不可能在自己身上获得对拣选的确据,甚至也不能在父神里面获得确据,若我们视神与基督是隔绝的。因此,唯独基督是那能使我们毫不自欺且看见自己是否蒙拣选的明镜。因父神在永恒中预定成为自己子民的人被嫁接在基督身上,好让神将基督一切的肢体视为自己的儿女,我们若与基督相交,就有充分的证据证明自己的名字被写在生命册上(参阅启 21∶27)。

---

⑧ Bernard, *Sermons on the Song of Songs* 23. 15, 16 (MPL 183. 892 f.; tr. Eales, *Life and Works of St. Bernard* IV. 141 f.).

当基督借着传福音向我们见证父神将他和他一切的福分赐给我们时（罗8：32），他就使我们确信我们与他有交通。ᵉ圣经说我们披戴基督（罗13：14），连于元首基督（弗4：15），好让我们能因基督活着就与他同活。圣经多处记载这教义：神不爱惜自己的儿子（参阅罗8：32；约3：15）；"叫一切信他的，不至灭亡"（约3：16）；一切信他的人"已经出死入生了"（约5：24）。基督在这意义上称自己为"生命的粮"（约6：35），人若吃这粮，就必永远不死（约6：51、58）。ᵇ基督亲自向我们见证天父将称一切以信心接受他的人为自己的儿女。我们若寻求比被称为神的儿女和后嗣更高的地位，就必须寻找比基督更伟大的一位。然而，若成为神的儿女和后嗣是我们终极的目标，那么我们若在基督之外寻找我们已经在他里面获得并唯有基督才能赐给我们的一切，则没有比这更疯狂的。此外，既然基督是父神永恒的智慧、他不改变的真理、他永远可靠的谋略，我们就不应当怀疑基督告诉我们的与我们所寻求的父神的旨意有任何差别。基督亲自向我们启示神从永远到永远的旨意，我们也应当在祷告中运用这教义。因为虽然我们对自己被拣选的确据激励我们求告神，但我们若在祷告时这样向神祈求，"主啊，我若是你所拣选的人，求主垂听"，这是非常不理智的。因神喜悦我们满足于他所给我们的应许，他也不要我们在他的应许之外寻找他是否垂听我们祷告的确据。这智慧将救我们脱离许多陷阱，只要我们晓得怎样正确地运用神所给我们的启示，然而，我们不可在所规定的范围之外随意发挥。

在基督的保护下，神的选民必定坚忍到底：对似乎与这教义相反之经文的解释（6—11）

6. 基督使属他的人确信自己的拣选是永恒、不改变的

ᵇ就如我们以上所说，拣选与呼召连在一起，是神赐给我们确据的另一种方式。圣经记载基督光照一切认识他以及被接到他教会里的人，同时他们也蒙他的关怀和保守。且一切为基督所接纳的人都是父神所交付

他的,好保守他们到永永远远。我们希望有怎样的确据呢? 基督宣告他自己将保护一切父神所喜悦拯救的人(参阅约6:37、39,17:6、12)。因此,我们若想知道神是否在保守我们的救恩,就应当思考神是否将我们交托给基督,因神设立基督做他所有百姓唯一的救主。我们若仍怀疑自己是否被基督接到他的看顾和保护中,那么当基督甘愿提供自己做我们的牧者,并宣告一切听他声音的人都是属他的羊时(约10:3),就能除掉我们一切的疑惑。我们应当接受神甘心乐意提供给我们的基督,因基督自己也亲自主动地来寻找我们。如此,基督将认我们为他羊群中的羊,并保护我们。

然而,我们有时也开始担心自己未来的光景,因虽然保罗教导那些从前蒙拣选的人,也蒙主呼召(罗8:30),但基督也启示:"被召的人多,选上的人少。"(太22:14)事实上,连保罗自己都劝我们不要过于确信,他说:"自己以为站得稳的,须要谨慎,免得跌倒。"(林前10:12)而且,你是被接到神的子民中吧?"你不可自高,反要惧怕"(罗11:20),因神能够把你砍下来,好接上别人(参阅罗11:21—23)。最后,这经验也教导我们:除非坚忍,⑨随着呼召和信心,否则一切都是徒然的,且并不是每一个人都会坚忍到底。然而,基督已救我们脱离这样的忧虑,因他所赐给我们的这些应许包括我们的未来:"凡父所赐给我的人,必到我这里来;到我这里来的,我总不丢弃他。"(约6:37)同样地,"差我来者的意思就是:他所赐给我的,叫我一个也不失落,在末日却叫他复活"(约6:39,参阅Vg.)。还有,"我的羊听我的声音……他们也跟着我。我又赐给他们永生,他们永不灭亡,谁也不能从我手里把他们夺去。我父把羊赐给我,他比万有都大,谁也不能从我父手里把他们夺去。"(约10:27—29 p.)°那么,当基督宣告:"凡栽种的物,若不是我天父栽种的,必要拔出来"(太

---

⑨ "Perseverantia." 早期教父所著,讨论在恩典中的坚忍最有分量的一本书,是奥古斯丁所著的 On the Gift of Perseverance,这本书常被《基督教要义》所引用 (MPL 45.993-1033; tr. NPNF V. 523-552)。

15∶13）时，也暗示一切被栽种在神里面的都不会被拔出来，这与约翰的话完全一致："若是属我们的，就必仍旧与我们同在。"（约一 2∶19 p.）这就是为何保罗极为奇妙地教导我们这确据胜过生和死、现在的事和将来的事（罗 8∶38），这样的夸口完全是根据神赐给我们的坚忍恩赐。无疑地，保罗在此将这真理运用在一切选民身上。保罗的另一处经文也有同样的教导："那在你们心里动了善工的，必成全这工，直到耶稣基督的日子。"（腓 1∶6）当大卫的信心软弱时，他也依靠这真理："求你不要离弃你手所造的。"（诗 138∶8，参阅 Comm.）毫无疑问，当基督为神所有的选民祷告时，他为他们代求与为彼得代求一样，即求神叫他们不至于失了信心（路 22∶32）。我们以此推论他们没有离弃神的危险，因为神的儿子求告父神保守他们在敬虔上坚忍到底，且父神不可能拒绝他。[b]难道基督的祷告不就是教导我们确信我们到永远都是安全的，因神从前一次将我们赐给基督？

7. 真正相信的人至终不会堕落

[b]然而，我们天天看见那些似乎属基督的人从基督那里堕落，并自取灭亡。事实上，当主宣告父一切所赐给他的人都不会灭亡时，他也提到那灭亡之子是唯一的例外（约 17∶12）。这是真的！然而，这些至终堕落的人从来不会以神的拣选所赏赐人那出自内心的信心投靠基督。约翰说："他们从我们中间出去，却不是属我们的；若是属我们的，就必仍旧与我们同在。"（约一 2∶19）我也并不否认这些人在外表上有某些与神的选民相同的蒙召证据，然而他们根本没有那些信徒能从福音中找着的确实证据。如此，我们不可让这样的例外诱惑我们离弃那对神之应许安静的依靠。这应许就是神宣告一切以真信心接受基督的人，都是父神所赐给基督的，且因基督是他们的守护者和牧者，所以没有一个会灭亡（参阅约 3∶16；6∶39）。我们稍后将谈到犹大的光景。[⑩]保罗（林前 10∶12）

---

⑩ 下文的第九节。

并不是反对信徒单纯地相信神，而是反对他们一切肉体上的自信，因这自信导致傲慢、骄傲以及对他人的藐视，除掉谦卑和对神的敬畏，使我们忘恩负义。保罗盼咐他所教导的外邦人，不可因自己取代离弃神的犹太人而感到骄傲（参阅罗11：18及以下）。他也叫他们要惧怕，并不是要他们迷惑而动摇，而是就如我们另一处所说的，⑪要使他们谦卑地接受神的恩典，全然信靠他。ᵉ此外，保罗在这经文中并不是针对个人，而是针对整个犹太民族和外邦族类的教导。因当教会开始争斗而分为两派时，保罗就教导当时取代神特选圣民的外邦人，神的这作为应当使他们惧怕和谦卑。因为他们当中有许多人自高、自大，保罗有意斥责他们虚妄的自夸。然而我们在另一处教导过，⑫我们的盼望包括未来甚至到死后，并且没有任何事物比疑惑更背离这盼望。

8. 一般的呼召与特殊的呼召（太22：2及以下）

ᵇ基督所说的这句话："被召的人多，选上的人少"（太22：14）经常被严重误解。ᵉ⁽ᵇ⁾然而，我们若坚持前面应已十分清晰的教导，ᵇ即有两种不同的呼召，就不至于迷惑。其中之一是一般的呼召：透过向外宣讲真道，神邀请所有的人来归向他，包括那些灭亡的人——在这等人，他就做了死的香气叫他们死（参阅林后2：16）；虽然这呼召只使他们受更大的咒诅。第二种呼召是特殊的呼召，这呼召一般说来是专门针对信徒。神借着圣灵内在的光照，使那被传扬的真道居住在他们心中。然而他有时也使他暂时光照的人受到这呼召，但他之后因他们的忘恩负义就公义地离弃他们，使他们比以前更心盲。

基督既因知道福音将广泛地被传扬，受大多数人的藐视，只有很少人会珍惜，他形容神就如摆设筵席的君王，差派臣仆四处邀请众人参

---

⑪ III. 2. 22.
⑫ III. 2. 39.

加，然而几乎所有的人都拒绝，因他们都有借口，在他们拒绝之后，君王就在岔路口召来一切所遇见的人赴席（太22∶2—9）。到此为止，显然这比喻指的是一般的呼召。之后他将神比喻成好主人，从一桌走到另一桌招待所有的客人。他若找到没有穿礼服的人，就必不允许这人因不正式的穿着使君王的筵席蒙羞（太22∶11—13）。我承认这句话应当被运用在那些自称为信福音却未曾披上基督之义的人身上。神绝不会一直容让这样的羞辱腐蚀⑬自己的教会，反而会公义地将这些卑贱的人赶出去。因此，在神所呼召的众多人当中（参阅太20∶16），很少人被选上，然而我们并不是教导这呼召是信徒应当依靠来证明自己蒙拣选的教义。因为恶人同样也受这呼召，然而特殊的呼召带来重生灵（参阅多3∶5），是信徒将得基业的凭据和印记（弗1∶13—14），这印记（林后1∶22）直到主再来的日子都不会消失。ᵉ综上所述，虽然假冒为善的人假装敬虔，仿佛他们是真敬拜神的人，然而基督却宣告：他们将从自己所抢夺的地位上堕落（太22∶13），就如《诗篇》所记载："耶和华啊，谁能寄居你的帐幕"（诗14∶1，Vg.；15∶1，EV），"就是手洁心清，不向虚妄，起誓不怀诡诈的人"（诗24∶4，参阅Comm.；参阅诗15∶2及以下），以及"这是寻求耶和华的族类，是寻求你面的雅各"（诗24∶6，23∶6，Vg.）。因此，圣灵劝信徒当忍耐，免得因以实玛利人与教会混合而丧胆，因前者将被揭露且极其羞辱地被驱逐。

9. 犹大的结局与这教导并无冲突

ᵇ我们能以同样的原则解释上面所引用的话，⑭就是基督告诉我们"除了那灭亡之子，没有一个灭亡的"（约17∶12），ᵉ这话虽然不甚详细，却一点也不模糊，ᵇ因为犹大被视为基督的羊并不是因为他真的是他

---

⑬ "καρκινώματα".
⑭ 上文的第七节。

的羊,而是因为他暂时担任这职分。主在另一处经文中宣告犹大与其他使徒同样蒙拣选,所指的只是他的职分。基督说:我拣选了十二个门徒,但中间有一个是魔鬼(约6:70 p.),即他选择犹大担任使徒的职分。然而当基督提到蒙救恩的拣选时,他将犹大排斥在他的众选民之外:"我这话不是指着你们众人说的,我知道我所拣选的是谁。"(约13:18)若有人在这两处经文中将"拣选"看待为同样的含义,就无法明白这教导;但若看出它们有不同的含义,就会很清楚地明白这教导。所以,当格列高利教导:信徒只能知道自己的呼召,却无法确信神是否拣选他时,这是很严重、危险的错误。他的这教导劝人恐惧、战兢,但他的意思是:即使我们确信自己现在的光景,也无法保证我们的未来会如何。[15]但他对这经文的解释证明他是错的,他教导拣选根据人的善行,虽然能使人恐惧、战兢,却也使人不倚靠神的慈爱。

如此,信徒就能更清楚地明白我们从一开始的教导,即只要人对预定论有正确的了解,这教义不但不会使人的信心动摇,反而是最使人信心坚固的教义。°但我也不否认有时圣灵在向我们启示时,屈就我们的无知,例如他记载:"他们必不列在我百姓的会中,不录在以色列家的册上"(结13:9 p.),仿佛神才刚开始在生命册上将自己选民的名字记录下来。然而基督自己都见证(路10:20),神儿女的名字从创立世界以来,早已记录在生命册上(腓4:3)。因此这经文只是教导:神弃绝那些表面上看起来似乎是神选民的人,就如《诗篇》所说:"愿他们从生命册上被涂抹,不得记录在义人之中。"(诗69:28;参阅启3:5)

10. 选民并非生来拥有被拣选的种子

ᵇ选民借着呼召被聚集到基督的羊群里。他们受呼召不是在出生时,也不是所有的人在同样的年纪受呼召,而是在神喜悦施恩给他们的时

---

[15] Gregory the Great, *Homilies on the Gospels* II, hom. 38. 14 (MPL 76. 1290).

候。但在他们被聚集归向那至高的牧者之前，他们和别人一同在旷野流荡，他们那时和其他人没有两样，只是受神特殊怜悯的保守，免得他们莽撞地自取灭亡。当时你若遇见他们，就必看到亚当的后裔，他们与其他人一样败坏。他们之所以没有败坏到无法挽回的地步，不是因为他们有任何与生俱来的良善，而是因为神的眼看顾他们，他的手保守他们！

那些人幻想神的选民生来就有被拣选的种子，并因此倾向于敬虔以及敬畏神，[16]但这是没有圣经根据的，且就连我们自己的经验[17]也都反驳这样的立场。他们举例证明神的选民在受光照前对信仰并不陌生：保罗在做法利赛人时是无可指责的（腓3：5—6）；哥尼流[18]多多周济百姓，常常祷告神（徒10：2），等等。有关保罗，我们同意他们的立场；至于哥尼流的光景，他们则是完全误解了。因他当时显然已经受光照而重生，他只需要神清楚地向他启示福音。然而，他们想从这些例子中得出什么呢？神的选民生来就有敬虔的精神吗？这就如有人指着亚里斯蒂德（Aristides）、苏格拉底、色诺克拉底（Xenocrates）、西庇阿（Scipio）、居里（Curius）、卡米路斯（Camillus）等人[19]外表的正直，而推论一切落在偶像崇拜幽暗中的人都迫切地寻求圣洁和敬虔。事实上，圣经不止在一处经文中公开反驳这样的立场。保罗在《以弗所书》中描述人重生前的光景时，根本没有提到这种子。他说："你们死在过犯罪恶之中……那时你们在其中行事为人，随从今世的风俗，顺服空中掌权者的首领，就是现今在悖逆之子心中运行的邪灵。我们从前也都在他们中间，放纵肉体的私欲，随着肉体和心中所喜好的去行，本为可怒之子，和别人一样。"（弗2：1—3）以及"那时，你们……活在世上没有指望，没有神"（弗2：12 p.）。同样

---

[16] "Semen... electionis." 参阅第十一节。布塞认为拣选在悔改之先，虽然被拣选的人还活在罪恶中，但是他们有敬虔的种子（pietatis seminaria）（In Evangelia enarrationes on Matt. 4：18 [1530, fo. 122a；1543, fo. 121a]）。加尔文在此处及本节其他多处都拒绝布塞的观点。

[17] 参阅 III. 22. 1，注释4。

[18] 哥尼流的例子常被用来反对改革宗。加尔文在《使徒行传》的注释中已解释，chs. 22-33；I. 12. 3；III. 2. 32；III. 17. 4。

[19] 参阅 II. 3. 4。

地,"从前你们是暗昧的,但如今在主里面是光明的,行事为人就当像光明的子女"(弗5:8—9)。

然而,我们的仇敌也许希望将之解释为:蒙召前的选民只是对真神无知而已,因他们并不否认选民在蒙召前是无知的。然而,他们这样说明显与保罗的结论有冲突,因保罗说这些人不应该再说谎(弗4:25)或偷窃(弗4:28)。然而,他们如何解释其他的经文呢?譬如保罗在哥林多书信中宣告:"无论是淫乱的、拜偶像的、奸淫的、做娈童的、亲男色的、偷窃的、贪婪的、醉酒的、辱骂的、勒索的,都不能承受神的国"(林前6:9—10),之后立刻接着说:哥林多信徒在认识基督之前犯这些罪,但如今借着圣灵已经洗净和成圣(林前6:11)。《罗马书》也有同样的教导,"你们从前怎样将肢体献给不洁、不法作奴仆,以至于不法;现今也要照样将肢体献给义作奴仆,以至于成圣"(罗6:19,参阅 Vg.),"你们现今所看为羞耻的事,当日有什么果子呢"(罗6:21 p.)?

11. 不是被栽培的种子,而是神的释放*

ᵇ然而,那些一生玷污自己、喜欢犯罪,并在最污秽和可憎的罪中打滚的人会有什么可培养的种子呢?若保罗与他们立场相同(参阅林前6:9—11),他反而应当劝他们感谢神的慈爱,保守他们免犯这些污秽的罪。若是这样,彼得也应当劝信徒感谢神,因他们生来就有永恒蒙拣选的种子了。但他反而提醒他们,他们往日随从外邦人的心意放纵私欲(彼前4:3)。我们也可以举例,妓女喇合在尚未相信神之前有什么行义的种子呢?(书2:1)玛拿西王以众先知的血玷污耶路撒冷(王下21:16);与主耶稣同钉十字架的强盗,在奄奄一息时才向神悔改(路23:42)。所以,这一切只是一些过度好奇的人在圣经的启示之外所捏造的谬论!然而,我们宁愿相信圣经清楚的教导:"我们都如羊走迷,各人偏行己路"(赛53:6),即走自己的路以至沉沦,而对那些神从前一次决定拯救脱离这沉沦的人,神按照他自己的时间拯救他们,他只是保守他们免犯不可得赦免的亵渎之罪。

神如何对待被弃绝的人（12—17）

12. 神公义地对待被弃绝的人

  ᵇ就如神以他有效的呼召，成就他对选民永恒的计划，同样地，神以他对弃绝之人的审判，成就他对他们的计划。那么那些神所创造在今生蒙羞并在永世灭亡，他预备遭毁灭的、显明他的愤怒和严厉的器皿光景如何呢？为了达成神为他们预定的结局，他有时不给他们听道的机会；有时借向他们传福音弄瞎他们的心眼，并使他们刚硬。既然前者有无数的比方，我们只要指出一个最清楚、无法反驳的例子。从旧约圣经的完成到基督的降临，大约有四百年的时间，而且在这四百年中，神向所有的外邦人隐藏福音的光照。若有人说是因为神不喜悦他们与这极大的祝福有分，因他认为他们不配蒙救恩，那么难道他们的后裔不也是与他们一样不配吗？除了历史之外，先知玛拉基也对这事实做见证：在他斥责他们的不信和亵渎的行为时，他宣告将会有一位救赎主降临（玛4：1及以下）。ᵇ那么神为何在乎后来的外邦人，而不在乎他们的祖先呢？我们若在这事上幻想在神隐秘和测不透的计划之外有另一个起因，只是毫无意义的自我折磨。我们也不应当因波菲利（Porphyry）的门徒在此攻击神的公义，[20]而我们无话可答，就感到惧怕。因当我们宣告没有任何人是不公平地遭灭亡，且有些人得释放完全是出于神白白的慈爱，就证明我们能毫不退缩地彰显神的荣耀。

  当那位至高的审判官将他从永远所咒诅而不喜悦光照的人留在黑暗里时，就是在施行他的预定论。至于后者，我们不但天天目睹众多这类的证据，圣经上也有许多证据。譬如，若对一百个人传讲福音，或许有二十个人以信服的心接受，而其他的人却不珍惜，反而嘲笑、斥责或恨

---

[20] Augustine, *Letters* 102. 4. 22 （MPL 33. 379；tr. FC 18. 164）；Jerome, *Letters* 133. 9 （CSEL 56. 255；tr. NPNF 2 ser. VI. 278）。

恶。㉑若有人说这差别在乎拒绝之人内心的恶毒和败坏，这种说法毫无说服力，因为就前者而论，若神没有以自己的慈爱改变他们，他们的内心也同样充满恶毒。ᵉ因此，除非我们留意保罗的这句话，否则我们总是会迷惑："使你与人不同的是谁呢？"（林前4：7）他的意思显然是，有人比得过别人，不是因自己的美德，而是唯独出于神的恩典。

13. 传道本身能使人心刚硬

ᵇ那么，神为何施恩给一些人，却越过其他人呢？就前者而论，路加给我们正确的答案：因他们"预定得永生"（徒13：48）；就后者而论，除了他们是"可怒、预备遭毁灭的器皿"（罗9：21—22 p.）之外，还有另一个解释吗？因此，我们应当勇敢地与奥古斯丁同说："神自己的大能足以改善恶人的意志，这是显而易见的。那么他为何不这样做呢？因他有另一个计划。他之所以有另一个计划完全在乎他自己。"㉒我们不应当想知道比神所启示我们的更多。这解释比克里索斯托逃避事实的答案好得多：神吸引那寻求和伸手的人。㉓若是如此，那两者的区别就在乎人的决定，而不是在乎神的预定。ᵉ事实上，连敬虔、敬畏神的人都需要圣灵的引领，就完全证明这区别不在乎人的意愿。吕底亚——那卖紫色布匹的妇女敬畏神，然而她仍需要圣灵开导她的心，叫她留心听保罗所讲的话（徒16：14），并因此得益处。这不只是针对这位妇女说，而是要教导我们每个人，在敬虔上的长进都是圣灵隐秘的工作。

ᵇ同样不可怀疑的是，神借自己的话语使人更心盲。他为何借摩西向法老王提出那么多的要求呢？难道他希望摩西再三地要求能使他的心变

㉑ 参阅 I. 4. 1；I. 5. 8；III. 20. 14。

㉒ Augustine, *On Genesis in the Literal Sense* XI. 10. 13 (MPL 34. 434).

㉓ 这里所引用克里索斯托的 *"Homil. de convers. Pauli"*。参阅 Chrysostom, *De ferendis reprehensionibus et de mutatione nominum*, hom. 3. 6. Basel edition of 1530 中为 *De ferendis reprehensionibus et conversione Pauli* (MPG 51. 143)；*"Qui vero trahit volentem trahit, humique iacentem ac manum porrigentem."* 加尔文称此为"错误又亵渎的言论" Comm. John 6：44。参阅 II. 3. 10，注释25。

得柔软吗？绝不是！因神从一开始不但知道，甚至也预定了这事情的结果。神对摩西说："你回到埃及的时候要留意，将我指示你的一切奇事，行在法老面前，但我要使他的心刚硬，他必不容百姓去。"（出 4：21，参阅 Vg.）因此当神兴起先知以西结时，神告诉他，他将差他往悖逆的以色列人那里去（结 2：3），免得当他发现他的对象没有可听的耳时就丧胆（结 12：2）。神也告诉耶利米，他的教导将如火，将以色列人烧灭（耶 1：10；参阅 5：14）。以赛亚的预言更清楚地解释这事实，因神这样吩咐他："你去告诉这百姓说：你们听是要听见，却不明白；看是要看见，却不晓得。要使这百姓心蒙脂油，耳朵发沉，眼睛昏迷；恐怕眼睛看见，耳朵听见，心里明白，回转过来，便得医治。"（赛 6：9—10；参阅太 13：14—15；可 4：12；路 8：10；约 12：40；徒 28：26—27；罗 11：8）请注意，神向他们传道是为了使他们更听不见；他向他们光照的目的是叫他们更看不见；他向他们讲论教义使他们更加愚昧；神提供了药剂却是使他们不得医治。使徒约翰在运用这预言时告诉我们，犹太人不能相信基督的教导（约 12：39），因神的咒诅临到他们身上。

这是毋庸置疑的事实，即神有时以比喻掩盖自己的真理，免得听见的人受益，反而故意叫他们变得更愚昧。基督亲自见证他唯独向使徒解释自己的比喻："因为天国的奥秘只叫你们知道，不叫他们知道"（太 13：11 p.）。你或许会问，那神为何还教导他所预定不明白真理的人呢？你只要思想他们不明白责任在谁的身上就够了。因为不管神的真道对他们而言有多模糊，仍有足够的亮光使他们无可推诿。

14. 刚硬之心的起因

ᵇ我们现在要思考神为何这样对人。我们若回答这是人因自己的不敬虔、邪恶和忘恩负义所应得的，[24]这答案是真实的。然而因这答案不够完

---

[24] Erasmus, *De libero arbitrio*, ed. von Walter, p. 53.

全——为何神虽然叫一些人顺服他,但这些人却仍悖逆——为了回答这问题,我们必须提出保罗所引用的摩西的话(出9:16),即神将他们兴起来,为要使他的名传遍天下(罗9:17)。被弃绝的人之所以不顺服神的真道,是因他们心里的恶毒和败坏,但我们也要知道神任凭他们陷入这样的败坏,是因他以自己测不透的预旨兴起他们,要在他们的灭亡上彰显自己的荣耀。同样地,当圣经记载以利的儿子没有听从他的劝诫,"因为耶和华想要杀他们"(撒上2:25)时,我们并不否认他们的悖逆是出于自己的罪;但圣经同时也教导神为何任凭他们在自己的悖逆中,虽然他能叫他们的心变得柔软,是因他永不改变的预旨从前一次预定他们遭灭亡。使徒约翰的话也有同样的含义:"他虽然在他们面前行了许多神迹,他们还是不信他。这是要应验先知以赛亚的话,说:'主啊,我们所传的有谁信呢?'"(约12:37—38;赛53:1)他虽然斥责悖逆之人的罪,却也表明除非圣灵赐给人渴望,否则神的恩典对罪人而言,是全然乏味的。

基督引用以赛亚的预言:"他们都要蒙神的教训"(约6:45;赛54:13)告诉我们犹太人之所以被弃绝以及恨恶教会,是因他们不受教训。且他只给我们这理由,即神的应许与他们无关。保罗的话也证明了这一点:"钉十字架的基督在犹太人为绊脚石,在外邦人为愚拙,但在那蒙召的……基督总为神的能力,神的智慧。"(林前1:23—24)因他告诉我们人对福音的反应,即有一些人反感,也有人公开地弃绝,同时也告诉我们唯有"蒙召的"才会珍惜这福音(参阅林前1:22、24)。虽然他之前称他们为"信徒"(林前1:21),却不是要否认神的恩典先于信心。保罗反而加上"蒙召的",为要正确教导那些接受福音的人,并叫他们将自己信心所应得的荣耀归给神的呼召。同样地,他之后也教导他们是蒙神的"拣选"(林前1:27—28)。

ᵇ当不敬虔的人听到这真理时,他们埋怨神为了自己残忍的乐趣,滥用他的全能对待可怜的受造物。㉕然而,我们确实知道从许多不同的角度

㉕ Erasmus, *De libero arbitrio*, ed. von Walter, p. 79 ff..

来看，人都伏在神的审判之下并且完全无可推诿，我们确信恶人所遭受的一切都与神公义的审判毫无冲突。我们虽然不十分清楚、明白神这作为的原因，但我们仍要承认自己的思想与神的智慧相比算是愚昧。

15. 与这教义似乎敌对的经文：(a)《以西结书》33：11

ᵇ我们的仇敌习惯引用一些神似乎否认恶人的灭亡是出于他预定的经文。他们主张恶人灭亡完全是因为他们不理会神的警告。我们要稍微简洁地解释这些经文，并证明它们与上面的讲论毫无冲突。

ᶜ⁽ᵇ⁾他们喜欢引用以西结的这句话："我断不喜悦恶人死亡，惟喜悦恶人转离所行的道而活。"（结33：11）㉖若如他们所说，神喜悦将他的救恩赐给全人类，那么他为何不劝勉那些比较倾向顺服他的人悔改，却仍继续向那些内心一天比一天更刚硬的人传福音呢？基督亲自见证尼尼微和所多玛人当中有一些人比犹大人更倾向于留意他所传的道和他的神迹（参阅太11：23）。神若喜悦众人都蒙救恩，ᵉ那么他为何不把悔改的心赐给那些比较倾向于接受恩典的可怜人呢？由此可见，我们若将这经文解释为以西结在此所说的神的旨意与他分别选民和被弃绝之人永恒的预旨有冲突，这是强解圣经。㉗其实先知真正的意思是，神只喜悦给悔改的人赦罪的盼望。总之，其意思是罪人一旦归正，神毫无疑问愿意赦免他的罪。因此，神喜悦谁悔改，就不喜悦谁灭亡。但我们自己的经验都告诉我们，神喜悦他所呼召的人悔改，与他拒绝感动所有被呼召之人的心毫无冲突。然而，我们不能说神的这种方式欺哄人，因为虽然神公开的呼召只是为了使那些听而不顺服的人无可推诿，但它仍是神的恩典，因

㉖ J. Faber, *Adversus absolutam necessitatem rerum contingentium* (*O puscula quaedam* [Leipzig, 1537], fo. B 3a); Pighius, *De libero arbitrio* VI, fo. 92a；加尔文，*Calumniae nebulonis cuiusdam* (CR IX. 292). 参阅他对手卡斯泰利奥（Castellio）所引（col. 276）《以西结书》18：32 的经文 "*nolo mortem eccatoris* (Vg.; *morientis*)" tr. H. Cole, *Calvin's Calvinism*, p. 275（参阅 Ezek. 33：11）。

㉗ 伯尔纳在 *Sermon on Christ's Nativity* 中表达此一观点，引用《罗马书》9：18 及《以西结书》18：32（MPL 182. 128 f.）。

这呼召同时也叫一些人与他自己和好。因此，我们就当将先知的这教导，即神不喜悦罪人死亡，视为神有意叫信徒确信，他们一旦向神悔改，神就喜悦赦免他们，但同时神也有意借这话加倍地定恶人的罪，因他们对神伟大的慈爱无动于衷。神的确怜悯一切悔改的人，但众先知和使徒，甚至以西结自己，都十分清楚地教导神将悔改的心赐给谁。

16. ⁽ᵇ⁾《提摩太前书》2∶3—4，以及类似的经文

ᵉ⁽ᵇ⁾其次，他们也常引用保罗的这句话："神愿意万人得救。"（提前2∶3—4）㉘ᵉ虽然这与上面的解释不同，却也有共同点。我要答复他们的是：首先，上下文十分清楚地告诉我们神的意愿如何，因保罗在此记载神愿意两件事发生：他愿意这些人得救，并愿意他们明白真道。如果他们的意思是：这在神永恒的计划中已经确定，好使他们领受救恩的教义，那么他们要如何解释摩西的这段话："哪一大国的人有神与他们相近，像耶和华我们的神，在我们求告他的时候与我们相近呢？"（申4∶7 p.，参阅Comm.）神没有以福音光照许多种族，却唯独光照一个种族，是根据什么呢？许多人没有听过那使人敬虔的福音，又有一些人只听过对福音极不清楚的解释，是根据什么呢？这事实就让我们十分清楚保罗在这里的教导。ᵇ他吩咐提摩太在聚会中当认真地为君王和一切在位的人祷告（提前2∶1—2）。但既因为一些几乎没有盼望的人代祷听起来并不合理（因这些人不但与神的百姓无关，甚至尽力想破坏神的国度），所以保罗接着说："这……在神我们救主面前可蒙悦纳，他愿意万人得救。"（提前2∶3—4 p.）保罗在这里的意思显然只是神并没有预定任何地位的人灭亡，他反而奇妙地分配自己的怜悯，甚至各种地位的人都有蒙神怜悯的。

㉘ Faber, *Adversus absolutam necessitatem*, loc. cit.; Pighius, *De libero arbitrio* IX, fo. 160b; Calvin, in *Congrégation sur l'élection éternelle de Dieu* (CR VIII. 112); *De aeterna praedestinatione Dei* (CR VIII. 366 f.); *Calumniae nebulonis cuiusdam* (CR IX. 292). 参阅梅兰希顿, *Loci theologici* (CR Melanchthon XXI. 452, 915)。

其他类似的经文并不是教导神在他隐秘的旨意中对万人的计划,反而宣告只要罪人寻求赦罪,神都愿意赦免他们。他们若坚持说神愿意怜悯众人(参阅罗11:32),我就能用另一处经文反驳他们:"然而我们的神在天上,都随自己的意旨行事。"(诗115:3)同样地,这经文"我要恩待谁,就恩待谁;要怜悯谁,就怜悯谁"(出33:19 p.)也必须与上面的经文没有冲突。神之所以选择他怜悯的对象,就表示他不怜悯所有的人。ᵉ但既然他在这经文中显然指的是不同种类或不同地位而不是每一个人,我们何必再谈!同时我们也应当指出保罗在此并不是教导神在所有的时代、所有的地方对众人的旨意,而是让神自由地甚至使君王和官员听到属天的教义,虽然他们因心盲会强烈地反对这教义。

我们的仇敌也以彼得的一处经文更强烈地反对神的拣选:"(神)不愿有一人沉沦,乃愿人人都悔改。"(彼后3:9 p.)然而这经文的后半就是这问题的答案,因为神使谁悔改的旨意必须来自圣经一般的教导。人的归正都在神手中,当神应许将肉心赐给一些人,却容其他人仍有石心(结36:26)时,难道我们仍要说神愿意所有的人归正吗?我们的确能说除非神甘愿悦纳一切求告他怜悯的人,否则这句话就没有任何意义:"你们要转向我,我就转向你们。"(亚1:3)㉙然而我能肯定地说,除非神先动工,否则没有任何人会来到神面前。此外,若悔改出于人自己的选择,保罗就不会说:"或者神给他们悔改的心"(提后2:25)。事实上,除非那亲口吩咐万人悔改的神同时也以圣灵隐秘的感动吸引他的选民归向他,否则耶利米就不会说:"求你使我回转,我便回转。"(耶31:18)

17. 对其他异议的答复

ᵇ然而或许你会说:若是这样,人就不会相信福音中的应许,因为这些应许与他永恒的预旨敌对。但绝非如此!因为虽然神对救恩的应许是

㉙ Faber, *op. cit.*, 17 (*Opuscula* I, fo. E 5a); Calvin, *Calumniae nebulonis cuiusdam. loc. cit.*.

普遍性的，然而这些应许与神预定弃绝人毫无冲突，只要我们留意这些应许在被弃绝之人身上的结果。只有当人以信心投靠神的应许时，这些应许在他身上才发生功效。相反地，当信心归于虚空，应许也就废弃了。若真是如此，我们要看看这两件事有没有冲突，即神以永恒的预旨预定一切他将喜爱的人和将承受他愤怒的人，以及神毫无分别地同时向所有的人提供救恩。㉚我确信这两件事完全一致。神的应许只是表示他的怜悯提供给万人，只要他们寻求和仰望这怜悯。然而，只有他所光照的人才会寻求他，且他所光照的人就是他所预定蒙救恩的人。这些人才真正拥有神的应许。如此看来，无人能说神永恒的拣选和他将恩待人的应许有任何冲突，因为这是提供给信徒的。

但神为何说"人人"呢？是为了使敬虔的人发现在信心之外众罪人都没有两样时更相信神，并得到极大的安慰。另一方面，恶人也不能埋怨在罪恶的权势下，他们没有可投靠的避难所，因为是他们忘恩负义地拒绝神所提供的。因此，既然神的怜悯借着福音提供给两种人，所以是信心——神自己的光照——分别敬虔和不敬虔的人。由此可见，前者感受到福音在他心里运行，后者则在福音上得不到任何益处。这光照本身也是由神永恒的拣选所决定的。

并且他们常引用的º基督的这哀歌："耶路撒冷啊，耶路撒冷啊！我多次愿意聚集你的儿女，好像母鸡把小鸡聚集在翅膀底下，只是你们不愿意"（太23：37 p.），也对他们毫无帮助。我承认基督在此不但是以人的身份说话，也是在斥责每个时代的犹太人拒绝他的恩典。

然而，我们必须对目前所讨论的神的旨意下定义。十分清楚的是：神极其保守犹太人，以及他们几乎毫无例外地因自己顽梗的心放纵私欲而拒绝被聚集归一。然而，这并不表示人的忘恩负义能破坏神的计划。

㉚ 从第十六节到这里为止，明显地出自于梅兰希顿 *Loci communes*，1535 中的观点（CR Melanchthon XXI. 419, 428, 451 f.）。

他们说：若神有双重旨意，则没有比这更违背神的本性。㉛这我也同意，只要他们对之有正确的解释。他们为何没有思想到在许多经文中，神披戴人的情感为了屈就我们呢？神说他伸手呼召悖逆的百姓（赛65：2），神多次忍耐、宽容地引领他们归向他。他们若想以字面的意义解释这些经文，而拒绝这些是隐喻，就将导致许多的争辩。但我们仍能如此解答这一切：作者以人的情感描述神。我们以上已充分地解释过，㉜虽然对我们的感觉而言，神的旨意是多重的，但如保罗所说，都是照神百般的智慧（弗3：10）所定的，他使我们的感觉麻木，直到有一天，他会使我们明白，现在看起来和他的旨意相悖的事是何等奇妙的旨意。

他们提出这肤浅的辩论，即既然神是万人之父，那神若弃绝任何不是因自己的罪而应受刑罚的人，就是不公义。然而神也善待猪和狗！但他们若坚称这只是指人类所说，那请他们回答神为何限制自己只爱一个种族，唯独做他们的父亲；甚至为何在这种族中只拣选少数的人，就如采撷花儿那般。然而，如此责备神之人的怒气就拦阻他们思考：神在某种意义上"叫日头照好人，也照歹人"（太5：45 p.），末了只将基业赏赐给听到他对他们说这句话："你们这蒙我父赐福的，可来承受国度"（太25：34）的人。他们也说神绝不会恨恶他任何的受造物。㉝我也同意这一点，但这与我现在的教导无关，即被弃绝之人是受神公义的憎恶。他们没有圣灵，他们一切的行为都被神咒诅。我们的仇敌也接着引用保罗的话："犹太人和希腊人并没有分别"（罗10：12），证明神毫无分别地施恩给所有的人。我也同意这一点，只要他们的解释与保罗的一样："我们被神所召的，不但是从犹太人中，也是从外邦人中"（罗9：24 p.），这证明

㉛ 参阅 I. 17. 2，注释4；I. 18. 1-4。
㉜ I. 18. 3；III. 20. 43.
㉝ 这一段话反驳许多反对预定论者的想法，特别是皮鸠斯（*De libero arbitrio* VII. 2；VIII. 2；IX. 2；folios 115b, 135ab, 163a）和卡斯泰利奥，参加尔文所著 *Calumniae nebulonis cuiusdam*（CR IX. 275 f.；tr. Cole, *Calvin's Calvinism*, p. 264）。卡斯泰利奥认为上帝使动物们爱护自己的儿女，他也必会爱惜自己的儿女，也就是全人类，他不会使任何一个儿女下地狱。他也认为上帝看他所造的，包括人在内，都是好的，等等。

神没有欠任何人。ᵉ⁽ᵇ⁾ 这也反驳他们对以下这节经文的强解，即"神将众人都圈在不顺服之中，特意要怜恤众人"（罗 11：32；加 3：22）；ᶜ保罗在此的意思是神喜悦将众人的救恩归与自己的怜悯，虽然他并不怜悯所有的人。那么在我们来回地争辩之后，我们最后的结论应当是：要与保罗一同在如此深奥的奥秘之下战兢，但若悖逆之人仍然究问，我们应当与保罗一样坦然地回答："你这个人哪，你是谁，竟敢向神犟嘴呢？"（罗 9：20 p.）奥古斯丁说得好：以人的准则判断神的公义是邪恶的。[34]

---

[34] Pseudo-Augustine, *Of Predestination and Grace* 2 (MPL 45. 1667).

ᵉ第二十五章　最后的复活

有关最后复活之教义的教导（1—4）

1. 对复活之盼望的重要性以及它的拦阻

ᵉ基督——那公义的日头（玛4∶2），借着福音照耀出来，并因已胜过死亡，就如保罗所见证的，带给我们生命的光（提后1∶10）。因此，我们借着相信福音"出死入生"（约5∶24），且我们"不再作外人和客旅，是与圣徒同国，是神家里的人了"（弗2∶19），并且神叫我们与他的独生子"一同坐在天上"（弗2∶6），赏赐我们丰盛的喜乐。但为了避免我们在艰苦的战役中丧胆，仿佛基督的得胜对我们没有任何帮助，我们必须紧紧抓住圣经对盼望的教导。既然我们所盼望的是那所不见的事（罗8∶25），且就如另一处所说：信是未见之事的确据（来11∶1 p.），只要我们仍被关在这监牢般的肉体之中，①我们"便与主相离"（林后5∶6）。因同样的缘故，保罗在另一处经文中陈述："我们已经死了，我们的生命与基督一同藏在神里面。基督是我们的生命，他显现的时候，我们也要与他一同显现在荣耀里"（西3∶3—4 p.）。这就是我们现今的情况："在

---

① "Carnis ergastulo... inclusi,"参阅III.6.5，注释9；III.9.4。

今世自守、公义、敬虔度日，等候所盼望的福，并等候至大的神和我们救主耶稣基督的荣耀显现。"（多2：12—13p.）由此可见，我们要很有耐心，免得丧胆偏离主的道路或离弃我们的岗位。

因此，我们以上一切关于救恩的教导都迫使我们仰望神，好让我们"虽然没有见过基督，却爱他……却因信他就有说不出来、满有荣光的大喜乐"，直到就如彼得所说："得着我们信心的果效"（彼前1：8—9）。因这缘故，保罗说：敬虔之人的信心和爱都在乎他们在天上的盼望（西1：4—5）。当我们如此定睛仰望天上的基督，而没有任何地上的事物拦阻我们相信将来的福分时，圣经的这经文就得以应验："你的财宝在哪里，你的心也在那里。"（太6：21）这就证明为何在世上信心是极为稀有的：因为我们迟钝的心必须胜过无数的障碍，"向着标竿直跑……得神召我来得的奖赏"（腓3：14）。我们不但要遭受几乎淹没我们的众多痛苦，甚至也必须面对亵渎神之人的嘲笑，因为当我们以单纯的心弃绝今世暂时的福分，而寻求现今仍向我们隐藏之神的祝福时，我们必定受世人的嘲笑。最后，我们在各方面都遭遇极大的试探，我们若不是早就决定放弃属世的福分，并同时寻求那在天上似乎看来遥远的生命，就必定被众多的试探征服。因此，唯有那不断默想将来荣耀之复活的人，才从福音中获得丰盛的福分。

2. 渴慕与神联合是盼望复活的动机

ᵉ古时的哲学家激烈地争论何为至善。然而除了柏拉图之外，他们都没有发现至善在乎与神联合，②就连柏拉图对此也只有极为模糊的概念。这并不足为怪，因他对使人与神联合的基督全然陌生。虽然信徒在今世就经历这独一无二的完全快乐，以及这快乐一天比一天更点燃我们的心，使我们渴慕神，然而，直到我们到天上，才会经历这快乐的丰

---

② Plato, *Theaetetus* 176 AD (LCL Plato II. 126-129); *Laws* IV. 715 E-716 E (LCL Plato I. 292-297).

盛。因此，我说过：只有那些默想将来荣耀之复活的人，才从福音中获得丰盛的福分。③所以保罗把这目标摆在众信徒面前（腓3∶8），且他自己也都忘记背后，努力勇往直前，为了达到这目标（腓3∶13）。我们也应当更努力追求这目标，免得这世界引诱我们，而我们因自己的懒惰被神严厉地管教。因此，保罗在另一处经文中，以这特征分别信徒与非信徒，他说："我们却是天上的国民，并且等候救主⋯⋯从天上降临。"（腓3∶20）

此外，为了避免他们在这场竞赛中丧胆，保罗接着说：一切的受造物也都加入到与他们一同的争战之中。因为一切都已脱序，所以保罗说天上和地下的受造物都渴望被更新（罗8∶19）。自从亚当堕落，使大自然完全脱序，一切受造之物就都伏在虚空之下呻吟。这并不表示一切受造之物都有自我意识，而是说他们想恢复那在堕落之前正常的光景。如此，保罗用"叹息"以及"劳苦"（罗8∶22）描述它们，好让我们"这有圣灵初结果子的人"（参阅罗8∶23）不至于羞耻地在堕落中倦怠，能至少效法这些无声的受造物，他们因人所犯的罪而受苦。为了更进一步激励我们，保罗称基督最后的降临为"身体得赎"（罗8∶23）。的确，基督已经完成了那使我们将来复活的事工，然而他不但一次献了永远的赎罪祭（来10∶12），"他将来要第二次显现，并与罪无关，乃是为拯救我们"（来9∶28）。不管我们所遭受的患难有多大，我们都应当让这身体将来"得赎"的盼望保守我们。

3. 信徒盼望的复活是身体的复活；基督的复活是预表†

ᵉ这事情的重要性应当使我们更留意。保罗正确地指出："若没有死人复活的事⋯⋯我们所传的便是枉然"（林前15∶13—14 p.），且我们的光景就算比众人更可怜（林前15∶19），因我们被许多人恨恶和侮辱，时

---

③ 上文第一节的中间，参阅 III. 18. 3。

时都在危险中（参阅林前15：30），事实上"如将宰的羊"（罗8：36；诗44：22；参阅23，Comm.）。因此，若没有复活，福音本身也将落空，因为福音与我们得儿子的名分和最后得赎密不可分。因此我们当留意这最主要的事，不管自己需要等候多长的时间，都不至丧胆。我等到现在才开始探讨这教义的目的是：使读者们在接受了基督——那为我们的信心创始成终的主——之后，能更迫切地仰望他，并确信他披戴那天上永恒的荣耀，使整个身体都能效法头。圣灵再三地以基督的榜样教导我们复活的盼望。

e(b) 对我们而言，那些早已腐烂的尸体最终将按时候复活，是难以想象的。因此，虽然许多哲学家们都教导灵魂的不死，然而相信身体复活的却非常稀少。④虽然我们对复活的疑惑是无可推诿的，但这仍提醒我们复活是人的思想所无法测透的。圣经在两方面帮助我们克服这极大的障碍：一方面教导基督的复活；另一方面教导我们神的全能。

每当我们默想复活，就当思想基督的生平。基督在他所取的人性上，经历了必死的生活，并因已获得永生，成为我们将来复活的凭据。⑤e 因为在我们一切所遭受的痛苦（参阅林后4：8—9）中，我们"身上常带着耶稣的死，使耶稣的生也显明在我们身上"（林后4：10 p.）。且神不允许我们将基督与自己分开，甚至这是不可能的，因这等于撕裂基督。保罗以此辩论："死人若不复活，基督也就没有复活了。"（林前15：16）保罗认为，基督受死或借复活胜过死亡，不仅是为他自己，在头所开始的工作，必须在其他肢体中，照各肢体的职分和地位得以完成。这是公认的

---

④ Plato，*Phaedo* 105 D-107 C（LCL Plato I. 362-371），Cicero，*Tusculan Disputations* I. 49. 118（LCL edition，pp. 142 f.）。普林尼在 *Natural History* VII. 55. 189；LCL Pliny II. 634 中说德谟克利特曾应许要复活，但是却没有实现。

⑤ 从自然的角度来看，复活是一件令人难以置信的事，关于复活的不可思议，在1539年的版本中的一段着墨甚多，其中包含1536年的版本中的几个句子，在此也被省略了。参阅 OS IV. 435，notes b and c；Pannier，*Institution*（1541）II. 161 f.（部分）："要相信这件事不难，但要从人的理性去理解它，则是难以令人置信的事。有些哲学家们对于灵魂的永恒性并不陌生，但主张肉身复活的却一个都没有。"我们借着基督的复活对此确信无疑。

原则。我们若在各方面与基督同等是极不恰当的,因《诗篇》告诉我们:"你不叫你的圣者见朽坏。"(诗 16:10;参阅徒 2:27)这只能部分地运用在我们身上,但在基督身上,这预言都真真实实地应验了,因为基督的身体既是不朽烂的,所以他复活后的身体是完全的。[e(b)] 那么,为了避免我们怀疑自己是否与那荣耀的复活有分,为了使我们满足于基督所赏赐的凭据,保罗就明确宣告基督正坐在天上(参阅弗 1:20),并将在末日以审判官的职分使我们卑贱的身体改变形状,效法基督荣耀的身体(腓 3:20—21)。保罗也在另一处教导(西 3:4):神叫他的儿子从死里复活,并不是为了要以某种独特的方式彰显自己的大能,而是要教导我们:圣灵以同样的大能运行在相信之人的心中,他说居住在我们里面的圣灵就是生命,因神差派圣灵的目的就是要使我们必死的身体又活过来(参阅罗 8:11)。

这个问题值得更详尽和精心的论述,我在此只是稍做阐述。然而,我深盼以上的教导足以造就读者们的信心,因此,基督从死里复活是要叫我们在来世与他同享永生。父神叫基督复活,因基督是教会的头,所以天父不可能使他与众肢体隔绝。基督借圣灵的大能复活,圣灵也将叫我们与基督一同复活。最后,圣灵叫基督复活是要他成为"复活和生命"(约 11:25)。我们以上已说过,信徒能从这面明镜中栩栩如生地看见那复活的形象,这就成为保守信徒内心坚定的根基,只要我们没有因长久等候主而感到疲乏或厌倦,因为基督再来的日子不是根据我们的决定,神反而要我们忍耐等候他,直到他按照自己的时间复兴他的国度。保罗就是如此劝勉我们:"各人是按着自己的次序复活:初熟的果子是基督;以后……是那些属基督的。"(林前 15:23)

神从各种不同的角度向我们启示基督的复活,好使我们确信这教义,因为基督的复活就是我们复活的根基。亵慢人视福音书作者所记录的史实为神话。他们说:既然这复活的教义是一些可怜、胆怯的妇女所传扬,以及一些吓得半死的门徒所认可的,那么它有何价值呢?基督为何不兴起当时的宗教领袖以及社会上的显赫人物为复活做见证？他为何没有以神奇的样式向彼拉多显现呢？他为何不在众祭司和全耶路撒冷老百姓面前证明他已经从死里复活呢？⑥ 属世之人不可能承认他所挑选的见证人是可信的。

我的答复是：虽然主所挑选的见证人刚开始表现出极端的软弱，但这一切都在神奇妙的护理之下。那些本来几乎被惧怕淹没的人，一部分是因他们热爱基督，一部分是因自己的不信，而赶紧跑到坟墓那里去，因神不但要他们做目击者，也要他们亲耳听见天使诉说他们亲眼看见的证据。我们怎能怀疑这些人的可信性呢？因当他们听到妇女们的见证时并不相信，直到他们亲眼看见。至于全耶路撒冷的百姓和彼拉多，当这事被清楚地见证后，基督没有特意向他们显现或在他们面前行神迹，这并不足为怪。看守的兵丁被差派到那里并封了石头（太27∶66），然而到了第三天他们找不到尸体（参阅路24∶3；太28∶6、11；参阅27∶24）。受贿赂的兵丁散播基督的尸体被他的门徒偷走的谣言（太28∶12—13，15），仿佛基督的门徒能打败看守的兵丁，或别人供应他们武器，或甚至他们有经验到敢大胆地行这事！然而，即使兵丁没有勇气把他们赶走，那兵丁为何没有追赶他们而抓住一些门徒？彼拉多封石头就印证了基督的复活，看守的兵丁借着沉默和谎言也见证了基督的复活。同时，天使这样宣告："他不在这里……已经复活了。"（太28∶6；路24∶6，KJV，RSV注）天使所披戴的荣光证明他们不是人，而是天使。

之后，基督的显现除去了他们一切的疑惑（路24∶38）。门徒多次看见他，也触摸到他的脚和他的手（路24∶40；参阅约20∶27），他们的不信也大大地坚固了我们的信心。基督与他们谈论关于天国的奥秘（徒1∶3），最后，他们看着基督升上天（徒1∶9）。这复活的主不只向十一位使

---

⑥ Origen, *Against Celsus* II. 59, 63, 70 (MPG 11. 889 f., 898 f., 905 f.; GCS 2. 182, 184 f., 192 f.; tr. ANF IV. 455 f., 460).

徒显现，他甚至"一时显给五百多弟兄看"（林前15：6）。当基督差派圣灵时，这不但是生命，也是他主权的明证，就如他所预言的："我去是与你们有益的。我若不去，保惠师就不到你们这里来。"（约16：7 p.）的确，保罗在路上仆倒不是出于死人的力量，相反，他感到他所攻击的那位拥有至高的权柄（徒9：4）。他向司提反显现的目的是要以永生的确据胜过死亡的恐惧（徒7：55）。若有人轻看如此众多真实的证据，这不但是在表现自己的不信，也暴露自己邪恶，甚至疯狂的悖逆。

4. 神的无所不能是身体复活的根基

ᵉ我们以上说过，在证明基督的复活时，我们应当同时确信神无限的大能。保罗简洁地教导这一点，他说："他要按着那能叫万有归服自己的大能，将我们这卑贱的身体改变形状，和他自己荣耀的身体相似。"（腓3：21 p.）神将人无法想象、超越人一切经验的神迹摆在我们的眼前，我们若仍不将之归与神的大能，是极不合理的。保罗甚至用大自然的比喻证明那些否定复活之人的愚昧。他说："无知的人啊，你所种的，若不死就不能生"（林前15：36）。他告诉我们撒种是对复活很好的比喻，因为生命从腐烂中发出芽来。

只要我们留意眼前神在世界各地所行的神迹，复活就不会是难以想象的。然而，我们也当记住，除非我们对基督的复活感到惊奇，并将复活一切所应得的荣耀归给神的大能，否则我们绝不会确信将来的复活。以赛亚对此的确信迫使他如此宣告："死人要复活，尸首要兴起。睡在尘埃的啊，要醒起歌唱！"（赛26：19）在大患难中，大卫仰望神——我们生命的主宰，因为就如《诗篇》所说："人能脱离死亡是在乎主耶和华。"（诗68：20）约伯在奄奄一息时，因依靠神的大能，就深信末日他必将健康地复活："我知道我的救赎主活着，末了必站立在地上（即在地上彰显他的大能）……我这皮肉灭绝之后，我必在肉体之外得见神。我自己要见他,亲眼要看他,并不像外人。"(伯 19：25—27 p.)⑦虽然我们的仇敌狡猾地强解这些经文,仿佛它们与复活无关,但他们的强解反而证明了他们想反驳的,因为当敬虔之人遭受患难时,将来的复活是他们唯一的慰藉。

《以西结书》中的经文更充分证明了这一点：当犹太人拒绝相信神将带领他们回归的应许时,他们说这就如死人从坟墓里复活一样是不可能的。在这情况下,神向以西结显现平原遍满骸骨的异象。这些骸骨在神的吩咐之下长了肉,又有皮遮盖其上（结 37：1—10）。虽然这异象主要是要激励以色列人盼望回到应许之地,但这盼望的根基是在复活,就像复活是信徒在今世经历一切拯救的主要预表。同样地,在基督教导福音之声赏赐人生命之后,因为犹太人不信,他立刻接着说："你们不要把这事看作稀奇,时候要到,凡在坟墓里的,都要听见他的声音,就出来。"（约 5：28—29 p.）

因此,保罗的这比喻应当使我们在一切的争战中期待得胜,因那应许我们将来复活的神,能够保全我们所交托他的生命（提后 1：12）；并且我们也当因公义的审判者将赐给我们他为我们存留的公义冠冕,感到欢喜快乐（提后 4：8）。如此,我们所受的一切患难使我们盼望来世的复活。神照着他公义的本性,以患难报应为我们带来患难的恶人,却在主耶稣同他有能力的天使从天上在火焰中显现时,以安息报应被不公义逼迫的我们（帖后 1：6—8）。然而我们也要留意他接下来所说的话：他将降临,"要在他圣徒的身上得荣耀,又在一切信的人身上显为稀奇"（帖后 1：10）,因他们相信福音。

---

⑦ 参阅 II. 10. 19；*Sermons on Job* 72 (CR XXXIV. 127 f.)。这里错解《约伯记》19：25 的是重洗派。参阅 *Brieve instruction contre les erreurs de la secte commune des Anabaptistes* (1544) (CR VII. 138 f.)；tr. *A Shorte Instruction for to warn all good Christian People against the Pestiferous Errours of the Common Secte of Anabaptists* (London, 1549), fo. L 1a-2a；*Psychopannychia* (CR V. 229 ff.；tr. Calvin, *Tracts* III. 487 ff.)。

反驳各种仇敌对复活的异议（5—9）

5. 异教徒否定复活与他们葬礼的仪式互相矛盾；千禧年主义者的谬论 *

ᵉ虽然众多人忙着攻击这教义，就如蓄意涂抹对复活的记忆，他们称死亡为生命的界线以及人的结局。⑧所罗门显然明白一般人对死亡的立场。他说："活着的狗比死了的狮子更强。"（传9：4）以及"谁知道人的灵是往上升，兽的魂是下入地呢"？（传3：21 p.）因为每个时代，都充满了极度的愚昧，甚至教会也受此影响。在新约时代撒都该人甚至敢公开否认身体的复活（可12：18；路20：27；徒23：8），事实上，他们认为灵魂是必死的。

然而，为了避免人以这普遍性的愚昧为借口，神赏赐人与生俱来对复活的概念。他们认真严肃以及不得不举行的葬礼习俗，难道不就是复活的凭据吗？并且没有人能说这是由于迷信而开始的，因为早期敬虔的族长也都举行葬礼；神也喜悦外邦人有葬礼的习俗，好让这复活的凭据能使他们醒悟过来。虽然这样的仪式对他们毫无帮助，但我们若智慧地思考它的目的，将对我们有极大的帮助。因为当所有人的行为都宣称连他们自己也不信的真理时，这就大大地斥责了人的不信！

然而，撒旦不但迷惑他们将复活的记忆与尸首一同埋藏，也企图以各种不同的谎言混淆复活的教义，为要彻底摧毁它。我略而不谈撒旦在保罗的时代已开始想推翻这教义（林前15：12及以下）。ᵉ⁽ᵇ⁾随后不久，千禧年主义者兴起，将基督的统治局限于一千年。⑨他们这虚妄的观点ᵇ肤浅到无须也不值得反驳。ᵉ虽然《启示录》是他们用来支持自己谬论的

---

⑧ Horace, *Epistles* I. xvi. 79 (LCL edition, pp. 356 f.).
⑨ "chiliasts" 或称 "Millenarians"（千禧年主义者），指的是一些古老的教派，他们相信基督会在地上掌权一千年。参阅 art. "Chiliasmus" in *Reallexikon für Antike und Christentum* II (1951), 175 ff.; N. Cohn, *The Pursuit of the Millennium*; H. Quistorp, *Calvin's Doctrine of the Last Things*, pp. 158-162。参阅 Augustine, *City of God* XX. 7, 9 (MPL 41. 666-669, 672-675; tr. NPNF II. 426, 430)。

借口,但其实它并不支持他们的看法。因为"一千年"(启 20∶4)这数字并不是指教会永恒的福乐,而是指教会仍在世上争战时将遭遇的各种患难。相反地,[b]整本圣经都宣告神赐予选民的福乐以及恶人的刑罚都是无穷无尽的(太 25∶41、46)。

那么,因我们有限的理解力,对于一切无法彻底明白的启示,我们若非因它们是神的圣言而相信之,就是完全弃绝之。那些将神的百姓将来所享有的基业局限于一千年的人,根本不明白这观点有多羞辱基督和他的国度,因为在基督降临时,若他们必死的身体没有变成不死的,那么,连基督自己都没有进入永远的荣耀中(林前 15∶13 及以下)。他们的幸福若有尽头,那么基督的国也是暂时的,因这幸福完全依靠基督的国度。简言之,若不是这些人对一切属灵的事完全无知,就是他们诡诈地企图使神一切的恩典和基督的大能落空,因为当罪被涂抹、死亡被吞灭,亦即永生完全赐下时,就完全彰显神的恩典和基督的大能!

就连瞎子都能看见这些人不可思议的愚昧。他们害怕教导恶人将被判永远的刑罚,因误以为这是指控神过于残忍!他们居然说神因恶人的忘恩负义,拒绝恶人与他的国度有分是不公平的!他们说恶人的罪是暂时的。[⑩]这我并不否认,然而他们因犯罪所玷污之神的威严和公义则是永恒。所以,神记念他们的罪孽到永远是公正的。然而,他们仍敢宣称恶人所受的刑罚超过他们的罪所应得的,[⑪]这是无法忍受的亵渎,因为神的威严被藐视,被认为比不上一个人灵魂的失丧。然而我们应当不理会这些亵慢者的异议,免得违背我们以上所说,他们的观点根本不值得反驳。

---

⑩ 这种普救论(universalism)的观点深受某些重洗派人士的欢迎,如 John Denck, Balthasar Hubmaier, Sebastian Franck, Melchior Hofmann。英文书籍请参阅 LCC XXV. 86, 112, 145, 182。奥古斯丁大致也是这样回答新柏图主义(Neoplatonism)的门徒波菲利(Porphyry, 233-302); *Letters* 102, questions 2. 8; 4. 22; 5. 28 (MPL 33. 373, 379, 381, tr. FC 18. 153, 164, 168, 170)。

⑪ Augustine, *Letters*, loc. cit.

6. 身体要复活，灵魂却是不死的！

ᵉ除了这些谬论以外，有一些邪恶、好奇的人又提出另外两种谬论。有人误会灵魂要与身体一同复活，仿佛整个人都死了。⑫又有一些人虽然承认灵魂的不死，却主张灵魂将披戴完全新的身体。⑬他们如此是否定肉体的复活。

既然我在教导人的受造时稍微提过前者，⑭现在我只要警告读者们这是极可怕的谬论就够了，因这等于将那照着神形象受造之人的灵魂当作出现少时就不见的云雾，教导灵魂只在短暂的人生中与身体同在，也是在毁坏圣灵的殿，甚至玷污神的形象在人身上最荣耀的彰显，并因此教导人的灵魂不如身体。

圣经的教导却非如此，它称人的身体为房屋，并教导人死后离开这房屋，甚至教导这是我们与野兽唯一的区别。如此，彼得在即将离世时说，他"脱离这帐棚的时候快到了"（彼后1：14）。然而保罗指着信徒说，"我们这地上的帐篷拆毁了，必得在天上永存的房屋"（林后5：1），之后接着说，"我们住在身内，便与主相离"（林后5：6 p.），因此渴慕"离开身体与主同住"（林后5：8）。若人的灵魂不是不死的，那离开身体与主同住的是什么呢？保罗教导我们乃是来到"被成全之义的人的灵魂"（来12：23）面前，就除掉我们一切的疑惑。他的话表示我们与族长相交，他们虽然死了，却仍然与我们一样敬虔，所以除非我们与他们有交通，否则我们不可能是基督的肢体。又假如已脱去身体的灵魂没有保有相同的本质以及能享受来生的荣耀，基督就不会对强盗说："今日你要同我在乐园里了。"（路23：43）有了如此清楚的见证，我们在离世时

---

⑫ 参阅加尔文为 *Psychopannychia* 一书所写的序言（CR V. 171 f.; tr. Calvin, *Tracts* III. 415）。为攻击"灵魂休眠说"(the sleep of souls) 这个教义，加尔文指出教宗若望二十二世（1316—1334）的异端思想，教宗认为离世圣徒的灵魂好像睡了一般，直到复活的时候才能看到天国的荣耀。这个教义于1333年被巴黎的神学家所定罪，参阅 *Catholic Encyclopedia*, art. "John XXII"。

⑬ 这里可能是指勒留·苏西尼（Laelius Socinus）的观点。他认为灵魂要在复活的时候被赋予一个新的身体。参阅下文的第七节。

⑭ I. 5. 5；I. 15. 2.

应当效法基督的榜样,毫不犹豫地将自己的灵魂交托给神(路 23:46),或效法司提反的榜样,将灵魂交托给基督(徒 7:59),因基督被称为信徒信实的"牧人监督"(彼前 2:25)。

我们若过于好奇地究问关于灵魂死后的光景,不但神不允许,也对我们没有益处。许多人自我折磨地争辩灵魂死后的地点以及是否已经享受天上的荣耀。⑮然而,若我们想知道比神透过圣经向我们启示的更多,这是愚昧和轻率的。圣经只教导我们:基督与他们同在,并接他们到乐园里(约 12:32)使他们得安慰,而且被弃绝之人的灵魂在那时受他们所应得的折磨。难道有任何教师能向我们启示神所向我们隐藏的事吗?想知道灵魂死后的居所既愚昧又无益,因我们至少知道灵魂的范围与身体的截然不同,圣经将圣徒灵魂的聚集处称为"亚伯拉罕的怀里"(路 16:22),就足以使我们确信在世上的旅程结束后,会有信心之父接待我们,向我们分享他信心的果实。同时,既然圣经多处劝我们期待基督的降临,并宣告我们到了那时才得那荣耀的冠冕,我们就当满足于神所教导我们的范围,即敬虔之人的灵魂在世上作战之后就进入那幸福的安息,并在那里等候得享神所应许的荣耀。如此看来,一切的受造物都在等候我们的救赎主基督的降临。被弃绝之人的结局无疑与犹大所描述的魔鬼结局一样:用锁链把他们拘留在黑暗里,等候主再来时,被拖到神所预定他们受的刑罚里去(犹 6)。

7. 我们今生所穿戴之身体的复活

同样有害的谬论就是那些幻想灵魂不会再与今生同样的身体联合,而要穿上新的、截然不同的身体。⑯摩尼教徒为这谬论找了无用的借口,

---

⑮ Aquinas, *Summa Theol.* III. Suppl. 69. 2.

⑯ 第七节和第八节里面的内容,大多是出于加尔文在 1549 年 6 月写给苏西尼的书信(CR XIII. 309-311)。巴特和尼塞尔也在这里引用 1551 年版本中的第 221—223 节,内容也大致与书信内容一致(OS IV. 443 ff.)。

他们说人的肉体既然不洁，若再复活就极为不当。⑰仿佛人的灵魂没有不洁的，但他们却仍主张灵魂将享有天上的基业！就如他们说："受罪恶玷污的任何事物都不能被神洁净。"至于他们认为人的肉体既因是魔鬼创造的，所以生来就不洁，我认为这根本不值得反驳。⑱我只是在教导，我们里面无论存在什么不配天堂的东西都无法拦阻我们复活。既然保罗吩咐信徒："洁净自己，除去身体、灵魂一切的污秽"（林后7：1），那他在另一处所教导的审判就与此有关："叫各人按着本身所行的，或善或恶受报。"（林后5：10）这与他写给哥林多信徒的完全一致："使耶稣的生在我们这必死的身上显明出来。"（林后4：11）因这缘故，保罗在另一处经文中求神保守他们的灵魂与身子，"直到基督降临的时候"（帖前5：23），这并不足为怪！因为神所称为他圣殿的我们的身体（林前3：16），若在受玷污后没有复活的盼望是再荒谬不过了！我们的身体不也是基督的肢体吗？（林前6：15）而且神吩咐我们各肢体要为他分别为圣。他向我们启示他喜悦人以舌头称颂他，并举起圣洁的手向他祷告（提前2：8），吩咐我们将身体献给他（罗12：1）。我们若视天上的审判官为配得如此伟大、光荣，身体至终只不过在尘土中腐烂、永不更新，这是荒唐的！与此相似的是，当保罗劝勉我们在身子和灵魂上顺服主，因两者都属神（林前6：20）时，他绝不是相信他自己所教导当为神分别为圣的身体将落在永恒的腐烂中！

圣经中的启示没有比我们的肉身将要复活更清楚的了。保罗说："这必朽坏的总要变成不朽坏的，这必死的总要变成不死的。"（林前15：53）若神将创造新的身体，那么这经文所说的改变是什么呢？若圣经只说我们的身体将要更新，那在这模糊的说法下，他们也许有反对的根据。但当保罗直接指明我们现在的身体将不朽坏时，同时就在否认我们

---

⑰ Augustine, *Against Adimantus* 12. 5（MPL 42. 146）。
⑱ 一个摩尼教徒的观点。参阅 Augustine, *Sermons* 12. 10. 10-11. 11（MPL 38. 105 f.）; *Unfinished Treatise Against Julian* I. 115 f.（MPL 45. 1125）。

会有新的身体。德尔图良说:"即使保罗以手抓住自己的身体,也不可能说得比这更清楚了。"⑲他们也无法用任何狡猾的方式逃避保罗之后所说基督将做世界的审判官这事实(罗14:11),"我指着我的永生起誓"(赛49:18,Vg.),"万膝必向我跪拜"(赛45:24,Vg.;罗14:11,Vg.),这里十分清楚地教导他的听众将要在神面前对自己一生的言行交账。如果他们将来有完全新的身体,那这句话就毫无意义了。此外,但以理的这预言一点都不模糊:"睡在尘埃中的,必有多人复醒,其中有得永生的,有受羞辱、永远被憎恶的"(但12:2),他在此所指的不是以前不存在之身体的被造,而是死人从他们的坟墓里复活。

保罗在此的逻辑十分清楚。因为如果人因亚当的堕落都必死,那么基督所给人的更新也必定发生在同一个因亚当的堕落而死的身体上。而且保罗教导雅典人死人将复活(徒17:32),而他们嘲笑他,我们由此能推论他说的是身体的复活,因此他们的嘲笑就坚固我们的信心。基督的这段话也值得我们留意:"那杀身体不能杀灵魂的,不要怕他们;惟有能把身体和灵魂都灭在地狱里的,正要怕他。"(太10:28 p.)如果我们现在这身体将来不可能受惩罚,那么我们没有什么可怕的。基督所说的另一句话也一样清楚:"时候要到,凡在坟墓里的,都要听见他的声音,就出来。行善的复活得生,作恶的复活定罪。"(约5:28—29)难道他的意思是灵魂躺卧在坟墓里,从那里听从基督的声音吗?他的意思难道不就是:在基督吩咐我们时,我们的身体将重新获得所丧失的生命吗?

此外,我们若将得到完全新的身体,那如何说我们元首基督的复活是我们——他肢体——复活的预表呢?基督复活了,难道这是神为他重新创造一个新的身体吗?不是,根据他亲口所说的这预言:"你们拆毁这殿,我三日内要再建立起来。"(约2:19)他再次穿戴和以前一模一样的

---

⑲ "*Cutem ipsam tenens*"; Tertullian, *On the Resurrection of the Flesh* 51 (CCL Tertullianus II. 955; tr. ANF III. 585).

身体，且若基督所献与神为祭的身体被毁坏而有新的取代它，这对我们毫无益处。我们必须确信保罗所教导的信徒与基督彼此的相交：我们将复活是因基督已复活了（林前15：12及以下）。因我们的身体就是基督所取为了受死的身体，若与基督的复活无分，没有比这更不合理的。圣经对此也有明确的证据："到耶稣复活以后，他们从坟墓里出来。"（太27：53）我们也无法否认这事实预表我们所盼望的复活，或这是复活的凭据。这也与以诺和以利亚的经验相似。德尔图良称他们为"等候复活者"，因为神在洁净他们的身体和灵魂后，接他们到他那里去。[20]

8. 尊荣身体之仪式的重要性[*]

[°]我为在如此简单的教义上用这么多的解释感到不好意思，但我希望读者们能宽容，因这一切都是为了避免单纯的人被狂妄、邪恶之徒欺哄。如今与我争辩的这些诡辩家以自己所捏造的幻想攻击复活的教义，即复活是神为人重新创造新的身体。他们如此不择手段想证明这幻想，难道不就是因为他们无法接受已经腐烂的尸体能恢复正常吗？可见人的不信是这幻想之母。相反地，圣灵在圣经中不断地劝我们盼望身体的复活。因此，根据保罗的教导，洗礼是我们将复活的凭据（西2：12），圣餐也引领我们确信身体的复活，因为领受饼和杯是属灵恩典的象征。而且保罗劝我们将肢体献给义做奴仆（罗6：13、19），若他接下来没有如此解释，"那叫基督耶稣从死里复活的，也必……使你们必死的身体又活过来"（罗8：11），这劝诫就毫无意义。因为若我们用脚、手、眼睛、舌头服侍神，但到最后这些肢体没有享有这服侍所结的果子，这对我们有何益处呢？保罗亲口证明这一点："身子不是为淫乱，乃是为主；主也是为身子。并且神已经叫主复活，也要用自己的能力叫我们复活。"（林前6：13—14，参阅Vg.）更为清楚的是他接下来所说的，即我们的身体是

---

[20] Tertullian, *op. cit.*, 58 (CCL Tertullianus II. 1007; tr. ANF III. 590).

圣灵的殿,也是基督的肢体(林前6:15、19)。此外,保罗也教导纯洁与复活密不可分,就如他之后教导我们的身体是基督所买赎的(林前6:20)。因此,既然保罗有基督的印记(加6:17),并在他的肉身上大大地荣耀基督,若到最后神不为他的身体加冕,这是极不合理的。保罗也因身体复活的盼望如此夸胜:"他要按着那能叫万有归服自己的大能,将我们这卑贱的身体改变形状,和他自己荣耀的身体相似。"(腓3:20—21 p.)既然"我们进入神的国,必须经历许多艰难"(徒14:22),我们就毫无根据说神会拒绝人的身体进他的国,而且既然神借我们的身体背十字架以训练我们,他到最后也要叫我们的身体得荣耀。

因此,众圣徒因与基督同受苦害,就无疑地盼望自己也将与基督一同复活。事实上,神在律法时代也借礼仪律教导族长们复活的教义。神之所以吩咐他们葬礼的仪式,[21]是要教导他们:他早已预定这些被埋葬的尸体将要复活。

在旧约时代,香料和其他预表永生的象征就和献祭一样,在当时律法较模糊的时代,用来帮助百姓更明白复活的教义。这也不是出于当时人的迷信,因为圣灵详细指示埋葬的仪式,就如详细启示大奥秘一样。而且连基督自己都非常看重这仪式(太26:10),这无疑是要我们在看见那代表腐烂和死亡的坟墓时,仰望将来的复活。

此外,族长之所以很谨慎地遵守这仪式,就证明他们认为这仪式极大地造就他们的信心。且若不是亚伯拉罕更在乎那超越世俗的信仰,他就不会那么小心地管理他妻子的坟墓(创23:4、19);也就是说,他以复活的记号装饰他妻子的尸体,以此坚固自己和全家人的信心。雅各的例子更充分证明他对复活的信心,为了向他的后裔见证即使在他即将离世时,仍没有忘记那进入应许之地的盼望,他吩咐约瑟以后要将他的骸骨带到应许之地(创47:30)。请问:若神将给他创造一个新的身体,那

---

[21] 上文的第五节。

他如此在乎将要归于尘土的身体岂不是荒谬的？因此，我们若对圣经的默示有丝毫信心，就会知道没有任何教义比身体将复活的教义有更充分的证据。

就连小孩子都是以这样的意义理解"复活"以及"再生"。因我们绝不会用"复活"这个词形容一个新创造的事物。而且这与基督的话完全冲突："他所赐给我的，叫我一个也不失落，在末日却叫他复活。"（约6：39 p.）"睡"这个词也有同样的含义，因它只能形容人的身体。连"坟地"的称呼也证明这事实。㉒

复活的方式

我现在要略微讨论复活的方式。我说略微是因为保罗将之称为"奥秘"（林前15：51），因此间接地劝勉我们谨慎，免得我们妄自猜测。[e(b)] 首先，根据我们以上的教导，我们必须主张将来复活的是同一个身体，只是这身体的性质不同。所以，当基督献为祭的身体复活之后，这身体的性质远超过之前的，仿佛变成完全不同的一样。保罗举一些我们熟悉的例子来证明这一点（林前15：39）。[b] 就如人与动物的肉体一样，但质量却截然不同（39），且就如星星，虽然受造的材质相同，却在荣光上有所分别（41）。同样地，[e(b)] 保罗教导：虽然身体复活前后是同一个身体，但在复活后，这身体将改变（51—52），远超过先前的质量。因此，为了身体复活的缘故，我们必朽坏的身体不会遭毁灭或消失，而是要废掉朽坏的样式，而变成不朽坏的（53—54）。既然一切的物质都在神的管理之下，那么神就能吩咐众身体复活，不管他们是在地里、水里或火里腐蚀的。以赛亚也教导这真理，虽然是以比喻的意义说的："因为耶和华从他的居所出来，要刑罚地上居民的罪孽。地也必露出其中的血，不再

㉒ 加尔文提醒我们，就词源学来说，"坟墓"（cemetery）这个词的意思就是"睡觉的地方"。武加大译本又加上 *"qui vaut autant comme dormitoire"*。

掩盖被杀的人。"(赛26：21 p.)

然而，在复活之日，那些死了很长时间的人和仍活着的人仍有所差别。保罗说："我们不是都要睡觉，乃是都要改变。"(林前15：51)意即死亡和新生命不一定有时间的间隔，因为"就在一霎时，眨眼之间……号筒要响，死人要复活，成为不朽坏的，我们也要改变"(林前15：52—53)。因此，保罗在另一处经文中安慰将死的信徒说，在基督里死了的人必先复活，之后，仍活着的人才和他们一同被接升天(帖前4：15—16)。

e若引用保罗所说"按着定命，人人都有一死"(来9：27 p.)的这句话来反对，要反驳他们并不困难：仍活着之人的身体被改变，在某种意义上就是死亡，并且称之为死亡也是妥当的。所以这两件事并非有冲突，即所有的人将脱去必死的身体，借死亡被更新，只是就仍活着的人而论，因他们立刻被改变，所以在时间上，他们的身体和灵魂没有分开过。

9. 恶人的复活

e(b) 然而我们在此必须面对更难解答的问题：那些不敬虔、被神咒诅的人凭什么与义人一同复活，因复活是基督对信徒独特的赏赐？我们知道在亚当里众人都死了(参阅罗5：12；林前15：22)，但基督降世带给人"复活"和"生命"(约11：25)。难道基督降世是为了毫无分别地赐生命给所有的人吗？难道有比这些顽梗、盲目之人获得唯独敬虔、敬拜神之人凭着信心所获得的祝福更不妥当的吗？圣经清楚地教导：一种是复活定罪；另一种则是复活得生(约5：29)，而且基督将会分别绵羊和山羊(太25：32)。恶人和敬虔之人都要复活，我们不要以为稀奇，因为我们在日常生活中经常有类似的经历。我们晓得自己在亚当里丧失了对整个世界的管理权，并因这缘故，神禁止我们吃不洁的食物和生命树上的果子。然而，要如何解释神不但"叫日头照好人，也照歹人"(太5：45 p.)，甚至在今生的物质上丰盛地对待恶人？答案是：那些属于基督和他众肢体的益处，也丰盛地临到恶人，并非要他们享受，而是要叫他们更无可推诿。恶人竟然经常经历到神的善待，甚至有时比敬虔之人加倍，但这一切至终更定他们的罪。

若有人说：今世转眼即逝的福分比不上复活这大福分，我的答复是：当亚当、夏娃刚开始与神——那生命的源头——隔绝时，他们应得的是永远的灭亡，与魔鬼一样；但出于神极为智慧的计划，他为他们安排了没有永生却仍未灭亡的光景。既然恶人拒绝接受神为他们的主和教师，那他们将复活被迫来到基督的审判台前，这并不稀奇。因他们若只是完全被死亡吞灭，而无须因自己的顽梗在已被他们无限量激怒的神面前受审，才是他们所不应得的善待。

然而，我们虽然必须坚持以上的教导，以及保罗在腓力斯面前独特的见证——死人，无论善恶，都要复活（徒 24：15）——但大多时候，圣经用"复活"这一词指的是唯有神的儿女们将享受天上的荣耀，因基督降世主要不是为了毁灭世人，而是要拯救世人。因此信经提到复活指的是永生。

人永世的生活：永远享受神的同在，或与神疏远而永远受折磨（10—12）

10. 永远的幸福

ᵇ然而，既然"死将被得胜吞灭"这预言（赛 25：8；何 13：14；林前 15：54—55）到了复活之日才得以应验，那我们就当时时默想这永恒的喜乐，因这是复活的目的。而且，即使万人的舌头都竭力述说这喜乐，也一点不足以形容这荣耀的喜乐。ᵇ⁽ᵃ⁾虽然圣经记载神的国将充满光荣、喜乐以及荣耀，但这一切几乎是我们无法体会的，ᵇ顶多只有极模糊的了解，直到那日基督向我们启示自己的荣耀，使我们面对面看见（参阅林前 13：12）。ᶜ神借使徒约翰启示：我们知道自己现在是神的儿女，将来如何还未显明；但……主显现时，我们必要像他，因为必得见他的真体（约一3：2）。ᵇ因此，旧约先知只能用今世的事物描述那无法言喻之属灵福分的本质。另一方面，既因要预尝这福分才能激励我们，我们应当特别这样默想：ᵇ⁽ᵃ⁾若一切良善的丰盛都存留在神里面，ᵇ就如无限涌出的泉源那般，那么，那些迫切寻求至善及喜乐的人，就不应当寻求在神之外的任何祝福，就如圣经多处所教导的："亚伯兰，我是你的盾牌，必大大地赏赐你。"（创15：1）以及大卫所说的："耶和华是我的产业……我的产业实在美好。"（诗16：5—6 p.）以及"我……得见你的形象，就心满意足了。"（诗17：15 p.；见II，10. 17.）ᵇ事实上，彼得教导信徒在今生被呼召得与神的性情有分（彼后1：4）。怎么说呢？因神"要在他圣徒的身上得荣耀，又在一切信的人身上显为稀奇"（帖后1：10）。既然神将与选民分享自己的荣耀、全能和公义，甚至将自己赐给他们，更奇妙的是使他们与他自己合而为一，因此，我们当牢记这福分包括各方面的快乐。且即使我们对这福分的默想有很大的长进，我们仍要晓得：我们对这大奥秘的理解算是刚开始而已。ᵉ因此我们就当在这大奥秘之下谨守，免得忘记自己的有限，而过度好奇地究问神未曾启示关于他荣耀的大奥秘。这好奇的私欲带来许多虚妄或极有害的问题。我说"虚妄"是因为这些问题无法使我们得益处；我说"极有害"是因为放纵自己私欲的人经常陷入猜测的危险旋涡。

我们也应当毫不迟疑地相信圣经的另一个教导，即就如神在今世照自己的意思分配他的恩赐给圣徒。同样地，到了天堂，每一个圣徒都将得不同分量的荣耀，因神在那里使他自己的恩赐达到了顶峰。㉓还有保罗的这段话："岂不是我们主耶稣来的时候，你们在他面前……就是我们的荣耀、我们的喜乐"（帖前2：19—20），或基督对使徒所说的："你们也要……审判以色列十二个支派"（太19：28）也不是指所有的信徒说的。

㉓ Augustine, *Psalms*, Ps. 70. 2. 5；Ps. 102：7（MPL 36. 896；37. 1321；tr. LF [Ps. 71] *Psalms* III. 437；[Ps. 103] V. 42 f.）.

保罗知道：神在今世所丰盛恩待的圣徒，到了天堂，神会加倍地荣耀他们，但他也确信神将照他个人的劳力特别加给他冠冕（提后4：8）。且基督为了叫使徒确信他赏赐他们的职分是高贵的，就说他们在天上将因这职分得冠冕（参阅太19：21）。但以理也同样教导："智慧人必发光，如同天上的光；那使多人归义的，必发光如星，直到永永远远。"（但12：3）任何认真研究圣经的人都会发现：神不但应许信徒得永生，他也将个别奖赏他们。因此，保罗这样说："愿主使他在那日得主的怜悯。"（提后1：18 p.）基督的这应许："你们"必要得着百倍，并且承受永生"（太19：29 p.）也有同样的含义。简言之，既然基督在今世以丰盛且各式各样的恩赐荣耀他的身体，也是逐渐地增加这荣耀，因此到了天堂，他也必完成这荣耀。

11. 处理不必要回答的问题

ᵉ然而，既然一切敬虔的人都接受这教导，因它有圣经充分的根据，同样地，他们也会拒绝回答迷惑人的问题，因知道这些问题拦阻人寻求神。他们拒绝越过神启示的范围。就如我不但限制自己不过分地研究一些不叫任何人得益处的问题，我也深信自己应当拒绝回答这些问题，免得支持问这些问题之人轻率的行为。某些渴慕虚空学问的人，喜欢问使徒和先知将得的冠冕有多大的差别；使徒和殉道者所将得的有多大的差别；童贞女与结过婚的妇女所将得的有多大的差别。[24]

总而言之，天堂没有一个角落不是他们想打破砂锅问到底的。他们也喜欢问神将更新天地的目的如何，因为既然神的儿女们不再需要物质，而要像天使一样（太22：30），天使不需要吃喝代表永恒的福气。[25]

---

[24] Aquinas, *Summa Theol.* III. Suppl. 93. 3；"圣徒所住的房子依据他爱心的程度而有所不同"；参阅 qu. 96, esp. art. 11，论处女、殉道者或是博士的光环（太19：21）。

[25] 阿奎那在 *op. cit.*, qu. 91 中论世界的更新。参阅 P. E. Schramm's *Kaiser, Rom, und Renovatio*，这是一本在20世纪里详细研究"*renovation mundi*"这个观念的书；McNeill, *Christian Hope for World Society*, ch. IV: "Rome and World Renewal"。

我的答复是：因为只要看到那新的天地，就会成为他们极大的喜乐，甚至胜过现今满足我们的物质。让我们想象自己住在地球上最富裕、最舒适的地方，并享受各式各样的娱乐。难道我们不会有时因生病而无法享受神的祝福？或甚至因自己的不节制，拦阻我们享受物质所带给我们的快乐？这就证明：任何在罪恶之外的享受，即使不是物质的享受，仍然是至高的快乐。

又有人问：难道连金属的渣滓也要与天地一同被更新吗？我虽然在某种程度上同意这些渣滓不值得被更新，但我们仍当相信保罗的教导，即罪恶所加给天地的瑕疵都将被更新，为这些瑕疵一切受造物"叹息、劳苦"（罗8：22）。更有人追问：既然在那时人不再有生育的福分，那怎么说会比现在更好呢？要回答这问题也不困难。圣经大大地强调生育是何等大的福分，因为这现象代表神让大自然茂盛繁衍，直到达成神所预定的目标；然而在这目标达成后，我们对福分将有不同的衡量方式。不警醒的人却屈服于好奇的诱惑，更加打破砂锅问到底，而至终陷入无法自拔的旋涡。结果是每一个人只喜爱显露心意，所问的问题没完没了。但我们反而当满足于："我们如今仿佛对着镜子观看，模糊不清，到那时，就要面对面了。"（林前13：12）很少人究问人当怎样行才能上天堂，所有的人却都想知道天堂是怎样的。几乎所有的人都懒惰且厌战，却同时梦想将来的得胜。

12. 被弃绝之人的结局

[b(a)] 既然神将来对恶人的处罚是我们如今完全无法体会的，所以圣经用物质的东西来描述他们将受的折磨和虐待，即黑暗、流泪、切齿（太8：12，22：13）、不灭的火焰（太3：12；可9：44；赛66：24）、不死的虫咬着人的心（赛66：24）。[b] 圣灵的这种描述方式无疑是要我们的感官能体会地狱的恐怖，就如他说："陀斐特又深又宽……其中堆的是火与许多木柴。耶和华的气如一股硫磺火，使他着起来。"（赛30：33）神

特意要我们借这样的比喻在某种程度上意识到恶人将来的结局,我们照样也当这样思考:与神隔绝是何等大的咒诅。㉖也要我们深深地感受到,何谓全能的神用自己的大能惩罚我们,且我们也无法逃脱。首先,神的不悦就如烈焰吞灭它一切所接触到的。其次,在神施行审判时,一切的受造物都主动地服侍他,甚至神所公开处罚的人,也将感受到天、地、海、活物,以及所存在的一切都向他们大发烈怒,甚至主动毁灭他们。这也是保罗这句话"他们要受刑罚,就是永远沉沦,离开主的面和他权能的荣光"(帖后1:9 p.)的含义。ᵉ且每当先知以物质的比喻使我们感到恐惧时,他们并非想用夸大的言辞刺激我们的迟钝,而是预表神将用太阳、月亮以及全宇宙审判恶人(太24:29,等等)。因此,良心在这烦扰他们的龙卷风之下得不到安息㉗,甚至感受到某位充满敌意的神正在撕裂他们的身体,用致命的火箭穿透他们,甚至使他们在神雷电交加的烈怒下战兢,被他沉重的手砸碎,以至人感到掉到任何无底坑也比忍受这样的恐惧更好。被神不断地攻击直到永永远远有多可怕?我们应当留意《诗篇》90篇有关于此的论述:虽然神只要看恶人一眼就能驱散他们,叫他们变为虚无,但他却激发胆小的信徒在沉重的十字架下勇往直前(诗90:7),直到"神在万物之上,为万物之主"(林前15:28)。

㉖ 加尔文形容地狱本质上是"*alienari ab omni Dei societate*"。参阅 Milton,*Paradise Lost* V. 877,押比迭(Abdiel)对撒旦说"离开上帝吧,你这受咒诅的灵!"参阅 R. M. Frye,*God, Man, and Satan*, ch. 2, esp. pp. 40 f.。
㉗ "*Diro turbine*,"通常会令人想到无止息的寒冷、大雨、冰雹和雪,就如但丁和维吉尔所描绘穿过地狱的第三层所看到的一样(*Inferno*, Canto VI),但其背景与圣经是不相同的。